La Maison du chat-qui-pelote
suivie du Bal de Sceaux
et de La Vendetta

Honoré de Balzac

La Maison
du chat-qui-pelote

suivie du Bal de Sceaux
et de La Vendetta

Édition critique par Pierre-Georges Castex

PARIS
CLASSIQUES GARNIER

Pierre-Georges Castex, éminent spécialiste de la littérature du XIXᵉ siècle, est l'auteur d'importantes études sur le romantisme français. Il a établi et dirigé plusieurs éditions scientifiques qui font date, parmi lesquelles *La Comédie humaine* d'Honoré de Balzac dans La Pléiade et les *Œuvres complètes* de Villiers de l'Isle-Adam.

Couverture : Auteur : Charles Huard ; Titre : *Bartholomeo di Piombo, sa femme Elisa et sa fille Ginevra* ; Description : Matrice pour l'illustration de « La Vendetta » de Balzac, Scènes de la vie privée de *La Comédie humaine*, volume 3, Paris, Éditions Conard, 1910-1950 ; Source : Maison de Balzac.

© 2023. Classiques Garnier, Paris.
Reproduction et traduction, même partielles, interdites.
Tous droits réservés pour tous les pays.

Réimpression de l'édition de Paris, 1963.

ISBN 978-2-8124-1811-2
ISSN 2417-6400

SOMMAIRE BIOGRAPHIQUE

1799 :

Naissance, à Tours, le 20 mai, d'Honoré Balzac, fils du « citoyen Bernard-François Balzac » et de la « citoyenne Anne-Charlotte-Laure Sallambier, son épouse ». Il sera mis en nourrice à Saint-Cyr-sur-Loire jusqu'à l'âge de quatre ans. Il aura deux sœurs : Laure, née en 1800, et Laurence, née en 1802; un frère, Henri, né en 1807.

1804 :

Il entre à la pension Le Guay, à Tours.

1807 :

Il entre, le 22 juin, au collège des Oratoriens de Vendôme, qu'il quittera, après un rigoureux internat, le 22 avril 1813.

1814 :

Pendant l'été, il fréquente le collège de Tours. En novembre, il suit sa famille à Paris, rue du Temple.

1815 :

Il fréquente deux institutions du quartier du Marais, l'institution Lepitre, puis, à partir d'octobre, l'institution Ganser et suit vraisemblablement les cours du lycée Charlemagne.

1816 :

Il s'inscrit en septembre à la Faculté de Droit. En novembre, il entre, comme clerc, chez Me Guillonnet-Merville, avoué rue Coquillière.

1818 :

Il quitte, en mars, l'étude de Me Guillonnet-Merville pour entrer dans celle de Me Passez, notaire, ami de ses parents et qui habite la même maison, rue du Temple. Il rédige des Notes sur l'immortalité de l'âme.

1819 :

Vers le 1er août, Bernard-François Balzac, retraité de l'administration militaire, se retire à Villeparisis avec sa famille. Honoré, bachelier en droit depuis le mois de janvier, obtient de rester à Paris pour devenir homme de lettres. Installé dans un modeste logis mansardé, rue Lesdiguières, il y compose une tragédie, Cromwell, qui ne sera ni jouée, ni publiée de son vivant.

1820 :

Il commence Falthurne et Sténie, deux récits qu'il n'achèvera pas. Le 18 mai, il assiste au mariage de sa sœur Laure avec Eugène Surville, ingénieur des Ponts et Chaussées. Ses parents donnent congé rue Lesdiguières pour le 1er janvier 1821.

1822 :

Début de sa liaison avec Laure de Berny, âgée de quarante-cinq ans, dont il a fait la connaissance à Villeparisis l'année précédente ; elle sera pour lui la plus vigilante et la plus dévouée des amies. Pendant l'été, il séjourne à Bayeux, en Normandie, avec les Surville. Le 1er sep-

tembre, sa sœur Laurence épouse M. de Montzaigle.
Ses parents emménagent avec lui à Paris, dans le Marais,
rue du Roi-Doré.
Sous le pseudonyme de Lord R'Hoone, il publie, en colla-
boration, L'Héritière de Birague *et* Jean-Louis;
puis, seul, Clotilde de Lusignan. Le Centenaire *et*
Le Vicaire des Ardennes, *parus la même année, sont*
signés Horace de Saint-Aubin.

1823 :

Au cours de l'été, séjour en Touraine, le premier depuis 1814.
La Dernière Fée, *par Horace de Saint-Aubin.*

1824 :

Vers la fin de l'été, ses parents ayant regagné Villeparisis,
il s'installe rue de Tournon.
Annette et le Criminel (Argow le Pirate), *par Horace*
de Saint-Aubin. Sous l'anonymat : Du Droit d'Aînesse;
Histoire impartiale des Jésuites.

1825 :

Associé avec Urbain Canel, il réédite les œuvres de Molière
et de La Fontaine. En avril, bref voyage à Alençon.
Début des relations avec la duchesse d'Abrantès. Sa
sœur Laurence meurt le 11 août.
Wann-Chlore, *par Horace de Saint-Aubin. Sous l'ano-*
nymat : Code des gens honnêtes.

1826 :

Le 1ᵉʳ juin, il obtient un brevet d'imprimeur. Associé
avec Barbier, il s'installe rue des Marais Saint-Germain
(aujourd'hui rue Visconti). Au cours de l'été, sa famille
abandonne Villeparisis pour se fixer à Versailles.

1827 :

Le 15 juillet, avec Laurent et Barbier, il crée une société pour l'exploitation d'une fonderie de caractères d'imprimerie.

1828 :

Au début du printemps, Balzac s'installe 1, rue Cassini, près de l'Observatoire. Ses affaires marchent mal : il doit les liquider et contracter de lourdes dettes. Il revient à la littérature : du 15 septembre à la fin d'octobre, il séjourne à Fougères, chez le général de Pommereul, pour préparer un roman sur la chouannerie.

1829 :

Balzac commence à fréquenter les salons : il est reçu chez Sophie Gay, chez le baron Gérard, chez Mme Hamelin, chez la princesse Bagration, chez Mme Récamier. Début de la correspondance avec Mme Zulma Carraud qui, mariée à un commandant d'artillerie, habite alors Saint-Cyr l'École. Le 19 juin, mort de Bernard-François Balzac.

En mars a paru, avec la signature Honoré Balzac, Le Dernier Chouan ou La Bretagne en 1800 *qui, sous le titre définitif* Les Chouans, *sera le premier roman incorporé à* La Comédie humaine. *En décembre,* Physiologie du Mariage, *« par un jeune célibataire ».*

1830 :

Balzac collabore à la Revue de Paris, *à la* Revue des Deux Mondes, *ainsi qu'à divers journaux : le* Feuilleton des Journaux politiques, La Mode, La Silhouette, Le Voleur, La Caricature. *Il adopte la particule et commence à signer « de Balzac ». Avec Mme de Berny, il descend la Loire en bateau (juin) et séjourne, pendant l'été, dans la propriété de La Grenadière, à Saint-Cyr-sur-Loire. A l'automne, il devient un familier du salon de Charles Nodier, à l'Arsenal.*

Premières « Scènes de la vie privée » : La Vendetta; Les Dangers de l'Inconduite (Gobseck); Le Bal de Sceaux; Gloire et Malheur (La Maison du Chat-qui-pelote); La Femme vertueuse (Une Double Famille); La Paix du Ménage. *Parmi les premiers « contes philosophiques » :* Les Deux Rêves, L'Élixir de longue vie...

1831 :

Désormais consacré comme écrivain, il travaille avec acharnement, tout en menant, à ses heures, une vie mondaine et luxueuse, qui ranimera indéfiniment ses dettes. Ambitions politiques demeurées insatisfaites.

La Peau de Chagrin, *roman philosophique. Sous l'étiquette « Contes philosophiques » :* Les Proscrits; Le Chef-d'Œuvre inconnu...

1832 :

Entrée en relations avec Mme Hanska, « l'Étrangère », qui habite le château de Wierzchownia, en Ukraine. Il est l'hôte de M. de Margonne à Saché (où il a fait et fera d'autres séjours); puis des Carraud, qui habitent maintenant Angoulême. Il est devenu l'ami de la marquise de Castries, qu'il rejoint en août à Aix-les-Bains et qu'il suit en octobre à Genève : désillusion amoureuse. Au retour, il passe trois semaines à Nemours auprès de Mme de Berny. Il a adhéré au parti néo-légitimiste et publié plusieurs essais politiques.

La Transaction (Le Colonel Chabert). *Parmi de nouvelles « Scènes de la vie privée » :* Les Célibataires

(Le Curé de Tours) *et cinq « scènes » distinctes qui seront groupées plus tard dans* La Femme de Trente Ans. *Parmi de nouveaux « Contes philosophiques » :* Louis Lambert. *En marge de la future* Comédie humaine : *premier dixain des* Contes drolatiques.

1833 :

Début d'une correspondance suivie avec Mme Hanska. Il la rencontre pour la première fois en septembre à Neuchâtel et la retrouve à Genève pour la Noël. Contrat avec Mme Béchet pour la publication, achevée par Werdet, des Études de mœurs au XIXᵉ siècle *qui, de 1833 à 1837, paraîtront en douze volumes et qui sont comme une préfiguration de* La Comédie humaine *(I à IV : « Scènes de la vie privée ». V à VIII : « Scènes de la vie de province ». IX à XII : « Scènes de la vie parisienne »).*
Le Médecin de Campagne. *Parmi les premières « Scènes de la vie de province » :* La Femme abandonnée; La Grenadière; L'Illustre Gaudissart; Eugénie Grandet *(décembre).*

1834 :

Retour de Suisse en février. Le 4 juin naît Maria du Fresnay, sa fille présumée. Nouveaux développements de la vie mondaine : il se lie avec la comtesse Guidoboni-Visconti.
La Recherche de l'Absolu. *Parmi les premières « Scènes de la vie parisienne » :* Histoire des Treize *(I.* Ferragus, *1833. II.* Ne touchez pas la hache (La Duchesse de Langeais), *1833-34. III.* La Fille aux yeux d'or, *(1834-35).*

1835 :

*Une édition collective d'*Études philosophiques *(1835-1840) commence à paraître chez Werdet. Au printemps,*

*Balzac s'installe en secret rue des Batailles, à Chaillot.
Au mois de mai, il rejoint Mme Hanska, qui est avec
son mari à Vienne, en Autriche; il passe trois semaines
auprès d'elle et ne la reverra plus pendant huit ans.*
Le Père Goriot *(1834-35)*. Melmoth réconcilié.
La Fleur des Pois (Le Contrat de Mariage). Séraphîta.

1836 :

*Année agitée. Le 20 mai naît Lionel-Richard Guidoboni-
Visconti, qui est peut-être son fils naturel. En juin,
Balzac gagne un procès contre la* Revue de Paris *au
sujet du* Lys dans la Vallée. *En juillet, il doit liquider*
La Chronique de Paris, *qu'il dirigeait depuis janvier.
Il va passer quelques semaines à Turin; au retour, il
apprend la mort de Mme de Berny, survenue le 27 juillet.*
Le Lys dans la Vallée. L'Interdiction. La Messe de
l'Athée. Facino Cane. L'Enfant maudit *(1831-36)*.
Le Secret des Ruggieri (La Confidence des Ruggieri).

1837 :

*Nouveau voyage en Italie (février-avril) : Milan, Venise,
Gênes, Livourne, Florence, le lac de Côme.*
La Vieille Fille. Illusions perdues *(début)*. César
Birotteau.

1838 :

*Séjour à Frapesle, près d'Issoudun, où sont fixés désormais
les Carraud (février-mars); quelques jours à Nohant,
chez George Sand. Voyage en Sardaigne et dans la pénin-
sule italienne (avril-mai). En juillet, installation aux
Jardies, entre Sèvres et Ville-d'Avray.*
La Femme Supérieure (Les Employés). La Maison
Nucingen. *Début des futures* Splendeurs et Misères
des Courtisanes (La Torpille).

1839 :

Balzac est nommé, en avril, président de la Société des Gens de Lettres. En septembre-octobre, il mène une campagne inutile en faveur du notaire Peytel, ancien co-directeur du Voleur, *condamné à mort pour meurtre de sa femme et d'un domestique. Activité dramatique : il achève* L'École des Ménages *et* Vautrin. *Candidat à l'Académie Française, il s'efface, le 2 décembre, devant Victor Hugo, qui ne sera pas élu.*

Le Cabinet des Antiques. Gambara. Une Fille d'Ève. Massimilla Doni. Béatrix ou les Amours forcés. Une Princesse parisienne (Les Secrets de la Princesse de Cadignan).

1840 :

Vautrin, créé le 14 mars à la Porte Saint-Martin, est interdit le 16. Balzac dirige et anime la Revue parisienne, *qui aura trois numéros (juillet-août-septembre); dans le dernier, la célèbre étude sur* La Chartreuse de Parme. *En octobre, il s'installe 19, rue Basse (aujourd'hui la « Maison de Balzac », 47, rue Raynouard).*

Pierrette. Pierre Grassou. Z. Marcas. Les Fantaisies de Claudine (Un Prince de la Bohème).

1841 :

Le 2 octobre, traité avec Furne et un consortium de libraires pour la publication de La Comédie humaine, *qui paraîtra avec un* Avant-propos *capital, en dix-sept volumes (1842-1848) et un volume posthume (1855).*

Le Curé de Village *(1839-41).* Les Lecamus (Le Martyr calviniste).

1842 :

Le 19 mars, création, à l'Odéon, des Ressources de Quinola.

Mémoires de Deux Jeunes Mariées. Albert Savarus.
La Fausse Maîtresse. Autre Étude de Femme.
Ursule Mirouët. Un Début dans la vie.

1843 :

*Juillet-octobre : séjour à Saint-Pétersbourg, auprès de
Mme Hanska, veuve depuis le 10 novembre 1841;
retour par l'Allemagne. Le 26 septembre, création,
à l'Odéon, de* Paméla Giraud.
Les Deux Frères (La Rabouilleuse). Une Ténébreuse
Affaire. La Muse du Département. Honorine.
Illusions perdues, *complet en trois parties (I.* Les Deux
Poètes, *1837. II.* Un Grand Homme de province
à Paris, *1839. III.* Les Souffrances de l'inventeur,
1843).

1844 :

Modeste Mignon. Les Paysans *(début).* Béatrix *(II.*
La Lune de Miel*).* Gaudissart II.

1845 :

*Mai-août : Balzac rejoint à Dresde Mme Hanska, sa
fille Anna et le comte Georges Mniszech; il voyage avec
eux en Allemagne, en France, en Hollande et en Belgique.
En octobre-novembre, il retrouve Mme Hanska à Châlons
et se rend avec elle à Naples. En décembre, seconde
candidature à l'Académie Française.*
Un Homme d'Affaires. Les Comédiens sans le savoir.

1846 :

*Fin mars : séjour à Rome avec Mme Hanska; puis la
Suisse et le Rhin jusqu'à Francfort. Le 13 octobre, à
Wiesbaden, Balzac est témoin au mariage d'Anna*

*Hanska avec le comte Mniszech. Au début de novembre,
Mme Hanska met au monde un enfant mort-né, qui devait
s'appeler Victor-Honoré.*

Petites Misères de la vie conjugale *(1845-46).* L'Envers
de l'Histoire contemporaine *(premier épisode).* La
Cousine Bette.

1847 :

*De février à mai, Mme Hanska séjourne à Paris, tandis
que Balzac s'installe rue Fortunée (aujourd'hui rue
Balzac). Le 28 juin, il fait d'elle sa légataire universelle.
Il la rejoint à Wierzchownia en septembre.*

Le Cousin Pons. La Dernière Incarnation de Vautrin
(dernière partie de Splendeurs et Misères des Courtisanes).

1848 :

*Rentré à Paris le 15 février, il assiste aux premières journées
de la Révolution.* La Marâtre *est créée, en mai, au Théâtre
historique;* Mercadet, *reçu en août au Théâtre français,
n'y sera pas représenté. A la fin de septembre, il retrouve
Mme Hanska en Ukraine et reste avec elle jusqu'au
printemps de 1850.*

L'Initié, *second épisode de* L'Envers de l'Histoire contemporaine.

1849 :

*Deux voix à l'Académie Française le 11 janvier (fauteuil
Chateaubriand); deux voix encore le 18 (fauteuil
Vatout). La santé de Balzac, déjà éprouvée, s'altère
gravement : crises cardiaques répétées au cours de
l'année.*

1850 :

*Le 14 mars, à Berditcheff, il épouse Mme Hanska. Malade,
il rentre avec elle à Paris le 20 mai et meurt le 18 août.
Sa mère lui survit jusqu'en 1854 et sa femme jusqu'en
1882. Son frère Henri mourra en 1858; sa sœur Laure
en 1871.*

1854 :

Publication posthume du Député d'Arcis, *terminé par
Charles Rabou.*

1855 :

Publication posthume des Paysans, *terminé sur l'initiative
de Mme Honoré de Balzac. Édition, commencée en 1853,
des Œuvres complètes en vingt volumes par Houssiaux,
qui prend la suite de Furne comme concessionnaire (I à
XVIII.* La Comédie humaine. *XIX.* Théâtre.
XX. Contes drolatiques).

1856-57 :

Publication posthume des Petits Bourgeois, *terminé
par Charles Rabou.*

1869-1876 :

Édition définitive des Œuvres complètes *de Balzac en
vingt-quatre volumes chez Michel Lévy, puis Calmann
Lévy. Parmi les « Scènes de la vie parisienne » sont
réunies pour la première fois les quatre perties de* Splendeurs et Misères des Courtisanes.

NOTE PRÉLIMINAIRE

Nous *réunissons dans ce volume trois des six nouvelles qui ont été publiées pour la première fois, en 1830, sous l'étiquette de genre alors neuve* Scènes de la vie privée. *Toutes trois devaient prendre place, en 1842, dans le premier tome de* La Comédie humaine.

Ces récits, qui illustrent en maint endroit les thèses de la Physiologie du Mariage, *parue quelques mois plus tôt, témoignent, à leur date, d'un renouvellement capital dans la manière de l'écrivain : l'auteur des* Chouans *a résolu de s'imposer comme un peintre des mœurs de son siècle et commence à manifester avec beaucoup de vigueur sa vocation de romancier réaliste.*

Nous avons utilisé les abréviations suivantes : *Pl.* (éd. en 11 vol. de *La Comédie humaine* publiée dans la Bibliothèque de la Pléiade); *O.D.* (Œuvres diverses de Balzac publiées en trois volumes par la librairie Conard); *Étr.* (*Lettres à l'Étrangère*, Calmann-Lévy, 4 vol. parus); *Corr.* Pierrot (*Correspondance générale* de Balzac en cours de publication à la librairie Garnier); *Lov.* (collection Lovenjoul). Lorsque la mention d'un roman s'accompagne seulement d'un numéro de page, cette référence renvoie à l'édition Garnier.

Nous adressons nos remerciements à MM. Jean Pommier et Roger Pierrot; à Mme Anne-Marie Meininger, à Mme Robert-Siohan, à Mlle Madeleine Fargeaud, à M. Jean-Hervé Donnard, à M. André Janier, qui nous ont apporté des informations précieuses.

LA MAISON
DU CHAT-QUI-PELOTE

INTRODUCTION

I

LES époux Guillaume, drapiers rue Saint-Denis, ont élevé deux filles, Virginie et Augustine. L'aînée, Virginie, finit par épouser Joseph Lebas, le premier commis de la boutique. Augustine, sa cadette de dix ans, se marie le même jour avec le peintre Théodore de Sommervieux. Le premier mariage, qui est un mariage de raison, tourne bien, au regard de la morale bourgeoise : le ménage Lebas prend tout naturellement la succession du ménage Guillaume à la tête de la maison. Le second mariage, qui est un mariage d'amour, tourne mal, car les deux époux sont mal assortis : faute de culture, faute d'ouverture d'esprit, Augustine ne peut comprendre son mari qui, une fois écoulée la lune de miel, la délaisse, la trompe; et au bout de trois ans, la jeune femme meurt de chagrin. Telle est, réduite à ses grandes lignes, la simple histoire contée dans La Maison du Chat-qui-pelote : elle doit son relief à la qualité des observations et des souvenirs qui ont permis à son auteur de l'inscrire dans un cadre réel.

Située à la lisière occidentale du quartier du Marais, où Balzac a fait de longs séjours entre la quinzième et la vingt-cinquième année [1], la rue Saint-Denis était bien, à l'époque,

---

1. Voir l'article de Marcel Bouteron, *Balzac au Marais*, dans ses *Études balzaciennes*, p. 33 sq. (Jouve, 1954).

le centre le plus important pour les commerces de mercerie, de draperie, de passementerie. Ce qui la distingue, écrit un contemporain, Paul Béranger, « c'est qu'elle est peuplée en grande partie de riches marchands qui ont conservé la simplicité et la bonne foi de leurs pères, avec une opulence sans faste [1] ». *Ces termes conviennent parfaitement à M. Guillaume, représentant typique de toute une espèce : l'*Almanach du commerce, *autour de 1810, date à laquelle se déroule le début du récit [2], dénombre, dans cette même rue, une vingtaine de marchands de drap.*

Ce milieu des marchands, l'écrivain le connaît bien par ses origines familiales, car sa mère, née Sallambier, en était issue. Un cousin de Balzac, Marie-Claude-Antoine Sallambier, a hérité d'un commerce de broderie, passementerie et draperie, à l'enseigne de la Toison d'Or, au 35 de la rue Saint-Honoré, tout près de la rue des Bourdonnais, citée dans La Maison du Chat-qui-pelote; *ses liens avec le ménage des parents de Balzac sont étroits, puisqu'il est témoin au mariage de Laure [3]; l'une de ses factures, conservée à la collection Lovenjoul, à Chantilly, nous apprend qu'il* « fait et tient tout ce qui concerne les uniformes civils et militaires de la Guerre, de la Marine et des préfets » : *or nous lisons que M. Guillaume, vers la fin de sa vie, sera nommé* « membre du Comité consultatif pour l'habillement des troupes [4] ». *Un autre cousin, Sédillot, qui, un an avant la rédaction de la nouvelle, avait rendu un grand service à Balzac en l'aidant à liquider son imprimerie-fonderie dans des conditions honorables [5], est*

---

1. *Voyages de Paul Béranger après quarante-cinq ans d'absence,* 2 vol. (Paris 1819),
2. Voir p. 54, n. 2.
3. Acte de mariage de Laure, *Lov.* A 378.
4. *La Maison du Chat-qui-pelote,* p. 82.
5. Voir Hanotaux et Vicaire, *La Jeunesse de Balzac,* p. 106 sq.

établi « marchand de mousselines, percales, calicots », *10, rue des Déchargeurs. Les Balzac sont liés d'autre part à Pépin-Lehalleur, qui est un riche fabricant d'équipements militaires, à Théodore Dablin, quincaillier en gros rue Saint-Honoré; l'écrivain peut songer à des personnages de ce genre lorsqu'il évoque les gros commerçants[1] que M. Guillaume invite à sa réception annuelle.*

Quant à l'enseigne décrite dans les premières pages, elle éveille aussi des souvenirs. Le Dictionnaire de Brismontier imprimé en 1826 par Balzac[2] mentionne, pour la seule rue Saint-Denis, une trentaine de tableaux du même genre : A l'Autruche, A la Belle Anglaise, Au Cheval d'Or, A la Frileuse, au Lion d'Or, A Pygmalion... *et même* Au Chat Noir. *Cette dernière enseigne, au nº 32, non loin de l'église Saint-Leu, consistait en une figurine noire reproduite à chacune des encoignures de la maison[3]. Elle désignait une ancienne boutique de drapier tenue au début du XIXe siècle par le père d'Eugène Scribe[4]. On sait que Balzac fit la connaissance de Scribe dans l'étude de Guyonnet-Merville : c'est à l'ombre de la rue Saint-Denis et à l'enseigne du* Chat Noir *qu'était né ce compagnon de sa première jeunesse.*

Cependant, rue Vauvilliers[5], se rencontrait un authen-

---

1. *La Maison du Chat-qui-pelote*, p. 39.

2. Ce *Dictionnaire des Enseignes* a été publié parmi les *Œuvres diverses* de Balzac (I, 150 sq), mais la déclaration d'imprimeur datée du 25 septembre 1826 précise bien que l'auteur est Brismontier (voir B. Guyon, *La Pensée politique et sociale de Balzac*, p. 745).

3. Eugène Fournier, *Histoire des enseignes de Paris*, p. 396.

4. Mlle Fargeaud a bien voulu attirer notre attention sur ce détail, confirmé par les biographes de Scribe et noté aussi dans les ouvrages d'archéologie parisienne de Fournier, de Lefeuve, de Rochegude, ainsi que dans *La Comédie en France au XIXe siècle* de Lenient (I, 281). Après la mort du père de Scribe, le magasin devint une confiserie, tenue par un M. Perot (*Dictionnaire des Enseignes*, dans O. D. I, 188).

5. Au coin de la rue des Trois-Écus. De l'autre côté de la place où a été érigé le bâtiment des Halles se trouve la rue Coquillière, où

tique Chat-qui-pelote. *Balzac dut voir cette enseigne au cours de ses flâneries et en retenir la pittoresque légende. Il ne l'a pourtant pas décrite. Le chat de sa nouvelle ne jongle pas, comme celui de la rue Vauvilliers, avec des pelotes de fil ou de coton; il joue à la pelote, ou plus exactement à la longue paume. D'autres panneaux pouvaient inspirer l'écrivain à ce propos : ceux qu'offraient les jeux de paume, encore nombreux à l'époque* [1].

Sans écarter l'hypothèse que Balzac ait exactement fixé les détails de quelque enseigne aujourd'hui oubliée [2], *nous croyons plus probable qu'il ait combiné en un tableau de sa composition, sous le nom fourni par la boutique de la rue Vauvilliers, des motifs observés en plusieurs lieux. Son* Chat-qui-pelote, *il l'installe rue Saint-Denis, non loin du* Chat Noir; *et il décrit peut-être le magasin du cousin Sallambier* A la Toison d'Or, *car aucun autre ne devait lui être aussi familier.*

II

Balzac note le caractère monastique de la vie qui se déroule dans cette maison. Les jours s'y suivent et s'y ressemblent

---

Me Guyonnet-Merville avait son étude. Eugène Fournier, qui reproduit cette enseigne (*op. cit.* p. 346), note aussi, sans aucun détail, un *Chat-qui-pelote* rue Saint-Denis; c'est sans doute qu'il se souvient de la nouvelle balzacienne, car le Dr Vimont n'a pas relevé une telle légende dans la liste exhaustive publiée en appendice à son *Histoire de la rue Saint-Denis;* il signale en revanche, outre le *Chat Noir,* un *Chat,* un *Chat qui pêche* et des *Chats qui se baignent.*

1. Fournier, *op. cit.*, p. 187 sq. Rue Saint-Victor, un panneau montrait deux joueurs en action; une autre enseigne, rue des Nonnains-d'Hyères, portait la légende *A la Raquette.*

2. Il existait au XVIIIe siècle au 52 de la rue Vieille-du-Temple un cabaret du Chat-qui-pelote, que la police fit fermer en 1750 (voir Rochegude, *Promenades dans toutes les rues de Paris;* et *Bulletin de la Société historique du IVe arrondissement de la ville de Paris,* 1908-1909, pp. 68-69). Nous ne savons jusqu'à quelle date en subsista l'enseigne, dont nous n'avons pas retrouvé de description.

*avec monotonie, sans la moindre concession à l'imagination
ni à la fantaisie. Mme Guillaume siège à la banquette de
son comptoir, immobile et comme* « empalée »; *plus tard,
Virginie occupera* « au comptoir antique la place de sa
mère* [1] ». *Voilà un trait fidèlement observé et dont les témoignages des contemporains nous permettent d'éprouver la justesse. Dans une pièce de Scribe intitulée* Les Adieux au
comptoir, *la maîtresse de maison s'écrie :* « Voici vingt
ans que je suis assise dans ce maudit comptoir et moi
qui ne suis jamais sortie de la Porte Saint-Denis ! »
Une autre comédie, de Picard et Mazères, Les Trois Quartiers, *évoque de même la vie d'un négociant rue Saint-Denis;
tandis que le père Bertrand commande à ses commis, sa fille,
Georgette, tient les livres de commerce dans un petit cabinet
attenant et* « Mme Bertrand, au comptoir, reçoit l'argent
et rend l'appoint [2] ».

*Les Bertrand ressemblent aux Guillaume. En choisissant
le nom de Guillaume, Balzac fait d'ailleurs songer à une
autre pièce de Scribe, représentée en 1823,* La Pension bourgeoise, *dont les deux personnages principaux, M. et Mme
Guillaume, sont marchands de drap rue Saint-Denis; il est
même question dans ce petit acte en prose d'un autre personnage nommé M. Joseph, comme Joseph Lebas. A vrai dire,
le nom de Guillaume est traditionnel dans la confrérie des
marchands drapiers, ainsi qu'en témoigne déjà* Maître Pathe-

---

1. *La Maison du Chat-qui-pelote,* pp. 36 et 80.
2. Ces deux pièces ne sont à retenir qu'entre plusieurs autres.
L'année où parut *La Maison du Chat-qui-pelote,* on joua au Théâtre
des Nouveautés un vaudeville en trois actes intitulé *Le Commerçant
de la rue Saint-Denis* (voir les *Mémoires* de l'acteur Bouffé, pp. 102
et 375). Une dizaine d'années plus tôt, Laurence Balzac écrit à son frère
qu'elle a vu sur le boulevard *M. Mouton :* « C'est un marchand de
drap qui se retire à la campagne [...] Il a avec lui son premier commis... »
(*Corr.* Pierrot I, pp. 68-69). Balzac lui-même voulut porter au théâtre
un sujet analogue à celui de *La Maison du Chat-qui-pelote* (voir Milat-
chitch, *le Théâtre de Honoré de Balzac,* p. 24).

lin. *On se souvient aussi qu'un personnage de* L'Amour médecin *s'appelle ainsi, qu'il vend des tapisseries et que Balzac nomme son confrère, M. Josse, dans plusieurs de ses romans* [1]. *Malgré les anciens rapports de Balzac avec Scribe et malgré l'évidente connaissance qu'il manifeste de son théâtre en maint endroit de* La Comédie humaine, *il serait imprudent d'affirmer, dans de telles conditions, que le nouvelliste emprunte au dramaturge le nom de son héros. La pièce et la nouvelle transcrivent l'une et l'autre une réalité commune : les Guillaume étaient nombreux dans l'*Almanach du commerce. *On observe, de même, dans les deux œuvres, et pour la même raison, des traits de mœurs identiques.* « C'est exorbitant, un ménage comme le nôtre, dépenser 300 francs pour la table... il faut de l'économie, Madame, il en faut », *déclare M. Guillaume à sa femme dans* La Pension bourgeoise; *de même, il est question, dans* La Maison du Chat-qui-pelote, *de l'économie qui préside à la vie de tous les jours* [2].

Il est possible enfin d'observer d'autres correspondances avec les témoignages des contemporains dans la description de l'existence bourgeoise menée par M. Guillaume. Le drapier se flatte de ne connaître que sa boutique; il est fermé aux manifestations de la vie parisienne et en particulier au monde des beaux-arts. Ainsi lit-on dans L'Hermite de la Chaussée d'Antin, *célèbre monographie de Jouy* :

« Tel bourgeois de la rue Saint-Denis [...] passe depuis quarante ans deux ou trois fois par jour sous le bel arc triomphal de Blondel [la porte Saint-Denis] sans y faire plus d'attention qu'à l'arcade de Colbert. Cet honnête homme atteindra comme un autre sa soixantième année sans savoir autre chose, sinon qu'il y a dans le quartier

---

1. Voir l'*Index* du Dr Lotte, *Pl.* XI, 1205.
2. *La Pension bourgeoise*, I, 1 et *La Maison du Chat-qui-pelote*, p. 34.

Saint-Germain-l'Auxerrois un grand bâtiment carré qu'on appelle le Louvre dont la cour sert de passage et abrège une bonne partie du chemin à ceux qui vont du Palais-Royal à la rue de Thionville, que les Tuileries sont ce grand jardin où l'on se promène gratis [...] Mais si vous ajoutez en sa présence que la colonnade du Louvre est un monument immortel du génie de Perrault, que le jardin des Tuileries a fondé la réputation de Le Nôtre [...] notre bon bourgeois ouvrira de grandes oreilles et regardera de temps en temps sa femme pour tâcher de lire dans ses yeux si vous ne vous amusez pas à ses dépens [1]. »

Une indication analogue se rencontre dans La France *de lady Morgan, où nous lisons, à propos du bourgeois de Paris, que* « sa sphère d'existence ne s'étend jamais plus loin que le son de la cloche de sa paroisse [2] » : *tel est bien M. Guillaume, dont la paroisse est l'église Saint-Leu, située au milieu même de la rue Saint-Denis.*

Balzac, cependant, va au-delà des traits généraux d'observation qui nous permettent de rattacher son récit aux chroniques plus brutes de ses contemporains. Lorsqu'il peint de façon nuancée les membres de la famille Guillaume, il choisit des modèles vivants. Nous ne saurions préciser quels traits il emprunte aux divers commerçants connus de lui lorsqu'il décrit les usages de M. Guillaume, dont le vêtement archaïque, comme celui de M. Gérard dans Argow le Pirate, *a pu faire songer à celui de Bernard-François Balzac, père du romancier. Quant à Mme Guillaume, elle rappelle parfois de façon plus manifeste Mme Balzac mère ou la grand-mère Sallambier.*

On sait que Balzac s'est souvent heurté à sa mère, affligée

---

1. *L'Hermite de la Chaussée d'Antin*, III, 139.
2. *La France*, I, 117.

d'un tempérament autoritaire et susceptible. Lorsque Mme Guillaume tance vertement ses filles, on pense à Mme Balzac admonestant les siennes, combattant chez Laure « le désir de voir le monde », *l'invitant à la modestie, même après le mariage, l'engageant à se* « bien tenir en garde contre les compliments [1] ». *Lorsque Mme Guillaume s'irrite contre son mari ou lorsque, pour manifester son dépit, elle* « frappe le plancher du bout du pied et garde un morne silence [2] », *on se souvient que Mme Balzac manifestait en toute occasion une dignité chatouilleuse, traduite par des airs offensés. Lorsque enfin elle se plaint de son mari et l'humilie en lui disant :* « En vérité, vous êtes d'une faiblesse avec vos filles... [3] », *nous croyons entendre Anne-Charlotte-Laure Balzac, née Sallambier... sinon Mme Sallambier elle-même.*

La grand-mère Sallambier, en effet, n'était pas non plus d'humeur facile. Écrivant à sa petite-fille, devenue Laure Surville, elle lui déclare sans ambages : « Ton père est l'homme le plus faible, pour ne pas dire plus, que je connaisse [4]. » *Nous songeons encore à elle, lorsque nous voyons Mme Guillaume régler avec tant de minutie l'emploi du temps de ses filles. La commerçante de la rue Saint-Denis* « exigeait que ses deux filles fussent habillées de grand matin, qu'elles descendissent tous les jours à la même heure et soumettait leurs occupations à une régularité monastique »; *Augustine et Virginie ne lisent que les auteurs dont la lecture leur est permise et n'ont étudié* « que la grammaire, la tenue des livres, un peu d'histoire juive, l'histoire de France dans Le Ragois »; *mais elles*

---

1. 7 juillet 1820 (*Lov*. A 381, f° 73) et 10 octobre 1821 (*ibid.*, f° 92).
2. *La Maison du Chat-qui-pelote*, p. 65.
3. *Ibid.*
4. 17 mai 1822 (*Lov*. A 378, f° 123-124).

sont habiles à « repriser » *et à* « festonner [1] ». *Or nous avons conservé un emploi du temps dressé par Mme Sallambier pour sa fille* [2], *et dont il est vraisemblable que Mme Balzac s'est souvenue pour l'éducation des deux sœurs d'Honoré : il est curieux d'y découvrir des prescriptions du même genre. Laure Sallambier devait se lever à sept heures et suivre ponctuellement l'horaire le plus strict pour les tâches successives de la journée : le* « travail d'utilité », *à savoir* « la couture, le tricot, le feston », *alternait pour elle avec l'étude de la grammaire et la* « lecture de portée de l'âge ».

Nous pourrions certes aller plus loin, observer que les Guillaume ont deux filles comme les Balzac et nous demander si Virginie et Augustine n'emprunteraient pas des traits à Laure et à Laurence. Un tel parallèle serait arbitraire ou décevant, si on voulait le pousser trop loin; mais il est permis de relever une analogie frappante entre les destins d'Augustine Guillaume et de Laurence Balzac. Toutes deux ont été mariées avec un homme de naissance noble qui les a rendues malheureuses et Laurence, comme Augustine, est morte jeune, misérablement.

III

Nous touchons par là même au drame dont Félix Davin a cru pouvoir tirer une leçon conformiste en écrivant que mademoiselle Guillaume expie la faute d'avoir « méconnu l'expérience paternelle [3] ». *Devons-nous penser que l'auteur de*

---

1. *La Maison du Chat-qui-pelote*, p. 38.
2. *Lov.* A 381, fº 267. Ce document a été publié par Mme Durry dans son étude sur *Un Début dans la vie* (Les Cours de Sorbonne, 1953), p. 75.
3. Balzac, *Études de mœurs au XIXᵉ siècle*, Introduction de Félix Davin (tome premier, p. 18).

La Maison du Chat-qui-pelote, *au fond de lui-même, approuve la docilité de Virginie, mariée selon la volonté de son père au triste Joseph Lebas? Ce serait mal le connaître. Les époux Lebas ne sont pas malheureux, sans doute, dans la boutique où ils ont accepté de passer leurs jours; mais ils n'ont pas vécu et la sécurité dont ils jouissent n'a jamais été un idéal balzacien.*

Issu de souche bourgeoise, Balzac connaît bien la bourgeoisie et il est capable d'en apprécier les qualités, mais il est profondément opposé à cette prétendue sagesse qui consiste à s'emprisonner dans une coquille protectrice et à se fermer aux tentations dangereuses, mais exaltantes de la vie : le vrai bonheur, selon lui, ne saurait s'accommoder de l'immobilité. Joseph Lebas, en apprenant que Sommervieux a exposé au Salon la maison du Chat-qui-pelote, déclare : « Cela pourra nous faire vendre quelques aunes de drap de plus [1] » *et M. Guillaume n'est pas même convaincu par ce propos rassurant; les artistes sont à ses yeux des* « meure-de-faim [2] » *et en voilà assez pour les condamner; or, dans le conflit traditionnel qui oppose le Bourgeois à l'Artiste, Balzac prend évidemment parti pour l'Artiste. La preuve nous en est fournie par une série de trois articles parus dans* La Silhouette *en 1830 : la nouvelle s'éclaire à la lumière de ces textes contemporains où le chroniqueur a pu formuler sans ambages sa pensée véritable [3].*

Le problème y est nettement posé, dans des termes qui font directement songer à La Maison du Chat-qui-pelote. [*Les artistes*] « ont-ils tort », *demande Balzac,* « de ne pas se conduire exactement comme un bonnetier de la rue Saint-Denis? ou l'industriel doit-il être blâmé de ne pas comprendre que les arts sont le costume d'une

---

1. *La Maison du Chat-qui-pelote,* p. 50.
2. *Ibid.,* Balzac écrit bien « meure-de-faim ».
3. *O. D.* I, p. 351 sq.

nation, et qu'alors un artiste vaut déjà un bonnetier? » *L'énoncé de la question laisse pressentir la réponse, que la suite de l'analyse exprime de la façon la plus claire. Balzac cherche les raisons de l'insouciance dont l'artiste est accablé par* « les intelligences rétrécies qui ne comprennent pas sa haute mission ». *Alors que le bourgeois, en effet,* « passera devant une statue, un tableau, un drame, aussi froidement que devant un corps de garde », *l'artiste, lui, se livre tout entier à un enthousiasme sacré qui fait de lui un apôtre et un martyr de son art ; il est une créature à la fois privilégiée et maudite, que sa* « seconde vue » *rend aveugle aux mesquineries de l'existence commune et que son génie condamne à une solitude douloureuse, mais glorieuse. Le jeune Balzac définit ainsi, avant Baudelaire, cette* « bénédiction » *que tout créateur reçoit du ciel au prix d'une incompréhension permanente dans la société humaine.*

Sans doute Théodore de Sommervieux, dans La Maison du Chat-qui-pelote, *ne donne-t-il pas l'exemple d'un destin aussi prestigieux. L'écrivain l'a peint de façon nuancée et concrète ; il en fait un dandy, qui aime l'élégance, le plaisir, et qui sacrifie le devoir conjugal au caprice d'une coquette. Mais cette frivolité même est conforme au génie de l'Artiste, qui, notait encore le chroniqueur de* La Silhouette, *n'est en aucune manière* « un homme de suite » *et qui, faute de pouvoir être habité continuellement par l'inspiration, en attend la visite dans une sorte de paresse apparente. Balzac, lui aussi, a vécu, par périodes, en mondain et en dandy ; lui aussi, quand les soucis d'argent ne l'ont pas trop tourmenté, s'est abandonné aux facilités de l'existence, quitte à s'enfermer dans son cabinet, comme Sommervieux dans son atelier, une fois surgie dans son esprit l'idée de l'œuvre à créer. Son héros lui ressemble ; et s'il ne déteste pas M. Guillaume, auquel il reconnaît volontiers les vertus d'un* « brave homme », *c'est à Théodore de Sommervieux que va son intime sympathie.*

Quant à Augustine, il ne lui reproche certainement pas d'avoir écouté la voix de son amour, plutôt que celle de la raison bourgeoise, en répondant aux avances du jeune peintre. Il déplore seulement que l'insuffisance de sa formation intellectuelle et esthétique ne l'ait pas mise en mesure de participer à la vie intérieure de son mari et d'établir ainsi avec lui, une fois dissipée l'ivresse de la lune de miel, ces communications d'âme à âme qui seules pouvaient assurer la solidité de leur union. La faute en est à l'étroitesse des idées de son père et de sa mère, qui l'ont systématiquement maintenue dans les bornes de l'ignorance.

Reportons-nous, à ce propos, aux observations de la Physiologie du mariage. *Balzac qui, ne l'oublions pas, y cultive l'humour et qui, en outre, feint d'y prendre en main la défense des maris, s'est amusé à développer des préceptes analogues à ceux d'Arnolphe dans* L'École des femmes :

> Dans un petit couvent, loin de toute pratique,
> Je la fis élever selon ma politique,
> C'est-à-dire ordonnant quels soins on emploierait
> Pour la rendre idiote autant qu'il se pourrait [1].

Nous lisons ainsi dans la Physiologie du mariage :

« Examinez avec quelle admirable stupidité les filles se sont prêtées aux résultats de l'enseignement qu'on leur a imposé en France ; nous les livrons à des bonnes, à des demoiselles de compagnie, à des gouvernantes qui ont vingt mensonges de coquetterie et de fausse pudeur à leur apprendre contre une idée noble et vraie à leur inculquer. Les filles sont élevées en esclaves et s'habituent à l'idée qu'elles sont au monde pour imiter leurs grand-mères et faire couver des serins de Canarie, composer des

---

1. Molière, *L'École des femmes*, I, 1. Cette pièce est citée dans la *Physiologie*, *Pl*. X, 660.

herbiers, arroser de petits rosiers de Bengale, remplir de la tapisserie ou se monter des cols [1]. »

Balzac se donne l'air d'approuver une telle méthode et invite chaque époux à maintenir son épouse « dans cette belle et noble sphère de connaissances ». *Il déclare qu'après tout* « un homme supérieur en sera quitte pour mettre ses pensées en petite monnaie lorsqu'il voudra être compris de sa femme, si toutefois cet homme supérieur a fait la sottise d'épouser une de ces pauvres créatures au lieu de se marier à une jeune fille de laquelle il aurait éprouvé longtemps l'âme et le cœur ».

Ainsi se trouve énoncé déjà dans la Physiologie *le problème illustré par* La Maison du Chat-qui-pelote. *Augustine est une* « timide créature [2] », *qui essaie en vain de combler les lacunes de son instruction première et qui parvient à devenir un peu moins ignorante, mais non pas à corriger son goût, irrémédiablement gâté dès l'origine par la niaiserie où elle a été entretenue. A vrai dire, Balzac n'a pas assez grande confiance dans les ressources du génie féminin pour croire que tout homme supérieur puisse trouver une femme supérieure à sa mesure et il ne pense même pas que de telles unions soient recommandables. Mais il pense, et il a écrit dans la* Physiologie, *qu'il existe de ces nobles compagnes* « qui ne cherchent d'autre gloire que celle de bien rendre leur rôle, se pliant avec une étonnante souplesse aux plaisirs et aux volontés de ceux que la nature leur a donnés pour maîtres ; s'élevant tour à tour dans les immenses sphères de la pensée et s'abaissant à la simple tâche de les amuser comme des enfants ; comprenant les

---

1. *Pl.* X, pp. 710-711.
2. *La Maison du Chat-qui-pelote*, p. 100.

bizarreries de ces âmes si fortement tourmentées, et
les moindres paroles et les regards les plus vagues ;
heureuses du silence, heureuses de la diffusion ; devinant enfin que les plaisirs, les idées et la morale d'un
lord Byron ne doivent pas être ceux d'un bonnetier [1] ».
Dans l'un des articles de la série Des Artistes, *il donne
l'exemple de la Fornarina et de Madame de La Sablière, qui*
« attendrissent tous les amis de Raphaël et de La Fontaine [2] ».

*Balzac ne condamne donc pas Augustine et ne saurait
même lui faire grief d'être ce qu'elle est, puisqu'une autre éducation aurait pu la rendre différente ; il constate seulement
qu'en de pareilles conjonctures son mariage ne pouvait être
heureux. Encore incline-t-il à penser qu'elle n'a peut-être
pas choisi la plus mauvaise part, en définitive, malgré la
cruauté de son destin. Augustine elle-même en prend conscience,
au sein de sa détresse :* « Songeant aux délices premières
de son union, elle comprit toute l'étendue de son
bonheur passé et convint en elle-même qu'une si
riche moisson d'amour était une vie tout entière
qui ne pouvait se payer que par des malheurs [3]. »
De même, un peu plus loin, considérant l' « espèce d'existence mécanique et instinctive, semblable à celle des
castors », *où ses parents demeurent plongés, elle éprouve un*
« orgueil de ses chagrins, en pensant qu'ils prenaient
leur source dans un bonheur de dix-huit mois qui valait
à ses yeux mille existences comme celle dont elle comprenait actuellement tout le vide [4] ».

---

1. *Pl.* X, 713.
2. *O. D.* I, 355.
3. *La Maison du Chat-qui-pelote*, p. 78.
4. *Ibid.*, p. 83. On pourrait croire, en lisant les *Mémoires de deux
jeunes mariées*, que la pensée de Balzac s'est embourgeoisée en mûris-
sant. Il garde cependant sa sympathie pour les imprudences de la

Telle est la leçon la plus profonde, sinon la seule, de cette nouvelle balzacienne. Sans doute un mariage mal assorti doit-il être considéré comme une erreur. Mais quelles que soient les conséquences de cette erreur, peut-être faut-il la préférer aux trop sages associations d'intérêts que la coutume bourgeoise prétend ériger en exemples. Augustine est morte jeune et après avoir beaucoup souffert; mais avant de souffrir, elle a vécu; son amour a donné un sens à son existence, et c'est peut-être elle qui a raison, contre la Raison. Ainsi, dans cette nouvelle réaliste où de bons bourgeois de Paris sont décrits tels qu'ils sont, avec leurs défauts, mais aussi avec leurs mérites, se devine la protestation d'un homme qui oppose à la morne prudence d'une sagesse terre à terre les élans aventureux de la passion romantique.

---

passion. M. Roger Pierrot cite cette déclaration significative, dans une lettre à George Sand, dédicataire de ces *Mémoires* : « J'aimerais mieux être tué par Louise que de vivre longtemps avec Renée » (*Pl.* XI, 986).

LA MAISON

DU

CHAT-QUI-PELOTE [a]

DÉDIÉ A

MADEMOISELLE MARIE DE MONTHEAU [1b]

---

1. « Marie de Montheau est la fille de Camille Delannoy, l'amie de ma sœur, et la petite-fille de Mme Delannoy, qui est comme une mère pour moi » (*Étr.* II, 116). Mme Delannoy, née Joséphine Doumerc, demeurait liée avec la mère de l'écrivain, qui avait été jadis sa dame de compagnie. Elle était souvent venue en aide à Balzac dans ses difficultés d'argent et s'était montrée la plus patiente des créancières.

LA MAISON
DU CHAT-QUI-PELOTE

AU milieu de la rue Saint-Denis, presque au coin
de la rue du Petit-Lion [1], existait naguère [2a] une
de ces maisons précieuses [b] qui donnent aux historiens [c]
la facilité de reconstruire par analogie l'ancien Paris [3d].
Les murs menaçants de cette bicoque semblaient avoir
été bariolés [e] d'hiéroglyphes. Quel autre nom le flâneur [4] pouvait-il donner aux X et aux V que traçaient [f]
sur la façade les pièces de bois transversales ou diago-

---

1. La rue du Petit-Lion a disparu, sous le second Empire, lorsque
la rue Tiquetonne fut prolongée jusqu'à la rue Saint-Denis.

2. La rue Saint-Denis venait de subir des transformations profondes
alors que Balzac écrivait sa nouvelle, en 1829 (voir Dr Vimont, *Histoire
de la rue Saint-Denis*, III, pp. 34 sq.) Aussi peut-il se donner la commodité de présenter comme ayant existé à une date encore récente la
maison qu'il s'apprête à décrire.

3. Balzac évoque dans le même esprit, au début d'*Une Double Famille*,
un dédale de vieilles rues « où les antiquaires peuvent encore admirer
quelques singularités historiques ». Plus tard, dans *Les Petits Bourgeois*
(p. 5), il rappellera la maison du Chat-qui-pelote et, dans un article
de la même époque, se flattera implicitement d'avoir contribué par
ses descriptions à préserver le souvenir des quartiers détruits : « Le
vieux Paris n'existera plus que dans les ouvrages des romanciers
assez courageux pour décrire fidèlement les derniers vestiges de l'archi-
tecture de nos pères » (*Ce qui disparaît de Paris*, O.D. III, 606).

4. Dans la *Physiologie du mariage*, Balzac a fait l'éloge de la flânerie :
« Flâner est une science, c'est la gastronomie de l'œil; se promener,
c'est végéter, flâner, c'est vivre » (*Pl.* X, 620). Les premières pages
de *Ferragus*, écrites en 1833, renferment des considérations plus
explicites à la gloire du flâneur parisien (*Histoire des Treize*, p. 41).

nales dessinées dans le badigeon [a] par de petites lézardes
parallèles? Évidemment, au passage de la plus légère
voiture, chacune de ces solives s'agitait dans sa mor-
taise. Ce vénérable édifice était surmonté d'un toit
triangulaire dont aucun modèle ne se verra bientôt
plus à Paris. Cette couverture, tordue par les intem-
péries du climat parisien, s'avançait de trois pieds sur
la rue, autant pour garantir des eaux pluviales le seuil
de la porte que pour abriter le mur d'un grenier et sa
lucarne sans appui. Ce dernier étage fut construit en
planches clouées l'une sur l'autre comme des ardoises,
afin sans doute de ne pas charger cette frêle maison [b].

Par une matinée pluvieuse, au mois de mars [c], un
jeune homme, soigneusement enveloppé dans son
manteau, se tenait sous l'auvent d'une boutique en
face [d] de ce vieux logis, qu'il examinait avec un enthousiasme d'archéologue [e]. A la vérité, ce débris de la
bourgeoisie du seizième [f] siècle offrait à l'observateur
plus d'un problème à résoudre. A chaque étage, une
singularité : au premier, quatre fenêtres longues,
étroites, rapprochées l'une de l'autre, avaient des carreaux de bois dans leur partie inférieure, afin de produire ce jour douteux, à la faveur duquel un habile
marchand prête aux étoffes la couleur souhaitée par ses
chalands. Le jeune homme semblait plein de dédain
pour cette partie essentielle de la maison, ses yeux ne
s'y étaient pas encore arrêtés. Les fenêtres du second
étage, dont les jalousies relevées laissaient voir, au
travers de grands carreaux en verre de Bohème, de
petits rideaux de mousseline rousse, ne l'intéressaient
pas davantage. Son attention se portait particulièrement au troisième, sur d'humbles croisées dont le
bois travaillé grossièrement aurait mérité d'être placé
au Conservatoire des arts et métiers [1] pour y indiquer

---

1. Le Conservatoire des arts et métiers, installé sous la Révolution
dans l'abbaye Saint-Martin, a reçu en dépôt, notait déjà un contempo-

les premiers efforts de la menuiserie française. Ces croisées avaient de petites vitres d'une couleur si verte, que, sans son excellente vue, le jeune homme n'aurait pu apercevoir les rideaux de toile à carreaux bleus qui cachaient les mystères de cet appartement aux yeux profanes. Parfois, cet observateur, ennuyé [a] de sa contemplation sans résultat, ou du silence dans lequel la maison était ensevelie, ainsi que tout le quartier, abaissait ses regards vers les régions inférieures. Un sourire involontaire se dessinait alors sur ses lèvres [b], quand il revoyait la boutique où se rencontraient en effet des choses assez risibles [c]. Une formidable pièce de bois, horizontalement appuyée sur quatre piliers qui paraissaient courbés par le poids de cette maison décrépite, avait été rechampie d'autant [d] de couches de diverses peintures que la joue d'une vieille duchesse en a reçu de rouge [1e]. Au milieu de cette large poutre mignardement sculptée se trouvait un antique tableau représentant un chat qui pelotait. Cette toile causait la gaieté [f] du jeune homme. Mais il faut dire que le plus spirituel des peintres modernes n'inventerait pas de charge si comique [g]. L'animal tenait dans une de ses pattes de devant une raquette aussi grande que lui, et se dressait sur ses pattes de derrière pour mirer une énorme balle que lui renvoyait un gentilhomme en habit brodé. Dessin, couleurs, accessoires, tout était traité de manière à faire croire que l'artiste avait voulu se moquer du marchand et

---

rain de Balzac, « les modèles de toutes les inventions, les machines rares et anciennes, les chefs-d'œuvre de la mécanique, etc. » (*Voyages de Paul Béranger après quarante-cinq ans d'absence*, Paris 1819.) Vautrin suggère d'y déposer le vieux « fétiche » La Fayette (*Le Père Goriot*, p. 130).

1. Dans *La Paix du ménage*, nouvelle rédigée en juillet 1829, quelques mois avant *La Maison du Chat-qui-pelote*, apparaissait une « vieille duchesse », Mme de Lansac (devenue Mme de Grandlieu dans le texte définitif), qui « se couvrait les joues de tant de rouge que ses rides ne paraissaient presque plus ».

des passants [a]. En altérant cette peinture naïve, le temps l'avait rendue encore plus grotesque [1] par quelques incertitudes qui devaient inquiéter de consciencieux flâneurs [b]. Ainsi la queue mouchetée du chat était découpée de telle sorte qu'on pouvait la prendre pour un spectateur, tant la queue des chats de nos ancêtres était grosse, haute et fournie. A droite du tableau, sur un champ d'azur qui déguisait imparfaitement la pourriture du bois, les passants lisaient GUILLAUME; et à gauche, SUCCESSEUR DU SIEUR CHEVREL. Le soleil et la pluie avaient rongé[c] la plus grande partie de l'or moulu parcimonieusement appliqué sur les lettres de cette inscription, dans laquelle les U remplaçaient les V et réciproquement, selon les lois de notre ancienne orthographe [d]. Afin de rabattre l'orgueil de ceux qui croient que le monde devient de jour en jour plus spirituel, et que le moderne charlatanisme surpasse tout, il convient de faire observer ici que ces enseignes, dont l'étymologie semble bizarre à plus d'un négociant parisien [2], sont les tableaux morts de vivants tableaux à l'aide desquels nos espiègles ancêtres avaient réussi à amener les chalands dans

---

1. En soulignant l'aspect « comique » ou « grotesque » de cette enseigne, à laquelle nous trouverions volontiers du charme, Balzac est d'accord avec le goût de ses contemporains. « Tant de grossières absurdités vont enfin disparaître », s'écrie Étienne de Jouy, désespérant de trouver un rapport logique entre les enseignes et les professions *(L'Hermite de la Chaussée d'Antin)*. Et lady Morgan : « Je ne connais rien de plus amusant que les allusions classiques et les devises sentimentales qu'on trouve dans les enseignes et l'absurdité de leur application ajoute beaucoup au ridicule de leur effet » *(La France,* I, 54).

2. On peut se demander effectivement, à la manière de lady Morgan ou de l'Hermite, quel rapport existe entre un chat qui joue à la longue paume et un commerce de draperie. Dans son *Histoire des enseignes de Paris* (p. 276), E. Fournier note, sans prendre l'explication à son compte, que, selon certains, le Chat-qui-pelote serait une enseigne à rébus (Chaque y pelote, chacun y trouve son profit). Nous voyons ici que Balzac songe à une autre origine.

leurs maisons. Ainsi la Truie-qui-file, le Singe-vert [1a],
etc., furent des animaux en cage dont l'adresse émer-
veillait les passants, et dont l'éducation prouvait la
patience de l'industriel au quinzième siècle [2]. De semblables curiosités enrichissaient plus vite leurs heureux
possesseurs que les Providence, les Bonne-foi, les
Grâce-de-Dieu et les Décollation de saint Jean-Baptiste
qui se voient encore rue Saint-Denis [3]. Cependant
l'inconnu ne restait certes pas là pour admirer ce chat,
qu'un moment d'attention suffisait à graver dans la
mémoire [b]. Ce jeune homme avait aussi ses singularités.
Son manteau, plissé dans le goût des draperies antiques, laissait voir une élégante chaussure, d'autant
plus remarquable au milieu de la boue parisienne, qu'il
portait des bas de soie blancs dont les mouchetures
attestaient son impatience. Il sortait sans doute d'une
noce ou d'un bal, car à cette heure matinale il tenait à
la main des gants blancs [4], et les boucles de ses cheveux
noirs défrisés, éparpillées sur ses épaules, indiquaient

---

1. Selon Fournier *(op. cit., passim)*, il y avait autrefois à Paris
une vingtaine de *Singe-vert* et quatre ou cinq *Truie-qui-file*, dont le
type originel était une statue en pierre, rue Saint-Antoine : « Rien
n'était plus populaire que cette enseigne-là. » Le *Dictionnaire des
enseignes* imprimé par Balzac (*O.D.* I, 184) signalait déjà une enseigne
A la Truie-qui-file rue du Marché aux Poirées (près de la rue de la
Cossonnerie). Mais le répertoire dressé par le Dr Vimont révèle
qu'il y a eu aussi dans la rue Saint-Denis même une *Truie-qui-file...*
et deux *Singe-vert* (*op. cit.* III, pp. 257 sq.). Au lieu du Singe-vert,
on lisait dans le manuscrit « le Chat-qui-pelotait » : Balzac désignait
donc explicitement cette dernière enseigne parmi celles qui tireraient
leur origine d'anciens tableaux vivants.

2. C'est au XVe siècle, et non au XVIe comme dans le texte définitif,
que Balzac, dans le manuscrit et les premières éditions, faisait remonter
la Maison du Chat-qui-pelote.

3. Ces diverses enseignes ont été retrouvées et répertoriées rue
Saint-Denis par le Dr Vimont *(loc. cit.)*.

4. « Ce serait une étude curieuse que celle du caractère et des
actions par l'inspection des gants au lendemain d'un bal ou d'un
rout » (*Étude de mœurs par les gants*, *O.D.* II, 208).

une coiffure à la Caracalla [1], mise à la mode autant par
l'École de David que par cet engouement pour les
formes grecques et romaines qui marqua les premières
années de ce siècle. Malgré le bruit que faisaient quelques maraîchers attardés passant au galop pour se
rendre à la grande halle [2], cette rue si agitée avait alors
un calme dont la magie n'est connue que de ceux qui
ont erré dans Paris désert, à ces heures où son tapage,
un moment apaisé, renaît et s'entend dans le lointain
comme la grande voix de la mer [3]. Cet étrange jeune
homme devait être aussi curieux pour les commerçants
du Chat-qui-pelote, que le Chat-qui-pelote l'était pour
lui. Une cravate éblouissante de blancheur [4] rendait
sa figure tourmentée encore plus pâle qu'elle ne l'était
réellement. Le feu tour à tour sombre et pétillant que
jetaient ses yeux noirs s'harmoniait [5] avec les contours
bizarres de son visage, avec sa bouche large et sinueuse
qui se contractait en souriant. Son front, ridé par une
contrariété violente, avait quelque chose de fatal. Le
front n'est-il pas ce qui se trouve de plus prophétique

---

1. Sur le modèle du buste antique de Caracalla, très répandu dans
les ateliers sous l'Empire. Mais la coiffure est à refaire, car les bustes
de Caracalla montrent des cheveux frisés, courts et drus, alors que le
jeune homme a des cheveux « défrisés » dont les boucles sont « éparpillées sur les épaules ».

2. L'Hermite de la Chaussée d'Antin se plaignait pour ce quartier,
en 1812, du « voisinage de la Halle », fâcheux « pour les gens qui
n'ont pas le sommeil dur »

3. Auguste Luchet, en 1830, donne les rues Saint-Denis et Saint-
Martin pour « les plus bruyantes de Paris »; il y note « un encombre-
ment perpétuel [...] un murmure de pas, de conversations, de cris
divers qui commence à quatre heures du matin et ne cesse qu'à minuit »
(*Esquisses dédiées au peuple parisien*, p. 158).

4. La cravate est devenue « le criterium auquel on reconnaîtrait
l'homme comme il faut », écrit Balzac dans la *Physiologie de la toilette*
(*O.D.* II, 47).

5. L'emploi du verbe *harmonier* là où nous écrivons aujourd'hui
harmoniser est courant chez Balzac.

en l'homme [1]? Quand celui de l'inconnu exprimait
la passion, les plis qui s'y formaient causaient une sorte
d'effroi par la vigueur avec laquelle ils se prononçaient; mais lorsqu'il reprenait son calme, si facile à
troubler, il y respirait une grâce lumineuse qui rendait
attrayante cette physionomie où la joie, la douleur,
l'amour, la colère, le dédain éclataient d'une manière
si communicative que l'homme le plus froid en devait
être impressionné [2a]. Cet inconnu se dépitait si bien
au moment où l'on ouvrit précipitamment [b] la lucarne
du grenier, qu'il n'y vit pas apparaître trois joyeuses
figures rondelettes, blanches, roses, mais aussi communes que le sont les figures du Commerce sculptées
sur certains monuments [3]. Ces trois faces, encadrées
par la lucarne, rappelaient les [c] têtes d'anges bouffis
semés dans les nuages qui accompagnent le Père
éternel [d]. Les apprentis respirèrent les émanations [e]
de la rue avec une avidité qui démontrait combien
l'atmosphère de leur grenier était chaude et méphi-
tique. Après avoir indiqué ce singulier factionnaire,
le commis qui paraissait être le plus jovial [f] disparut

1. « La peau du front, sa position, sa couleur, sa tension ou son
relâchement font connaître les passions de l'âme, l'état actuel de notre
esprit. En d'autres termes, la partie solide du front indique la mesure
interne de nos facultés, et la partie mobile l'usage que nous en faisons »,
lit-on dans le « Lavater » dont Balzac possédait l'édition de 1820
en dix volumes ; et encore : « L'œil et le front semblent être les traits
physionomiques les plus décisifs de l'artiste » (*Les Physionomies d'artistes
célèbres,* dans le tome VI).

2. De ce personnage d'artiste, Balzac a tracé une lointaine esquisse
en Jacob del Ryès, héros du roman de jeunesse inachevé *Sténie* (1820-21,
éd. Prioult, p. 57) : « Ses cheveux, ses yeux sont noirs » et « la fierté
qui réside en son œil d'aigle et sur son front » contraste avec une
grâce presque féminine. Le héros de *La Maison du Chat-qui-pelote*
illustre, comme del Ryès, le type de l'artiste, tel que Balzac l'a conçu
et défini dans son essai *Des artistes* (*O.D.* I, pp. 351 sq.).

3. Ce passage paraît évoquer la scène allégorique originellement
dessinée par Antoine Coypel et figurant des Amours remuant des
ballots sous les ordres de Mercure.

et revint en tenant à la main un instrument dont le
métal inflexible a été récemment remplacé par un cuir
souple [1a] ; puis tous prirent une expression malicieuse
en regardant le badaud qu'ils aspergèrent [b] d'une pluie
fine et blanchâtre dont le parfum prouvait que les trois
mentons venaient d'être rasés. Élevés sur la pointe
de leurs pieds et réfugiés au fond de leur grenier pour
jouir de la colère de leur victime, les commis cessèrent
de rire en voyant l'insouciant dédain avec lequel le
jeune homme secoua son manteau, et le profond mépris
que peignit sa figure quand il leva les yeux sur la lucarne
vide. En ce moment, une main blanche et délicate fit
remonter vers l'imposte la partie inférieure d'une des
grossières croisées du troisième étage, au moyen de
ces coulisses dont le tourniquet laisse souvent tomber
à l'improviste le lourd vitrage qu'il doit retenir. Le
passant [c] fut alors récompensé de sa longue attente.
La figure d'une jeune fille, fraîche comme un de ces
blancs calices qui fleurissent au sein des eaux, se montra
couronnée d'une ruche en mousseline froissée qui
donnait à sa tête [d] un air d'innocence admirable.
Quoique couverts d'une étoffe brune, son cou, ses
épaules s'apercevaient, grâce à de légers interstices
ménagés par les mouvements du sommeil. Aucune
expression de contrainte n'altérait ni l'ingénuité de
ce visage, ni le calme de ces yeux immortalisés par
avance dans les sublimes compositions de Raphaël [2] :

---

1. Il s'agit apparemment d'un clysopompe et nous avons là le
premier exemple dans *La Comédie humaine* de ces farces d'apprentis
que Balzac se plaît à décrire en souvenir de sa propre jeunesse. Il
en prêtera d'autres à des clercs dans *Le Colonel Chabert* et *Un Début
dans la vie.*

2. Balzac voyait déjà sa sœur Laure, quand elle était âgée de vingt
ans, avec un « joli petit visage de vierge de Raphaël » (*Corr.* Pierrot,
I, 117). Les comparaisons de ce genre sont devenues ordinaires sous
sa plume et Raphaël est constamment cité dans *La Comédie humaine,*
comme en fait foi l'abondante notice du D[r] Lotte dans son *Index
des personnes réelles* (Pl. XI, 1259).

c'était la même grâce, la même tranquillité de ces vierges devenues proverbiales [a]. Il existait un charmant contraste produit par la jeunesse des joues de cette figure, sur laquelle le sommeil avait comme mis en relief [b] une surabondance de vie, et par la vieillesse de cette fenêtre massive aux contours grossiers, dont l'appui était noir. Semblable à ces fleurs de jour qui n'ont pas encore au matin déplié leur tunique roulée par le froid des nuits, la jeune fille, à peine éveillée, laissa errer ses yeux bleus sur les toits voisins et regarda le ciel; puis, par une sorte d'habitude, elle les baissa sur les sombres régions de la rue, où ils rencontrèrent aussitôt ceux de son adorateur [c] : la coquetterie la fit sans doute souffrir d'être vue en déshabillé [d], elle se retira vivement en arrière, le tourniquet tout usé tourna, la croisée redescendit avec cette rapidité qui, de nos jours, a valu un nom odieux à cette naïve [e] invention de nos ancêtres [1], et la vision disparut. Pour ce jeune homme, la plus brillante des étoiles du matin semblait avoir été soudain cachée par un nuage.

Pendant ces petits événements, les lourds volets intérieurs qui défendaient le léger vitrage [f] de la boutique du Chat-qui-pelote avaient été enlevés comme par magie [2]. La vieille porte à heurtoir fut repliée sur le mur intérieur de la maison par un serviteur vraisemblablement contemporain de l'enseigne, qui d'une main tremblante y attacha le morceau de drap carré

---

1. Il s'agit bien entendu de fenêtres à guillotine.
2. On a vu plus haut que l'heure est « matinale », mais il est constant qu'on se lève, dans l'industrieuse rue Saint-Denis, plus tôt que dans la plupart des autres rues de Paris. « J'entrai mardi dernier au Palais-Royal », écrit l'Hermite, « à huit heures du matin, après avoir été faire quelques emplettes dans la rue Saint-Denis. Le premier contraste dont je fus frappé fut celui du mouvement qui régnait dans ce quartier et du repos qu'à la même heure je trouvais dans l'autre. Tous les marchands de la rue Saint-Denis étaient depuis longtemps à leurs comptoirs ; tous les magasins du Palais-Royal, excepté ceux des comestibles, étaient encore fermés ».

sur lequel était brodé en soie jaune le nom de *Guillaume* [a]
successeur de Chevrel. Il eût été difficile à plus d'un
passant de deviner le genre de commerce de monsieur
Guillaume. A travers les gros barreaux de fer qui
protégeaient extérieurement sa boutique, à peine y
apercevait-on [b] des paquets enveloppés de toile brune
aussi nombreux que des harengs quand ils traversent [c]
l'Océan. Malgré l'apparente simplicité de cette gothique
façade, monsieur Guillaume était de tous les marchands drapiers de Paris celui dont les magasins se
trouvaient toujours le mieux fournis, dont les relations
avaient le plus d'étendue, et dont la probité commerciale ne souffrait pas le moindre soupçon [1d]. Si
quelques-uns de ses confrères concluaient des marchés
avec le gouvernement sans avoir la quantité de drap
voulue [e], il était toujours prêt à la leur livrer [f], quelque
considérable que fût le nombre de pièces soumissionnées [g]. Le rusé négociant connaissait [h] mille manières
de s'attribuer [i] le plus fort bénéfice sans se trouver
obligé, comme eux, de courir chez des protecteurs, y
faire des bassesses ou de riches présents. Si les confrères [j] ne pouvaient le payer qu'en excellentes traites
un peu longues, il indiquait son notaire comme un
homme accommodant, et savait encore tirer une
seconde mouture du sac, grâce à cet expédient
qui faisait dire proverbialement aux négociants de la
rue Saint-Denis : — Dieu vous garde du notaire de
monsieur Guillaume! pour désigner un escompte
onéreux [2]. Le vieux négociant se trouva debout
comme par miracle, sur le seuil de sa boutique, au

---

1. La phrase boite à la suite d'une ultime et malencontreuse correction, prescrite par Balzac en marge de son exemplaire personnel de
La Comédie humaine, dit Furne corrigé (voir la variante, p. 332).

2. Balzac a signalé déja certains services onéreux ainsi rendus par
des notaires pour le compte de leurs clients dans le *Code des gens honnêtes* (O. D. II, pp. 120 sq.). On sait qu'il avait accompli en 1818-1819
un stage de notariat chez Me Passez, un ami de sa famille.

moment où le domestique se retira. Monsieur Guillaume regarda la rue Saint-Denis, les boutiques voisines et le temps, comme un homme qui débarque au Havre et revoit la France après un long voyage. Bien convaincu que rien n'avait changé pendant son sommeil, il aperçut alors le passant en faction, qui de son côté contemplait le patriarche de la draperie comme Humboldt dut examiner le premier gymnote électrique[a] qu'il vit en Amérique[1]. Monsieur Guillaume portait de larges culottes de velours noir, des bas chinés et des souliers carrés à boucles d'argent. Son habit à pans carrés, à basques carrées, à collet carré[2], enveloppait[b] son corps légèrement voûté d'un drap verdâtre[c] garni de grands boutons en métal blanc mais rougis par l'usage. Ses cheveux gris étaient si exactement aplatis et peignés sur son crâne jaune, qu'ils le faisaient ressembler à un champ sillonné. Ses petits yeux verts[d], percés comme avec une vrille, flamboyaient[e] sous deux arcs marqués d'une faible rougeur à défaut de sourcils. Les inquiétudes avaient tracé sur son front des rides horizontales aussi nombreuses que les plis de son habit[f]. Cette figure blême annonçait la patience, la sagesse commerciale, et l'espèce de cupidité rusée que réclament les affaires. A cette époque on voyait moins rarement qu'aujourd'hui de ces vieilles familles où se conservaient, comme de précieuses traditions, les mœurs, les costumes caractéristiques de leurs professions, et restées au

---

1. Ces poissons, sortes d'anguilles gigantesques, pourvus d'une propriété électrique qu'ils exercent pour l'attaque et la défense, ont été observés par Humboldt lors de sa navigation sur l'Orénoque en 1800 et décrits dans le récit de son voyage.

2. Selon Mme Jeanne Reboul, ce goût des détails « carrés » dans le costume, partagé par le notaire Mathias dans *Le Contrat de mariage,* correspond à cette époque dans l'esprit de Balzac, adepte de la méthode inductive et intuitive d'un Lavater, à « une certaine conscience professionnelle de l'ancien temps » (*Balzac et la Vestignomonie,* dans la *Revue d'Histoire littéraire de la France,* 1950, p. 223).

milieu de la civilisation nouvelle comme ces débris antédiluviens retrouvés par Cuvier dans les car- rières [1a]. Le chef de la famille Guillaume était un de ces notables gardiens des anciens usages : on le sur- prenait à regretter[b] le Prévôt des Marchands, et jamais il ne parlait d'un jugement du tribunal de commerce sans le nommer la *sentence des consuls* [2]. Levé sans doute en vertu de ces coutumes le premier de sa mai- son, il attendait de pied ferme l'arrivée de ses trois commis, pour les gourmander en cas de retard. Ces jeunes disciples de Mercure ne connaissaient rien de plus redoutable que l'activité silencieuse avec laquelle le patron scrutait leurs visages et leurs mouvements, le lundi matin, en y recherchant les preuves ou les traces de leurs escapades. Mais, en ce moment, le vieux drapier ne fit aucune attention à ses apprentis, il était occupé à chercher le motif de la sollicitude avec laquelle le jeune homme en bas de soie et en man- teau portait alternativement les yeux sur son enseigne et sur les profondeurs de son magasin. Le jour, devenu plus éclatant, permettait d'y apercevoir le bureau gril- lagé, entouré de rideaux en vieille soie verte, où se tenaient les livres immenses, oracles muets de la mai- son. Le trop curieux étranger semblait convoiter ce petit local, y prendre le plan d'une salle à manger latérale, éclairée par un vitrage pratiqué dans le pla- fond, et d'où la famille réunie devait facilement voir,

--- ---

1. Balzac songe aux *Recherches sur les ossements fossiles* de Cuvier, publiées sous la Restauration. Il évoque encore dans un article de *La Caricature* « les *anaplothérions* regrettés et retrouvés çà et là par M. Cuvier » (*O. D.* II, 194).

2. A la date où se déroule le récit (1810-1811, voir p. 54, n. 2), le tribunal de commerce, créé par le code de 1808, est une institu- tion toute récente. Sous l'Ancien Régime, la justice en matière commer- ciale était rendue par des « juges-consuls ». La fidélité de M. Guillaume à l'ancien vocabulaire, dont un autre exemple sera donné p. 56, est un trait de caractère, comme celle du marquis d'Esgrignon qui, dans *Le Cabinet des Antiques* (p. 59), dit *tailles* au lieu d'*impôts*.

pendant ses repas, les plus légers accidents qui pouvaient arriver sur le seuil de la boutique. Un si grand
amour pour son logis paraissait suspect à un négociant qui avait subi le régime du Maximum [1a]. Monsieur Guillaume pensait donc assez naturellement que
cette figure sinistre en voulait à la caisse du Chat-
qui-pelote [b]. Après avoir discrètement joui du duel
muet qui avait lieu entre son patron et l'inconnu,
le plus âgé des commis hasarda de se placer sur la
dalle où était monsieur Guillaume, en voyant le jeune
homme contempler à la dérobée les croisées du troisième. Il fit deux pas dans la rue, leva la tête, et crut
avoir aperçu mademoiselle Augustine Guillaume qui
se retirait avec précipitation. Mécontent de la perspicacité de son premier commis, le drapier lui lança
un regard de travers; mais tout à coup les craintes
mutuelles que la présence de ce passant excitait dans
l'âme du marchand et de l'amoureux commis se cal-
mèrent. L'inconnu héla [c] un fiacre qui se rendait à
une place voisine, et y monta rapidement en affectant
une trompeuse indifférence. Ce départ mit un certain
baume dans le cœur des autres commis, assez inquiets
de retrouver la victime de leur plaisanterie [d].

— Eh bien, messieurs, qu'avez-vous donc à rester là,
les bras croisés? dit monsieur Guillaume à ses trois
néophytes. Mais autrefois, sarpejeu, quand j'étais
chez le sieur Chevrel, j'avais déjà visité plus de deux
pièces de drap.

— Il faisait donc jour de meilleure heure, dit le
second commis que cette tâche concernait.

Le vieux négociant ne put s'empêcher de sourire.
Quoique deux de ces trois jeunes gens, confiés à ses
soins par leurs pères, riches manufacturiers [e] de
Louviers et Sedan, n'eussent qu'à demander cent
mille francs [f] pour les avoir, le jour où ils seraient en

---

1. Le régime du Maximum est le régime de taxation décrété le
2 mai 1793 contre l'agiotage et l'accaparement.

âge de s'établir, Guillaume croyait de son devoir de
les tenir sous la férule d'un antique despotisme inconnu
de nos jours dans les brillants magasins modernes dont
les commis veulent être riches à trente ans : il les faisait travailler comme des nègres. A eux trois, ces commis suffisaient [1] à une besogne qui aurait mis sur les
dents dix de ces employés dont le sybaritisme enfle
aujourd'hui les colonnes du budget [2]. Aucun bruit ne
troublait la paix de cette maison solennelle, où les gonds
semblaient toujours huilés, et dont le moindre meuble
avait cette propreté respectable qui annonce un ordre
et une économie sévères. Souvent, le plus espiègle
des commis s'était amusé à écrire sur le fromage de
Gruyère qu'on leur abandonnait au déjeuner, et qu'ils
se plaisaient à respecter [a], la date de sa réception primitive. Cette malice et quelques autres semblables
faisaient parfois sourire la plus jeune des deux filles
de Guillaume, la jolie vierge qui venait d'apparaître
au passant enchanté. Quoique chacun des apprentis,
et même le plus ancien [b], payât une forte pension,
aucun d'eux n'eût été assez hardi pour rester à la
table du patron au moment où le dessert y était servi.
Lorsque madame Guillaume parlait d'accommoder la
salade, ces pauvres jeunes gens tremblaient en songeant
avec quelle parcimonie sa prudente [c] main savait y
épancher [d] l'huile. Il ne fallait pas qu'ils s'avisassent de
passer une nuit dehors sans avoir donné longtemps
à l'avance un motif plausible de cette irrégularité.
Chaque dimanche, et à tour de rôle, deux commis
accompagnaient la famille Guillaume à la messe de

---

1. « Autrefois les négociants en étoffes avaient tout au plus trois
ou quatre commis [...] Aujourd'hui quinze, dix-huit, vingt commis :
j'en ai vingt-deux », s'écrie M. Bertrand, négociant rue Saint-Denis,
dans *Les Trois Quartiers* de Picard et Mazères. Nous sommes alors
en 1827 et non plus vers 1810.

2. Balzac effleure un problème qu'il abordera en grand détail dans
Les Employés.

Saint-Leu et aux vêpres [1]. Mesdemoiselles Virginie et Augustine, modestement vêtues d'indienne [2], prenaient chacune le bras d'un commis et marchaient en avant, sous les yeux perçants de leur mère, qui fermait ce petit cortège domestique avec son mari accoutumé par elle à porter deux gros paroissiens reliés en maroquin noir. Le second commis n'avait pas d'appointements. Quant à celui que douze [a] ans de persévérance et de discrétion initiaient aux secrets de la maison, il recevait huit cents francs [3] en récompense de ses labeurs. A certaines fêtes de famille, il était gratifié de quelques cadeaux auxquels la main sèche et ridée de madame Guillaume donnait seule du prix : des bourses en filet qu'elle avait soin d'emplir [b] de coton pour faire valoir leurs dessins [c] à jour, des bretelles fortement conditionnées, ou des paires de bas de soie bien lourdes. Quelquefois, mais rarement, ce premier ministre était admis à partager les plaisirs de la famille soit quand elle allait à la campagne, soit quand après des mois d'attente elle se décidait à user de son droit à demander, en louant une loge, une pièce à laquelle Paris ne pensait plus [d]. Quant aux trois [4e] autres commis, la barrière de respect qui séparait jadis un maître drapier de ses apprentis était placée si fortement entre eux et le vieux négociant, qu'il leur eût été plus facile de voler une pièce de drap que de déranger cette auguste étiquette. Cette réserve peut paraître

---

1. Moins de cent mètres à parcourir dans la direction du Châtelet, et la rue à traverser...

2. L'indienne est une étoffe de coton peinte ou imprimée, dont la fabrication, d'origine hindoue, avait été introduite en France vers 1760 par Oberkampf.

3. Huit cents francs par an, sans aucun doute.

4. Il a été indiqué plus haut que M. Guillaume attendait « ses trois commis » (p. 32). La contradiction est flagrante et vient du « Furne corrigé », où Balzac a substitué ici « trois » à « deux » (et de même, plus loin, « cinq » à « quatre », voir p. 53), sans prévoir les incidences nécessaires d'une telle correction.

ridicule aujourd'hui; mais ces vieilles maisons étaient
des écoles de mœurs et de probité. Les maîtres adop-
taient leurs apprentis. Le linge d'un jeune homme était
soigné, réparé, quelquefois renouvelé par la maîtresse
de la maison. Un commis tombait-il malade, il devenait
l'objet de ª soins vraiment maternels. En cas de danger, le patron prodiguait son argent pour appeler les
plus célèbres docteurs ᵇ; car il ne répondait pas seulement des mœurs ᶜ et du savoir de ces jeunes gens à
leurs parents. Si l'un d'eux, honorable par le caractère,
éprouvait quelque désastre, ces vieux négociants
savaient apprécier l'intelligence qu'ils avaient développée, et n'hésitaient pas à confier le bonheur de leurs
filles à celui auquel ils avaient pendant longtemps
confié leurs fortunes. Guillaume était un de ces
hommes antiques, et s'il en avait les ridicules, il en
avait toutes les qualités; aussi Joseph Lebas, son premier commis, orphelin et sans fortune, était-il, dans son
idée, le futur époux de Virginie sa fille aînée. Mais
Joseph ne partageait point les pensées symétriques
de son patron, qui, pour un empire, n'aurait pas marié
sa seconde fille avant la première. L'infortuné commis
se sentait le cœur entièrement pris pour mademoiselle
Augustine la cadette. Afin de justifier cette passion
qui avait grandi secrètement, il est nécessaire de pénétrer plus avant dans les ressorts du gouvernement
absolu qui régissait la maison du vieux marchand drapier.

Guillaume avait deux filles. L'aînée, mademoiselle
Virginie, était tout le portrait de sa mère. Madame
Guillaume, fille du sieur Chevrel, se tenait si droite
sur la banquette de son comptoir, que plus d'une fois
elle avait entendu des plaisants parier qu'elle y était
empalée. Sa figure maigre et longue trahissait ᵈ une
dévotion outrée. Sans grâces et sans manières aimables,
madame Guillaume ornait habituellement sa tête
presque sexagénaire d'un bonnet dont la forme était
invariable et garni de ᵉ barbes comme celui d'une
veuve. Tout le voisinage l'appelait la sœur tourière.

Sa parole était brève, et ses gestes avaient quelque chose des mouvements saccadés d'un télégraphe [1]. Son œil, clair comme celui d'un chat, semblait en vouloir à tout le monde de ce qu'elle était laide. Mademoiselle Virginie, élevée comme sa jeune sœur sous les lois despotiques de leur mère, avait atteint l'âge de vingt-huit ans. La jeunesse atténuait l'air disgracieux que sa ressemblance avec sa mère donnait parfois à sa figure [a] : mais la rigueur maternelle l'avait dotée de deux grandes qualités qui pouvaient tout contre-balancer : elle était douce et patiente. Mademoiselle Augustine, à peine âgée de dix-huit ans, ne ressemblait ni à son père ni à sa mère. Elle était de ces filles qui, par l'absence de tout lien physique avec leurs parents, font croire à ce dicton de prude : Dieu donne les enfants. Augustine était petite, ou, pour la mieux peindre, mignonne. Gracieuse et pleine de candeur, un homme du monde n'aurait pu reprocher à cette charmante créature que des gestes mesquins ou certaines attitudes communes, et parfois de la gêne. Sa figure silencieuse et immobile respirait cette mélancolie passagère qui s'empare de toutes les jeunes filles trop faibles pour oser résister aux volontés d'une mère. Toujours modestement vêtues, les deux sœurs ne pouvaient satisfaire la coquetterie innée chez la femme que par un luxe de propreté qui leur allait à merveille et les mettait en harmonie avec ces comptoirs luisants, avec ces rayons sur lesquels le vieux domestique ne souffrait pas un grain de poussière [b], avec la simplicité antique de tout ce qui se voyait autour d'elles. Obligées par leur genre de vie à chercher des éléments de bonheur dans des travaux obstinés, Augustine et Virginie n'avaient donné jusqu'alors que du contentement à leur mère, qui s'applaudissait secrètement

---

1. Dans le télégraphe de Chappe en usage à cette époque, les pièces de bois qui transmettent les signaux semblent gesticuler comme des bras.

de la perfection du caractère de ses deux filles. Il est facile d'imaginer les résultats de l'éducation qu'elles avaient reçue. Élevées pour le commerce, habituées à n'entendre que des raisonnements et des calculs tristement mercantiles, n'ayant étudié que la grammaire, la tenue des livres, un peu d'histoire juive, l'histoire de France dans Le Ragois [1], et ne lisant que les auteurs dont la lecture leur était permise par leur mère, leurs idées n'avaient pas pris beaucoup d'étendue : elles savaient parfaitement tenir un ménage, elles connaissaient le prix des choses, elles appréciaient les difficultés que l'on éprouve à amasser l'argent, elles étaient économes et portaient un grand respect aux qualités du négociant. Malgré la fortune de leur père, elles étaient aussi habiles à faire des reprises qu'à festonner; souvent leur mère parlait de leur apprendre la cuisine afin qu'elles sussent bien ordonner un dîner, et pussent gronder une cuisinière en connaissance de cause [a]. Ignorant les plaisirs du monde et voyant comment s'écoulait la vie exemplaire de leurs parents, elles ne jetaient que bien rarement leurs regards au-delà de l'enceinte de cette vieille maison patrimoniale qui, pour leur mère, était l'univers. Les réunions occasionnées par les solennités de famille formaient [b] tout l'avenir de leurs joies terrestres. Quand le grand salon situé au second étage devait recevoir madame Roguin, une demoiselle Chevrel, de quinze ans moins âgée que sa cousine et qui portait des diamants; le jeune Rabourdin, sous-chef aux finances; monsieur César Birotteau, riche parfumeur, et sa femme appelée

---

1. L'abbé Le Ragois, qui fut, sous Louis XIV, précepteur du duc du Maine, écrivit en forme de catéchisme une *Instruction sur l'Histoire de France et sur l'Histoire romaine* qu'on réimprimait encore au début du XIXᵉ siècle. « Elles auront appris l'histoire de France dans Le Ragois », écrivait de même Balzac dans la *Physiologie du mariage* à propos des filles élevées selon les impératifs de la pruderie.

madame César; monsieur Camusot [1], le plus riche négociant en soieries de la rue des Bourdonnais, et son beau-père monsieur Cardot [a]; deux ou trois vieux banquiers, et des femmes irréprochables [b]; les apprêts nécessités par la manière dont l'argenterie, les porcelaines de Saxe, les bougies, les cristaux étaient empaquetés [c] faisaient une diversion à la vie monotone [d] de ces trois femmes qui allaient et venaient, en se donnant autant de mouvement que des religieuses pour la réception de leur évêque [e]. Puis quand, le soir, fatiguées toutes trois d'avoir essuyé, frotté, déballé, mis en place les ornements de la fête, les deux jeunes filles aidaient leur mère à se coucher [f], madame Guillaume leur disait : — Nous n'avons rien fait aujourd'hui, mes enfants ! Lorsque, dans ces assemblées solennelles, la sœur tourière [g] permettait de danser en confinant les parties de boston, de whist et de trictrac [2] dans sa chambre à coucher, cette concession était comptée parmi les félicités les plus inespérées, et causait un bonheur égal à celui d'aller à deux ou trois grands bals où Guillaume menait ses filles à l'époque du carnaval [3]. Enfin, une fois par an, l'hon-

---

1. Ces noms, ajoutés dans l'édition de 1842, établissent un lien entre *La Maison du Chat-qui-pelote* et plusieurs romans de *La Comédie humaine* (voir pp. 385 sq.), plus particulièrement avec *César Birotteau*, qui décrit, comme la présente nouvelle, certains aspects du commerce parisien, mais sous la Restauration et non plus sous l'Empire. M. Jean-Hervé Donnard, dans son ouvrage sur *Les Réalités politiques et sociales dans « La Comédie humaine »*, a mis l'accent sur les différences entre ces deux témoignages successifs, qui s'expliquent dans une certaine mesure par l'évolution historique.

2. Parmi ces jeux, souvent mentionnés dans *La Comédie humaine*, le trictrac paraît avoir été particulièrement cher à la famille Balzac et à l'écrivain lui-même, dans sa jeunesse au moins : « Honoré va son petit bonhomme de chemin, tantôt triste, tantôt gai [...] toujours jouant au trictrac », écrivait Laurence à Laure (*Lov.* A 378, f⁰ 216).

3. L'époque du carnaval était en effet une époque privilégiée pour les bals publics. L'Hermite cite ceux du Prado, de la Redoute, du Retiro, de l'Hermitage et du Tivoli d'Hiver comme « des réunions bourgeoises, où l'on ne trouve ni l'élégance des mœurs du grand monde,

nête drapier donnait une fête pour laquelle il n'épar-
gnait rien. Quelque [a] riches et élégantes que fussent
les personnes invitées, elles se gardaient bien d'y
manquer; car les maisons les plus considérables de la
place avaient recours à l'immense crédit, à la fortune
ou à la vieille expérience de monsieur Guillaume [1].
Mais les deux filles de ce digne négociant ne profitaient
pas autant qu'on pourrait le supposer des enseignements
que le monde offre à de jeunes âmes. Elles apportaient
dans ces réunions, inscrites d'ailleurs sur le carnet
d'échéances de la maison [b], des parures dont la mes-
quinerie les faisait rougir. Leur manière de danser
n'avait rien de remarquable, et la surveillance maternelle ne leur permettait pas de soutenir la conversation
autrement que par Oui et Non avec leurs cavaliers.
Puis la loi de la vieille enseigne du Chat-qui-pelote
leur ordonnait d'être rentrées à onze heures, moment
où les bals et les fêtes commencent à s'animer. Ainsi
leurs plaisirs, en apparence assez conformes à la fortune
de leur père, devenaient souvent insipides par des
circonstances qui tenaient aux habitudes et aux principes de cette famille [c]. Quant à leur vie habituelle,
une seule observation achèvera de la peindre. Madame
Guillaume exigeait que ses deux filles fussent habillées
de grand matin [d], qu'elles descendissent tous les jours [e]
à la même heure, et soumettait leurs occupations à
une régularité monastique. Cependant Augustine
avait reçu du hasard une âme assez élevée pour sentir
le vide de cette existence. Parfois ses yeux bleus se
relevaient comme pour interroger les profondeurs de
cet escalier sombre et de ces magasins humides. Après
avoir sondé ce silence [f] de cloître, elle semblait écou-

---

ni la grosse et franche gaieté du peuple ». On peut imaginer la famille
Guillaume dans l'un de ces endroits.

1. Balzac développera ce thème à propos du grand bal offert par
César Birotteau pour sa nomination dans l'ordre de la Légion d'honneur.

ter de loin de confuses révélations de cette vie passion-
née qui met les sentiments à un plus haut prix que les
choses. En ces moments son visage se colorait, ses
mains inactives laissaient tomber la blanche mousseline
sur le chêne poli du comptoir, et bientôt sa mère lui
disait d'une voix qui restait toujours aigre même dans
les tons les plus doux [a] : — Augustine ! à quoi pensez-
vous donc, mon bijou ? Peut-être *Hippolyte comte de
Douglas* et *Le Comte de Comminges* [1], deux romans
trouvés par Augustine [b] dans l'armoire d'une cuisinière récemment renvoyée par madame Guillaume [2],
contribuèrent-ils à développer les idées [c] de cette jeune
fille qui les avait furtivement dévorés pendant les
longues nuits de l'hiver précédent. Les expressions
de désir vague [d], la voix douce, la peau de jasmin
et les yeux bleus d'Augustine [e] avaient donc allumé
dans l'âme du pauvre Lebas un amour aussi violent
que respectueux. Par un caprice facile à comprendre,
Augustine ne se sentait aucun goût pour l'orphelin :
peut-être était-ce parce qu'elle ne se savait pas aimée
par lui [f]. En revanche, les longues jambes, les cheveux
châtains, les grosses mains et l'encolure vigoureuse
du premier commis avaient trouvé une secrète admi-
ratrice dans mademoiselle Virginie, qui, malgré ses
cinquante mille écus de dot, n'était demandée en mariage par personne. Rien de plus naturel que ces deux
passions inverses nées dans le silence de ces comptoirs
obscurs comme fleurissent des violettes dans la profondeur d'un bois. La muette et constante contempla-

---

1. *Hippolyte, comte de Douglas*, par Mme d'Aulnoy; *Mémoires du comte de Comminges*, par Mme de Tencin : deux romans qui dataient déjà et qui développaient à foison des analyses d'états sentimentaux.

2. Balzac se souvient peut-être de la facilité avec laquelle la femme du drapier Sallambier son cousin renvoyait les domestiques : « La cousine Sallambier n'a pas encore de domestique, la dernière est restée quinze jours » (*Corr.* Pierrot I, 134). Cette personne, dont il évoque apparemment la « douceur » par antiphrase, aurait-elle prêté quelques traits à Mme Guillaume?

tion qui réunissait les yeux de ces jeunes gens par un besoin violent de distraction au milieu de travaux obstinés et d'une paix religieuse, devait tôt ou tard exciter des sentiments d'amour. L'habitude de voir une figure y fait découvrir insensiblement les qualités de l'âme, et finit par en effacer les défauts.

— Au train dont y va cet homme, nos filles ne tarderont pas à se mettre à genoux devant un prétendu ! se dit monsieur Guillaume en lisant le premier décret par lequel Napoléon anticipa sur les classes de conscrits [1a].

Dès ce jour, désespéré de voir sa fille aînée se faner [b], le vieux marchand se souvint d'avoir épousé mademoiselle Chevrel à peu près dans la situation où se trouvaient Joseph Lebas et Virginie. Quelle belle affaire que de marier sa fille et d'acquitter une dette sacrée, en rendant à un orphelin le bienfait qu'il avait reçu jadis de son prédécesseur dans les mêmes circonstances [c] ! Agé de trente-trois [d] ans, Joseph Lebas pensait aux obstacles que quinze ans de différence mettaient entre Augustine et lui. Trop perspicace d'ailleurs pour ne pas deviner les desseins de monsieur Guillaume, il en connaissait assez les principes inexorables pour savoir que jamais la cadette ne se marierait avant l'aînée. Le pauvre commis, dont le cœur était aussi excellent que ses jambes étaient longues et son buste épais, souffrait donc en silence.

Tel était l'état des choses dans cette petite république, qui, au milieu de la rue Saint-Denis, ressemblait assez à une succursale de la Trappe. Mais pour rendre un compte exact des événements extérieurs comme des sentiments, il est nécessaire de remonter à quelques

---

1. Le sénatus-consulte du 1er septembre 1812, qui prescrivit une levée de 120.000 hommes sur la classe de 1813 ; plusieurs autres mesures du même genre furent prises dans le courant de l'année suivante. Selon la chronologie du récit (voir p. 54, n. 2), la réflexion de M. Guillaume paraît légèrement anachronique.

mois [1] avant la scène par laquelle commence cette histoire. A la nuit tombante, un jeune homme passant devant l'obscure boutique du Chat-qui-pelote y était resté un moment en contemplation à l'aspect d'un tableau qui aurait arrêté tous les peintres du monde. Le magasin, n'étant pas encore éclairé, formait un plan noir [a] au fond duquel se voyait la salle à manger du marchand. Une lampe astrale y répandait ce jour jaune qui donne tant de grâce aux tableaux de l'école hollandaise [2]. Le linge blanc [b], l'argenterie, les cristaux formaient de brillants accessoires qu'embellissaient encore de vives oppositions entre l'ombre et la lumière. La figure du père de famille et celle de sa femme, les visages des commis et les formes pures d'Augustine, à deux pas de laquelle se tenait une grosse fille joufflue, composaient un groupe si curieux; ces têtes étaient si originales, et chaque caractère avait une expression si franche [c]; on devinait si bien la paix, le silence et la modeste vie de cette famille, que, pour un artiste accoutumé à exprimer la nature [d], il y avait quelque chose de désespérant à vouloir rendre cette scène fortuite. Ce passant était un jeune peintre [e], qui, sept ans auparavant, avait remporté le grand prix de peinture. Il revenait de Rome. Son âme nourrie de poésie, ses yeux rassasiés de Raphaël et de Michel-Ange, avaient soif de la nature vraie, après une longue habitation du pays pompeux où

---

1. Plus d'un an, nous semble-t-il, puisque le peintre va demeurer « huit mois entiers » (p. 44) dans la solitude avant d'exposer le portrait au Salon (ouvert à cette époque au mois d'août) et puisque la scène initiale s'est déroulée au mois de mars suivant.

2. C'est sous le signe de l'école hollandaise que Balzac a placé ses nouvelles publiées en 1830 : « Souvent ses tableaux paraîtront avoir tous les défauts de l'école hollandaise, sans en avoir les mérites » (*préface*, voir p. 46). A cette date, il est particulièrement attiré par les peintres hollandais, qu'il cite souvent. Sommervieux manifestera l'influence particulière exercée sur lui par cette école en répandant la vogue des petits tableaux de genre (voir p. 46).

l'art a jeté partout son grandiose. Faux ou juste,
tel était son sentiment personnel. Abandonné longtemps à la fougue des passions italiennes, son cœur
demandait une de ces vierges modestes et recueillies
que, malheureusement, il n'avait su trouver qu'en
peinture à Rome. De l'enthousiasme imprimé à son
âme exaltée par le tableau naturel qu'il contemplait,
il passa naturellement à une profonde admiration
pour la figure principale : Augustine paraissait pensive et ne mangeait point; par une disposition de la
lampe dont la lumière tombait entièrement sur son
visage, son buste semblait se mouvoir dans un cercle
de feu qui détachait plus vivement les contours de sa
tête et l'illuminait d'une manière quasi surnaturelle [a].
L'artiste la compara involontairement à un ange exilé
qui se souvient du ciel [1b]. Une sensation presque inconnue, un amour limpide et bouillonnant [c] inonda son
cœur. Après être demeuré pendant un moment comme
écrasé sous le poids de ses idées, il s'arracha à son
bonheur, rentra chez lui, ne mangea pas, ne dormit
point. Le lendemain, il entra dans son atelier pour n'en
sortir qu'après avoir déposé sur une toile la magie
de cette scène dont le souvenir l'avait en quelque
sorte fanatisé. Sa félicité fut incomplète tant qu'il ne
posséda pas un fidèle portrait de son idole [d]. Il passa
plusieurs fois devant la maison du Chat-qui-pelote;
il osa même y entrer une ou deux fois sous le masque
d'un déguisement [e], afin de voir de plus près la ravissante créature que madame Guillaume couvrait de
son aile. Pendant huit [f] mois entiers, adonné à son
amour, à ses pinceaux, il resta invisible pour ses amis
les plus intimes, oubliant le monde, la poésie, le théâtre,
la musique, et ses plus chères habitudes [g]. Un matin,

---

1. Ces cinq derniers mots, ajoutés par Balzac en 1835, semblent
empruntés à la Méditation de Lamartine intitulée *L'Homme*.

   Borné dans sa nature, infini dans ses vœux,
   L'homme est un dieu tombé qui se souvient des cieux.

Girodet [1] força toutes ces consignes que les artistes connaissent et savent éluder [a], parvint à lui, et le réveilla par cette demande : — Que mettras-tu au Salon? L'artiste saisit la main de son ami, l'entraîne à son atelier, découvre un petit tableau de chevalet et un portrait. Après une lente et avide contemplation des deux chefs-d'œuvre, Girodet saute au cou de son camarade et l'embrasse, sans trouver de paroles. Ses émotions ne pouvaient se rendre que comme il les sentait, d'âme à âme.

— Tu es amoureux? dit Girodet.

Tous deux savaient que les plus beaux portraits de Titien, de Raphaël et de Léonard de Vinci sont dus à des sentiments exaltés, qui, sous diverses conditions, engendrent d'ailleurs tous les chefs-d'œuvre [2b]. Pour toute réponse, le jeune artiste inclina la tête.

— Es-tu heureux de pouvoir être amoureux ici, en revenant d'Italie! Je ne te conseille pas de mettre de telles œuvres au Salon, ajouta le grand peintre. Vois-tu, ces deux tableaux n'y seraient pas sentis. Ces couleurs vraies, ce travail prodigieux ne peuvent pas encore être appréciés, le public n'est plus accoutumé

---

1. Le goût de Balzac pour Girodet se manifeste avec insistance dans les œuvres de cette période, comme en témoignent, dans le présent volume, des passages du *Bal de Sceaux* (p. 159) et de *La Vendetta* (p. 236).

2. Dans ce texte comme dans l'essai contemporain *Des artistes*, Balzac met l'accent sur la nécessité de se trouver sous l'empire d'une passion pour créer. Sa première rédaction était plus catégorique : «... que les plus beaux portraits du Titien, de Raphaël et de Léonard de Vinci n'étaient dus qu'à ce sentiment ». La réserve introduite dans le texte définitif (« sous certaines conditions ») prouve que le romancier est devenu plus conscient des exigences de la technique et de la discipline qu'un créateur doit imposer, pour faire œuvre d'art, aux élans aventureux de sa sensibilité. Dans *Massimilla Doni* (1839), d'accord avec Diderot, il insiste sur cet autre aspect du problème et, sans nier le rôle de l'inspiration, contredit plus ou moins sa conception primitive : « Quand un artiste a le malheur d'être plein de la passion qu'il veut exprimer, il ne saurait la peindre, car il est la chose même au lieu d'en être l'image. »

à tant de profondeur. Les tableaux que nous peignons,
mon bon ami, sont des écrans, des paravents. Tiens,
faisons plutôt des vers, et traduisons les Anciens [1a] !
Il y a plus de gloire à en attendre que de nos malheureuses toiles.

Malgré cet avis charitable [b], les deux toiles furent
exposées. La scène d'intérieur fit une révolution dans
la peinture. Elle donna naissance à ces tableaux de
genre dont la prodigieuse quantité importée à toutes
nos expositions [2] pourrait faire croire qu'ils s'ob-
tiennent par des procédés purement mécaniques. Quant
au portrait, il est peu d'artistes qui ne gardent le souvenir de cette toile vivante [c] à laquelle le public,
quelquefois juste [d] en masse, laissa la couronne que
Girodet y plaça lui-même [3]. Les deux tableaux furent
entourés d'une foule immense. On s'y tua, comme
disent les femmes. Des spéculateurs, des grands
seigneurs couvrirent ces deux toiles de doubles napo-
léons, l'artiste refusa obstinément de les vendre, et
refusa d'en faire des copies. On lui offrit une somme
énorme pour les laisser graver, les marchands ne furent
pas plus heureux que ne l'avaient été les amateurs [e].
Quoique cette aventure occupât le monde [f], elle n'était

---

1. Humaniste à ses heures, Girodet a notamment traduit et illustré
Anacréon, que nomment les premières éditions de ce récit : « traduisons Anacréon ! »

2. La vogue du « tableau de genre », fort répandue au xviiie siècle,
a subi une éclipse d'ailleurs toute relative sous la Révolution et l'Empire au profit des scènes d'histoire.

3. En 1810, date probable de cet épisode (voir p. 54, n. 2), c'est Girodet lui-même qui fut à l'honneur. Au concours décennal organisé cette
année-là, Napoléon tint à faire nommer son *Déluge* en tête du palmarès,
avant *L'Enlèvement des Sabines* de son maître David. Plusieurs indications du texte donnent à penser que Balzac transfère à Sommervieux,
« ami », « camarade » de Girodet, certaines particularités de ce peintre.
Girodet de Roussy, d'origine noble comme Sommervieux, a lui-même
obtenu le Prix de Rome et séjourna près de sept ans en Italie, de 1789
à 1795 ; il cultivait, comme Sommervieux, la technique du clair-obscur.
Voir en outre la fin de la nouvelle, p. 99 et la note.

pas de nature à parvenir au fond de la petite Thébaïde de la rue Saint-Denis; néanmoins, en venant faire une visite à madame Guillaume, la femme du notaire parla de l'exposition devant Augustine, qu'elle aimait beaucoup, et lui en expliqua le but. Le babil de madame Roguin [a] inspira naturellement à Augustine le désir de voir les tableaux, et la hardiesse de demander secrètement à sa cousine [b] de l'accompagner au Louvre [1]. La cousine réussit dans la négociation qu'elle entama auprès de madame Guillaume, pour obtenir la permission d'arracher sa petite cousine à ses tristes travaux pendant environ deux heures. La jeune fille pénétra donc, à travers la foule, jusqu'au tableau couronné. Un frisson la fit trembler comme une feuille de bouleau, quand elle se reconnut [2]. Elle eut peur et regarda autour d'elle pour rejoindre madame Roguin, de qui elle avait été séparée par un flot de monde. En ce moment ses yeux effrayés rencontrèrent la figure enflammée du jeune peintre. Elle se rappela tout à coup la physionomie d'un promeneur que, curieuse, elle avait souvent remarqué, en croyant que c'était un nouveau voisin.

— Vous voyez ce que l'amour m'a inspiré [c], dit l'artiste à l'oreille de la timide créature qui resta tout épouvantée de ces paroles.

Elle trouva un courage surnaturel pour fendre la presse, et pour rejoindre sa cousine encore occupée à percer la masse du monde qui l'empêchait d'arriver jusqu'au tableau.

— Vous seriez étouffée, s'écria Augustine, partons!

Mais il se rencontre [d], au Salon, certains moments pendant lesquels deux femmes ne sont pas toujours

---

1. C'est au Louvre, en effet, que se tenait alors, tous les deux ans, le Salon.

2. Balzac a imaginé cette situation romanesque dès le temps où il écrivait *Sténie* : Del Ryès a peint de mémoire le portrait de Mme de Plancksey et l'expose au Salon, où il est couronné.

libres de diriger[a] leurs pas dans les galeries. Mademoiselle Guillaume et sa cousine furent poussées [b] à
quelques pas du second tableau, par suite des mouvements irréguliers que la foule leur imprima[c]. Le hasard
voulut qu'elles eussent la facilité d'approcher ensemble
de la toile illustrée par la mode, d'accord cette fois
avec le talent [d]. L'exclamation de surprise que jeta
la femme du notaire se perdit dans le brouhaha et
les bourdonnements de la foule; quant à Augustine,
elle pleura involontairement à l'aspect de cette mer-
veilleuse scène, et par un sentiment presque inexplicable, elle mit un doigt sur ses lèvres en apercevant
à deux pas d'elle la figure extatique du jeune artiste.
L'inconnu répondit par un signe de tête et désigna
madame Roguin comme un trouble-fête, afin de montrer à Augustine qu'elle était comprise. Cette panto-
mime jeta comme un brasier dans le corps de la pauvre
fille qui se trouva criminelle [e], en se figurant qu'il
venait de se conclure un pacte entre elle et l'artiste [f].
Une chaleur étouffante, le continuel aspect des plus
brillantes toilettes, et l'étourdissement que produisit
sur Augustine la variété des couleurs, la multitude des
figures vivantes ou peintes, la profusion des cadres
d'or, lui firent éprouver une espèce d'enivrement qui
redoubla ses craintes. Elle se serait peut-être évanouie,
si, malgré ce chaos de sensations, il ne s'était élevé
au fond de son cœur une jouissance inconnue qui
vivifia tout son être. Néanmoins, elle se crut sous l'empire de ce démon dont les terribles pièges lui étaient
prédits par la tonnante parole des prédicateurs. Ce
moment fut pour elle comme un moment de folie.
Elle se vit accompagnée jusqu'à la voiture de sa cousine par ce jeune homme resplendissant de bonheur
et d'amour [g]. En proie à une irritation toute nouvelle,
à une ivresse qui la livrait en quelque sorte à la nature,
Augustine écouta la voix éloquente de son cœur, et
regarda [h] plusieurs fois le jeune peintre en laissant
paraître le trouble qui la saisissait. Jamais l'incarnat

de ses joues n'avait formé de plus vigoureux contrastes avec la blancheur de sa peau. L'artiste aperçut alors cette beauté dans toute sa fleur, cette pudeur dans toute sa gloire. Augustine éprouva une sorte de joie mêlée de terreur, en pensant que sa présence causait la félicité de celui dont le nom était sur toutes les lèvres, dont le talent donnait l'immortalité à de passagères images. Elle était aimée! il lui était impossible d'en douter. Quand elle ne vit plus l'artiste, ces paroles simples retentissaient encore dans son cœur : — « Vous voyez ce que l'amour m'a inspiré [a]. » Et les palpitations devenues plus profondes lui semblèrent une douleur, tant son sang plus ardent réveilla dans son être de puissances inconnues. Elle feignit d'avoir [b] un grand mal de tête [1] pour éviter de répondre aux questions de sa cousine relativement aux tableaux; mais, au retour, madame Roguin ne put s'empêcher de parler à madame Guillaume de la célébrité obtenue par le Chat-qui-pelote, et Augustine trembla de tous ses membres en entendant dire à sa mère qu'elle irait au Salon pour y voir sa maison. La jeune fille insista de nouveau sur sa souffrance, et obtint la permission d'aller se coucher.

— Voilà ce qu'on gagne à tous ces spectacles, s'écria monsieur Guillaume, des maux de tête. Est-ce donc bien amusant de voir en peinture ce qu'on rencontre tous les jours dans notre rue [2]? Ne me parlez pas de ces artistes qui sont, comme vos auteurs, des meure-

---

1. « L'affection dont les ressources sont infinies pour les femmes est la migraine. Cette maladie est la plus facile de toutes à jouer, car elle est sans aucun symptôme apparent, oblige à dire seulement : — J'ai la migraine » (*Physiologie du mariage, Pl.* X, 853). La duchesse de Langeais connait elle aussi la commodité de ce moyen : « La migraine est bonne personne et ne donne jamais de démentis » (*Histoire des Treize,* p. 257).

2. Le philistinisme bourgeois de M. Guillaume rejoint curieusement le mépris janséniste d'un Pascal : « Quelle vanité que la peinture qui attire l'admiration par la ressemblance des choses dont on n'admire point les originaux ! »

de-faim [1]. Que diable ont-ils besoin de prendre ma maison pour la vilipender dans leurs tableaux?

— Cela pourra nous faire vendre quelques aunes de drap de plus [2a], dit Joseph Lebas.

Cette observation n'empêcha pas que les arts et la pensée ne fussent condamnés encore une fois au tribunal du Négoce [b]. Comme on doit bien le penser, ces discours ne donnèrent pas grand espoir à Augustine, qui pendant la nuit se livra à la première méditation de l'amour. Les événements de cette journée furent comme un songe qu'elle se plut à reproduire dans sa pensée. Elle s'initia aux craintes, aux espérances, aux remords, à toutes ces ondulations de sentiment qui devaient bercer un cœur simple et timide comme le sien. Quel vide elle reconnut dans cette noire maison, et quel trésor elle trouva dans son âme! Être la femme d'un homme de talent [c], partager sa gloire! Quels ravages cette idée ne devait-elle pas faire au cœur d'une enfant élevée au sein de cette famille? Quelle espérance ne devait-elle pas éveiller chez une jeune personne qui, nourrie jusqu'alors de principes vulgaires, avait désiré une vie élégante [d]? Un rayon de soleil était tombé dans cette prison. Augustine aima tout à coup. En elle tant de sentiments étaient flattés à la fois qu'elle succomba sans rien calculer. A dixhuit ans, l'amour ne jette-t-il pas son prisme entre le monde et les yeux d'une jeune fille? Incapable de devi-

---

1. Pour Balzac comme pour M. Guillaume, écrivains et peintres se ressemblent par le caractère comme par les mœurs; les traits généraux mis en lumière dans l'essai *Des artistes* s'appliquent aux uns comme aux autres et le romancier se reconnaît dans une certaine mesure à travers son héros : tous les auteurs sont « de fort vilains partis, pour la fortune s'entend », écrivait-il plaisamment à sa sœur Laure en juin 1821 (*Corr.* Pierrot, I, 102).

2. « Les négociants assez fous pour croire qu'un beau tableau leur fera vendre une aune de drap de plus doivent bien se garder de laisser leur enseigne la nuit », lit-on dans le *Code des gens honnêtes* (O. D. 1, 90). Dans ce texte, il est vrai, Balzac ne songe pas à l'œuvre d'un peintre, mais aux toiles mobiles de certaines enseignes.

ner les rudes chocs qui résultent de l'alliance d'une
femme aimante avec un homme d'imagination, elle
crut être appelée à faire le bonheur de celui-ci, sans
apercevoir aucune disparate entre elle et lui. Pour elle
le présent fut tout l'avenir. Quand le lendemain [a]
son père et sa mère revinrent du Salon, leurs figures
attristées annoncèrent quelque désappointement. D'a-
bord, les deux tableaux avaient été retirés par le
peintre [b]; puis madame Guillaume avait perdu son
châle de cachemire [1c]. Apprendre que les tableaux
venaient de disparaître après sa visite au Salon fut
pour Augustine la révélation d'une délicatesse de
sentiment que les femmes savent toujours apprécier,
même instinctivement.

Le matin où, rentrant d'un bal, Théodore [d] de
Sommervieux [2], tel était le nom que la renommée
avait apporté dans le cœur d'Augustine, fut aspergé
par les commis du Chat-qui-pelote pendant qu'il
attendait l'apparition de sa naïve amie, qui ne le savait
certes pas là, les deux amants se voyaient pour la
quatrième fois seulement depuis la scène du Salon.
Les obstacles que le régime de la maison Guillaume
opposait au caractère fougueux de l'artiste [e] donnaient
à sa passion pour Augustine une violence facile à
concevoir [f]. Comment aborder une jeune fille assise
dans un comptoir entre deux femmes telles que mademoiselle Virginie et madame Guillaume, comment

---

1. Selon le *Traité de la vie élégante* (*O. D.* II, 154), le « préjugé du
cachemire », jadis répandu dans l'aristocratie (après avoir été mis à
la mode par les Merveilleuses sous le Directoire), ne survit plus que
dans les hautes sphères de la « vie occupée », notamment chez « le
gros négociant ».

2. Le nom du peintre Sommervieux peut faire songer à celui de
M. de Sommariva, qui possédait une galerie de peinture fréquentée
par Balzac dans sa jeunesse. Mais une note du vicomte de Lovenjoul,
conservée à Chantilly (A 364[2], f° 322) et inspirée par une lettre de son
correspondant Gourjault, précise que Sommervieux est le nom d'un
château proche de Bayeux.

correspondre avec elle, quand sa mère ne la quittait
jamais? Habile, comme tous les amants, à se forger
des malheurs, Théodore se créait un rival dans l'un
des commis, et mettait les autres dans les intérêts
de son rival. S'il échappait à tant d'Argus, il se voyait
échouant sous les yeux sévères du vieux négociant
ou de madame Guillaume. Partout des barrières,
partout le désespoir [a]! La violence même de sa passion empêchait le jeune peintre de trouver ces expé-
dients ingénieux qui, chez les prisonniers comme chez
les amants, semblent être le dernier effort de la raison [b]
échauffée par un sauvage besoin de liberté ou par le
feu[c] de l'amour. Théodore tournait alors dans le quartier avec l'activité d'un fou, comme si le mouvement
pouvait lui suggérer des ruses. Après s'être bien
tourmenté l'imagination, il inventa de gagner à prix
d'or la servante joufflue. Quelques lettres furent donc
échangées de loin en loin pendant la quinzaine
qui suivit la malencontreuse matinée où monsieur
Guillaume et Théodore s'étaient si bien examinés.
En ce moment, les deux jeunes gens étaient convenus
de se voir à une certaine heure du jour et le dimanche,
à Saint-Leu, pendant la messe et les vêpres[d]. Augustine
avait envoyé à son cher Théodore la liste des parents
et des amis de la famille, chez lesquels le jeune peintre
tâcha d'avoir accès afin d'intéresser à ses amoureuses [e]
pensées, s'il était possible, une de ces âmes [f] occupées
d'argent, de commerce, et auxquelles une passion
véritable devait sembler la spéculation la plus mons-
trueuse, une spéculation inouïe. D'ailleurs, rien ne
changea dans les habitudes du Chat-qui-pelote. Si
Augustine fut distraite, si, contre toute espèce d'obéissance aux lois de la charte domestique, elle monta à
sa chambre pour y aller, grâce à un pot de fleurs,
établir des signaux; si elle soupira, si elle pensa enfin,
personne, pas même sa mère, ne s'en aperçut. Cette
circonstance causera quelque surprise à ceux qui auront
compris l'esprit de cette maison, où une pensée enta-

chée de poésie devait produire un contraste [a] avec les êtres et les choses, où personne ne pouvait se permettre ni un geste, ni un regard qui ne fussent vus et analysés. Cependant rien de plus naturel : le vaisseau si tranquille qui naviguait sur la mer orageuse de la place de Paris, sous le pavillon du Chat-qui-pelote, était la proie d'une de ces tempêtes qu'on pourrait nommer équinoxiales à cause de leur retour périodique. Depuis quinze jours, les cinq [b] hommes de l'équipage, madame Guillaume et mademoiselle Virginie s'adonnaient à ce travail excessif désigné sous le nom d'*inventaire* [1]. On remuait tous les ballots et l'on vérifiait l'aunage des pièces pour s'assurer de la valeur exacte du coupon restant. On examinait soigneusement la carte appendue au paquet pour reconnaître en quel temps les draps avaient été achetés. On fixait le prix actuel. Toujours debout, son aune à la main, la plume derrière l'oreille, monsieur Guillaume ressemblait à un capitaine commandant la manœuvre [2]. Sa voix aiguë, passant par un judas pour interroger la profondeur des écoutilles du magasin d'en bas, faisait entendre ces barbares locutions du commerce qui ne s'exprime que par énigmes : — Combien d'H-N-Z ? — Enlevé. — Que reste-t-il de Q-X ? — Deux aunes. — Quel prix ? — Cinq-cinq-trois. — Portez à trois A tout J-J, tout M-P, et le reste de V-D-O [3]. Mille autres phrases tout aussi intelligibles ronflaient à travers les comptoirs comme des vers de la poésie moderne que des romantiques [c] se seraient cités afin

---

1. La formalité de l'inventaire annuel a été rendue obligatoire par le code de commerce en 1808.

2. Il est curieux d'observer que cette métaphore maritime est déjà appliquée par Picard et Mazères, dans *Les Trois Quartiers*, à un négociant de la rue Saint-Denis. « Le père Bertrand commande la manœuvre à la moitié de ses commis, qui déploient, mesurent et emballent la marchandise. »

3. Ce mode d'étiquetage est traditionnel dans la draperie. Une comédie de Labiche s'intitule *Le Cachemire X. B. T.*

d'entretenir leur enthousiasme pour un de leurs poètes [a].
Le soir, Guillaume, enfermé avec son commis et sa
femme, soldait les comptes, portait à nouveau, écrivait aux retardataires, et dressait des factures. Tous
trois préparaient ce travail immense dont le résultat
tenait sur un carré de papier tellière [1], et prouvait
à la maison Guillaume qu'il existait tant en argent,
tant en marchandises, tant en traites et billets; qu'elle
ne devait pas un sou, qu'il lui était dû cent ou deux
cent mille francs; que le capital avait augmenté;
que les fermes, les maisons, les rentes allaient être
ou arrondies, ou réparées, ou doublées. De là résultait
la nécessité de recommencer avec plus d'ardeur que
jamais à ramasser de nouveaux écus, sans qu'il vînt
en tête à ces courageuses fourmis de se demander :
A quoi bon? A la faveur de ce tumulte annuel, l'heureuse Augustine échappait à l'investigation de ses
Argus. Enfin, un samedi soir, la clôture de l'inventaire
eut lieu. Les chiffres du total actif offrirent assez de
zéros pour qu'en cette circonstance Guillaume levât
la consigne sévère qui régnait toute l'année au dessert.
Le sournois drapier se frotta les mains, et permit à
ses commis de rester à sa table. A peine chacun des
hommes de l'équipage achevait-il son petit verre d'une
liqueur de ménage [b], on entendit le roulement d'une
voiture. La famille alla voir *Cendrillon* [2] aux Variétés [c],
tandis que les deux derniers commis reçurent chacun
un écu de six francs et la permission d'aller où bon leur
semblerait, pourvu qu'ils fussent rentrés à minuit [3].

---

1. Le papier tellière est, à vrai dire, un papier de grand format,
qui permet d'inscrire sur une seule feuille des opérations nombreuses.

2. Le vaudeville de Désaugiers et Gentil intitulé *La Chatte mer-
veilleuse ou La Petite Cendrillon* a été créé aux Variétés, boulevard
Montmartre, le 1er novembre 1810. Selon toute vraisemblance, nous
sommes en mars ou avril 1811.

3. On a vu p. 40 que « la loi de la vieille enseigne du Chat-qui-
pelote » assigne ordinairement « onze heures » pour le retour des
sorties.

Malgré cette débauche, le dimanche matin, le vieux marchand drapier fit sa barbe dès six heures, endossa son habit marron[a] dont les superbes reflets lui causaient toujours le même contentement[b], il attacha les boucles d'or aux oreilles de son ample culotte de soie[1c]; puis, vers sept heures, au moment où tout dormait encore dans la maison, il se dirigea vers le petit cabinet attenant à son magasin du premier étage. Le jour y venait d'une croisée armée de gros barreaux de fer, et qui donnait sur une petite cour carrée formée de murs si noirs qu'elle ressemblait assez à un puits. Le vieux négociant ouvrit lui-même ces volets garnis de tôle qu'il connaissait si bien, et releva une moitié du vitrage en le faisant glisser dans sa coulisse. L'air glacé de la cour[d] vint rafraîchir la chaude atmosphère de ce cabinet, qui exhalait l'odeur particulière aux bureaux. Le marchand resta debout, la main posée sur le bras crasseux d'un fauteuil de canne doublé de maroquin dont la couleur primitive était effacée, il semblait hésiter à s'y asseoir. Il regarda d'un air attendri le bureau à double pupitre, où la place de sa femme se trouvait ménagée, dans le côté opposé à la sienne, par une petite arcade pratiquée dans le mur. Il contempla les cartons numérotés, les ficelles, les ustensiles, les fers à marquer le drap[e], la caisse, objets d'une origine immémoriale, et crut se revoir devant l'ombre évoquée du sieur Chevrel. Il avança le même tabouret sur lequel il s'était jadis assis en présence de son défunt patron[f]. Ce tabouret garni de cuir noir, et dont le crin s'échappait depuis longtemps par les coins, mais sans se perdre, il le plaça d'une main tremblante[g] au même endroit où son prédécesseur l'avait mis; puis, dans une agitation difficile à décrire, il tira la sonnette qui correspondait au chevet du lit de Joseph

---

1. C'est le costume du dimanche. En semaine, nous avons vu porter à M. Guillaume un habit verdâtre et une culotte de velours.

Lebas. Quand ce coup décisif eut été frappé, le vieillard, pour qui ces souvenirs furent sans doute trop lourds, prit trois ou quatre lettres de change qui lui avaient été présentées, et les regardait sans les voir, quand Joseph Lebas se montra soudain.

— Asseyez-vous là, lui dit Guillaume en lui désignant le tabouret.

Comme jamais le vieux maître drapier n'avait fait asseoir son commis devant lui, Joseph Lebas tressaillit.

— Que pensez-vous de ces traites, demanda Guillaume.

— Elles ne seront pas payées.

— Comment?

— Mais j'ai su qu'avant-hier Étienne [a] et compagnie ont fait leurs paiements en or.

— Oh! oh! s'écria le drapier, il faut être bien malade pour laisser voir sa bile [1b]. Parlons d'autre chose [c], Joseph, l'inventaire est fini.

— Oui, monsieur, et le dividende est un des plus beaux que vous ayez eus.

— Ne vous servez donc pas de ces nouveaux mots. Dites le produit, Joseph [2]. Savez-vous, mon garçon, que c'est un peu à vous que nous devons ces résultats? aussi, ne veux-je plus que vous ayez d'appointements. Madame Guillaume m'a donné l'idée de vous offrir un intérêt. Hein, Joseph! Guillaume et Lebas, ces mots ne feraient-ils pas une belle raison

---

1. Les commerçants puisent dans leur réserve en or faute d'espèces liquides.

2. Selon M. Matoré (*Le Vocabulaire et la Société sous Louis-Philippe*, p. 31), *La Maison du Chat-qui-pelote* est la première œuvre littéraire où l'on relève le mot *dividende*, destiné à remplacer le mot *produit*. La substitution d'un terme à l'autre est significative. Le mot *dividende* implique le principe d'une répartition propre aux affaires, de plus en plus nombreuses, mises en exploitation par le système capitaliste, alors que le mot *produit* convient encore à des affaires comme celle de M. Guillaume, dont le profit est perçu par un bénéficiaire unique, un patron.

sociale? On pourrait [a] mettre *et compagnie* pour arrondir la signature. [1]

Les larmes vinrent aux yeux de Joseph Lebas qui s'efforça de les cacher. — Ah! monsieur Guillaume! comment ai-je pu mériter tant de bontés? Je ne fais que mon devoir. C'était [b] déjà tant que de vous intéresser à un pauvre orph...

Il brossait le parement de sa manche gauche avec la manche droite, et n'osait regarder le vieillard qui souriait en pensant que ce modeste jeune homme avait sans doute besoin, comme lui autrefois, d'être encouragé pour rendre l'explication complète.

— Cependant, reprit le père de Virginie, vous ne méritez pas beaucoup cette faveur, Joseph! Vous ne mettez pas en moi autant de confiance que j'en mets en vous. (Le commis releva brusquement la tête.) — Vous avez le secret [c] de la caisse. Depuis deux ans je vous ai dit presque toutes mes affaires. Je vous ai fait voyager en fabrique. Enfin, pour vous, je n'ai rien sur le cœur. Mais vous?... vous avez une inclination, et ne m'en avez pas touché un seul mot. (Joseph Lebas rougit.) — Ah! ah! s'écria Guillaume, vous pensiez donc tromper un vieux renard comme moi? Moi! à qui vous avez vu deviner la faillite Lecoq [d]!

— Comment, monsieur? répondit Joseph Lebas en examinant son patron avec autant d'attention que son patron l'examinait, comment, vous sauriez qui j'aime?

— Je sais tout, vaurien, lui dit le respectable et rusé marchand en lui tordant [e] le bout de l'oreille. Et je pardonne, j'ai fait de même.

— Et vous me l'accorderiez?

— Oui, avec cinquante mille écus, et je t'en laisserai autant, et nous marcherons sur nouveaux frais avec

---

1. Les rapports de M. Guillaume avec Joseph Lebas ressemblent à ceux de César Birotteau avec Anselme Popinot, lui aussi orphelin.

une nouvelle raison sociale. Nous brasserons encore
des affaires, garçon, s'écria le vieux marchand en se
levant et agitant ses bras. Vois-tu, mon gendre, il
n'y a que le commerce! Ceux qui se demandent
quels plaisirs on y trouve sont des imbéciles. Être
à la piste des affaires, savoir gouverner sur [a] la place,
attendre avec anxiété, comme au jeu, si les Étienne et
compagnie font faillite, voir passer un régiment de
la garde impériale habillé de notre drap, donner un
croc-en-jambe au voisin, loyalement s'entend! fabri-
quer à meilleur marché que les autres; suivre une
affaire qu'on ébauche, qui commence, grandit, chan-
celle et réussit, connaître comme un ministre de la
police tous les ressorts des maisons de commerce
pour ne pas faire fausse route; se tenir debout devant
les naufrages; avoir des amis, par correspondance,
dans toutes les villes manufacturières, n'est-ce pas un
jeu perpétuel, Joseph? Mais c'est vivre, ça! [1] Je
mourrai dans ce tracas-là, comme le vieux Chevrel,
n'en prenant cependant plus qu'à mon aise. Dans la
chaleur de sa plus forte improvisation, le père Guillaume n'avait presque pas regardé son commis qui
pleurait à chaudes larmes. — Eh bien, Joseph, mon
pauvre garçon, qu'as-tu donc?

— Ah! je l'aime tant, tant, monsieur Guillaume,
que le cœur me manque, je crois...

— Eh bien, garçon, dit le marchand attendri, tu es
plus heureux que tu ne crois, sarpejeu, car elle t'aime.
Je le sais, moi!

Et il cligna ses deux petits yeux verts [b] en regardant
son commis.

---

1. L'éloge du commerce est devenu comme une mode littéraire
au XVIII[e] siècle, mais Sedaine et Beaumarchais y mêlent des considérations édifiantes. « Il n'y a peut-être que deux états au-dessus du
commerçant », s'écriait M. Vanderk père dans *Le Philosophe sans le
savoir* (II, 4), « le magistrat qui fait parler les lois, et le guerrier qui
défend la patrie » L'esprit a changé et M. Guillaume exalte, plus
égoïstement, les joies d'une concurrence loyale, mais sans pitié.

— Mademoiselle Augustine, mademoiselle Augustine ! s'écria Joseph Lebas dans son enthousiasme.

Il allait s'élancer hors du cabinet, quand il se sentit arrêté par un bras de fer, et son patron stupéfait le ramena vigoureusement devant lui.

— Qu'est-ce que fait donc Augustine dans cette affaire-là ? demanda Guillaume dont la voix glaça sur-le-champ le malheureux Joseph Lebas.

— N'est-ce pas elle... que... j'aime ? dit le commis en balbutiant.

Déconcerté de son défaut de perspicacité, Guillaume se rassit et mit sa tête pointue dans [a] ses deux mains pour réfléchir à la bizarre position dans laquelle il se trouvait. Joseph Lebas honteux et au désespoir resta debout.

— Joseph, reprit le négociant avec une dignité froide, je vous parlais de Virginie. L'amour ne se commande pas, je le sais. Je connais votre discrétion, nous oublierons cela. Je ne marierai jamais Augustine avant Virginie. Votre intérêt sera de dix pour cent.

Le commis, auquel l'amour donna je ne sais quel degré de courage et d'éloquence, joignit les mains, prit la parole, parla pendant un quart d'heure à Guillaume avec tant de chaleur et de sensibilité, que la situation changea. S'il s'était agi d'une affaire commerciale, le vieux négociant aurait eu des règles fixes pour prendre une résolution ; mais, jeté à mille lieues du commerce, sur la mer des sentiments, et sans boussole, il flotta irrésolu devant un événement si original [b], se disait-il. Entraîné par sa bonté naturelle, il battit un peu la campagne.

— Eh, diantre, Joseph, tu n'es pas sans savoir que [c] j'ai eu mes deux enfants à dix ans de distance ! Mademoiselle Chevrel n'était pas belle, elle n'a cependant pas à se plaindre de moi. Fais donc comme moi. Enfin, ne pleure pas, es-tu bête [d] ! Que veux-tu ? cela s'arrangera peut-être [e], nous verrons. Il y a toujours moyen de se tirer d'affaire. Nous autres hommes nous ne sommes pas toujours comme des Céladons pour nos femmes. Tu m'entends? Madame Guillaume est dévote, et... Allons, sarpejeu, mon enfant, donne ce matin le bras à Augustine pour aller à la messe.

Telles furent les phrases jetées à l'aventure par Guillaume. La conclusion qui les terminait ravit l'amoureux commis : il songeait déjà pour mademoiselle Virginie à l'un de ses amis, quand il sortit du cabinet enfumé en serrant la main de son futur beau-père, après lui avoir dit, d'un petit air entendu, que tout s'arrangerait au mieux.

— Que va penser madame Guillaume? Cette idée tourmenta prodigieusement [a] le brave négociant quand il fut seul.

Au déjeuner, madame Guillaume et Virginie, auxquelles le marchand drapier avait laissé provisoirement ignorer son désappointement [b], regardèrent assez malicieusement Joseph Lebas qui resta grandement embarrassé [1]. La pudeur du commis lui concilia l'amitié de sa belle-mère. La matrone [c] redevint si gaie qu'elle regarda monsieur Guillaume en souriant, et se permit quelques petites plaisanteries d'un usage immémorial dans ces innocentes familles. Elle mit en question la conformité de la taille de Virginie et de celle de Joseph [d], pour leur demander de se mesurer. Ces niaiseries préparatoires attirèrent [e] quelques nuages sur le front du chef de famille, et il afficha même un tel amour pour le décorum, qu'il ordonna à Augustine de prendre le bras du premier commis en allant à Saint-Leu. Madame Guillaume, étonnée de cette délicatesse masculine, honora son mari d'un signe de tête d'approbation. Le cortège partit donc de la maison dans un ordre qui ne pouvait suggérer aucune interprétation malicieuse [f] aux voisins.

---

1. Il devient manifeste, d'après cette indication, que l'entretien engagé par M. Guillaume avec ses commis le dimanche matin a été décidé et réglé en famille dans la soirée du samedi (voir p. 54).

— Ne trouvez-vous pas, mademoiselle Augustine, disait le commis en tremblant, que la femme d'un négociant qui a un bon crédit, comme monsieur Guillaume, par exemple, pourrait s'amuser un peu plus que ne s'amuse madame votre mère, pourrait porter des diamants, aller en voiture? Oh! moi, d'abord, si je me mariais, je voudrais avoir toute la peine, et voir ma femme heureuse. Je ne la mettrais pas dans mon comptoir. Voyez-vous, dans la draperie, les femmes n'y sont pas aussi nécessaires qu'elles l'étaient autrefois. Monsieur Guillaume a eu raison d'agir comme il a fait, et d'ailleurs c'était le goût de son épouse. Mais qu'une femme sache donner un coup de main à la comptabilité, à la correspondance, au détail, aux commandes, à son ménage, afin de ne pas rester oisive, c'est tout. A sept heures, quand la boutique serait fermée, moi je m'amuserais, j'irais au spectacle et dans le monde. Mais vous ne m'écoutez pas.

— Si fait, monsieur Joseph. Que dites-vous de la peinture? C'est là un bel état.

— Oui, je connais un maître peintre en bâtiment, monsieur Lourdois, qui a des écus [a].

En devisant ainsi, la famille atteignit l'église de Saint-Leu. Là, madame Guillaume retrouva ses droits, et fit mettre, pour la première fois, Augustine à côté d'elle. Virginie prit place sur la quatrième [b] chaise à côté de Lebas. Pendant le prône, tout alla bien entre Augustine et Théodore qui, debout derrière un pilier, priait sa madone [c] avec ferveur; mais au lever-Dieu, madame Guillaume s'aperçut, un peu tard, que sa fille Augustine tenait son livre de messe au rebours. Elle se disposait à la gourmander vigoureusement, quand, rabaissant son voile [d], elle interrompit sa lecture et se mit à regarder dans la direction qu'affectionnaient [e] les yeux de sa fille. A l'aide de [f] ses besicles, elle vit le jeune artiste dont l'élégance mondaine annonçait plutôt quelque capitaine de cavalerie en congé qu'un négociant du quartier. Il est difficile d'imaginer l'état violent dans lequel se trouva madame Guillaume, qui se flattait d'avoir parfaitement élevé ses filles, en reconnaissant dans le cœur d'Augustine un amour clandestin dont le danger lui fut exagéré par sa pruderie et son ignorance. Elle crut sa fille gangrenée jusqu'au cœur.

— Tenez d'abord votre livre à l'endroit, mademoiselle, dit-elle à voix basse mais en tremblant de colère. Elle arracha vivement le paroissien accusateur, et le remit de manière à ce que les lettres fussent dans leur sens naturel. — N'ayez pas le malheur de lever les yeux autre part que sur vos prières, ajouta-t-elle, autrement, vous auriez affaire à moi. Après la messe, votre père et moi nous aurons à vous parler.

Ces paroles furent comme un coup de foudre pour la pauvre Augustine. Elle se sentit défaillir; mais combattue entre la douleur qu'elle éprouvait et la crainte de faire un esclandre [a] dans l'église, elle eut le courage de cacher ses angoisses [b]. Cependant, il était facile de deviner l'état violent de son âme en voyant son paroissien trembler et des larmes tomber sur chacune des pages qu'elle tournait. Au regard enflammé que lui lança [c] madame Guillaume, l'artiste vit le péril où tombaient ses amours, et sortit, la rage dans le cœur, décidé à tout oser.

— Allez dans votre chambre, mademoiselle! dit madame Guillaume à sa fille en rentrant au logis; nous vous ferons appeler; et surtout, ne vous avisez pas d'en sortir.

La conférence que les deux époux eurent ensemble fut si secrète, que rien n'en transpira d'abord [d]. Cependant, Virginie, qui avait encouragé sa sœur [e] par mille douces représentations, poussa la complaisance jusqu'à se glisser auprès de la porte de la chambre à coucher de sa mère, chez laquelle la discussion avait lieu, pour y recueillir quelques phrases. Au premier voyage qu'elle fit du troisième au second étage, elle entendit son père qui s'écriait :

— Madame, vous voulez donc tuer votre fille?

— Ma pauvre enfant, dit Virginie à sa sœur éplorée, papa prend ta défense !

— Et que veulent-ils faire à Théodore? demanda ᵃ l'innocente créature.

La curieuse Virginie redescendit alors; mais cette fois elle resta plus longtemps : elle apprit que Lebas aimait Augustine. Il était écrit que, dans cette mémorable journée, une maison ordinairement si calme serait un enfer. Monsieur Guillaume désespéra Joseph Lebas en lui confiant l'amour d'Augustine pour un étranger. Lebas, qui avait averti son ami de demander mademoiselle Virginie en mariage, vit ses espérances renversées. Mademoiselle Virginie, accablée de savoir que Joseph l'avait en quelque sorte refusée, fut prise d'une migraine. La zizanie semée entre les deux époux par l'explication que monsieur et madame Guillaume avaient eue ensemble, et où, pour la troisième fois de leur vie, ils se trouvèrent d'opinions différentes, se manifesta d'une manière terrible. Enfin, à quatre heures après midi, Augustine, pâle, tremblante et les yeux rouges, comparut devant son père et sa mère. La pauvre enfant ᵇ raconta naïvement la trop courte histoire de ses amours. Rassurée par l'allocution de son père, qui lui avait promis de l'écouter en silence, elle prit un certain courage en prononçant devant ses parents le nom de son cher Théodore de Sommervieux, et en fit malicieusement sonner la particule aristocratique [1]. En se livrant au charme inconnu de parler de ses sentiments, elle trouva assez de hardiesse pour déclarer avec une innocente fermeté qu'elle aimait

---

1. On sait que les parents de Balzac avaient des prétentions nobiliaires. Ils usurpèrent la particule, notamment dans l'acte de baptême de Laurence et dans certains des faire-part envoyés lors de son mariage (voir dans *L'Année balzacienne 1961* l'article de Madeleine Fargeaud *Laurence la mal aimée*, pp. 4 et 8). C'est vers 1830 qu'Honoré lui-même adopte systématiquement cet usage pour son compte personnel.

monsieur de Sommervieux, qu'elle le lui avait écrit, et ajouta, les larmes aux yeux : — Ce serait faire mon malheur que de me sacrifier à un autre.

— Mais, Augustine, vous ne savez donc pas ce que c'est qu'un peintre? s'écria sa mère avec horreur.

— Madame Guillaume! dit le vieux père en imposant silence à sa femme [a]. — Augustine, dit-il, les artistes sont en général des meure-de-faim. Ils sont trop dépensiers pour ne pas être toujours de mauvais sujets [b]. J'ai fourni feu monsieur Joseph Vernet, feu monsieur Lekain et feu monsieur Noverre [1]. Ah! si tu savais combien ce monsieur Noverre, monsieur le chevalier de Saint-Georges, et surtout monsieur Philidor [2], ont joué de tours à ce pauvre père Chevrel! C'est de drôles de corps, je le sais bien. Ça vous a tous un babil, des manières... Ah! jamais ton monsieur Summer... Somm...

— De Sommervieux, mon père!

— Eh bien! de Sommervieux, soit [c]! jamais il n'aura été aussi agréable avec toi que monsieur le chevalier [d] de Saint-Georges le fut avec moi, le jour où j'obtins une sentence des consuls [3] contre lui. Aussi était-ce des gens de qualité d'autrefois.

— Mais, mon père, monsieur Théodore est noble, et m'a écrit qu'il était riche. Son père s'appelait le chevalier de Sommervieux avant la Révolution.

A ces paroles, monsieur Guillaume regarda sa terrible moitié, qui, en femme contrariée, frappait le

---

1. Un peintre, un acteur et un maître de ballets. « Feu M. Noverre » est mort en 1810, donc tout récemment.

2. Saint-Georges et Philidor, à la fin du xviiie siècle, s'illustrèrent l'un par ses prestiges de cavalier et d'homme d'épée, l'autre par sa science aux échecs; mais tous deux furent aussi des musiciens, et c'est à ce titre que M. Guillaume peut les citer parmi les artistes : le chevalier de Saint-Georges jouait remarquablement du violon et Philidor composa des opéras-comiques.

3. Il s'agit bien, à cette date, d'une « sentence des consuls »; voir p. 32, n. 2.

plancher du bout du pied et gardait un morne silence ;
elle évitait même de jeter ses yeux courroucés sur
Augustine, et semblait laisser à monsieur Guillaume
toute la responsabilité d'une affaire si grave [a], puisque
ses avis n'étaient pas écoutés ; néanmoins, malgré
son flegme apparent [b], quand elle vit son mari prenant
si doucement son parti sur une catastrophe qui n'avait
rien de commercial, elle s'écria : — En vérité, monsieur, vous êtes d'une faiblesse avec vos filles... mais...

Le bruit d'une voiture qui s'arrêtait à la porte
interrompit tout à coup la mercuriale que le vieux
négociant redoutait déjà. En un moment, madame
Roguin se trouva au milieu de la chambre, et, regardant les trois acteurs de cette scène domestique :
— Je sais tout, ma cousine, dit-elle d'un air de protection.

Madame Roguin avait un défaut, celui de croire que
la femme d'un notaire de Paris pouvait jouer le rôle
d'une petite maîtresse.

— Je sais tout, répéta-t-elle, et je viens dans l'arche
de Noé, comme la colombe, avec la branche d'olivier.
J'ai lu cette allégorie dans *Le Génie du Christianisme* [1],
dit-elle en se retournant vers madame Guillaume, la
comparaison doit vous plaire, ma cousine. Savez-
vous, ajouta-t-elle en souriant à Augustine [c], que ce
monsieur de Sommervieux est un homme charmant ?
Il m'a donné ce matin mon portrait fait de main de
maître. Cela vaut au moins [d] six mille francs.

A ces mots, elle frappa doucement sur le bras de
monsieur Guillaume. Le vieux négociant ne put
s'empêcher de faire avec ses lèvres une grosse moue [e]
qui lui était particulière.

— Je connais beaucoup monsieur de Sommervieux,

---

1. Balzac se divertit en faisant invoquer pédantesquement par la
bourgeoise Mme Roguin l'autorité de Chateaubriand à l'appui d'une
comparaison aussi courante, que lui-même a reprise dans *La Vendetta*
(p. 283).

reprit la colombe [a]. Depuis une quinzaine de jours, il vient à mes soirées, il en fait le charme. Il m'a conté toutes ses peines et m'a prise pour avocat. Je sais de ce matin qu'il adore Augustine, et il l'aura. Ah! cousine, n'agitez pas ainsi la tête en signe de refus [b]. Apprenez qu'il sera créé baron [1], et qu'il vient d'être nommé chevalier de la Légion d'honneur par l'empereur lui-même, au Salon. Roguin [c] est devenu son notaire et connaît ses affaires. Eh bien! monsieur de Sommervieux possède en bons biens au soleil douze mille [d] livres de rente. Savez-vous que le beau-père d'un homme comme lui peut devenir quelque chose, maire de son arrondissement, par exemple [2]! N'avez-vous pas vu monsieur Dupont [3] être fait comte de l'Empire et sénateur pour être venu, en sa qualité de maire, complimenter l'empereur sur son entrée à Vienne? Oh! ce mariage-là se fera. Je l'adore, moi, ce bon jeune homme. Sa conduite envers Augustine ne se voit que dans les romans. Va, ma petite, tu seras heureuse, et tout le monde voudrait être à ta place. J'ai chez moi, à mes soirées, madame la duchesse de Carigliano [4] qui raffole de monsieur de Sommervieux. Quelques méchantes langues disent qu'elle ne vient

---

1. Le titre de baron, supprimé comme les autres titres de noblesse sous la Révolution, a été rétabli par un décret impérial le 1er mars 1808. Il était stipulé que les titulaires devaient posséder un revenu de quinze mille francs.

2. Ainsi le négociant César Birotteau, sans même avoir contracté d'alliance directe avec la noblesse, deviendra-t-il, sous la Restauration, « adjoint au maire du IIe arrondissement ».

3. Jean Dupont, né en 1736, commerçant et banquier sous l'Ancien Régime, administra sous Napoléon la Caisse d'escompte et fut maire du VIIIe arrondissement en 1807. Ce fut le début de sa fortune aristocratique, couronnée sous la Restauration par la pairie.

4. Ce nom paraît façonné sur celui de Conegliano, porté par le maréchal Moncey, dont il est plusieurs fois question dans les *Mémoires* de la duchesse d'Abrantès. Il est précisé plus loin que le duc de Conegliano « a l'habitude de commander à des milliers de soldats » (p. 96).

chez moi que pour lui, comme si une duchesse d'hier
était déplacée chez une Chevrel [a] dont la famille a
cent ans de bonne bourgeoisie.

— Augustine, reprit madame Roguin après une petite
pause, j'ai vu le portrait. Dieu! qu'il est beau! Sais-tu
que l'empereur a voulu le voir? Il a dit en riant au
Vice-Connétable [1b] que s'il y avait beaucoup de femmes
comme celle-là à sa cour pendant qu'il y venait tant
de rois [c], il se faisait fort de maintenir toujours la paix
en Europe. Est-ce flatteur [d]?

Les orages [e] par lesquels cette journée avait commencé devaient ressembler à ceux de la nature, en
ramenant un temps calme et serein [f]. Madame Roguin
déploya tant de séductions dans ses discours, elle sut
attaquer tant de cordes à la fois dans les cœurs secs
de monsieur et de madame Guillaume [2], qu'elle finit
par en trouver une dont elle tira parti. A cette singulière époque, le commerce et la finance avaient plus
que jamais la folle manie de s'allier aux grands seigneurs
et les généraux de l'Empire profitèrent assez bien de
ces dispositions. Monsieur Guillaume s'élevait singulièrement contre cette déplorable passion. Ses
axiomes favoris étaient que, pour trouver le bonheur,
une femme devait épouser un homme de sa classe;
on était toujours tôt ou tard puni d'avoir voulu monter trop haut; l'amour résistait si peu aux tracas du
ménage, qu'il fallait trouver l'un chez l'autre des
qualités bien solides pour être heureux; il ne fallait
pas que l'un des deux époux en sût plus que l'autre,
parce qu'on devait avant tout se comprendre; un
mari qui parlait grec et la femme latin, risquaient
de mourir de faim. Il avait inventé cette espèce de

---

1. Napoléon avait créé ce titre pour Berthier. Les premières éditions désignaient « le Grand-Connétable » (Louis Bonaparte).

2. M. Guillaume a certes l'esprit positif, mais a-t-il le cœur sec?
Son attitude avec Joseph Lebas et avec Augustine, notamment, a
semblé prouver le contraire.

proverbe. Il comparait les mariages ainsi faits à ces anciennes étoffes de soie et de laine, dont la soie finissait toujours par couper la laine. Cependant il se trouve tant de vanité au fond du cœur de l'homme, que la prudence du pilote qui gouvernait si bien le Chat-qui-pelote succomba sous l'agressive volubilité de madame Roguin. La sévère madame Guillaume, la première, trouva dans l'inclination de sa fille des motifs pour déroger à ces principes, et pour consentir à recevoir au logis monsieur de Sommervieux, qu'elle se promit de soumettre à un rigoureux examen.

Le vieux négociant alla trouver Joseph Lebas, et l'instruisit de l'état des choses. A six heures et demie, la salle à manger, illustrée par le peintre [a], réunit sous son toit de verre madame et monsieur Roguin, Lebas qui prenait son bonheur en patience, et mademoiselle Virginie dont la migraine avait cessé. Monsieur et madame Guillaume virent en perspective leurs enfants établis et les destinées du Chat-qui-pelote remises en des mains habiles. Leur contentement fut au comble, quand, au dessert [1], Théodore leur fit présent de l'étonnant tableau qu'ils n'avaient pu voir, et qui représentait l'intérieur de cette vieille boutique, à laquelle était dû tant de bonheur.

— C'est-y gentil! s'écria Guillaume. Dire qu'on voulait donner trente mille francs de cela.

— Mais c'est qu'on y trouve mes barbes, reprit madame Guillaume.

— Et ces étoffes dépliées, ajouta Lebas, on les prendrait avec la main.

— Les draperies font toujours très bien, répondit le peintre. Nous serions trop heureux, nous autres artistes modernes, d'atteindre à la perfection de la draperie antique [b].

— Vous aimez donc la draperie! s'écria le père

---

1. Joseph Lebas est déjà considéré comme de la famille, puisqu'il est resté « au dessert ».

Guillaume. Eh bien, sarpejeu! touchez là, mon jeune ami. Puisque vous estimez le commerce, nous nous entendrons. Eh! pourquoi le mépriserait-on? Le monde a commencé par là, puisque Adam a vendu le paradis pour une pomme. Ça n'a pas été une fameuse spéculation, par exemple!

Et le vieux négociant se mit à éclater d'un gros rire franc excité par le vin de Champagne qu'il faisait circuler généreusement. Le bandeau qui couvrait les yeux du jeune artiste fut si épais qu'il trouva ses futurs parents aimables [a]. Il ne dédaigna pas de les égayer par quelques charges de bon goût. Aussi plut-il généralement. Le soir, quand le salon meublé de choses très cossues, pour se servir de l'expression de Guillaume, fut désert, pendant que madame Guillaume s'en allait de table en cheminée, de candélabre en flambeau, soufflant avec précipitation les bougies, le brave négociant, qui savait toujours voir clair aussitôt qu'il s'agissait d'affaires ou d'argent, attira sa fille Augustine auprès de lui; puis, après l'avoir prise sur ses genoux, il lui tint ce discours :

— Ma chère enfant, tu épouseras ton Sommervieux, puisque tu le veux; permis à toi de risquer ton capital de bonheur. Mais je ne me laisse pas prendre à ces trente mille francs que l'on gagne à gâter [b] de bonnes toiles. L'argent qui vient si vite s'en va de même. N'ai-je pas entendu dire ce soir à ce jeune écervelé que si l'argent était rond, c'était pour rouler [1]! S'il est rond pour les gens prodigues, il est plat pour les gens économes qui l'empilent [c]. Or, mon enfant, ce beau garçon-là parle de te donner des voitures, des

---

1. La prodigalité de Sommervieux est bien conforme, pour Balzac, au caractère de l'artiste : « L'artiste n'est pas, selon l'expression de Richelieu, un *homme de suite,* et n'a pas cette respectable avidité de richesse qui anime toutes les pensées du marchand. S'il court après l'argent, c'est pour les besoins du moment, car l'avarice est la mort du génie : il faut dans l'âme d'un créateur trop de générosité pour qu'un sentiment aussi mesquin y trouve place » (*O. D.* I, 355).

diamants? Il a de l'argent, qu'il le dépense pour toi,
bene sit ! je n'ai rien à y voir. Mais quant à ce que je
te donne, je ne veux pas que des écus si péniblement
ensachés [a] s'en aillent en carrosses ou en colifichets.
Qui dépense trop n'est jamais riche. Avec les cent mille
écus de ta dot [1b] on n'achète pas encore tout Paris.
Tu as beau avoir à recueillir un jour quelques centaines de mille francs, je te les ferai attendre, sarpejeu ! le plus longtemps possible. J'ai donc attiré
ton prétendu dans un coin, et un homme qui a mené
la faillite Lecoq n'a pas eu grande peine à faire consentir
un artiste à se marier séparé de biens avec sa femme.
J'aurai l'œil au contrat pour bien faire stipuler les
donations qu'il se propose de te constituer [c]. Allons,
mon enfant, j'espère être grand-père, sarpejeu ! je
veux m'occuper déjà de mes petits-enfants : jure-moi
donc ici de ne jamais rien signer en fait d'argent que
par mon conseil; et si j'allais trouver trop tôt le père
Chevrel, jure-moi de consulter le jeune Lebas, ton
beau-frère. Promets-le-moi.

— Oui, mon père, je vous le jure.

A ces mots prononcés d'une voix douce, le vieillard
baisa sa fille sur les deux joues. Ce soir-là, tous les
amants dormirent presque aussi paisiblement que
monsieur et madame Guillaume.

Quelques mois [d] après ce mémorable dimanche, le
maître-autel de Saint-Leu fut témoin de deux mariages

---

1. Les premières éditions portaient « cinquante mille écus », ce qui
paraît normal, puisque la dot de Virginie est fixée à ce chiffre (voir
p. 57). Est-il concevable qu'Augustine, la cadette, reçoive
le double? et qu'elle puisse s'attendre à recueillir un jour « quelques
centaines de mille francs » alors que cinquante mille autres écus
seulement, soit cent cinquante mille francs, ont été promis au futur
époux de Virginie (*Ibid*.) ? A moins d'admettre qu'une dot et des
« espérances » plus élevées doivent compenser pour le ménage
Sommervieux l'attribution du fonds de commerce au ménage Lebas...
Mais rien dans le texte ne permet d'étayer cette hypothèse et il est plus
légitime de penser qu'une fois encore Balzac, en se corrigeant, a introduit dans le récit une incohérence.

bien différents. Augustine et Théodore s'y présentèrent dans tout l'éclat du bonheur, les yeux pleins d'amour, parés de toilettes élégantes, attendus par un brillant équipage. Venue dans un bon remise [1] avec sa famille, Virginie, appuyée sur le bras de son père [2a], suivait sa jeune sœur humblement et dans de plus simples atours, comme une ombre nécessaire aux harmonies de ce tableau. Monsieur Guillaume s'était donné toutes les peines imaginables pour obtenir à l'église que Virginie fût mariée avant Augustine; mais il eut la douleur de voir le haut et le bas clergé s'adresser en toute circonstance à la plus élégante des mariées [3]. Il entendit quelques-uns de ses voisins approuver singulièrement le bon sens de mademoiselle Virginie qui faisait, disaient-ils, le mariage le plus solide, et restait fidèle au quartier : tandis qu'ils lancèrent quelques brocards [b] suggérés par l'envie sur Augustine qui épousait un artiste, un noble; ils ajoutèrent avec une sorte d'effroi que, si les Guillaume avaient de l'ambition, la draperie [c] était perdue. Un vieux marchand d'éventails ayant dit que ce mange-tout-là l'aurait bientôt mise sur la paille, le père Guillaume s'applaudit *in petto* de sa prudence dans les conventions matrimoniales. Le soir, après

---

1. « Voiture à quatre places, sans numéro, qui se loue ordinairement par jour ou par mois » (*Dictionnaire de l'Académie,* 1835).

2. « Appuyée sur le bras de son père » et non pas « donnant le bras à Joseph Lebas » comme on lisait dans les premières éditions. Tel est bien l'usage, pour un cortège nuptial, à l'église. En l'espèce, M. Guillaume, mariant ses deux filles à la fois, doit choisir; mais il est logique avec lui-même en choisissant de donner le bras à l'aînée, la première à marier, selon ses instances expresses.

3. Balzac accuse volontiers le clergé de se montrer intéressé et sensible à l'excès aux différences de condition (voir notamment les remarques générales sur la cérémonie du mariage dans le *Code des gens honnêtes, O. D.* I, 115, et les indications sur le comportement du prêtre dans *La Vendetta,* p. 284, ainsi qu'à la fin du *Père Goriot,* p. 305). On lit de même dans *L'Hermite de la Chaussée d'Antin* qu'un curé a « abandonné à son vicaire » la célébration d'un « mariage plébéien ».

un bal somptueux, suivi d'un de ces soupers plantu-
reux dont le souvenir commence à se perdre dans la
génération présente, monsieur et madame Guillaume
restèrent dans leur hôtel de la rue du Colombier [1]
où la noce avait eu lieu, monsieur et madame Lebas
retournèrent dans leur remise à la vieille maison de
la rue Saint-Denis pour y diriger la nauf [a] du Chat-
qui-pelote; l'artiste, ivre de bonheur, prit entre ses
bras sa chère Augustine, l'enleva vivement quand
leur coupé arriva rue des Trois-Frères [2], et la porta
dans un appartement que tous les arts avaient embelli [b].

La fougue de passion qui possédait Théodore fit
dévorer au jeune ménage près d'une année entière
sans que le moindre nuage vînt altérer l'azur du ciel
sous lequel ils vivaient. Pour ces deux amants [c],
l'existence n'eut rien de pesant. Théodore [d] répandait
sur chaque journée d'incroyables *fioriture* de plaisirs [e],
il se plaisait à varier les emportements de la passion [f],
par la molle langueur de ces repos où les âmes sont
lancées si haut dans l'extase qu'elles semblent y oublier
l'union corporelle [g]. Incapable de réfléchir, l'heureuse
Augustine se prêtait à l'allure onduleuse de son
bonheur [h] : elle ne croyait pas faire encore assez en
se livrant toute à l'amour permis et saint du mariage;
simple et naïve, elle ne connaissait d'ailleurs ni la
coquetterie des refus, ni l'empire qu'une jeune demoi-

---

1. Deux rues portaient ce nom : l'une proche de Saint-Sulpice
(rue du Vieux-Colombier), l'autre, aujourd'hui détruite, donnant
sur la rue Saint-Antoine (rue Neuve-du-Colombier). Nous pensons
que Balzac désigne ici la première, d'abord parce que Mme Guillaume
invite plus loin sa fille à consulter « le vicaire de Saint-Sulpice »,
ensuite parce que Balzac, dans le manuscrit de *La Vendetta* (voir p. 365),
situe « rue du Colombier » l'un des deux ateliers où le peintre Servin
donne son enseignement, l'autre se trouvant rue Guénégaud, bien plus
près de Saint-Sulpice que de la rue Saint-Antoine.

2. Cette rue a depuis lors été incorporée à la rue Taitbout, dans le
quartier de la Chaussée d'Antin, dont le prestige, plus récent que celui
du Faubourg Saint-Germain, s'est affirmé à partir des dernières années
du xviiie siècle.

selle du grand monde se crée sur un mari par d'adroits caprices; elle aimait trop pour calculer l'avenir, et n'imaginait pas qu'une vie si délicieuse pût jamais cesser. Heureuse d'être alors tous les plaisirs de son mari, elle crut que cet inextinguible amour serait toujours pour elle la plus belle de toutes les parures, comme son dévouement et son obéissance seraient un éternel attrait. Enfin, la félicité de l'amour l'avait rendue si brillante, que sa beauté lui inspira de l'orgueil et lui donna la conscience de pouvoir toujours régner sur un homme aussi facile à enflammer que monsieur de Sommervieux. Ainsi son état de femme ne lui apporta d'autres enseignements que ceux de l'amour. Au sein de ce bonheur, elle resta l'ignorante petite fille qui vivait obscurément rue Saint-Denis, et ne pensa point à prendre les manières, l'instruction, le ton du monde dans lequel elle devait vivre. Ses paroles étant des paroles d'amour, elle y déployait bien une sorte de souplesse d'esprit et une certaine délicatesse d'expression; mais elle se servait du langage commun à toutes les femmes quand elles se trouvent plongées dans la passion qui semble être leur élément. Si, par hasard, une idée discordante avec celles de Théodore était exprimée par Augustine, le jeune artiste en riait comme on rit des premières fautes que fait un étranger, mais qui finissent par fatiguer s'il ne se corrige pas. Malgré tant d'amour, à l'expiration de cette année aussi charmante que rapide [a], Sommervieux sentit un matin la nécessité de reprendre ses travaux et ses habitudes. Sa femme était d'ailleurs enceinte. Il revit ses amis. Pendant les longues souffrances de l'année où, pour la première fois, une jeune femme nourrit [b] un enfant, il travailla sans doute avec ardeur; mais parfois il retourna chercher quelques distractions dans le grand monde. La maison où il allait le plus volontiers fut celle de la duchesse de Carigliano qui avait fini par attirer chez elle le célèbre artiste. Quand Augustine fut rétablie, quand son fils

ne réclama plus ces soins assidus qui interdisent à une
mère les plaisirs du monde [1], Théodore en était arrivé
à vouloir éprouver cette jouissance d'amour-propre
que nous donne la société quand nous y apparaissons
avec une belle femme, objet d'envie et d'admiration [a].
Parcourir les salons en s'y montrant avec l'éclat
emprunté de la gloire de son mari, se voir jalousée par
les femmes, fut pour Augustine une nouvelle moisson
de plaisirs; mais ce fut le dernier reflet que devait
jeter son bonheur conjugal. Elle commença par
offenser la vanité de son mari, quand, malgré de vains
efforts, elle laissa percer son ignorance, l'impropriété
de son langage et l'étroitesse de ses idées. Dompté
pendant près de deux ans et demi par les premiers
emportements de l'amour, le caractère de Sommervieux
reprit, avec la tranquillité d'une possession moins
jeune, sa pente et ses habitudes un moment détournées
de leur cours. La poésie, la peinture et les exquises
jouissances de l'imagination possèdent sur les esprits
élevés des droits imprescriptibles. Ces besoins d'une
âme forte n'avaient pas été trompés chez Théodore
pendant ces deux années, ils avaient trouvé seulement
une pâture nouvelle. Quand les champs de l'amour
furent parcourus, quand l'artiste eut, comme les
enfants, cueilli des roses et des bluets avec une telle
avidité qu'il ne s'apercevait pas que ses mains ne pouvaient plus les tenir, la scène changea. Si le peintre
montrait à sa femme les croquis de ses plus belles
compositions, il l'entendait s'écrier comme eût fait
le père Guillaume : — C'est bien joli ! Cette admiration
sans chaleur ne provenait pas d'un sentiment consciencieux, mais de la croyance sur parole de l'amour.
Augustine préférait un regard au plus beau tableau.
Le seul sublime qu'elle connût était celui du cœur.

---

1. « Une femme occupée à mettre au monde et à nourrir un mar-
mot est, avant et après sa couche, hors d'état de se présenter dans le
monde » (*Physiologie du mariage*, *Pl.* X, pp. 720-721).

Enfin, Théodore ne put se refuser à l'évidence d'une vérité cruelle : sa femme n'était pas sensible à la poésie, elle n'habitait pas sa sphère, elle ne le suivait pas dans tous ses caprices, dans ses improvisations, dans ses joies, dans ses douleurs; elle marchait terre à terre dans le monde réel, tandis qu'il avait la tête dans les cieux [1a]. Les esprits ordinaires ne peuvent pas apprécier les souffrances renaissantes de l'être qui, uni à un autre par le plus intime de tous les sentiments, est obligé de refouler sans cesse les plus chères expansions de sa pensée, et de faire rentrer dans le néant les images qu'une puissance magique le force à créer. Pour lui, ce supplice est d'autant plus cruel [b], que le sentiment qu'il porte à son compagnon ordonne, pour sa première loi, de ne jamais rien se dérober l'un à l'autre, et de confondre les effusions de la pensée aussi bien que les épanchements de l'âme. On ne trompe pas impunément les volontés de la nature : elle est inexorable comme la Nécessité, qui, certes, est une sorte de nature sociale [c]. Sommervieux se réfugia dans le calme et le silence de son atelier, en espérant que l'habitude de vivre avec des artistes pourrait former sa femme, et développerait en elle les germes de haute intelligence engourdis que quelques esprits supérieurs croient préexistants chez tous les êtres; mais Augustine était trop sincèrement religieuse pour ne pas être effrayée du ton des artistes. Au premier dîner que donna Théodore, elle entendit un jeune peintre disant avec cette enfantine légèreté qu'elle ne sut pas reconnaître [d] et qui absout [e] une plaisanterie de toute irréligion :
— Mais, madame, votre paradis n'est pas plus beau que la Transfiguration de Raphaël [f] ? Eh bien! je me suis lassé de la regarder. Augustine apporta donc dans cette société spirituelle un esprit de défiance qui n'échappait à personne, elle gêna. Les artistes gênés sont impitoyables : ils fuient ou se moquent. Madame

---

1. L'artiste « marche la tête dans le ciel » (*Des artistes, O. D.* I, 355).

Guillaume avait, entre autres ridicules, celui d'outrer
la dignité qui lui semblait l'apanage d'une femme
mariée ; et quoiqu'elle s'en fût souvent moquée [a],
Augustine ne sut pas se défendre d'une légère imita-
tion de la pruderie maternelle. Cette exagération de
pudeur, que n'évitent pas toujours les femmes ver-
tueuses, suggéra quelques épigrammes à coups de
crayon dont l'innocent badinage était de trop bon goût
pour que Sommervieux pût s'en fâcher. Ces plaisanteries eussent été même plus cruelles, elles n'étaient
après tout que des représailles exercées sur lui par ses
amis. Mais rien ne pouvait être léger pour une âme
qui recevait aussi facilement que celle de Théodore
des impressions étrangères [b]. Aussi éprouva-t-il insensiblement une froideur qui ne pouvait aller qu'en
croissant. Pour arriver au bonheur conjugal, il faut
gravir une montagne dont l'étroit plateau est bien
près d'un revers aussi rapide que glissant [c], et l'amour
du peintre le descendait [d]. Il jugea sa femme incapable
d'apprécier les considérations morales qui justifiaient,
à ses propres yeux [e], la singularité de ses manières
envers elle, et se crut fort innocent en lui cachant des
pensées qu'elle ne comprenait pas et des écarts peu
justiciables au tribunal d'une conscience bourgeoise [f].
Augustine se renferma [g] dans une douleur morne
et silencieuse. Ces sentiments secrets mirent entre les
deux époux un voile qui devait s'épaissir de jour en
jour. Sans que son mari manquât d'égards envers
elle, Augustine ne pouvait s'empêcher de trembler
en lui voyant [h] réserver pour le monde les trésors
d'esprit et de grâce qu'il venait jadis mettre à ses
pieds [i]. Bientôt, elle interpréta fatalement [j] les discours spirituels qui se tiennent dans le monde sur l'in-
constance des hommes. Elle ne se plaignit pas, mais
son attitude équivalait à des reproches. Trois ans après
son mariage [k], cette femme jeune et jolie qui passait
si brillante dans son brillant équipage, qui vivait
dans une sphère de gloire et de richesse enviée de

tant de gens insouciants et incapables d'apprécier justement les situations de la vie, fut en proie à de violents chagrins; ses couleurs pâlirent, elle réfléchit, elle compara; puis, le malheur lui déroula les premiers textes de l'expérience. Elle résolut de rester courageusement dans le cercle de ses devoirs, en espérant que cette conduite généreuse lui ferait recouvrer tôt ou tard l'amour de son mari; mais il n'en fut pas ainsi. Quand Sommervieux, fatigué de travail, sortait de son atelier, Augustine ne cachait pas si promptement son ouvrage, que le peintre ne pût apercevoir sa femme raccommodant avec toute la minutie d'une bonne ménagère le linge de la maison et le sien. Elle fournissait, avec générosité, sans murmure, l'argent nécessaire aux prodigalités de son mari; mais, dans le désir de conserver la fortune de son cher Théodore, elle se montrait économe soit pour elle, soit dans certains détails de l'administration domestique. Cette conduite est incompatible avec le laissez-aller des artistes qui, sur la fin de leur carrière, ont tant joui de la vie, qu'ils ne se demandent jamais la raison de leur ruine. Il est inutile de marquer chacune des dégradations de couleur par lesquelles la teinte brillante de leur lune de miel[1] s'éteignit et les mit dans une profonde obscurité. Un soir, la triste[a] Augustine, qui depuis longtemps entendait son mari parlant avec enthousiasme de madame la duchesse de Carigliano, reçut d'une amie quelques avis méchamment charitables sur[b] la nature de l'attachement qu'avait conçu Sommervieux pour cette célèbre coquette de la cour impériale[c]. A vingt et un[d] ans, dans tout l'éclat de

---

1. Balzac consacre à la Lune de Miel une « méditation » entière de sa *Physiologie du mariage* : « Cette expression, Lune de Miel [...] dépeint avec grâce la nuptiale saison, si fugitive, pendant laquelle la vie n'est que douceur et ravissement; elle restera comme restent les illusions et les erreurs, car elle est le plus odieux de tous les mensonges » (*Physiologie du mariage, Pl.* X, 667).

la jeunesse et de la beauté, Augustine se vit trahie
pour une femme de trente-six [a] ans. En se sentant
malheureuse au milieu du monde et de ses fêtes
désertes pour elle, la pauvre petite ne comprit plus rien
à l'admiration qu'elle y excitait, ni à l'envie qu'elle
inspirait. Sa figure prit une nouvelle expression. La
mélancolie versa dans ses traits la douceur de la résignation et la pâleur d'un amour dédaigné. Elle ne
tarda pas à être courtisée par les hommes les plus sédui-
sants ; mais elle resta solitaire et vertueuse. Quelques
paroles de dédain, échappées à son mari, lui donnèrent
un incroyable désespoir. Une lueur fatale lui fit entre-
voir les défauts de contact qui, par suite des mesquineries de son éducation, empêchaient l'union complète
de son âme avec celle de Théodore : elle eut assez
d'amour pour l'absoudre et pour se condamner. Elle
pleura des larmes de sang, et reconnut trop tard qu'il
est des mésalliances d'esprit aussi bien que des mésalliances de mœurs et de rang. En songeant aux délices
printanières de son union, elle comprit l'étendue
du bonheur passé, et convint en elle-même qu'une si
riche moisson d'amour était une vie entière qui ne
pouvait se payer que par du malheur. Cependant elle
aimait trop sincèrement pour perdre toute espérance.
Aussi osa-t-elle entreprendre à vingt et un ans de s'instruire et de rendre son imagination au moins digne
de celle qu'elle admirait [b]. — Si je ne suis pas poète,
se disait-elle, au moins je comprendrai la poésie.
Et déployant alors cette force de volonté, cette énergie
que les femmes possèdent toutes quand elles aiment,
madame de Sommervieux tenta de changer son
caractère, ses mœurs et ses habitudes ; mais en dévorant
des volumes, en apprenant avec courage, elle ne réussit
qu'à devenir moins ignorante. La légèreté de l'esprit
et les grâces de la conversation sont un don de la
nature ou le fruit d'une éducation commencée au ber-
ceau. Elle pouvait apprécier la musique, en jouir, mais
non chanter avec goût. Elle comprit la littérature et

les beautés de la poésie, mais il était trop tard pour
en orner sa rebelle mémoire. Elle entendait avec
plaisir les entretiens du monde, mais elle n'y fournissait
rien de brillant. Ses idées religieuses et ses préjugés
d'enfance s'opposèrent à la complète émancipation
de son intelligence [a]. Enfin, il s'était glissé contre elle,
dans l'âme de Théodore, une prévention qu'elle ne
put vaincre. L'artiste se moquait de ceux qui lui van-
taient sa femme, et ses plaisanteries étaient assez
fondées [b]; il imposait tellement à cette jeune et touchante créature, qu'en sa présence, ou en tête à tête,
elle tremblait. Embarrassée par son trop grand désir
de plaire, elle sentait son esprit et ses connaissances
s'évanouir dans un seul sentiment. La fidélité d'Augustine déplut même à cet infidèle mari, qui semblait
l'engager à commettre des fautes en taxant sa vertu
d'insensibilité. Augustine s'efforça en vain d'abdiquer
sa raison, de se plier aux caprices, aux fantaisies de son
mari, et de se vouer à l'égoïsme de sa vanité; elle ne
recueillit pas le fruit de ses sacrifices. Peut-être avaient-
ils tous deux laissé passer le moment où les âmes
peuvent se comprendre. Un jour le cœur trop sensible de la jeune épouse reçut un de ces coups qui font
si fortement plier les liens du sentiment, qu'on peut
les croire rompus. Elle s'isola. Mais bientôt une fatale
pensée lui suggéra d'aller chercher des consolations
et des conseils au sein de sa famille.

Un matin donc, elle se dirigea vers la grotesque
façade de l'humble et silencieuse maison où s'était
écoulée son enfance. Elle soupira en revoyant cette
croisée d'où, un jour, elle avait envoyé un premier
baiser à celui qui répandait aujourd'hui sur sa vie
autant de gloire que de malheur [1]. Rien n'était changé
dans l'antre où se rajeunissait cependant le commerce

---

1. *Gloire et Malheur*, tel est, dans la première édition, le titre de cette
nouvelle, dont le sens se trouve ici éclairé.

de la draperie. La sœur d'Augustine occupait au comptoir antique la place de sa mère. La jeune affligée
rencontra son beau-frère la plume derrière l'oreille,
elle fut à peine écoutée, tant il avait l'air affairé;
les redoutables signaux d'un inventaire général [1] se
faisaient autour de lui; aussi la quitta-t-il en la priant
d'excuser [a]. Elle fut reçue assez froidement par sa
sœur, qui lui manifesta quelque rancune. En effet,
Augustine, brillante et descendant d'un joli équipage,
n'était jamais venue voir sa sœur qu'en passant. La
femme du prudent Lebas s'imagina que l'argent était
la cause première de cette visite matinale, elle essaya
de se maintenir sur un ton de réserve qui fit sourire
plus d'une fois Augustine. La femme du peintre vit
que, sauf les barbes au bonnet, sa mère avait trouvé
dans Virginie un successeur qui conservait l'antique
honneur du Chat-qui-pelote. Au déjeuner, elle aperçut,
dans le régime de la maison, certains changements
qui faisaient honneur au bon sens de Joseph Lebas :
les commis ne se levèrent pas au dessert, on leur laissait
la faculté de parler, et l'abondance de la table annonçait
une aisance sans luxe. La jeune élégante trouva [b]
les coupons d'une loge aux Français [c] où elle se souvint d'avoir vu sa sœur de loin en loin. Madame Lebas
avait sur les épaules un cachemire dont la magnificence
attestait la générosité avec laquelle son mari s'occupait
d'elle. Enfin, les deux époux marchaient avec leur
siècle [d]. Augustine fut bientôt pénétrée d'attendrissement, en reconnaissant, pendant les deux tiers de cette
journée, le bonheur égal, sans exaltation, il est vrai,
mais aussi sans orages, que goûtait ce couple convenablement assorti. Ils avaient accepté [e] la vie comme
une entreprise commerciale où il s'agissait de faire,
avant tout, honneur à ses affaires. En ne rencontrant

---

1. L'inventaire général ayant lieu à date fixe et le mariage
d'Augustine datant de trois ans, nous sommes vers la fin de mars 1814.

pas dans son mari un amour excessif, la femme s'était
appliquée à le faire naître. Insensiblement amené à
estimer, à chérir Virginie, le temps que le bonheur
mit à éclore fut, pour Joseph Lebas et pour sa femme,
un gage de durée. Aussi, lorsque la plaintive Augustine
exposa sa situation douloureuse [a], eut-elle à essuyer
le déluge de lieux communs que la morale de la rue
Saint-Denis fournissait à sa sœur.

— Le mal est fait, ma femme, dit Joseph Lebas, il
faut chercher à donner de bons conseils à notre sœur.
Puis, l'habile négociant analysa lourdement les ressources que les lois et les mœurs pouvaient offrir
à Augustine pour sortir de cette crise [b]; il en numérota
pour ainsi dire les considérations, les rangea par leur
force dans des espèces de catégories, comme s'il se
fût agi de marchandises de diverses qualités; puis il
les mit en balance, les pesa, et conclut en développant
la nécessité où était sa belle-sœur de prendre un parti
violent qui ne satisfit point l'amour qu'elle ressentait
encore pour son mari; aussi ce sentiment se réveilla-t-il
dans toute sa force quand elle entendit Joseph Lebas
parlant de voies judiciaires [c]. Augustine remercia
ses deux amis, et revint chez elle encore plus indécise
qu'elle ne l'était avant de les avoir consultés. Elle hasarda
de se rendre alors à l'antique hôtel de la rue du Colombier, dans le dessein de confier ses malheurs à son
père et à sa mère, car elle ressemblait à ces malades
arrivés à un état désespéré qui essayent de toutes les
recettes et se confient même aux remèdes de bonne
femme. Les deux vieillards reçurent leur fille avec une
effusion de sentiment qui l'attendrit. Cette visite leur
apportait une distraction qui, pour eux, valait un trésor.
Depuis quatre [d] ans, ils marchaient dans la vie comme
des navigateurs sans but et sans boussole. Assis au
coin de leur feu, ils se racontaient l'un à l'autre tous
les désastres du Maximum, leurs anciennes acquisitions
de drap, la manière dont ils avaient évité les banqueroutes, et surtout cette célèbre faillite Lecoq, la bataille

de Marengo du père Guillaume [1]. Puis, quand ils
avaient épuisé les vieux procès, ils récapitulaient les
additions de leurs inventaires les plus productifs,
et se narraient encore les vieilles histoires du quartier Saint-Denis [a]. A deux heures, le père Guillaume
allait donner un coup d'œil à l'établissement du Chat-
qui-pelote; en revenant, il s'arrêtait à toutes les boutiques, autrefois ses rivales, et dont les jeunes propriétaires espéraient entraîner le vieux négociant dans
quelque escompte aventureux que, selon sa coutume,
il ne refusait jamais positivement. Deux bons chevaux
normands mouraient de gras-fondu [2] dans l'écurie de
l'hôtel, madame Guillaume ne s'en servait que pour
se faire traîner [b] tous les dimanches à la grand-messe
de sa paroisse [c]. Trois fois par semaine ce respectable
couple tenait table ouverte [d]. Grâce à l'influence de
son gendre Sommervieux, le père Guillaume avait été
nommé membre du comité consultatif pour l'habillement des troupes. Depuis que son mari s'était ainsi
trouvé placé haut dans l'administration, madame
Guillaume avait pris la détermination de représenter :
ses appartements étaient encombrés de tant d'ornements d'or et d'argent, et de meubles sans goût mais
de valeur certaine, que la pièce la plus simple y ressemblait à une chapelle. L'économie et la prodigalité
semblaient se disputer dans chacun des accessoires
de cet hôtel. L'on eût dit que monsieur Guillaume

---

1. Cette comparaison a une signification précise. La faillite Lecoq,
dont M. Guillaume risquait de pâtir (voir la variante *d* de la page 57),
lui a donné l'occasion d'opérer un redressement magistral. On sait
qu'à Marengo la partie, perdue pour Bonaparte à midi, était gagnée
quelques heures plus tard. C'est en spéculant sur de tels revirements
qu'un Ouvrard dans la réalité et, dans *La Comédie humaine,* un du
Bousquier (voir *La Vieille Fille,* p. 37) ont édifié une partie de leur
fortune.

2. Inflammation du bas-ventre, chez les chevaux, produite par la
chaleur ou par l'excès de travail; mais il semble qu'en l'espèce Balzac
l'associe plutôt à l'inertie.

avait eu en vue de faire un placement d'argent jusque
dans l'acquisition d'un flambeau [1]. Au milieu de ce
bazar, dont la richesse accusait le désœuvrement des
deux époux, le célèbre tableau de Sommervieux avait
obtenu la place d'honneur [a], et faisait [b] la consolation
de monsieur et de madame Guillaume qui tournaient
vingt fois par jour les yeux harnachés de besicles [c]
vers cette image de leur ancienne existence, pour eux
si active et si amusante. L'aspect de cet hôtel et de
ces appartements où tout avait une senteur de vieillesse
et de médiocrité, le spectacle donné par ces deux
êtres qui semblaient échoués sur un rocher d'or loin
du monde et des idées qui font vivre, surprirent
Augustine; elle contemplait en ce moment la seconde
partie du tableau dont le commencement l'avait frappée
chez Joseph Lebas, celui d'une vie agitée quoique
sans mouvement, espèce d'existence mécanique et
instinctive semblable à celle des castors [d]; elle eut
alors je ne sais quel orgueil de ses chagrins, en pensant qu'ils prenaient leur source dans un bonheur
de dix-huit mois qui valait à ses yeux mille existences
comme celle dont le vide lui semblait horrible. Cependant elle cacha ce sentiment peu charitable, et déploya
pour ses vieux parents les grâces nouvelles de son esprit,
les coquetteries de tendresse que l'amour lui avait
révélées, et les disposa favorablement à écouter ses
doléances matrimoniales. Les vieilles gens ont un
faible pour ces sortes de confidences. Madame Guillaume voulut être instruite des plus légers détails de
cette vie étrange qui, pour elle, avait quelque chose
de fabuleux. Les voyages du baron de La Hontan [2],

---

1. « Tout ce qui révèle une économie est inélégant », écrit Balzac
dans le *Traité de la vie élégante* (*O. D.* II, 171). A cet intérieur de bourgeois retirés s'opposeront, p. 89, les appartements suprèmement
élégants de la duchesse de Carigliano, où « le luxe affectait une espèce
de dédain pour la richesse ».

2. Le récit longuement conté de ces voyages dans l'Amérique

qu'elle commençait toujours sans jamais les achever,
ne lui apprirent rien de plus inouï sur les sauvages
du Canada.

— Comment, mon enfant, ton mari s'enferme avec
des femmes nues, et tu as la simplicité de croire qu'il
les dessine ᵃ?

À cette exclamation, la grand-mère posa ses lunettes
sur une petite travailleuse, secoua ses jupons et plaça
ses mains jointes sur ses genoux élevés par une chaufferette, son piédestal favori ᵇ.

— Mais, ma mère, tous les peintres sont obligés
d'avoir des modèles.

— Il s'est bien gardé de nous dire tout cela quand il
t'a demandée en mariage. Si je l'avais su, je n'aurais pas
donné ma fille à un homme qui fait un pareil métier.
La religion défend ces horreurs-là ᶜ, ça n'est pas moral.
À quelle heure nous disais-tu donc qu'il rentre chez lui?

— Mais à une heure, deux heures...

Les deux époux se regardèrent dans un profond
étonnement.

— Il joue donc? dit monsieur Guillaume. Il n'y
avait que les joueurs qui, de mon temps, rentrassent
si tard.

Augustine fit une petite moue qui repoussait cette
accusation ᵈ.

— Il doit te faire passer de cruelles nuits à l'attendre,
reprit madame Guillaume. Mais, non, tu te couches,
n'est-ce pas? Et quand il a perdu, le monstre ᵉ te réveille.

— Non, ma mère, il est au contraire quelquefois
très gai. Assez souvent même, quand il fait beau, il
me propose de me lever pour aller dans les bois.

— Dans les bois, à ces heures-là? Tu as donc un bien
petit appartement qu'il n'a pas assez de sa chambre,
de ses salons, et qu'il lui faille ainsi courir pour...

septentrionale parut à La Haye au début du xviiᵉ siècle. On y trouve
des précisions suspectes sur les idées et les mœurs des sauvages du
pays, fort raffinées, si l'on en croyait l'auteur.

Mais c'est pour t'enrhumer, que le scélérat te propose ces parties-là. Il veut se débarrasser de toi. A-t-on jamais vu un homme établi, qui a un commerce tranquille, galopant ainsi comme un loup-garou?

— Mais, ma mère, vous ne comprenez donc pas que, pour développer son talent, il a besoin d'exaltation. Il aime beaucoup les scènes qui...

— Ah! je lui en ferais de belles, des scènes, moi, s'écria madame Guillaume en interrompant sa fille. Comment peux-tu garder des ménagements avec un homme pareil? D'abord, je n'aime pas qu'il ne boive que de l'eau [1]. Ça n'est pas sain. Pourquoi montre-t-il de la répugnance à voir les femmes quand elles mangent [2]? Quel singulier genre! Mais c'est un fou. Tout ce que tu nous en as dit n'est pas possible. Un homme ne peut pas partir de sa maison sans souffler mot et ne revenir que dix jours après. Il te dit qu'il a été à Dieppe pour peindre la mer, est-ce qu'on peint la mer [3]? Il te fait des contes à dormir debout [a].

Augustine ouvrit la bouche pour défendre son mari; mais madame Guillaume lui imposa silence par un geste de main auquel un reste d'habitude la fit obéir, et sa mère s'écria d'un ton sec [b] : — Tiens, ne me parle pas de cet homme-là! il n'a jamais mis le pied dans une église que pour te voir et t'épouser. Les gens sans religion sont capables de tout. Est-ce que Guillaume s'est jamais avisé de me cacher quelque

---

1. « La mode exige impérieusement qu'on ne boive que de l'eau le matin » (*Nouvelle théorie du déjeuner, O. D.* II, 44).

2. « O Lord Byron, toi qui ne voulais pas voir les femmes mangeant!... » (*Physiologie du mariage, Pl.* X, p. 721). Lorsque Sommervieux fut ébloui par Augustine en la voyant pour la première fois au Chat-qui-pelote, c'était l'heure du dîner, mais elle « paraissait pensive et ne mangeait point » (p. 44).

3. Quand Balzac écrivit *La Maison du Chat-qui-pelote*, Dieppe venait d'être mis à la mode par la duchesse de Berry, qui y avait pris un bain de mer.

chose, de rester des trois jours sans me dire ouf,
et de babiller ensuite comme une pie borgne?

— Ma chère mère, vous jugez trop sévèrement les
gens supérieurs. S'ils avaient des idées semblables à
celles des autres, ce ne seraient plus des gens à talent.

— Eh bien, que les gens à talent restent chez eux et
ne se marient pas. Comment! un homme à talent rendra
sa femme malheureuse! et parce qu'il a du talent ce sera
bien? Talent, talent! Il n'y a pas tant de talent à dire
comme lui blanc et noir à toute minute, à couper la
parole aux gens, à battre du tambour chez soi, à ne
jamais vous laisser savoir sur quel pied danser, à forcer
une femme de ne pas s'amuser avant que les idées de
monsieur ne soient gaies; d'être triste, dès qu'il est
triste.

— Mais, ma mère, le propre de ces imaginations-là...

— Qu'est-ce que c'est que ces imaginations-là?
reprit madame Guillaume en interrompant encore sa
fille. Il en a de belles, ma foi! Qu'est-ce qu'un homme
auquel il prend tout à coup, sans consulter de médecin,
la fantaisie de ne manger que des légumes [1]? Encore,
si c'était par religion, sa diète lui servirait à quelque
chose; mais il n'en a pas plus qu'un huguenot. A-t-on
jamais vu un homme aimer, comme lui, les chevaux
plus qu'il n'aime son prochain [a], se faire friser les
cheveux comme un païen, coucher des statues sous de
la mousseline, faire fermer ses fenêtres le jour pour
travailler à la lampe? Tiens, laisse-moi, s'il n'était
pas si grossièrement immoral, il serait bon à mettre
aux Petites-Maisons. Consulte monsieur Loraux [b],
le vicaire de Saint-Sulpice, demande-lui son avis sur
tout cela, il te dira que ton mari ne se conduit pas
comme un chrétien [c]...

---

1. « Les personnes qui entendent la vie élégante proscrivent
également la viande et le poisson [...] Le génie trouve d'immenses
ressources dans les légumes... » (*Nouvelle théorie du déjeuner*, O. D. II,
pp. 45-46).

- Oh! ma mère! pouvez-vous croire...

— Oui, je le crois! Tu l'as aimé, tu n'aperçois rien de ces choses-là. Mais, moi, vers les premiers temps de son mariage [a], je me souviens de l'avoir rencontré dans les Champs-Élysées [1]. Il était à cheval. Eh bien, il galopait par moment ventre à terre, et puis il s'arrêtait pour aller pas à pas. Je me suis dit alors : — Voilà un homme qui n'a pas de jugement.

— Ah! s'écria monsieur Guillaume en se frottant les mains, comme j'ai bien fait de t'avoir mariée séparée de biens avec cet original-là [2]!

Quand Augustine eut l'imprudence de raconter les griefs véritables qu'elle avait à exposer contre son mari, les deux vieillards restèrent muets d'indignation. Le mot de divorce fut bientôt prononcé par madame Guillaume. Au mot de divorce, l'inactif négociant fut comme réveillé. Stimulé par l'amour qu'il avait pour sa fille, et aussi par l'agitation qu'un procès allait donner à sa vie sans événements, le père Guillaume prit la parole. Il se mit à la tête de la demande en divorce, la dirigea, plaida presque, il offrit à sa fille de se charger de tous les frais, de voir les juges, les avoués, les avocats, de remuer ciel et terre. Madame de Sommervieux, effrayée, refusa les services de son père, dit qu'elle ne voulait pas se séparer de son mari, dût-elle être dix fois plus malheureuse encore, et ne parla plus de ses chagrins [3]. Après avoir été accablée

---

1. A la date de 1829, les Champs-Élysées viennent d'être cédés par l'État à la Ville de Paris, qui entreprend de les embellir et d'en faire un lieu à la mode. Sous l'Empire, ils n'étaient guère aménagés, mais les élégantes y passaient déjà pour se rendre à Longchamp.

2. « Toutes les femmes devraient se marier séparées de biens [...] Une femme qui a tout donné à son mari a commis une grande sottise » (*Code des gens honnêtes, O. D.* I, 112). « Dieu merci, tu es séparée de biens », dira le père Goriot à Delphine en témoignant son intention de poursuivre Nucingen pour emploi abusif de la dot (*Le Père Goriot*, p. 252).

3. Laurence de Montzaigle, elle aussi, malgré sa détresse, défendait son mari contre ses parents (M. Fargeaud, *Laurence la mal aimée*, p. 18 sq., dans *L'Année balzacienne 1961*).

par ses parents de tous ces petits soins muets et conso-
lateurs par lesquels les deux vieillards essayèrent de la
dédommager, mais en vain, de ses peines de cœur [a],
Augustine se retira en sentant l'impossibilité de parvenir à faire bien juger les hommes supérieurs [b] par
des esprits faibles. Elle apprit qu'une femme devait
cacher à tout le monde, même à ses parents, des malheurs pour lesquels on rencontre si difficilement des
sympathies. Les orages et les souffrances des sphères
élevées ne sont appréciés que par les nobles esprits
qui les habitent. En toute chose, nous ne pouvons
être jugés que par nos pairs [c].

La pauvre Augustine se retrouva donc dans la froide
atmosphère de son ménage, livrée à l'horreur de ses
méditations. L'étude n'était plus rien pour elle, puisque
l'étude ne lui avait pas rendu le cœur de son mari.
Initiée aux secrets de ces âmes de feu, mais privée de
leurs ressources [d], elle participait avec force à leurs
peines sans partager leurs plaisirs. Elle s'était dégoûtée
du monde, qui lui semblait mesquin et petit devant les
événements des passions. Enfin, sa vie était manquée.
Un soir, elle fut frappée d'une pensée qui vint illuminer ses ténébreux chagrins [e] comme un rayon céleste.
Cette idée ne pouvait sourire qu'à un cœur aussi pur,
aussi vertueux que l'était le sien. Elle résolut d'aller
chez la duchesse de Carigliano, non pas pour lui
redemander le cœur de son mari, mais pour s'y instruire des artifices qui le lui avaient enlevé; mais pour
intéresser à la mère des enfants de son ami cette
orgueilleuse femme du monde; mais pour la fléchir
et la rendre complice de son bonheur à venir comme
elle était l'instrument de son malheur présent. Un
jour [f] donc, la timide Augustine, armée d'un courage
surnaturel, monta en voiture à deux heures après midi,
pour essayer de pénétrer jusqu'au boudoir de la célèbre
coquette, qui n'était jamais visible avant cette heure-là.
Madame de Sommervieux ne connaissait pas encore
les antiques et somptueux hôtels du faubourg Saint-

Germain. Quand elle parcourut ces vestibules majestueux, ces escaliers grandioses, ces salons immenses ornés de fleurs malgré les rigueurs de l'hiver, et décorés avec ce goût particulier aux femmes qui sont nées dans l'opulence ou avec les habitudes distinguées de l'aristocratie, Augustine eut un affreux serrement de cœur : elle envia les secrets de cette élégance de laquelle elle n'avait jamais eu l'idée [a], elle respira un air de grandeur qui lui expliqua l'attrait de cette maison pour [b] son mari. Quand elle parvint aux petits appartements de la duchesse, elle éprouva de la jalousie et une sorte de désespoir, en y admirant la voluptueuse disposition des meubles, des draperies et des étoffes tendues. Là le désordre était une grâce, là le luxe affectait une espèce de dédain pour la richesse. Les parfums [c] répandus dans cette douce atmosphère flattaient l'odorat sans l'offenser. Les accessoires de l'appartement s'harmoniaient avec une vue ménagée par des glaces sans tain sur les pelouses d'un jardin planté d'arbres verts. Tout était séduction, et le calcul ne s'y sentait point. Le génie de la maîtresse de ces appartements respirait tout entier dans le salon où attendait Augustine [1]. Elle tâcha d'y deviner le caractère de sa rivale par l'aspect des objets épars [d]; mais il y avait là quelque chose d'impénétrable dans le désordre [e] comme dans la symétrie, et pour la simple Augustine ce fut lettres closes. Tout ce qu'elle put y voir, c'est que la duchesse était une femme supérieure en tant que femme. Elle eut alors une pensée douloureuse.

— Hélas ! serait-il vrai, se dit-elle, qu'un cœur aimant et simple ne suffise pas [f] à un artiste; et pour balancer le poids de ces âmes fortes, faut-il les unir à des âmes féminines dont la puissance soit pareille à la leur?

---

1. « On connait l'esprit d'une maîtresse de maison en franchissant le seuil de sa porte » (*Traité de la vie élégante,* O. D. II, 171).

Si j'avais été élevée comme cette sirène, au moins
nos armes eussent été égales au moment de la lutte.

— Mais je n'y suis pas ! Ces mots secs et brefs [a],
quoique prononcés à voix basse dans le boudoir
voisin, furent entendus par Augustine, dont le cœur
palpita.

— Cette dame est là, répliqua la femme de chambre.

— Vous êtes folle, faites donc entrer, répondit la
duchesse dont la voix devenue douce avait pris l'accent
affectueux de la politesse. Évidemment, elle désirait
alors être entendue.

Augustine s'avança timidement. Au fond de ce frais
boudoir, elle vit la duchesse voluptueusement couchée
sur une ottomane [1] en velours vert [b] placée au centre
d'une espèce de demi-cercle dessiné par les plis moel-
leux d'une mousseline tendue sur un fond jaune. Des
ornements de bronze doré [c], disposés avec un goût
exquis, rehaussaient encore cette [d] espèce de dais
sous lequel la duchesse était posée comme une statue
antique. La couleur foncée du velours ne lui laissait
perdre aucun moyen de séduction. Un demi-jour,
ami de sa beauté, semblait être plutôt un reflet qu'une
lumière. Quelques fleurs rares élevaient leurs têtes
embaumées au-dessus des vases de Sèvres les plus
riches. Au moment où ce tableau s'offrit aux yeux
d'Augustine étonnée, elle avait marché si doucement,
qu'elle put surprendre un regard de l'enchanteresse.
Ce regard semblait dire à une personne que la femme
du peintre n'aperçut pas d'abord ; — Restez, vous
allez voir une jolie femme, et vous me rendrez sa visite
moins ennuyeuse [e].

A l'aspect d'Augustine, la duchesse se leva et la fit
asseoir auprès d'elle.

---

1. Balzac associe l'ottomane, non seulement à la vie élégante, mais
à la vie galante : « De tels meubles sont essentiellement des meubles
de perdition » (*Physiologie du mariage*, Pl. X, 732).

— A quoi dois-je le bonheur de cette visite, madame?
dit-elle avec un sourire plein de grâces [1].

— Pourquoi tant de fausseté? pensa Augustine qui
ne répondit que par une inclinaison de tête.

Ce silence était commandé. La jeune femme voyait
devant elle un témoin de trop à cette scène. Ce personnage était, de tous les colonels de l'armée, le plus jeune,
le plus élégant et le mieux fait. Son costume demi-
bourgeois faisait ressortir les grâces de sa personne.
Sa figure pleine de vie, de jeunesse, et déjà fort expres-
sive, était encore animée par de petites moustaches
relevées en pointe, et noires comme du jais, par
une impériale bien fournie [2], par des favoris soigneusement peignés et par une forêt de cheveux noirs assez
en désordre [a]. Il badinait avec une cravache, en manifestant une aisance et une liberté qui seyaient à l'air
satisfait de sa physionomie ainsi qu'à la recherche
de sa toilette; les rubans attachés à sa boutonnière
étaient noués avec dédain, et il paraissait bien plus
vain de sa jolie tournure que de son courage. Augustine
regarda la duchesse de Carigliano en lui montrant le
colonel par un coup d'œil dont toutes les prières furent
comprises.

— Eh bien, adieu, d'Aiglemont [b], nous nous retrouverons au bois de Boulogne [c].

Ces mots furent prononcés par la sirène comme s'ils
étaient le résultat d'une stipulation antérieure à l'arrivée d'Augustine, elle les accompagna d'un regard
menaçant que l'officier méritait peut-être pour l'admiration qu'il témoignait en contemplant la modeste
fleur qui contrastait si bien avec l'orgueilleuse duchesse.

---

1. Balzac, hanté par le personnage de Célimène (voir p. 138),
se souvient sans doute de l'hypocrite accueil qu'elle réserve, au troisième acte du *Misanthrope,* à Arsinoé dont elle vient de maudire la
visite importune : « Ah mon Dieu ! que je suis contente de vous voir ! »

2. Le port de la moustache et de la barbe, sous l'Empire, est propre
aux hommes d'armes. On a vu que M. Guillaume, lui, se rasait (p. 55),
comme ses commis (p. 28).

Le jeune fat s'inclina en silence, tourna sur les talons de ses bottes, et s'élança gracieusement hors du boudoir. En ce moment, Augustine, épiant sa rivale qui semblait suivre des yeux le brillant officier, sentit dans ce regard un sentiment dont les fugitives expressions sont connues de toutes les femmes. Elle songea avec la douleur la plus profonde que sa visite allait être inutile : cette artificieuse duchesse était trop avide d'hommages pour ne pas avoir le cœur sans pitié [a].

— Madame, dit Augustine d'une voix entrecoupée, la démarche que je fais en ce moment auprès de vous va vous sembler bien singulière; mais le désespoir a sa folie, et doit faire tout excuser. Je m'explique trop bien pourquoi Théodore préfère votre maison à toute autre, et pourquoi votre esprit exerce tant d'empire sur lui. Hélas! je n'ai qu'à rentrer en moi-même pour en trouver des raisons plus que suffisantes. Mais j'adore mon mari, madame. Deux ans de larmes n'ont point effacé son image de mon cœur, quoique j'aie perdu le sien. Dans ma folie, j'ai osé concevoir l'idée de lutter avec vous; et je viens à vous, vous demander par quels moyens je puis triompher de vous-même [1]. Oh, madame! s'écria la jeune femme en saisissant avec ardeur la main de sa rivale qui la lui laissa prendre, je ne prierai jamais Dieu pour mon propre bonheur avec autant de ferveur que je l'implorerais pour le vôtre, si vous m'aidiez à reconquérir, je ne dirai pas l'amour, mais l'amitié de Sommervieux [b]. Je n'ai plus d'espoir qu'en vous. Ah! dites-moi comment vous avez pu lui plaire et lui faire oublier les premiers jours de...

A ces mots, Augustine, suffoquée par des sanglots mal contenus, fut obligée de s'arrêter. Honteuse de sa faiblesse, elle cacha son visage dans un mouchoir qu'elle inonda de ses larmes.

---

1. Dans la *Physiologie du mariage,* une épouse délaissée va de même trouver sa rivale pour qu'elle lui rende son mari.

— Êtes-vous donc enfant, ma chère petite belle ! dit la duchesse, qui, séduite par la nouveauté de cette scène et attendrie malgré elle en recevant l'hommage que lui rendait la plus parfaite vertu qui fût peut-être à Paris, prit le mouchoir de la jeune femme et se mit à lui essuyer elle-même les yeux en la flattant par quelques monosyllabes murmurés avec une gracieuse pitié [a]. Après un moment de silence, la coquette, emprisonnant les jolies mains de la pauvre Augustine entre les siennes qui avaient un rare caractère de beauté noble et de puissance, lui dit d'une voix douce et affectueuse : — Pour premier avis, je vous conseillerai de ne pas pleurer ainsi, les larmes enlaidissent. Il faut savoir prendre son parti sur les chagrins qui rendent malade, car l'amour ne reste pas longtemps sur un lit de douleur. La mélancolie donne bien d'abord une certaine grâce qui plaît, mais elle finit par allonger les traits et flétrir la plus ravissante de toutes les figures. Ensuite, nos tyrans ont l'amour-propre de vouloir que leurs esclaves soient toujours gaies.

— Ah ! madame, il ne dépend pas de moi de ne pas sentir. Comment peut-on, sans éprouver mille morts, voir terne, décolorée, indifférente, une figure qui jadis rayonnait d'amour et de joie ? Je ne sais pas commander à mon cœur [h].

— Tant pis, chère belle ; mais je crois déjà savoir toute votre histoire. D'abord, imaginez-vous bien que [c] si votre mari vous a été infidèle, je ne suis pas sa complice. Si j'ai tenu à l'avoir dans mon salon, c'est, je l'avouerai, par amour-propre : il était célèbre et n'allait nulle part. Je vous aime déjà trop pour vous dire toutes les folies qu'il a faites pour moi. Je ne vous en révélerai qu'une seule, parce qu'elle vous servira peut-être à vous le ramener et à le punir de l'audace qu'il met dans ses procédés avec moi. Il finirait par me compromettre [d]. Je connais trop le monde, ma chère, pour vouloir me mettre à la discrétion d'un homme trop supérieur. Sachez qu'il faut se laisser

faire la cour par eux, mais les épouser! c'est une faute.
Nous autres femmes, nous devons admirer les hommes
de génie, en jouir comme d'un spectacle, mais vivre
avec eux! jamais. Fi donc! c'est vouloir prendre plaisir à regarder les machines de l'Opéra, au lieu de rester
dans une loge, à y savourer ses brillantes illusions.
Mais chez vous, ma pauvre enfant, le mal est arrivé,
n'est-ce pas? Eh bien, il faut essayer de vous armer
contre la tyrannie.

— Ah, madame! avant d'entrer ici ᵃ, en vous y
voyant, j'ai déjà reconnu quelques artifices que je ne
soupçonnais pas.

— Eh bien, venez ᵇ me voir quelquefois, et vous ne
serez pas longtemps sans posséder la science de ces
bagatelles, d'ailleurs assez importantes ᶜ. Les choses
extérieures sont, pour les sots, la moitié de la vie;
et pour cela, plus d'un homme de talent se trouve un
sot malgré tout son esprit. Mais je gage que vous n'avez
jamais rien su refuser à Théodore?

— Le moyen, madame, de refuser quelque chose à
celui qu'on aime!

— Pauvre innocente ᵈ, je vous adorerais pour votre
niaiserie. Sachez donc que plus nous aimons, moins
nous devons laisser apercevoir à un homme, surtout
à un mari, l'étendue de notre passion. C'est celui qui
aime le plus qui est tyrannisé, et, qui pis est, délaissé
tôt ou tard. Celui qui veut régner, doit...

— Comment, madame! faudra-t-il donc dissimuler,
calculer, devenir fausse, se faire un caractère artificiel
et pour toujours? Oh! comment peut-on vivre ainsi!
Est-ce que vous pouvez...

Elle hésita, la duchesse sourit.

— Ma chère, reprit la grande dame d'une voix grave,
le bonheur conjugal a été de tout temps une spéculation, une affaire qui demande une attention particulière. Si vous continuez à parler passion quand je
vous parle mariage, nous ne nous entendrons bientôt
plus. Écoutez-moi, continua-t-elle en prenant le ton

d'une confidence [a]. J'ai été à même de voir quelques-
uns des hommes supérieurs de notre époque. Ceux
qui se sont mariés ont, à quelques exceptions près,
épousé des femmes nulles [1]. Eh bien, ces femmes-là
les gouvernaient, comme l'empereur nous gouverne [2],
et étaient, sinon aimées, du moins respectées par eux.
J'aime assez les secrets, surtout ceux qui nous concernent, pour m'être amusée à chercher le mot de cette
énigme. Eh bien, mon ange, ces bonnes femmes avaient
le talent d'analyser le caractère de leurs maris; sans
s'épouvanter comme vous de leurs supériorités,
elles avaient adroitement remarqué les qualités qui
leur manquaient; et, soit qu'elles possédassent ces
qualités, ou qu'elles feignissent de les avoir, elles
trouvaient moyen d'en faire un si grand étalage aux
yeux de leurs maris qu'elles finissaient par leur imposer.
Enfin, apprenez encore que ces âmes qui paraissent
si grandes ont toutes un petit grain de folie que nous
devons savoir exploiter [b]. En prenant la ferme volonté
de les dominer, en ne s'écartant jamais de ce but,
en y rapportant toutes nos actions, nos idées, nos
coquetteries, nous maîtrisons ces esprits éminemment
capricieux qui, par la mobilité même de leurs pensées,
nous donnent les moyens de les influencer.

— Oh ciel! s'écria la jeune femme épouvantée, voilà
donc la vie. C'est un combat...

— Où il faut toujours menacer, reprit la duchesse en
riant. Notre pouvoir est tout factice. Aussi ne faut-il
jamais se laisser mépriser par un homme : on ne se
relève d'une pareille chute que par des manœuvres
odieuses. Venez, ajouta-t-elle, je vais vous donner
un moyen de mettre votre mari à la chaîne.

---

1. Par *femmes nulles,* entendons ici non des sottes, mais des femmes
qui acceptent de renoncer à elles-mêmes pour servir la vocation de leur
mari.

2. Pas pour longtemps, car nous devons déjà être au début d'avril
1814 (voir p. 80) et Napoléon a abdiqué le 6...

Elle se leva pour guider en souriant la jeune et innocente apprentie des ruses conjugales à travers le dédale de son petit palais. Elles arrivèrent toutes deux à un escalier dérobé qui communiquait aux appartements de réception [1]. Quand la duchesse tourna le secret de la porte, elle s'arrêta, regarda Augustine avec un air inimitable de finesse et de grâce : — Tenez, le duc de Carigliano m'adore, eh bien, il n'ose pas entrer par cette porte sans ma permission. Et c'est un homme a l'habitude de commander à des milliers de soldats. Il sait affronter les batteries, mais devant moi... il a peur [a].

Augustine soupira. Elles parvinrent à une somptueuse galerie où la femme du peintre fut amenée par la duchesse devant le portrait que Théodore avait fait de mademoiselle Guillaume. A cet aspect, Augustine jeta un cri.

— Je savais bien qu'il n'était plus chez moi, dit-elle, mais... ici !

— Ma chère petite, je ne l'ai exigé que pour voir jusqu'à quel degré de bêtise un homme de génie peut atteindre. Tôt ou tard, il vous aurait été rendu par moi, car je ne m'attendais pas au plaisir de voir ici l'original devant la copie. Pendant que nous allons achever notre conversation, je le ferai porter [b] dans votre voiture. Si, armée de [c] ce talisman, vous n'êtes pas maîtresse de votre mari pendant cent ans, vous n'êtes pas une femme, et vous mériterez votre sort [2] !

---

1. Dans *Le Père Goriot* (p. 68), Rastignac, en visite chez Mme de Restaud, découvre un escalier dérobé tout proche des pièces de réception : c'est une disposition architecturale courante dans les vieux hôtels du Faubourg Saint-Germain. Il existe d'ailleurs une certaine analogie entre la scène de *La Maison du Chat-qui-pelote* où Augustine aperçoit chez la duchesse le jeune fat d'Aiglemont et celle du *Père Goriot* où Eugène aperçoit chez la comtesse de Restaud le dandy Maxime de Trailles.

2. Un artifice du même genre a été conté dans *La Paix du ménage,* où une femme confond son mari en lui présentant le diamant naguère offert par lui à une coquette.

Augustine baisa la main de la duchesse, qui la pressa sur son cœur et l'embrassa avec une tendresse d'autant plus vive qu'elle devait être oubliée le lendemain [a]. Cette scène aurait peut-être à jamais ruiné la candeur et la pureté d'une femme moins vertueuse qu'Augustine [b] à qui les secrets révélés par la duchesse pouvaient être également salutaires et funestes, car la politique astucieuse des hautes sphères sociales ne convenait pas plus à Augustine que l'étroite raison de Joseph Lebas, ni que la niaise morale de madame Guillaume. Étrange effet des fausses positions où nous jettent les moindres contresens commis dans la vie ! Augustine ressemblait alors à un pâtre des Alpes surpris par une avalanche : s'il hésite, ou s'il veut écouter les cris de ses compagnons, le plus souvent il périt. Dans ces grandes crises, le cœur se brise ou se bronze [1].

Madame de Sommervieux revint chez elle en proie à une agitation qu'il serait difficile de décrire. Sa conversation avec la duchesse de Carigliano éveillait une foule d'idées contradictoires dans son esprit. Comme les moutons de la fable, pleine de courage en l'absence du loup [2], elle se haranguait elle-même et se traçait d'admirables plans de conduite ; elle concevait mille stratagèmes de coquetterie ; elle parlait même à son mari, retrouvant, loin de lui, toutes les ressources de cette éloquence vraie qui n'abandonne jamais les femmes ; puis, en songeant au regard fixe et clair de Théodore, elle tremblait déjà. Quand elle demanda si monsieur était chez lui, la voix lui manqua. En apprenant qu'il ne reviendrait pas dîner, elle éprouva un mouvement de joie inexplicable. Semblable au criminel qui se pourvoit en cassation contre son arrêt

---

1. Balzac reprend ici à son compte une célèbre formule de Chamfort.

2. Balzac songe sans doute à la fable de La Fontaine *Le Loup et les Brebis* (III, 13).

de mort, un délai, quelque court qu'il pût être, lui
semblait une vie entière. Elle plaça le portrait dans sa
chambre, et attendit son mari en se livrant à toutes les
angoisses de l'espérance. Elle pressentait trop bien que
cette tentative allait décider de tout son avenir, pour
ne pas frissonner à toute espèce de bruit, même au
murmure de sa pendule qui semblait appesantir ses
terreurs en les lui mesurant. Elle tâcha de tromper le
temps par mille artifices. Elle eut l'idée de faire une
toilette qui la rendît semblable en tout point au portrait. Puis, connaissant le caractère inquiet de son mari,
elle fit éclairer son appartement d'une manière inusi-
tée, certaine qu'en rentrant la curiosité l'amènerait
chez elle. Minuit sonna, quand, au cri du jockei [1],
la porte de l'hôtel s'ouvrit. La voiture du peintre roula
sur le pavé de la cour silencieuse.

— Que signifie cette illumination ? demanda Théodore d'une voix joyeuse en entrant dans la chambre
de sa femme.

Augustine saisit avec adresse un moment si favorable, elle s'élança au cou de son mari et lui montra
le portrait. L'artiste resta immobile comme un rocher,
et ses yeux se dirigèrent alternativement sur Augustine
et sur la toilette accusatrice. La timide épouse demi-
morte qui épiait le front changeant, le front terrible
de son mari, en vit par degrés les rides expressives
s'amoncelant [a] comme des nuages ; puis, elle crut
sentir son sang se figer dans ses veines, quand, par un
regard flamboyant et d'une voix profondément sourde,
elle fut interrogée.

— Où avez-vous trouvé ce tableau ?

— La duchesse de Carigliano me l'a rendu.

— Vous le lui avez demandé ?

— Je ne savais pas qu'il fût chez elle.

---

1. Ce mot d'importation récente a été défini, en 1827, par Thomas
Bryon, dans son *Manuel de l'amateur de courses* (Matoré, *op. cit.*, p. 82)

La douceur ou plutôt la mélodie enchanteresse de la voix de cet ange eût attendri des Cannibales, mais non un artiste en proie aux tortures de la vanité blessée.

— Cela est digne d'elle, s'écria l'artiste d'une voix tonnante. Je me vengerai, dit-il en se promenant à grands pas, elle en mourra de honte : je la peindrai ! oui, je la représenterai sous les traits de Messaline sortant à la nuit du palais de Claude [1].

— Théodore !... dit une voix mourante.

— Je la tuerai.

— Mon ami !

— Elle aime ce petit colonel de cavalerie, parce qu'il monte bien à cheval...

— Théodore !

— Eh ! laissez-moi, dit le peintre à sa femme avec un son de voix qui ressemblait presque à un rugissement.

Il serait odieux de peindre toute cette scène à la fin de laquelle l'ivresse de la colère suggéra à l'artiste des paroles et des actes qu'une femme moins jeune qu'Augustine aurait attribués à la démence.

Sur les huit heures du matin, le lendemain, madame Guillaume surprit sa fille pâle, les yeux rouges, la coiffure en désordre, tenant à la main un mouchoir trempé de pleurs, contemplant sur le parquet les fragments épars d'une toile déchirée et les morceaux d'un grand cadre doré mis en pièces. Augustine, que la douleur rendait presque insensible, montra ces débris par un geste empreint de désespoir.

— Et voilà peut-être une grande perte, s'écria la vieille régente du Chat-qui-pelote. Il était ressemblant, c'est vrai ; mais j'ai appris qu'il y a sur le boule-

---

1. Ce trait paraît inspiré d'une anecdote associée au souvenir de Girodet. Mlle Lange ayant refusé, en 1799, le portrait qu'elle lui avait commandé, le peintre se vengea en envoyant au Salon un autre portrait où elle était représentée en Danaé lapidée avec de gros sous.

vard un homme qui fait des portraits charmants pour cinquante écus.

— Ah, ma mère !

— Pauvre petite, tu as bien raison ! répondit madame Guillaume qui méconnut l'expression du regard que lui jeta sa fille. Va, mon enfant, l'on n'est jamais si tendrement aimé que par sa mère. Ma mignonne, je devine tout ; mais viens me confier tes chagrins, je te consolerai. Ne t'ai-je pas déjà dit que cet homme-là était un fou ? Ta femme de chambre m'a conté de belles choses... Mais c'est donc un véritable monstre !

Augustine mit un doigt sur ses lèvres pâlies, comme pour implorer de sa mère un moment de silence. Pendant cette terrible nuit, le malheur lui avait fait trouver cette patiente résignation qui, chez les mères et chez les femmes aimantes, surpasse, dans ses effets, l'énergie humaine et révèle peut-être dans le cœur des femmes l'existence de certaines cordes que Dieu a refusées à l'homme.

Une inscription gravée sur un cippe [a] du cimetière Montmartre indique que madame de Sommervieux est morte à vingt-sept ans. Dans les simples lignes de cette épitaphe, un ami de cette timide créature voit la dernière scène d'un drame [1]. Chaque année, au jour solennel du 2 novembre, il ne passe jamais devant ce jeune marbre [b] sans se demander s'il ne faut pas des femmes plus fortes que ne l'était Augustine pour les puissantes étreintes du génie.

— Les humbles et modestes fleurs, écloses dans les vallées [2], meurent peut-être, se dit-il [c], quand elles

---

1. Qui est donc cet ami de la solitaire Augustine ? Il y a dans ces quelques lignes une vibration secrète et nous pensons que Balzac ne les a pas écrites sans songer au destin de Laurence.

2. Première apparition dans l'œuvre de Balzac de la métaphore illustrée par *Le Lys dans la Vallée*.

sont transplantées trop près des cieux, aux régions
où se forment les orages, où le soleil est brûlant.

Maffliers, octobre 1829 [1a].

---

1. Le château de Maffliers, proche de L'Isle-Adam, appartenait
au général comte de Talleyrand-Périgord. La duchesse d'Abrantès,
liée avec Balzac à cette époque, y a passé l'automne de 1829. On ignore
si Balzac y fut invité en même temps qu'elle ou s'il logea à l'auberge
voisine. Il devait décrire les environs du château dans *Le Devoir d'une
femme,* un récit intitulé *Adieu* dans *La Comédie humaine* et daté de mars
1830.

LE BAL DE SCEAUX

INTRODUCTION

I

Dans Le Bal de Sceaux, *Balzac conte l'aventure d'une eune fille orgueilleuse et dédaigneuse qui refuse les partis honorables ménagés par un père plein de sagesse et qui, victime de son préjugé, se trouve finalement contrainte d'épouser un vieillard. Ce thème se rattache à l'idée centrale que l'écrivain a voulu mettre en relief dans la préface des premières* Scènes *de la vie privée et que son porte-parole Félix Davin devait souligner plus tard : le mariage pose des problèmes difficiles, qu'il faut aborder avec prudence et réalisme si l'on veut se mettre à l'abri de cruelles déconvenues; pas plus que la passion irréfléchie, le préjugé social ne saurait être de bon conseil; Émilie de Fontaine, comme Augustine Guillaume, est perdue par son intransigeance. Cette intransigeance, dans un cas comme dans l'autre, Balzac ne la condamne pas en elle-même : Émilie, moins touchante qu'Augustine sans doute, n'est pas foncièrement antipathique, car elle témoigne d'un sens de sa dignité et de sa valeur qui ne manque pas d'allure. Son erreur consiste à méconnaître les réalités que l'expérience paternelle s'efforce en vain de lui montrer et à croire que la vie doit nécessairement lui assurer un sort conforme à ses conceptions absolues. La société moderne a malheureusement ses exigences et les rappelle durement à ceux qui refusent de les voir. Ainsi l'héroïne subit-elle une leçon humiliante, qui compromet son bonheur et son avenir.*

Le sujet n'est pas particulier au temps de Balzac et l'histoire d'Émilie, considérée dans son dessin général, est déjà celle de l'héroïne de La Fontaine dans La Fille [1], *qui est comme un doublet du célèbre* Héron :

> « Certaine fille un peu trop fière
> Prétendait trouver un mari
Jeune, bien fait et beau, d'agréable manière,
Point froid et point jaloux : notez ces deux points-ci.
> Cette fille voulait aussi
> Qu'il eût du bien, de la naissance,
> De l'esprit, enfin tout ... »

Les prétentions de Mlle de Fontaine sont aussi diverses et aussi impérieuses :

> « Il sera pair de France ou fils aîné d'un pair [...] Je le veux militaire en me réservant de lui faire donner sa démission, et je le veux décoré pour qu'on nous porte les armes. Ces rares qualités ne servaient à rien, si cet être de raison ne possédait pas encore une grande amabilité, une jolie tournure, de l'esprit, et s'il n'était pas svelte [2]. »

Aussi refuse-t-elle ses soupirants successifs, parce qu'aucun ne remplit toutes les conditions qu'elle a fixées : « L'un avait les jambes trop grosses ou les genoux cagneux, l'autre était myope, celui-ci s'appelait Durand, celui-là boitait, presque tous semblaient trop gras. » *Le même mouvement se remarque dans la fable :*

> « L'un n'avait en l'esprit nulle délicatesse;
> L'autre avait le nez fait de cette façon-là.
> C'était ceci, c'était cela... »

Finalement, la fille imaginée par La Fontaine, faute d'avoir

---

1. *Fables*, VII, 5.
2. *Le Bal de Sceaux* p. 141.

su saisir les occasions, en est réduite, comme l'héroïne de Balzac, à une solution piteuse : elle épouse un « malotru ». *Il n'est pas indifférent de rappeler que Balzac connaissait bien La Fontaine et que, trois ans avant d'écrire* Le Bal de Sceaux, *il avait été l'éditeur et le préfacier de son œuvre. Un* La Fontaine *est sorti de ses presses, en 1826. Sans doute s'est-il souvenu de* La Fille *lorsqu'il a conçu son propre récit.*

L'originalité de la nouvelle tient plutôt, en partie, au réalisme du décor qui en a inspiré le titre. Une gravure de Champin montre, dans le parc de Sceaux, cette rotonde ouverte qui servait de salle de bal. Vers 1825, on y dansait le dimanche, à la belle saison. L'institution s'est maintenue pendant quarante ans et Sceaux l'emporta toujours sur les autres localités de la banlieue, auprès des amateurs de danse, par l'agrément exceptionnel du site.

Ce site, l'écrivain le connaissait. En 1829, notamment, il a traversé Sceaux et les environs pour aller voir son ami Latouche, qui vivait en ermite dans sa petite maison d'Aulnay, près de la Vallée aux Loups. Les Mémoires de Joseph Prudhomme, *publiés par Henri Monnier, fournissent quelques précisions* [1] *sur cette visite qui eut lieu au seuil de l'été et qui est rappelée dans une lettre de Latouche* [2]. *De Sceaux, Balzac emprunta à pied un chemin qui passe par Robinson et qui mène à Aulnay ; chez Latouche, il put admirer la campagne environnante, puis il refit le chemin d'Aulnay à Sceaux, d'où il remonta dans le coucou à destination de Paris. Lorsqu'il évoque dans sa nouvelle* « les beaux sites

---

1. Tome II, p. 103 sq.
2. *Corr.* Pierrot, I, 415. Latouche y renouvelle son invitation et d'autres visites ont pu avoir lieu. La rupture entre les deux hommes intervint seulement au début de décembre et c'est vers cette date que Balzac a écrit *Le Bal de Sceaux.*

d'Aulnay, d'Antony et de Châtenay », « les poétiques ombrages d'Aulnay, les collines d'Antony et la vallée de la Bièvre [1] », *il se souvient d'un décor fraîchement contemplé.*

Sans doute n'a-t-il eu ni le temps ni l'occasion, en se rendant chez Latouche, d'assister au bal de Sceaux. Pourtant, lorsqu'il mentionne « ces chaises grossières qui décrivent l'enceinte obligée de la salle [2] », *lorsqu'il peint les évolutions des danseurs, nous éprouvons une impression de vérité. S'est-il mêlé aux* « clercs d'avoué [3] » *qui allaient y chercher fortune, lors de son stage chez Mr Guyonnet-Merville ? Y a-t-il accompagné ses sœurs ? Une lettre de Laurence [4] prouve qu'à la date où débute l'action de la nouvelle ce bal alimentait la chronique de la famille Balzac et l'on sait que les souvenirs de la première jeunesse demeurent vivaces dans l'esprit de l'écrivain.*

II

Des indications d'un autre ordre rehaussent l'intérêt de l'aventure contée dans Le Bal de Sceaux, *en rattachant l'œuvre aux réalités de la Restauration. Quoique Balzac ait prétendu consacrer ses premières nouvelles à l'étude de problèmes d'ordre privé, il manifeste déjà, comme on l'a vu dans* La Maison du Chat-qui-pelote, *cette curiosité pour la vie sociale qui le conduira bientôt à devenir un témoin précieux des mœurs d'une époque.* Le Bal de Sceaux *est un témoignage*

---

1. *Le Bal de Sceaux*, pp. 153-154.
2. *Ibid.*, p. 156.
3. *Ibid.*, p. 154.
4. « L'hiver venu, les bals, les concerts, les spectacles, les dîners vient *(sic)* remplacer le jardin turc, les montagnes russes, les bals champêtres de Sceaux » (*Corr.* Pierrot, I, pp. 67-68, lettre de novembre 1819).

sur les tendances qui se sont manifestées dans les milieux aristocratiques en présence du régime institué par Louis XVIII.

Nous apprenons dès les premières lignes que le comte de Fontaine s'est illustré parmi les Blancs dans la guerre de Vendée et Balzac introduira le personnage dans l'édition définitive des Chouans. Le Bal de Sceaux *se rattache ainsi à ce roman, qui avait paru une année plus tôt. N'a-t-il pu utiliser dans son nouveau récit certaines des observations recueillies l'année précédente en Bretagne ?*

Balzac, à Fougères, fut l'hôte du général Gilbert de Pommereul, qui mourut fort âgé en 1860 et qui transmit à son neveu quelques précisions sur ce séjour. Henri de Pommereul rapporte[1] *que le soir, à la veillée, son oncle contait* « une foule d'anecdotes sur la Chouannerie » *et que l'écrivain, pour sa part, animait la conversation avec des histoires* « dont plusieurs se retrouvent dans les premières *Scènes de la vie privée* ». *Il indique aussi que Balzac (comme on peut bien l'imaginer)* « observait beaucoup » *et que* « Fougères à cette époque fourmillait de types curieux et très originaux ». *Il précise que,* « le dimanche, on allait passer la soirée chez une vieille demoiselle, nommée Mlle de La Gesmerais ».

Cette vieille personne vivait avec son frère et avec deux nièces, Thérèse et Marie, dite Maria. Celle-ci, la plus jeune des deux, avait vingt-six ans lors du séjour de Balzac. Elle possédait une forte personnalité et elle a laissé des souvenirs dans la population fougeraise. Or, autant qu'on puisse le conjecturer à distance, il existe des ressemblances assez frappantes entre Maria de La Gesmerais et Émilie de Fontaine.

Maria de La Gesmerais, écrit M. Aubrée[2], « était grande,

---

1. Voir Robert du Pontavice de Heussey, *Balzac en Bretagne* (Rennes, 1885).

2. Étienne Aubrée, *Balzac à Fougères*, p. 82 sq.

la taille très bien faite » ; *comme elle, Émilie de Fontaine était « grande et svelte ». Maria, comme Émilie, avait des cheveux noirs et des yeux noirs. Comme Émilie, elle professait avec rigueur des opinions légitimistes. Bien des fois, selon son propre témoignage, elle avait été demandée en mariage, mais elle refusa tous ses prétendants. Non pas qu'elle fût insensible à l'amour : une de ses amies fougeraises, Mme de Tréogat, déclare même que* « c'était une romantique » ; *mais elle avait l'humeur dédaigneuse et marquait une hostilité absolue à tous les hommes qui n'étaient pas* « de son rang ». *En la décrivant ainsi, M. Aubrée ne se réfère nullement au* Bal de Sceaux, *mais les traits qu'il a rassemblés s'appliquent parfaitement à l'héroïne de cette nouvelle.*

Il est possible que le pittoresque comte de Fontaine, avec ses trois fils et ses trois filles, ait eu, lui aussi, un prototype original. Mais les particularités extérieures du personnage nous intéressent moins que son attitude à l'égard des événements, si typique dans sa souplesse. M. Donnard l'a suggestivement rapproché du comte Ferrand, dont l'évolution politique, tout au début de la Restauration, se révèle profondément significative [1].

Le comte Ferrand a défendu, pendant l'émigration, dans des brochures intitulées Du Rétablissement de la monarchie *(1793) et* Considérations sur la monarchie *(1794), le légitimisme le plus intransigeant. Mais en 1814, un an avant le comte de Fontaine, il s'est rallié au gouvernement constitutionnel, puisqu'il fut l'un des rédacteurs de la Charte. Les ultras l'accusèrent de trahison et les libéraux d'hypocrisie, comme en témoigne la presse du temps. Le comte*

---

1. Jean-Hervé Donnard, *Les Réalités économiques et sociales dans « La Comédie humaine »*, p. 74 sq. (Librairie Armand Colin, 1961).

Ferrand ne s'en souciait pas et, dans ses Mémoires, *justifie son attitude, que Louis XVIII avait approuvée :* « Le Roi remarquait avec toute justesse que ces doubles reproches prouvaient évidemment que je ne méritais ni les uns ni les autres, et que j'avais pris la bonne voie. » *Ferrand était fidèle, en effet, aux intentions du roi, qui* « voulait un amalgame, une réunion solide » *entre les intérêts souvent opposés dont les partis se faisaient les représentants. Sa politique était celle d'un réaliste, qui entendait tenir compte d'une situation de fait et qui ne jugeait pas possible d'abolir d'un trait de plume les conquêtes de la Révolution. Il posait en principe* « qu'il faut toujours partir du point où l'on est ». *Puisque l'évolution historique avait rendu fatale une représentation nationale associée aux responsabilités du pouvoir, le plus sage était à ses yeux de reconnaître cette représentation, quitte à se concilier les députés par la corruption :*

« J'observais que, dans un gouvernement représentatif et surtout après une seconde Restauration, le Roi devait avoir à sa disposition une somme assez forte pour récompenser des sujets fidèles et pour s'attacher ceux qui, moins dévoués et plus cupides, ne rougissaient point de mettre un prix à leur fidélité. Cette précaution me paraissait nécessaire surtout envers la Chambre des Députés [1]. »

Telles furent exactement les idées du comte de Fontaine, lorsque l'exil à Gand pendant les Cent Jours lui eut donné l'occasion d'entrer dans la familiarité du roi. Il revint persuadé que Louis XVIII avait une fusion à opérer parmi les partis. Il se sentait « aussi éloigné du parti de La-

---

1. Comte Ferrand, *Mémoires, passim* (Paris, 1897). Le comte Ferrand était mort en 1825 et avait laissé aussi un *Testament politique* qui parut en 1830.

fayette que du parti de La Bourdonnaye [1] »; *cette for-mule signifie qu'il n'est ni libéral ni ultra. Dans de telles conditions, la sagesse politique consiste à louvoyer entre les factions opposées de manière à les neutraliser : tous les moyens sont bons pour parvenir à cet équilibre qui assure la stabilité gouvernementale. Comme le comte Ferrand, le comte Fontaine s'assure des complicités parmi les représentants :* « L'hono-rable député fut alors signalé comme un des plus puissants corrupteurs de la probité législative de cette illustre chambre qui sembla mourir d'indigestion [2]. »

III

Balzac approuve visiblement cette méthode. Il peint le comte de Fontaine avec une sorte d'indulgence et rend hommage à la sagesse du monarque dont cet ancien chouan est devenu l'ins-trument. Louis XVIII est un « prince philosophe », *habile à gouverner la France* « au milieu des agitations », *ou encore* « ce grand politique qui sut si bien conduire sa nauf au sein des orages [3] ». *De telles formules prouvent que le narrateur ne se borne pas à raconter une histoire : il prend lui-même position, il s'engage, et d'une façon tellement précise que* Le Bal de Sceaux *nous apparaît comme l'un des textes où se définissent avec le plus de netteté les prin-cipes de la politique balzacienne.*

Ces principes sont beaucoup plus cohérents et beaucoup plus continus qu'on ne le croit quelquefois. Malgré toutes les nuances apportées par M. Bernard Guyon dans son bel ou-vrage sur La Pensée politique et sociale de Balzac, *on schématise encore aujourd'hui de façon imprudente l'évolution*

---

1. *Le Bal de Sceaux*, p. 134.
2. *Ibid.*, p. 143.
3. *Ibid.*, p. 137.

*du romancier. On répète volontiers qu'il a évolué de la gauche à la droite, du libéralisme au légitimisme. On explique son adhésion au parti néo-légitimiste, en 1832, tantôt comme le geste d'un ambitieux et tantôt comme celui d'un amoureux, désireux de plaire à la marquise de Castries. Or les idées exposées après sa prétendue conversion dans des écrits théoriques comme l'*Essai sur la situation du parti royaliste *demeurent bien voisines de celles qu'il a formulées dans ses écrits antérieurs à la révolution de 1830.*

En réalité, Balzac n'est jamais devenu un pur légitimiste : il n'a jamais manifesté, et pour cause, le moindre attachement sentimental à la dynastie; le principe de la légitimité ne lui est jamais apparu que comme un prétexte commode pour fédérer les « hommes d'ordre *» en une sorte de défense organique contre les éléments dits de subversion. Mais il n'a jamais été non plus un pur libéral : s'il a rejoint souvent les libéraux, dans sa jeunesse, en adoptant une attitude anticléricale ou en manifestant sa sympathie pour Bonaparte, il a toujours redouté les audaces d'un réformisme de nature à provoquer l'explosion des forces populaires. Son conservatisme social s'est manifesté de fort bonne heure dans la brochure sur le* Droit d'aînesse, *qu'il est difficile de considérer comme une simple besogne de commande, car on y découvre des thèses qu'il reprendra plus tard. Les journées de Juillet, les émeutes républicaines de 1832 l'ont amené sans doute à durcir sa position et à se dresser contre toute menace révolutionnaire avec une vigueur qui ne se démentira pas jusqu'en 1848. Mais il était depuis longtemps un partisan résolu de cette «* raison d'État *» qui s'oppose à la morale commune aussi bien qu'aux idéologies de toute origine, et qui ne tient compte de la réalité des partis que pour mieux dompter leur éventuelle opposition au maintien de l'ordre établi.*

Certes, Balzac n'est pas tout d'une pièce. Il possède trop de générosité naturelle pour ne pas comprendre, même après son adhésion au légitimisme, quelle grandeur peut se manifester dans la pureté d'un chef républicain comme le Michel Chrestien d'Illusions perdues. Mais se sentir de cœur avec ceux qui luttent derrière des barricades est tout autre chose. Pour Balzac, l'exercice du pouvoir politique est une technique destinée à préserver l'ordre public et à perpétuer le système établi. Dans plusieurs textes datant de sa jeunesse, il manifeste son admiration pour des personnages qui, en apparence, incarnent des idéologies bien diverses. Dans Les Deux Rêves[1], il justifie à la fois Catherine de Médicis et Robespierre, c'est-à-dire la Saint-Barthélémy et la Terreur, car il s'agissait pour le gouvernement, aux deux époques, de sauver l'unité nationale compromise par les factions religieuses ou politiques. La Physiologie du mariage contient des allusions favorables aux principes de Machiavel et à ceux de Metternich, deux hommes qui ont systématiquement sacrifié le droit des gens ou le droit international à l'idée d'un pouvoir absolu. Dans une intention à peu près semblable, Le Bal de Sceaux rend un même hommage à deux souverains dont l'un a chassé l'autre : Napoléon et Louis XVIII.

C'est que Napoléon et Louis XVIII, comme Machiavel et Metternich, comme Catherine de Médicis et Robespierre, ont eu le mérite, aux yeux de Balzac, de poser comme unique fin à leur politique l'intérêt de l'État, au mépris des arguments théoriques ou sentimentaux que pouvaient leur opposer des doctrinaires ou des utopistes. Napoléon, quoique héritier de l'idéologie révolutionnaire, a jugé indispensable « d'attirer auprès de lui les grands seigneurs ou de doter l'Église »; Louis XVIII, quoique appelé au pouvoir par les survivants des castes de l'Ancien Régime, s'est montré « empressé à

---

1. Ce conte, daté de 1828, a été incorporé, dans *La Comédie humaine*, à la suite intitulée *Sur Catherine de Médicis*, dont il constitue la troisième partie.

satisfaire le tiers état et les gens de l'empire [1] ». *Tous deux possédaient, non seulement ce « sens de l'intérêt national » qui incite à « la fusion des opinions », mais aussi ce sens de l'évolution historique dont une politique réaliste ne peut se passer. La Révolution a certes amoindri le pouvoir de la noblesse et du clergé, mais elle n'a pas pu rayer cette aristocratie longtemps triomphante de la carte politique du pays ; il fallait donc tenir compte, une fois passée la tourmente, des intérêts piétinés de ceux qui relevaient la tête. Mais la Restauration ne pouvait pas davantage revenir par un simple décret à un ordre de choses révolu ; des fortunes s'étaient constituées, de nouvelles positions avaient été acquises, qu'il n'était pas question de réduire à néant. La société est en perpétuel devenir et on ne remonte pas le cours de l'histoire. L'habileté du comte Ferrand et celle du comte de Fontaine ont consisté à prendre conscience de cette évolution fatale, déterminée par le jeu des forces en mouvement. Ils rejoignent ainsi les vues du roi lui-même, acquis, note Balzac,* « aux idées qu'exigeait la marche du dix-neuvième siècle ». *La politique balzacienne, d'après* Le Bal de Sceaux, *est avant tout un pragmatisme qui consiste à faire le point en une conjoncture bien déterminée, et à imposer des solutions viables, c'est-à-dire adaptées au moment et conformes aux lois inéluctables du devenir historique.*

*Or cette conception est exactement celle qui sera défendue par Balzac, candidat légitimiste aux élections de 1832. La Révolution de 1830 ne l'a pas fait changer de bord ; elle n'a fait que le confirmer dans son conservatisme réaliste. Dans l'*Essai sur la situation du parti royaliste, *il dénonce l'aveuglement des hommes d'autrefois, asservis à leurs préjugés de caste et incapables de poser les problèmes dans leurs termes actuels. Cette erreur sera celle de quelques aristocrates cari-*

---

1 *Ibid.*, p. 133.

caturés dans La Duchesse de Langeais; *elle était déjà,
en un sens, celle d'Émilie de Fontaine, figée dans son orgueil
aristocratique.* Balzac *prétend représenter au contraire, aux
côtés du duc de Fitz-James, chef du parti, un* « néo-légi-
timisme », *ou légitimisme* « Jeune France ». *Aussi certaines phrases de* l'Essai sur la situation du parti royaliste
résonnent-elles comme un écho de phrases relevées dans Le
Bal de Sceaux.

« En 1814 », *écrit l'auteur de l'*Essai, « c'eût été folie
au parti royaliste de contester. Là où une révolution
a successivement passé dans les intérêts et dans les
idées, elle est inattaquable; il faut l'accepter comme
un fait [1]. » *Depuis la ruine de l'ordre féodal et le mouvement
émancipateur de la Réforme, la société française n'a cessé
de se transformer; on ne saurait arrêter* « le grand mouvement imprimé à ces quatre siècles ». *Non pas qu'il faille
se jeter à corps perdu dans l'aventure et déchaîner inconsi-
dérément les passions populaires; un moment vient où s'impose
la nécessité de restaurer une discipline, après une Révolution,
mais non pas au mépris des promesses faites. Bref les ultras
et les libéraux ont été les uns et les autres dans l'erreur; ils*
« eurent le tort immense, pour se conserver les masses
de leur parti, d'obéir à leurs préjugés et de laisser continuer un débat forclos [2] ». *Balzac regrette apparemment
que les factions ainsi opposées aient compromis l'exercice de
l'arbitrage royal, si bien compris par Louis XVIII. Mais
la nouvelle révolution ne modifie pas à ses yeux les données
du problème. Que les néo-légitimistes aient du bon sens et ils
endigueront les menées des néo-libéraux, qui commencent à se
parer du titre de républicains. Ce bon sens trouve son appui
dans les leçons de l'histoire :* « Le parti royaliste [...] doit

---

1. *O. D.* II, 529.
2. *Ibid.*, p. 531.

accepter le combat dans les termes où il est posé par le XIXe siècle [1]. »

Il ne s'agit pas là d'une formule creuse. On en comprena mieux le contenu à la lumière de l'exemple romanesque fourni par Le Bal de Sceaux *et d'ailleurs étayé par la réalité de l'époque. En instituant la pairie, en créant de nouvelles fournées de pairs, le gouvernement de la Restauration a formé une aristocratie rajeunie où peuvent se coudoyer des nobles de vieille souche et des personnages d'extraction plus humble, mais élevés aux honneurs par leur fortune ou par leur talent. Au XVIIIe siècle, l'abbé Coyer prévoyait que des Montmorency ou des Châtillon pourraient un jour, sous la pression des événements, se transformer en boutiquiers et le comte de Fontaine a admis cette loi de l'Histoire, lui qui s'est allié autrefois aux Rohan, lorsqu'il persuade ses fils de contracter des unions avantageuses, mais bourgeoises. Inversement le boutiquier et banquier Longueville devient pair de France, sans que cette promotion puisse apparaître scandaleuse, car* « sa fortune égalait ses connaissances et son mérite [2] ». *Ainsi triomphe dans* Le Bal de Sceaux *cet idéal qui se définit dans des organes saint-simoniens comme* Le Producteur *ou* L'Organisateur. *L'avenir appartient à ceux qui produisent, d'où qu'ils viennent ; une nouvelle classe dominante se constitue et groupera, avec ceux des représentants d'anciennes familles qui auront su échapper à une oisiveté stérile, des membres de l'ancien tiers état qu'une activité diligente, exercée dans le commerce, la banque ou l'industrie, aura mis en possession d'un pouvoir de fait. Balzac est témoin de ce brassage et n'y trouve rien à redire. L'aristocratie traditionnelle, inconsciente, veule et usée, se perd par manque d'énergie ; des forces vives s'installent à sa place, portées par la*

---

1. *Ibid.*, p. 536.
2. *Le Bal de Sceaux*, p. 196.

volonté et par le talent. « L'intelligence », *lira-t-on encore dans l'*Essai sur la situation du parti royaliste, « est toute la force des sociétés modernes [1]. »

Telle pourrait être la leçon la plus importante du Bal de Sceaux. *C'est par une adaptation intelligente aux réalités du temps que le comte de Fontaine parvient à maintenir ses prérogatives un moment menacées. C'est par un effort lucide que Maximilien Longueville devient un dignitaire de l'État. Tous deux sont nommés pairs de France. Mais Émilie, qui s'était mis en tête d'épouser un pair ou un fils aîné de pair, et qui s'était absurdement fixée dans son préjugé sans vouloir comprendre la loi des temps nouveaux, connaît la disgrâce suprême d'assister au triomphe de l'homme que sa vanité a dédaigné. Le récit s'achève bien comme une fable de La Fontaine, sur une note d'ironie amère et à la confusion du personnage dont le défaut d'esprit ou de caractère a été mis en évidence. Mais la fable de Balzac a une couleur toute moderne ; l'intérêt des détails qui l'animent tient à la qualité d'une observation déjà aiguë et d'une réflexion originale.*

---

1. *O. D.* II, 537.

LE BAL DE SCEAUX

A HENRI DE BALZAC [1a]

Son frère

HONORÉ.

---

1. La navrante destinée de Henri de Balzac, frère cadet du romancier, a été retracée par Madeleine Fargeaud et Roger Pierrot dans *L'Année balzacienne 1961* sous le titre *Henri le trop aimé*. Il fut victime, comme l'héroïne du *Bal de Sceaux*, d'une éducation trop indulgente aux faiblesses de son caractère et M. Pierrot s'est demandé s'il ne fallait pas « voir une malice dans le choix de cette nouvelle pour un tel dédicataire » (*La Comédie humaine*, Pl. xi, 984).

LE BAL DE SCEAUX

L E comte [a] de Fontaine, chef de l'une des plus anciennes familles du Poitou [1], avait servi la cause
des Bourbons avec intelligence et courage pendant la
guerre [b] que les Vendéens firent à la république.
Après avoir échappé à tous les dangers qui menacèrent
les chefs royalistes durant cette orageuse époque de
l'histoire contemporaine [c], il disait gaiement : — Je
suis un de ceux qui se sont fait tuer sur les marches du
trône ! Cette plaisanterie n'était pas sans quelque vérité
pour un homme laissé [d] parmi les morts à la sanglante
journée des Quatre-Chemins [2]. Quoique ruiné par
des confiscations [e], ce fidèle Vendéen refusa constamment les places lucratives que lui fit offrir l'empereur
Napoléon. Invariable dans sa religion aristocratique,
il en avait aveuglément suivi les maximes quand il
jugea convenable de se choisir une compagne. Malgré
les séductions d'un riche parvenu révolutionnaire qui
mettait cette alliance à haut prix, il épousa une demoiselle de Kergarouët sans fortune, mais dont la famille
est une des plus vieilles de la Bretagne [3] [f].

---

1. Il existe en effet dans le Poitou une famille de Fontaine dont
le nom est attesté depuis 1091 (La Chesnaye-Desbois, *Dictionnaire
de la noblesse.*)

2. Les Quatre-Chemins, en Vendée, où Charette attaqua les Bleus
le 13 décembre 1793.

3. Balzac a-t-il appris, lors de son séjour en Bretagne au temps où
il préparait *Les Chouans,* qu'un Henri-Charles de Fontaine, d'origine
poitevine, s'était installé dans cette province après avoir épousé
en 1750 une jeune fille appartenant à la noblesse bretonne? Il eut quatre

La Restauration surprit monsieur de Fontaine chargé d'une nombreuse famille. Quoiqu'il n'entrât pas dans les idées du généreux gentilhomme de solliciter des grâces, il céda néanmoins aux désirs de sa femme, quitta son domaine dont le revenu modique suffisait à peine aux besoins de ses enfants et vint à Paris. Contristé de l'avidité avec laquelle ses anciens camarades faisaient curée [a] des places et des dignités constitutionnelles [1b], il allait retourner à sa terre, lorsqu'il reçut une lettre ministérielle, par laquelle une Excellence assez connue lui annonçait sa nomination au grade de maréchal de camp, en vertu de l'ordonnance qui permettait aux officiers des armées catholiques de compter les vingt premières années inédites [c] du règne de Louis XVIII comme années de service [2]. Quelques jours après, le Vendéen reçut encore, sans aucune sollicitation et d'office, la croix de l'ordre de la Légion d'honneur et celle de Saint-Louis [3]. Ébranlé dans sa résolution par ces grâces successives qu'il crut devoir

---

enfants; son frère cadet, demeuré dans le Poitou, en eut cinq (voir La Chesnaye-Desbois, *op. cit.*).

1. Barante, préfet de la Loire-Inférieure, écrivait dès le 23 avril 1814 à Montlosier : « Il n'y a pas un prétendu gentilhomme qui ne croie le roi de France rentré en France pour son bénéfice particulier. Il leur faut à tous des places, des pensions, des cordons... » (cité par Bertier de Sauvigny, *La Restauration*, p. 106).

2. Lorsque fut officiellement annoncé en 1795 le décès de « Louis XVII », le comte de Provence en exil se proclama roi sous le nom de Louis XVIII. La Charte est datée de « l'an de grâce 1814, et de notre règne le dix-neuvième », formule rappelée et légèrement déformée dans *Le Cabinet des Antiques* (p. 38). Presque aussitôt furent réintégrés par les soins du général Dupont, ministre de la Guerre, avec un grade correspondant à leur ancienneté, de nombreux officiers qui avaient combattu en Vendée ou dans l'armée de Condé : en moins d'un an, la Restauration fit 387 officiers généraux, pour la plupart d'ailleurs sans solde et à titre honoraire.

3. L'Ordre de Saint-Louis, fondé par Louis XIV en 1693 et supprimé par la Révolution, fut rétabli le 18 septembre 1814. L'ordre de la Légion d'honneur, fondé par Bonaparte, avait été expressément maintenu par la Charte.

au souvenir du monarque, il ne se contenta plus de
mener sa famille, comme il l'avait pieusement fait
chaque dimanche, crier vive le Roi dans la salle des
Maréchaux aux Tuileries [1a] quand les princes se rendaient à la chapelle, il sollicita la faveur d'une entrevue
particulière. Cette audience, très promptement accor-
dée, n'eut rien de particulier. Le salon royal était plein
de vieux serviteurs dont les têtes poudrées, vues d'une
certaine hauteur, ressemblaient à un tapis de neige.
Là, le gentilhomme retrouva d'anciens compagnons qui
le reçurent d'un air un peu froid [b]; mais les princes lui
parurent *adorables* [c], expression d'enthousiasme qui
lui échappa, quand le plus gracieux de ses maîtres [2d], de
qui le comte ne se croyait connu que de nom, vint lui
serrer la main et le proclama le plus pur des Vendéens.
Malgré cette ovation [e], aucune de ces augustes personnes n'eut l'idée de lui demander le compte de ses
pertes, ni celui de l'argent si généreusement versé
dans les caisses de l'armée catholique. Il s'aperçut un
peu tard qu'il avait fait la guerre à ses dépens. Vers la
fin de la soirée, il crut pouvoir hasarder une spirituelle
allusion à l'état de ses affaires, semblable à celui de
bien des gentilshommes. Sa Majesté se prit à rire
d'assez bon cœur, toute parole marquée au coin de
l'esprit avait le don de lui plaire; mais elle répliqua
néanmoins par une de ces royales plaisanteries dont la
douceur est plus à craindre que la colère d'une répri-

---

1. Salle d'apparat ornée des portraits des maréchaux de l'Empire.
2. Sous le nom de « princes », il faut entendre le comte d'Artois
et ses deux fils, le duc d'Angoulême et le duc de Berry. Il est très
probable que l'expression « le plus gracieux de ses maîtres » désigne
le comte d'Artois, réputé pour sa bonne grâce. « Quand il disait
Bonjour, rapportait un de ses familiers, sa voix semblait si bien partie
du cœur, il avait quelque chose de si caressant, qu'il était impossible
de ne pas être touché » (Bertier de Sauvigny, *op. cit.,* p. 498). Voir
un peu plus loin l'hommage à Monsieur, qui « console ses fidèles
serviteurs ». Charles X régnait encore, lorsque Balzac a écrit *Le Bal
de Sceaux.*

mande [a]. Un des plus intimes confidents du roi ne
tarda pas à s'approcher [b] du Vendéen calculateur,
auquel il fit entendre, par une phrase fine et polie, que
le moment n'était pas encore venu de compter avec
les maîtres : il se trouvait sur le tapis des mémoires
beaucoup plus arriérés que le sien, et qui devaient
sans doute servir à l'histoire de la Révolution. Le
comte sortit prudemment du groupe vénérable qui
décrivait un respectueux demi-cercle devant l'auguste
famille; puis, après avoir, non sans peine, dégagé son
épée parmi les jambes [c] grêles où elle s'était engagée,
il regagna pédestrement à travers la cour des Tuileries
le fiacre [1d] qu'il avait laissé sur le quai. Avec cet esprit
rétif qui distingue la noblesse de vieille roche [2] chez
laquelle le souvenir de la Ligue et des Barricades
n'est pas encore éteint, il se plaignit dans son fiacre,
à haute voix et de manière à se compromettre, sur le
changement survenu à la cour. — Autrefois, se disait-il,
chacun parlait librement au roi de ses petites affaires,
les seigneurs pouvaient à leur aise lui demander des
grâces et de l'argent, et aujourd'hui l'on n'obtiendra
pas, sans scandale, le remboursement des sommes
avancées pour son service? Morbleu! la croix de Saint-
Louis et le grade de maréchal de camp ne valent pas
trois cent [e] mille livres que j'ai, bel et bien, dépensées
pour la cause royale. Je veux reparler [f] au roi, en face,
et dans son cabinet.

Cette scène refroidit d'autant plus le zèle de monsieur
de Fontaine, que ses demandes d'audience restèrent
constamment sans réponse. Il vit d'ailleurs les intrus
de l'empire [3] arrivant à quelques-unes des charges ré-

---

1. Le comte de Fontaine n'a donc pas d'équipage. Les premières
éditions soulignaient la nuance en évoquant un *modeste* fiacre (voir p. 346).
2. Un personnage de *L'Héritière de Birague* porte le nom significatif
de Vieilleroche.
3. M. Bertier de Sauvigny, dans son livre sur *La Restauration,*
note comme un trait du régime la continuité qui fut maintenue,
l'armée mise à part, dans les hauts emplois de l'État. Ainsi furent

servées sous l'ancienne monarchie aux meilleures maisons.

— Tout est perdu, dit-il un matin. Décidément, le roi n'a jamais été qu'un révolutionnaire. Sans Monsieur, qui ne déroge pas et console ses fidèles serviteurs, je ne sais en quelles mains irait un jour la couronne de France, si ce régime continuait[1]. Leur maudit système constitutionnel est le plus mauvais de tous les gouvernements et ne pourra jamais convenir à la France. Louis XVIII et M. Beugnot[a] nous ont tout gâté à Saint-Ouen[2][b].

Le comte désespéré se préparait à retourner à sa terre, en abandonnant avec noblesse ses prétentions à toute indemnité. En ce moment, les événements du Vingt-Mars[3] annoncèrent une nouvelle tempête qui menaçait d'engloutir le roi légitime et ses défenseurs. Semblable à ces gens généreux qui ne renvoient pas un serviteur par un temps de pluie, monsieur de Fontaine emprunta sur[c] sa terre pour suivre la monarchie

proclamés pairs en 1814 quatre-vingt-treize anciens sénateurs et dix maréchaux. Parmi les quarante-trois préfets nommés depuis le retour du roi jusqu'en mars 1815 figuraient vingt-neuf anciens fonctionnaires impériaux.

1. Tels sont bien les jugements portés par les ultras. Ainsi le baron de Frénilly déclare-t-il dans ses *Souvenirs* (p. 389) que Louis XVIII était « franchement libéral », ce qui est une injure sous sa plume, alors qu'il se répand en éloges sur le compte de Monsieur. Dans *La Comédie humaine*, Louis XVIII est traité de « jacobin » à l'hôtel de Langeais *(Histoire des Treize)* comme dans le salon provincial des Bargeton *(Illusions perdues)*.

2. A Saint-Ouen, où fut hâtivement mise au point, dans la nuit du 2 au 3 mai 1814, la « déclaration royale » instituant le nouveau régime. Beugnot était présent et devait appartenir à la commission qui rédigea la Charte. Il s'était rallié à la Restauration après avoir siégé à l'Assemblée législative et dans les conseils de l'Empereur, qui l'avait fait comte. Le M. dont son nom est ici précédé doit s'entendre, dans la bouche d'un représentant de la vieille noblesse, avec une nuance de mépris.

3. C'est le jour où Napoléon, évadé de l'île d'Elbe, rentra aux Tuileries abandonnées la veille par Louis XVIII.

en déroute, sans savoir si cette complicité d'émigration lui serait plus propice que ne l'avait été son dévouement passé; mais après avoir observé que les compagnons de l'exil étaient plus en faveur que les braves qui, jadis, avaient protesté, les armes à la main, contre l'établissement de la république, peut-être espéra-t-il trouver dans ce voyage à l'étranger plus de profit que dans un service actif et périlleux à l'intérieur. Ses calculs de courtisan [a] ne furent pas une de ces vaines spéculations qui promettent sur le papier des résultats superbes, et ruinent par leur exécution. Il fut donc, selon le mot du plus spirituel et du plus habile de nos diplomates [1b], un des cinq cents fidèles serviteurs qui partagèrent l'exil de la cour à Gand, et l'un des cinquante mille qui en revinrent. Pendant cette courte absence de la royauté, monsieur de Fontaine eut le bonheur d'être employé par Louis XVIII, et rencontra plus d'une occasion de donner au roi les preuves d'une grande probité politique et d'un attachement sincère. Un soir que le monarque n'avait rien de mieux à faire, il se souvint du bon mot dit par monsieur de Fontaine aux Tuileries. Le vieux Vendéen ne laissa pas échapper un tel à-propos, et raconta son histoire assez spirituellement pour que ce roi, qui n'oubliait rien, pût se la rappeler en temps utile. L'auguste littérateur [2] remarqua la tournure fine donnée à quelques notes dont la rédaction avait été confiée au discret gentilhomme [3c]. Ce petit mérite inscrivit monsieur de Fontaine, dans la mémoire du roi, parmi les plus loyaux serviteurs de sa couronne. Au second retour, le comte

---

1. Talleyrand. Balzac, qui cite souvent ses mots d'esprit, le désigne ailleurs dans des termes analogues, mais en le nommant (*La Fausse Maîtresse*, Pl. II, 34).

2. Louis XVIII se piquait d'être, à ses heures, un homme de lettres. Un certain nombre de ses poésies furent recueillies après sa mort par Marco de Saint-Hilaire (*Louis XVIII*, Peytieux 1825).

3. Sans doute dans le *Journal universel* qui, sous la direction de Chateaubriand, tint lieu à Gand, pendant les Cent Jours, de *Moniteur*.

fut un de ces envoyés extraordinaires qui parcoururent les départements, avec la mission de juger souverainement les fauteurs de la rébellion [a]; mais il usa modérément de son terrible pouvoir. Aussitôt que cette juridiction temporaire eut cessé, le grand-prévôt [1b] s'assit dans un des fauteuils du Conseil d'État, devint député, parla peu, écouta beaucoup, et changea considérablement d'opinion. Quelques circonstances, inconnues aux biographes [c], le firent entrer assez avant dans l'intimité du prince, pour qu'un jour le malicieux monarque l'interpellât ainsi en le voyant entrer :

— Mon ami Fontaine, je ne m'aviserais pas de vous nommer directeur général ni ministre! Ni vous ni moi, si nous étions *employés* [d], ne resterions en place, à cause de nos opinions. Le gouvernement représentatif [2] a cela de bon qu'il nous ôte la peine que nous avions jadis, de renvoyer nous-mêmes nos secrétaires d'état. Notre conseil est une véritable hôtellerie, où l'opinion publique nous envoie souvent de singuliers voyageurs; mais enfin nous saurons toujours où placer nos fidèles serviteurs.

Cette ouverture moqueuse fut suivie d'une ordonnance qui donnait à monsieur de Fontaine une administration dans le domaine extraordinaire de la couronne [3]. Par suite de l'intelligente attention avec laquelle il écoutait les sarcasmes [e] de son royal ami,

---

1. Les « cours prévôtales », dont les sentences étaient exécutoires dans les vingt-quatre heures, furent installées pour deux ans dans le chef-lieu des départements le 27 décembre 1815. Dans chacune siégeait un « grand-prévôt » qui devait avoir au moins rang de colonel. On a vu le comte de Fontaine avait été nommé maréchal de camp et ce grade correspond sensiblement à celui de général de brigade. Le personnage du *Bal de Sceaux* a été grand-prévôt comme La Billardière, dont la notice nécrologique, dans *Les Employés* (*Pl.* VI, 995), semble fabriquée d'après les épisodes de la carrière de Fontaine lui-même.

2. Cette formule figure dans la Déclaration de Saint-Ouen.

3. Les services de la Maison du Roi furent placés directement sous l'autorité royale en 1815 et ne furent érigés de nouveau en ministère qu'en 1820.

son nom se trouva sur les lèvres de Sa Majesté, toutes les fois qu'il fallut créer une commission dont les membres devaient être lucrativement appointés [a]. Il eut le bon esprit de taire la faveur dont l'honorait le monarque et sut l'entretenir par une manière piquante de narrer, dans une de ces causeries familières [1] auxquelles Louis XVIII se plaisait autant qu'aux billets agréablement écrits, les anecdotes politiques et, s'il est permis de se servir de cette expression, les cancans diplomatiques ou parlementaires qui abondaient alors. On sait que les détails de sa *gouvernementabilité*, mot adopté [b] par l'auguste railleur, l'amusaient infiniment. Grâce au bon sens, à l'esprit et à l'adresse de monsieur le comte de Fontaine, chaque membre de sa nombreuse famille, quelque jeune qu'il fût, finit, ainsi qu'il le disait plaisamment à son maître, par se poser comme un ver à soie sur les feuilles du budget [2]. Ainsi, par les bontés du roi, l'aîné de ses fils parvint à une place éminente dans la magistrature inamovible. Le second, simple capitaine avant la Restauration, obtint une légion immédiatement après son retour de Gand [3]; puis, à la faveur des mouvements de 1815 pendant lesquels on méconnut [c] les règlements, il passa dans la garde royale, repassa dans les gardes-du-corps, revint dans la ligne, et se trouva lieutenant-général avec un commandement dans la garde [d], après l'affaire du Troca-

---

1. Villèle note dans ses *Mémoires* (pp. 315-316) le goût de Louis XVIII pour les entretiens privés d'allure détendue, dont profitaient ses familiers pour obtenir des faveurs.

2. On a conservé des exemples d'un zèle familial analogue chez les aristocrates de l'époque. Ainsi Jean-Jérôme de Villiers de L'Isle-Adam, grand-père de l'écrivain, dont Balzac put entendre parler à Fougères, fatigua le roi de ses instances réitérées; il est vrai, note M. Joseph Bollery, qu'il avait sept enfants (*La Bretagne de Villiers de L'Isle-Adam*, les Presses bretonnes, p. 51).

3. Le gouvernement de la Restauration constitua sous le nom de légions des corps de troupes d'infanterie équivalant à un régiment.

déro [1]. Le dernier, nommé sous-préfet, devint bientôt
maître des requêtes et directeur d'une administration
municipale de la Ville de Paris, où il se trouvait à l'abri
des tempêtes législatives. Ces grâces sans éclat, secrètes
comme la faveur du comte, pleuvaient [a] inaperçues.
Quoique le père et les trois fils eussent chacun assez
de sinécures pour jouir d'un revenu budgétaire presque
aussi considérable que celui d'un directeur général, leur
fortune politique n'excita l'envie de personne. Dans
ces temps de premier établissement du système constitutionnel, peu de personnes avaient des idées justes
sur les régions paisibles du budget, où d'adroits favoris
surent trouver l'équivalent des abbayes [b] détruites.
Monsieur le comte de Fontaine, qui naguère encore se
vantait de n'avoir pas lu la Charte et se montrait si
courroucé contre l'avidité des courtisans, ne tarda pas
à prouver à son auguste maître qu'il comprenait aussi
bien que lui l'esprit et les ressources du *représentatif*.
Cependant, malgré la sécurité des carrières ouvertes
à ses trois fils, malgré les avantages pécuniaires qui
résultaient du cumul de quatre places, monsieur de
Fontaine se trouvait à la tête d'une famille trop nombreuse pour pouvoir promptement et facilement réta-
blir sa fortune. Ses trois fils étaient riches d'avenir, de
faveur et de talent; mais il avait trois filles, et craignait
de lasser la bonté du monarque. Il imagina de ne jamais
lui parler que d'une seule de ces vierges pressées d'allu-
mer leur flambeau. Le roi avait trop bon goût pour
laisser son œuvre imparfaite. Le mariage de la première
avec un receveur général, Planat de Baudry [c], fut
conclu par une de ces phrases royales qui ne coûtent
rien et valent des millions. Un soir où le monarque
était maussade, il sourit [d] en apprenant l'existence d'une
autre demoiselle de Fontaine qu'il fit épouser à un

---

1. La presqu'île du Trocadéro, commandant Cadix où était détenu
Ferdinand VII, fut assiégée et prise par les troupes du duc d'Angoulême dans la nuit du 30 au 31 août 1823.

jeune magistrat d'extraction bourgeoise, il est vrai, mais riche, plein de talent, et qu'il créa baron **a**. Lorsque, l'année suivante **b**, le Vendéen parla de mademoiselle Émilie de Fontaine, le roi lui répondit, de sa petite voix aigrelette : — *Amicus Plato, sed magis amica Natio* [1]. Puis, quelques jours après, il régala son *ami Fontaine* d'un **c** quatrain assez innocent [2] qu'il appelait une épigramme et dans lequel il le plaisantait sur ses trois filles si habilement produites sous la forme d'une trinité. S'il faut en croire la chronique, le monarque avait été chercher son bon mot dans l'unité des trois personnes divines **d**.

— Si le Roi daignait changer son épigramme en épithalame ? dit le comte en essayant de faire tourner cette boutade à son profit.

— Si j'en vois la rime, je n'en vois pas la raison, répondit durement le roi qui ne goûta point cette plaisanterie **e** faite sur sa poésie quelque douce qu'elle fût.

Dès ce jour, son commerce avec monsieur de Fontaine eut moins d'aménité. Les rois aiment plus qu'on ne le croit la contradiction. Comme **f** presque tous les enfants venus les derniers, Émilie de Fontaine était un Benjamin gâté par tout le monde [3]. Le refroidissement du monarque causa donc d'autant plus de peine au comte, que jamais mariage ne fut plus difficile à conclure que celui de cette fille chérie. Pour concevoir tous ces obstacles, il faut pénétrer dans l'enceinte du bel hôtel

---

1. Le roi improvise un à-peu-près avec la célèbre sentence attribuée à Socrate dans la *Vie d'Aristote* par Ammonius : « Platon m'est cher, mais plus encore *(Veritas)* la Vérité ». Une autre plaisanterie latine est prêtée par Balzac, dans *Le Père Goriot* (p. 88), au même Louis XVIII, dont les boutades et les bons mots foisonnent chez les mémorialistes de l'époque et dans *La Comédie humaine*.

2. Louis XVIII cultivait volontiers le quatrain : on en trouve plusieurs exemples dans l'opuscule de Marco de Saint-Hilaire cité ci-dessus.

3. Henri de Balzac, dédicataire du *Bal de Sceaux*, était lui-même un dernier né.

où l'administrateur était logé aux dépens de la Liste civile [a]. Émilie avait passé son enfance à la terre de Fontaine en y jouissant de cette abondance qui suffit aux premiers plaisirs de la jeunesse [b]; ses moindres souhaits y étaient des lois pour ses sœurs, pour ses frères, pour sa mère, et même pour son père. Tous ses parents raffolaient d'elle. Arrivée à l'âge de raison, précisément au moment où sa famille fut comblée des faveurs de la fortune, l'enchantement de sa vie continua [c]. Le luxe de Paris [d] lui sembla tout aussi naturel que la richesse en fleurs ou en fruits, et que cette opulence champêtre qui firent le bonheur de ses premières années. De même qu'elle n'avait éprouvé aucune contrariété dans son enfance quand elle voulait satisfaire de joyeux désirs, de même elle se vit encore obéie lorsqu'à l'âge de quatorze ans elle se lança dans le tourbillon du monde. Accoutumée ainsi par degrés aux jouissances de la fortune, les recherches de la toilette, l'élégance des salons dorés et des équipages lui devinrent aussi nécessaires que les compliments vrais ou faux de la flatterie, que les fêtes et les vanités de la cour. Comme [e] la plupart des enfants gâtés, elle tyrannisa ceux qui l'aimaient, et réserva ses coquetteries aux indifférents. Ses défauts ne firent que grandir avec elle, et ses parents allaient bientôt recueillir les fruits amers de cette éducation funeste. A dix-neuf ans, Émilie de Fontaine n'avait pas encore voulu faire de choix parmi les nombreux jeunes gens que la politique de monsieur de Fontaine assemblait dans ses fêtes. Quoique jeune encore, elle jouissait dans le monde de toute la liberté d'esprit que peut y avoir une femme. Semblable aux rois, elle n'avait pas d'amis, et se voyait partout l'objet d'une complaisance à laquelle un naturel meilleur que le sien n'eût peut-être pas résisté. Aucun homme, fût-ce même un vieillard, n'avait la force de contredire les opinions d'une jeune fille dont un seul regard ranimait l'amour dans un cœur froid. Élevée [f] avec des soins qui manquèrent à ses sœurs [g], elle peignait assez bien [a], parlait l'italien et l'anglais, jouait du piano d'une façon désespérante; enfin sa voix, perfectionnée par les meilleurs maîtres, avait un timbre qui donnait à son chant d'irrésistibles séductions [b]. Spirituelle et nourrie de toutes les littératures, elle aurait pu faire croire que, comme dit Mascarille [1], les gens de qualité viennent au monde en sachant tout. Elle raisonnait facilement sur la peinture italienne ou flamande, sur le Moyen Âge ou la Renaissance, jugeait [c] à tort et à travers les livres anciens ou nouveaux [d], et faisait ressortir avec une cruelle grâce d'esprit les défauts d'un ouvrage. La plus simple de ses phrases était reçue par la foule idolâtre, comme par les Turcs un *fetfa* [2] du sultan. Elle éblouissait ainsi les gens superficiels; quant aux gens profonds, son tact naturel l'aidait à les reconnaître; et pour eux, elle déployait tant de coquetterie, qu'à la faveur de ses séductions, elle pouvait échapper à leur examen. Ce vernis séduisant couvrait un cœur insouciant, l'opinion commune à beaucoup de jeunes filles que personne n'habitait une sphère assez élevée pour pouvoir comprendre l'excellence de son âme, et un orgueil qui s'appuyait autant sur sa naissance que sur sa beauté. En l'absence du sentiment violent qui ravage tôt ou tard le cœur d'une femme, elle portait sa jeune ardeur dans un amour immodéré des distinctions [e], et témoignait le plus profond mépris pour les roturiers. Fort impertinente avec la nouvelle noblesse, elle faisait tous ses efforts pour que ses parents marchassent de pair au milieu des familles les plus illustres du faubourg Saint-Germain [3].

Ces sentiments n'avaient pas échappé à l'œil obser-

---

1. « Les gens de qualité savent tout sans avoir jamais rien appris » *(Les Précieuses ridicules,* scène IX).
2. Décision dogmatique.
3. M. Bardèche a rapproché d'Émilie de Fontaine « cette autre dédaigneuse » qu'est Mathilde de la Môle, dans *Le Rouge et le Noir.* Mathilde, pourtant, est moins sensible au rang qu'au mérite personnel, comme elle le prouve en aimant le plébéien Julien Sorel.

vateur de monsieur de Fontaine, qui plus d'une fois, lors du mariage de ses deux premières filles, eut à gémir des sarcasmes et des bons mots d'Émilie. Les gens logiques s'étonneront d'avoir vu le vieux Vendéen donnant sa première fille à un receveur général qui possédait bien, à la vérité, quelques anciennes terres seigneuriales, mais dont le nom n'était pas précédé de cette particule à laquelle le trône dut tant de défenseurs [1], et la seconde à un magistrat trop récemment baronifié pour faire oublier que le père avait vendu des fagots [a]. Ce notable changement dans les idées du noble, au moment où il atteignait sa soixantième année, époque à laquelle les hommes quittent rarement leurs croyances, n'était pas dû seulement à la déplorable habitation de la moderne Babylone où tous les gens de province finissent par perdre leurs rudesses; la nouvelle [b] conscience politique du comte de Fontaine était encore le résultat des conseils et de l'amitié du roi. Ce prince philosophe avait pris plaisir à convertir le Vendéen aux idées [c] qu'exigeaient la marche du dix-neuvième siècle et la rénovation de la monarchie. Louis XVIII voulait fondre les partis, comme Napoléon avait fondu les choses et les hommes. Le roi légitime, peut-être aussi spirituel que son rival, agissait en sens contraire. Le dernier chef de la maison de Bourbon était aussi empressé à satisfaire le tiers état et les gens de l'empire, en contenant le clergé, que le premier des Napoléon fut jaloux d'attirer auprès de lui les grands seigneurs ou de doter l'église. Confident des royales pensées, le Conseiller d'État était insensiblement devenu l'un des chefs les plus influents et les plus sages de ce parti modéré qui désirait vivement, au nom de l'intérêt national, la fusion des opinions.

---

1. Ce receveur général s'est appelé Bonneval, puis Planat tout court. Dans le « Furne corrigé », toutefois, Balzac l'a bel et bien doté d'une particule en le nommant Planat de Baudry (voir p. 129).

Il prêchait les coûteux principes[1][a] du gouvernement constitutionnel et secondait de toute sa puissance les jeux de la bascule politique qui permettait à son maître de gouverner la France au milieu des agitations[b]. Peut-être monsieur de Fontaine se flattait-il d'arriver à la pairie par un de ces coups de vent législatifs dont les effets si bizarres surprenaient alors les plus vieux politiques[2][c]. Un de ses principes les plus fixes consistait à ne plus reconnaître en France d'autre noblesse que la pairie, dont les familles[d] étaient les seules qui eussent des privilèges.

— Une noblesse sans privilèges, disait-il, est un manche sans outil.

Aussi éloigné du parti de Lafayette[e] que du parti de La Bourdonnaye[3], il entreprenait avec ardeur la réconciliation générale d'où devaient sortir une ère nouvelle et de brillantes destinées pour la France. Il cherchait à convaincre les familles qui hantaient ses salons et celles où il allait[f] du peu de chances favorables qu'offraient désormais la carrière militaire et l'administration. Il engageait les mères à lancer leurs enfants dans les professions indépendantes et industrielles, en leur donnant à entendre que les emplois militaires et les hautes fonctions du gouvernement finiraient par appartenir très constitutionnellement aux cadets des familles nobles de la pairie. Selon lui, la nation avait conquis une part assez large dans l'administration par son assemblée élective, par les places de la magistrature et par celles de la finance qui, disait-il, seraient

---

1. Cet adjectif s'explique sans doute par les pratiques de corruption dont il sera question p. 143.

2. La nomination de nouveaux pairs opportunément choisis a fourni parfois le moyen aux gouvernements, sous la Restauration, de consolider une majorité chancelante (voir p. 193, n. 1).

3. Lafayette demeura, pendant toute la Restauration, l'un des chefs de l'opposition libérale. La Bourdonnaye, ancien émigré, avait appartenu à l'armée des princes et devint l'un des chefs du parti ultra, menant avec violence l'opposition d'extrême-droite.

toujours comme autrefois l'apanage des notabilités du tiers état. Les nouvelles idées du chef de la famille de Fontaine, et les sages alliances qui en résultèrent pour ses deux premières filles, avaient rencontré de fortes résistances au sein de son ménage. La comtesse de Fontaine resta fidèle aux vieilles croyances que ne devait pas renier une femme qui appartenait aux Rohan [a] par sa mère. Quoiqu'elle se fût opposée pendant un moment au bonheur et à la fortune qui attendaient ses deux filles aînées, elle se rendit à ces considérations secrètes que les époux se confient le soir quand leurs têtes reposent sur le même oreiller. Monsieur de Fontaine démontra froidement à sa femme, par d'exacts calculs, que le séjour de Paris, l'obligation d'y représenter, la splendeur de sa maison qui les dédommageait des privations si courageusement partagées au fond de la Vendée, les dépenses faites pour leurs fils absorbaient la plus grande partie de leur revenu budgétaire. Il fallait donc saisir, comme une faveur céleste, l'occasion qui se présentait pour eux d'établir si richement leurs filles. Ne devaient-elles pas jouir un jour de soixante, de quatre-vingt, de cent mille livres [b] de rente ? Des mariages si avantageux [c] ne se rencontraient pas tous les jours pour des filles sans dot. Enfin, il était temps de penser à économiser pour augmenter la terre de Fontaine et reconstruire l'antique fortune territoriale de la famille. La comtesse céda, comme toutes les mères l'eussent fait [d] à sa place, quoique de meilleure grâce peut-être, à des arguments si persuasifs ; mais elle déclara qu'au moins sa fille Émilie serait mariée de manière à satisfaire l'orgueil qu'elle avait contribué malheureusement à développer dans cette jeune âme.

Ainsi les événements qui auraient dû répandre la joie dans cette famille y introduisirent un léger levain de discorde. Le receveur général et le jeune magistrat [e] furent en butte aux froideurs d'un cérémonial que surent créer la comtesse et sa fille Émilie. Leur étiquette trouva bien plus amplement lieu d'exercer ses tyrannies domestiques : le lieutenant général épousa mademoiselle Mongenod, fille d'un riche banquier [a]; le président [b] se maria sensément avec une demoiselle dont le père, deux ou trois fois millionnaire [c], avait fait le commerce du sel [d]; enfin le troisième frère se montra fidèle à ces doctrines roturières en prenant pour femme mademoiselle Grossetête, fille unique du receveur général de Bourges [e]. Les trois belles-sœurs, les deux beaux-frères trouvaient tant de charmes et d'avantages personnels à rester dans la haute sphère des puissances politiques et dans les salons du faubourg Saint-Germain, qu'ils s'accordèrent tous pour former une petite cour à la hautaine Émilie. Ce pacte d'intérêt et d'orgueil ne fut cependant pas tellement bien cimenté que la jeune souveraine n'excitât souvent des révolutions dans son petit État. Des scènes, que le bon ton n'eût pas désavouées, entretenaient entre tous les membres de cette puissante famille une humeur moqueuse qui, sans altérer sensiblement l'amitié affichée en public, dégénérait quelquefois dans l'intérieur en sentiments peu charitables. Ainsi la femme du lieutenant général, devenue baronne [f], se croyait tout aussi noble qu'une Kergarouët [g], et prétendait que cent bonnes mille livres de rente lui donnaient le droit d'être aussi impertinente que sa belle-sœur Émilie à laquelle elle souhaitait parfois avec ironie un mariage heureux, en annonçant que la fille de tel pair venait d'épouser monsieur un tel, tout court [h]. La femme du vicomte [i] de Fontaine s'amusait à éclipser Émilie par le bon goût et par la richesse qui se faisaient remarquer dans ses toilettes, dans ses ameublements et ses équipages. L'air [j] moqueur avec lequel les belles-sœurs et les deux beaux-frères accueillirent quelquefois les prétentions avouées par mademoiselle de Fontaine excitait chez elle un courroux à peine calmé par une grêle [k] d'épigrammes. Lorsque le chef de la famille éprouva quelque refroidissement dans la tacite et précaire amitié du monarque, il trembla d'autant plus, que, par suite des défis railleurs de ses sœurs, jamais sa fille chérie n'avait jeté ses vues si haut.

Au milieu de ces circonstances et au moment où cette petite lutte domestique était devenue fort grave, le monarque, auprès duquel monsieur de Fontaine croyait rentrer en grâce, fut attaqué de la maladie dont il devait périr [1][a]. Le grand politique qui sut si bien conduire sa nauf [2][b] au sein des orages ne tarda pas à succomber. Incertain de la faveur à venir, le comte de Fontaine fit donc les plus grands efforts pour rassembler autour de sa dernière fille l'élite des jeunes gens à marier. Ceux qui ont tâché de résoudre [c] le problème difficile que présente l'établissement d'une fille orgueilleuse et fantasque comprendront peut-être les peines que se donna le pauvre Vendéen. Achevée au gré de son enfant chéri, cette dernière entreprise eût couronné dignement la carrière que le comte parcourait depuis dix ans à Paris. Par la manière dont sa famille envahissait les traitements de tous les ministères, elle pouvait se comparer à la maison d'Autriche, qui, par ses alliances, menace d'envahir l'Europe. Aussi le vieux Vendéen ne se rebutait-il pas dans ses présentations de prétendus, tant il avait à cœur le bonheur de sa fille; mais rien n'était plus plaisant que la façon dont l'impertinente créature [d] prononçait ses arrêts et jugeait le mérite de ses adorateurs. On eût dit que, semblable à l'une de ces princesses des Mille et un Jours [3], Émilie fût assez riche, assez belle pour avoir le droit de choisir parmi tous les princes du monde; ses objections étaient plus bouffonnes les unes que les autres : l'un avait les jambes trop grosses ou les genoux

---

1. Une gangrène sénile.

2. Balzac affectionnait apparemment ce terme archaïque, puisqu'il le substitue au mot *vaisseau* après l'avoir substitué dans *La Maison du Chat-qui-pelote* au mot *barque*. On le rencontre encore dans *Les Employés*.

3. Les contes persans des *Mille et Un Jours* ont été traduits en français au début du XVIIIe siècle par Félis de la Tour.

cagneux, l'autre était myope, celui-ci s'appelait Durand,
celui-là boitait, presque tous lui semblaient trop gras [a].
Plus vive, plus charmante, plus gaie que jamais après
avoir rejeté deux ou trois prétendus, elle s'élançait dans
les fêtes de l'hiver et courait au bal où ses yeux perçants
examinaient les célébrités du jour, où [b] elle se plaisait
à exciter des demandes [c] qu'elle rejetait toujours. La
nature lui avait donné en profusion les avantages nécessaires à ce rôle de Célimène [1][d]. Grande et svelte,
Émilie de Fontaine possédait une démarche imposante
ou folâtre, à son gré. Son col [e] un peu long lui permettait
de prendre de charmantes attitudes de dédain et d'impertinence. Elle s'était fait un fécond répertoire de ces
airs de tête et de ces gestes féminins qui expliquent si
cruellement ou si heureusement les demi-mots et les
sourires. De beaux cheveux noirs, des sourcils très
fournis et fortement arqués prêtaient à sa physionomie
une expression de fierté que la coquetterie autant que
son miroir lui apprirent à rendre terrible ou à tempérer
par la fixité ou par la douceur de son regard, par l'immobilité ou par les légères inflexions de ses lèvres,
par la froideur ou la grâce de son sourire. Quand
Émilie voulait s'emparer d'un cœur, sa voix pure ne
manquait pas de mélodie ; mais elle pouvait aussi lui
imprimer une sorte de clarté brève quand elle entreprenait de paralyser la langue indiscrète d'un cavalier.
Sa figure blanche et son front d'albâtre [f] étaient semblables à la surface limpide d'un lac qui tour à tour
se ride sous l'effort d'une brise ou reprend sa sérénité
joyeuse quand l'air se calme [g]. Plus d'un jeune homme en
proie à ses dédains l'accusa de jouer la comédie ; mais
elle se justifiait en inspirant aux médisants le désir de
lui plaire et les soumettant aux dédains de sa coquet-

---

1. Célimène, selon Balzac, « représente la femme aristocratique »
comme Figaro représente le peuple (*Le Cabinet des Antiques*, p. 136).
Aussi le nom de ce personnage vient-il naturellement sous sa plume
à propos des diverses coquettes qu'il a décrites dans sa *Comédie humaine*.

terie [a]. Parmi les jeunes filles à la mode, nulle mieux qu'elle ne savait prendre un air de hauteur en recevant le salut d'un homme de talent [b], ou déployer cette politesse insultante qui fait de nos égaux des inférieurs, et déverser son impertinence sur tous ceux qui essayaient de marcher au pair [c] avec elle. Elle semblait, partout où elle se trouvait, recevoir plutôt des hommages que des compliments, et même chez une princesse, sa tournure et ses airs eussent converti le fauteuil sur lequel elle se serait assise en un trône impérial.

Monsieur de Fontaine découvrit trop tard combien l'éducation de la fille qu'il aimait le plus avait été faussée par la tendresse de toute la famille. L'admiration que le monde témoigne d'abord à une jeune personne, mais de laquelle il ne tarde pas à se venger, avait encore exalté l'orgueil d'Émilie et accru sa confiance en elle. Une complaisance générale avait développé chez elle l'égoïsme naturel aux enfants gâtés qui, semblables à des rois, s'amusent de tout ce qui les approche. En ce moment, la grâce de la jeunesse et le charme des talents cachaient à tous les yeux ces défauts, d'autant plus odieux chez une femme qu'elle ne peut plaire que par le dévouement et par l'abnégation; mais rien n'échappe à l'œil d'un bon père : monsieur de Fontaine essaya souvent d'expliquer à sa fille les principales pages du livre énigmatique de la vie. Vaine entreprise [d] ! Il eut trop souvent à gémir sur l'indocilité capricieuse et sur la sagesse ironique de sa fille pour persévérer dans une tâche aussi difficile que celle de [e] corriger un si pernicieux naturel. Il se contenta de donner de temps en temps des conseils pleins de douceur et de bonté; mais il [f] avait la douleur de voir ses plus tendres paroles glissant sur le cœur de sa fille comme s'il eût été de marbre. Les yeux d'un père se dessillent si tard, qu'il fallut au vieux Vendéen plus d'une épreuve pour s'apercevoir de l'air de condescendance avec laquelle sa fille lui accordait de rares caresses. Elle ressemblait à ces jeunes enfants qui paraissent dire à leur mère :

« Dépêche-toi de m'embrasser pour que j'aille jouer ».
Enfin, Émilie daignait avoir de la tendresse pour ses
parents. Mais souvent, par des caprices soudains qui
semblent inexplicables chez les jeunes filles, elle s'isolait
et ne se montrait plus que rarement; elle se plaignait
d'avoir à partager avec trop de monde le cœur de son
père et de sa mère, elle devenait jalouse de tout, même
de ses frères et de ses sœurs. Puis, après avoir bien
pris de la peine à créer un désert autour d'elle, cette
fille bizarre [a] accusait la nature entière de sa solitude
factice et de ses peines volontaires [b]. Armée de son
expérience de vingt ans, elle condamnait le sort parce
que, ne sachant pas que le premier principe du bonheur
est en nous, elle demandait aux choses de la vie de le
lui donner. Elle aurait fui au bout du globe [c] pour éviter
des mariages semblables à ceux de ses deux sœurs; et
néanmoins, elle avait dans le cœur une affreuse jalousie
de les voir mariées, riches et heureuses. Enfin, quelquefois elle donnait à penser à sa mère, victime de ses
procédés tout autant que monsieur de Fontaine, qu'elle
avait un grain de folie [d]. Cette aberration était assez
explicable : rien n'est plus commun que cette secrète
fierté née au cœur des jeunes personnes qui appartiennent à des familles haut placées sur l'échelle sociale,
et que la nature a douées d'une grande beauté. Presque
toutes sont persuadées que leurs mères, arrivées à l'âge
de quarante ou cinquante ans, ne peuvent plus ni sym-
pathiser avec leurs jeunes âmes, ni en concevoir les
fantaisies. Elles s'imaginent que la plupart des mères,
jalouses de leurs filles, veulent les habiller à leur mode
dans le dessein prémédité de les éclipser ou de leur
ravir des hommages. De là, souvent, des larmes secrètes
ou de sourdes révoltes contre la prétendue tyrannie [e]
maternelle. Au milieu de ces chagrins qui deviennent
réels, quoique assis sur une base imaginaire, elles ont
encore la manie de composer un thème pour leur existence, et se tirent à elles-mêmes un brillant horoscope;
leur magie consiste à prendre leurs rêves pour des

réalités; elles résolvent secrètement, dans leurs longues méditations, de n'accorder leur cœur et leur main qu'à l'homme qui possédera tel ou tel avantage; elles dessinent dans leur imagination [a] un type auquel il faut, bon gré mal gré, que leur futur ressemble. Après avoir expérimenté la vie et fait les réflexions sérieuses qu'amènent les années, à force de voir le monde et son train prosaïque, à force d'exemples malheureux, les belles couleurs de leur figure idéale s'abolissent; puis, elles se trouvent un beau jour, dans le courant de la vie, tout étonnées d'être heureuses sans la nuptiale poésie de leurs rêves. Suivant cette poétique, mademoiselle Émilie de Fontaine avait arrêté, dans sa fragile sagesse [b], un programme auquel devait se conformer son prétendu pour être accepté [c]. De là ses dédains et ses sarcasmes [d].

— Quoique jeune et de noblesse ancienne, s'était-elle dit, il sera pair de France ou fils aîné d'un pair ! Il me serait insupportable de ne pas voir mes armes peintes sur les panneaux de ma voiture au milieu des plis flottants d'un manteau d'azur [1], et de ne pas courir [e] comme les princes dans la grande allée des Champs-Élysées, les jours de Longchamp. D'ailleurs, mon père prétend que ce sera un jour la plus belle dignité de France. Je le veux militaire en me réservant de lui faire donner sa démission, et je le veux décoré pour qu'on nous porte les armes.

Ces rares qualités ne servaient à rien, si [f] cet être de raison ne possédait pas encore une grande amabilité, une jolie tournure, de l'esprit, et s'il n'était pas svelte. La maigreur, cette grâce du corps [g], quelque fugitive qu'elle pût être, surtout dans un gouvernement représentatif [2], était une clause de rigueur. Mademoiselle de

---

1. Le manteau d'azur était, sous la Restauration, un insigne distinctif des pairs de France.

2. Ce trait serait incompréhensible si Balzac n'évoquait un peu plus loin les débauches gastronomiques érigées par les ministres

Fontaine avait une certaine mesure idéale qui lui servait de modèle. Le jeune homme qui, au premier coup d'œil, ne remplissait pas les conditions voulues[a], n'obtenait même pas un second regard.

— Oh! mon Dieu, voyez combien ce monsieur est gras, était chez elle la plus haute expression du mépris.

A l'entendre, les gens d'une honnête corpulence étaient incapables de sentiments, mauvais maris et indignes d'entrer dans une société civilisée. Quoique ce fût une beauté recherchée en Orient, l'embonpoint lui semblait un malheur chez les femmes; mais chez un homme, c'était un crime. Ces opinions paradoxales amusaient [b], grâce à une certaine gaieté d'élocution. Néanmoins le comte sentit que plus tard les prétentions de sa fille, dont le ridicule allait être visible pour certaines femmes aussi clairvoyantes que peu charitables, deviendraient un fatal sujet de raillerie. Il craignit que les idées bizarres de sa fille ne se changeassent en mauvais ton. Il tremblait que le monde impitoyable ne se moquât déjà d'une personne qui restait si longtemps en scène sans donner un dénoûment à la comédie [c] qu'elle y jouait. Plus d'un acteur, mécontent d'un refus, paraissait attendre le moindre incident malheureux pour se venger. Les indifférents, les oisifs commençaient à se lasser [d] : l'admiration est toujours une fatigue pour l'espèce humaine. Le vieux Vendéen savait mieux que personne que s'il faut choisir avec art le moment d'entrer sur les tréteaux du monde, sur ceux de la cour, dans un salon ou sur la scène, il est encore plus difficile d'en sortir à propos. Aussi, pendant le premier hiver qui suivit l'avènement de Charles X au trône [1], redoubla-t-il d'efforts, conjointement avec ses trois fils et ses gendres, pour réunir dans les salons [e]

---

de la Restauration en méthode de gouvernement. D'une façon plus générale, Balzac a noté dans *Le Père Goriot* (p. 138) quelle importance prit à cette époque dans l'aristocratie le luxe de la table.

1. Nous sommes donc en janvier ou février 1825.

de son hôtel les meilleurs partis que Paris et les différentes députations des départements pouvaient présenter. L'éclat de ses fêtes, le luxe de sa salle à manger et ses dîners parfumés de truffes rivalisaient avec les célèbres repas par lesquels les ministres du temps s'assuraient le vote de leurs soldats parlementaires.

L'honorable député fut alors signalé comme un des plus puissants corrupteurs de la probité législative de cette illustre ᵃ Chambre qui sembla mourir d'indigestion ¹. Chose bizarre! ses tentatives pour marier sa fille le maintinrent dans une éclatante faveur. Peut-être trouva-t-il quelque avantage secret à vendre deux fois ses truffes. Cette accusation due à certains libéraux railleurs qui compensaient ᵇ, par l'abondance de leurs paroles, la rareté de leurs adhérents dans la Chambre ², n'eut aucun succès ᶜ. La conduite du gentilhomme poitevin était en général si noble et si honorable, qu'il ne reçut pas une seule de ces épigrammes par lesquelles les malins journaux de cette époque ³ assaillirent les trois cents votants du centre, les ministres, les cuisiniers, les directeurs généraux, les princes de la fourchette et les défenseurs d'office qui soutenaient l'administration Villèle. A la fin de cette campagne, pendant laquelle monsieur de Fontaine avait, à plusieurs reprises, fait donner toutes ses troupes, il crut que son assemblée de prétendus ne serait pas, cette fois, une fantasmagorie pour sa fille. Il ᵈ avait une certaine satisfaction intérieure d'avoir bien rempli son devoir de père. Puis après avoir fait flèche de tout bois, il espérait que, parmi tant de cœurs offerts à la capricieuse Émilie,

---

1. Les dîners Fontaine ressemblent aux dîners Piet, dont Stendhal s'est souvenu dans *Lucien Leuwen*. Les familiers des soirées offertes sous la Restauration par le député Piet furent surnommés les Ventrus (communication de Mme Meininger).

2. Après les élections de 1824, l'opposition libérale s'était trouvée réduite à dix-neuf membres.

3. A gauche, *La Constitutionnel,* à droite, *La Quotidienne* se distinguaient par la virulence de leurs attaques.

il pouvait s'en rencontrer au moins un qu'elle eût distingué [a]. Incapable de renouveler cet effort, et d'ailleurs lassé de la conduite de sa fille, vers la fin du carême, un matin que la séance de la Chambre ne réclamait pas trop impérieusement son vote, il [b] résolut de la consulter [c]. Pendant qu'un valet de chambre dessinait artistement sur son crâne jaune le delta de poudre qui complétait, avec des ailes de pigeon pendantes, sa coiffure vénérable [1], le père d'Émilie ordonna, non sans une secrète émotion, à son vieux valet de chambre d'aller avertir l'orgueilleuse demoiselle de comparaître immédiatement devant le chef de la famille.

— Joseph, lui dit-il au moment où il eut achevé sa coiffure, ôtez cette serviette, tirez ces rideaux, mettez ces fauteuils en place, secouez le tapis de la cheminée et remettez-le bien droit [d]; essuyez partout. Allons! Donnez un peu d'air à mon cabinet en ouvrant la fenêtre.

Le comte multipliait ses ordres, essoufflait Joseph, qui, devinant les intentions de son maître, restitua quelque fraîcheur [e] à cette pièce naturellement la plus négligée de toute la maison, et réussit à imprimer une sorte d'harmonie [f] à des monceaux de comptes, aux cartons, aux livres, aux meubles de ce sanctuaire où se débattaient les intérêts du domaine royal. Quand Joseph eut achevé de mettre un peu d'ordre dans ce chaos et de placer en évidence, comme dans un magasin de nouveautés, les choses qui pouvaient être les plus agréables à voir, ou produire par leurs couleurs une sorte de poésie bureaucratique, il s'arrêta au milieu du dédale des paperasses étalées en quelques endroits jusque sur le tapis, il s'admira lui-même un moment, hocha la tête et sortit.

Le pauvre [g] sinécuriste ne partagea pas la bonne opinion de son serviteur. Avant de s'asseoir dans son

---

1. Coiffure vénérable en effet, car les ailes de pigeon disposées de chaque côté de la tête ont été créées au XVIIe siècle.

immense fauteuil à oreilles, il [a] jeta un regard de méfiance autour de lui, examina d'un air hostile sa robe [b] de chambre, en chassa quelques grains de tabac, s'essuya soigneusement le nez, rangea les pelles et les pincettes, attisa le feu, releva les quartiers de ses pantoufles, rejeta en arrière sa petite queue [1] horizontalement logée entre le col de son gilet et celui de sa robe de chambre, et lui fit reprendre sa position perpendiculaire; puis, il donna un coup de balai aux cendres d'un foyer qui attestait l'obstination de son catarrhe. Enfin le vieillard ne s'assit qu'après avoir repassé une dernière fois en revue son cabinet, en espérant que rien n'y pourrait donner lieu aux remarques aussi plaisantes qu'impertinentes par lesquelles sa fille avait [c] coutume de répondre à ses sages avis. En cette occurrence, il ne voulait pas compromettre sa dignité paternelle. Il prit délicatement une prise de tabac, et toussa deux ou trois fois comme s'il se disposait à demander l'appel nominal : il entendait le pas léger de sa fille, qui entra en fredonnant un air d'*il Barbiere* [2].

— Bonjour, mon père. Que me voulez-vous donc si matin?

Après ces paroles jetées comme la ritournelle de l'air qu'elle chantait, elle embrassa le comte, non pas avec cette tendresse familière qui rend le sentiment filial chose si douce, mais avec l'insouciante légèreté d'une maîtresse sûre de toujours plaire quoi qu'elle fasse [d].

— Ma chère enfant, dit gravement monsieur de Fontaine, je t'ai fait venir pour causer très sérieusement avec toi, sur ton avenir. La nécessité où tu es en ce moment de choisir un mari de manière à rendre ton bonheur durable...

— Mon bon père, répondit Émilie en employant les sons les plus caressants de sa voix pour l'interrompre,

---

1. La queue de la perruque.

2. Cet opéra de Rossini fut créé aux Italiens en 1819 et couramment représenté ensuite pendant toute la Restauration.

il me semble que l'armistice que nous avons conclu relativement à mes prétendus n'est pas encore expiré.

— Émilie, cessons aujourd'hui de badiner sur un sujet si important. Depuis quelque temps les efforts de ceux qui t'aiment véritablement, ma chère enfant, se réunissent pour te procurer un établissement convenable, et ce serait être coupable d'ingratitude que d'accueillir légèrement les marques d'intérêt que je ne suis pas seul à te prodiguer.

En entendant ces paroles et après avoir lancé un regard malicieusement investigateur sur les meubles du cabinet paternel, la jeune fille alla prendre celui des fauteuils qui paraissait avoir le moins servi aux solliciteurs, l'apporta elle-même de l'autre côté de la cheminée, de manière à se placer en face de son père, prit une attitude si grave qu'il était impossible de n'y pas voir les traces d'une moquerie, et se croisa les bras sur la riche garniture d'une pèlerine *à la neige* dont les nombreuses ruches de tulle furent impitoyablement froissées. Après avoir regardé de côté, et en riant, la figure soucieuse de son vieux père, elle rompit le silence.

— Je ne vous ai jamais entendu dire, mon cher père, que le gouvernement fît ses communications en robe de chambre. Mais, ajouta-t-elle en souriant [a], n'importe, le peuple ne doit pas être difficile [1]. Voyons donc vos projets de loi et vos présentations officielles.

— Je n'aurai pas toujours la facilité de vous en faire, jeune folle [b] ! Écoute, Émilie. Mon intention n'est pas de compromettre plus longtemps mon caractère, qui est une partie de la fortune de mes enfants, à recruter ce régiment de danseurs que tu mets en déroute à

---

1. Ces métaphores politiques appliquées à la vie de famille étaient communes chez les Balzac, en particulier sous la plume de Laurence. Bernard-François Balzac est « le roi », Mme Balzac « la reine »; les deux filles sont « les princesses » (*Corr.* Pierrot I, 70). Voir les mêmes usages sous la plume de Laure de Rastignac dans *Le Père Goriot* (p. 110).

chaque printemps. Déjà tu as été la cause innocente de bien des brouilleries dangereuses avec certaines familles. J'espère que tu comprendras mieux aujourd'hui les difficultés de ta position et de la nôtre. Tu as vingt-deux ans [a], ma fille, et voici près de trois ans que tu devrais être mariée [b]. Tes frères, tes deux sœurs sont tous établis richement et heureusement. Mais, mon enfant, les dépenses que nous ont suscitées ces mariages, et le train de maison que tu fais tenir à ta mère, ont absorbé tellement nos revenus, qu'à peine pourrai-je te donner cent mille francs de dot. Dès aujourd'hui je veux m'occuper du sort à venir de ta mère, qui ne doit pas être sacrifiée à ses enfants. Émilie, si je venais à manquer à ma famille, madame de Fontaine ne saurait être à la merci de personne, et doit continuer à jouir de l'aisance par laquelle j'ai récompensé trop tard son dévouement à mes malheurs. Tu vois, mon enfant, que la faiblesse de ta dot ne saurait être en harmonie avec tes idées de grandeur. Encore sera-ce un sacrifice que je n'ai fait pour aucun autre de mes enfants ; mais ils se sont généreusement accordés à ne pas se prévaloir un jour de l'avantage que nous ferons à un enfant trop chéri.

— Dans leur position ! dit Émilie en agitant la tête avec ironie.

— Ma fille, ne dépréciez jamais ainsi ceux qui vous aiment. Sachez qu'il n'y a que les pauvres de généreux ! Les riches ont toujours d'excellentes raisons pour ne pas abandonner vingt mille francs à un parent. Eh bien ! ne boude pas, mon enfant, et parlons raisonnablement. Parmi les jeunes gens à marier, n'as-tu pas remarqué monsieur de Manerville [c] ?

— Oh ! il dit *zeu* au lieu de jeu, il regarde toujours son pied parce qu'il le croit petit [d], et il se mire ! D'ailleurs, il est blond, je n'aime pas les blonds.

— Eh bien, monsieur de Beaudenord [e] ?

— Il n'est pas noble. Il est mal fait et gros. A la vérité, il est brun. Il faudrait que ces deux messieurs

s'entendissent pour réunir leurs fortunes, et que le
premier donnât son corps et son nom au second qui
garderait ses cheveux, et alors... peut-être...

— Qu'as-tu à dire contre monsieur de Rastignac [a]?

— Madame de Nucingen en a fait un banquier [b],
dit-elle malicieusement [c1].

— Et le vicomte de Portenduère, notre parent?

— Un enfant qui danse mal, et d'ailleurs sans fortune [2]. Enfin, mon père [d], ces gens-là n'ont pas de
titre. Je veux être au moins comtesse comme l'est
ma mère [e].

— Tu n'as donc vu personne cet hiver qui...

— Non, mon père.

— Que veux-tu donc?

— Le fils d'un pair de France.

— Ma fille, vous êtes folle! dit monsieur de Fontaine
en se levant.

Mais tout à coup [f] il leva les yeux au ciel, sembla
puiser une nouvelle dose [g] de résignation dans une
pensée religieuse; puis, jetant un regard de pitié paternelle sur son enfant, qui devint émue, il lui prit la
main, la serra, et lui dit avec attendrissement : — Dieu
m'en est témoin, pauvre créature égarée! j'ai consciencieusement rempli mes devoirs de père envers toi,
que dis-je, consciencieusement? avec amour, mon
Émilie. Oui, Dieu le sait, cet hiver j'ai amené près de
toi plus d'un honnête homme dont les qualités, les
mœurs, le caractère m'étaient connus, et tous ont paru
dignes de toi. Mon enfant, ma tâche est remplie. D'aujourd'hui je te rends l'arbitre de ton sort, me trouvant
heureux et malheureux tout ensemble de me voir dé-

---

1. Balzac raconte dans *La Maison Nucingen* comment Rastignac,
devenu le « collaborateur conjugal » de Nucingen, fut utilisé par le
banquier dans des manœuvres financières où il trouva d'ailleurs
son compte.

2. Les noms de personnages « reparaissants » qui figurent dans ce
dialogue n'ont été introduits qu'en 1842 (voir p. 351).

chargé de la plus lourde des obligations paternelles. Je ne sais pas si longtemps encore tu entendras une voix qui, par malheur, n'a jamais été sévère; mais souviens-toi que le bonheur conjugal ne se fonde pas tant sur des qualités brillantes et sur la fortune, que sur une estime réciproque. Cette félicité est, de sa nature, modeste et sans éclat. Va, ma fille, mon aveu est acquis à celui que tu me présenteras pour gendre [a]; mais si tu devenais malheureuse, songe que tu n'auras pas le droit d'accuser ton père. Je ne me refuserai pas à faire des démarches et à t'aider; seulement, que ton choix soit sérieux, définitif : je ne compromettrai pas deux fois le respect dû à mes cheveux blancs.

L'affection que lui témoignait son père et l'accent solennel qu'il mit à son onctueuse allocution touchèrent vivement mademoiselle de Fontaine; mais elle dissimula son attendrissement, sauta sur les genoux du comte qui s'était assis tout tremblant encore, lui fit les caresses les plus douces, et le câlina avec tant de grâce que le front du vieillard se dérida. Quand Émilie jugea que son père était remis de sa pénible émotion [b], elle lui dit à voix basse : — Je vous remercie bien de votre gracieuse attention [c], mon cher père. Vous [d] avez arrangé votre appartement pour recevoir votre fille chérie [e]. Vous ne saviez peut-être pas la trouver si folle et si rebelle. Mais, mon père, est-il donc bien difficile d'épouser un pair de France? vous prétendiez qu'on en faisait par douzaines [1]. Ah! du moins vous ne me refuserez pas des conseils.

— Non, pauvre enfant, non, et je te crierai plus d'une fois : Prends garde [f]! Songe donc que la pairie est un ressort trop nouveau dans notre gouvernementabilité, comme disait le feu roi, pour que les pairs puissent posséder de grandes fortunes. Ceux qui sont riches veulent le devenir encore plus. Le plus opulent de tous les membres de notre pairie n'a pas la moitié

---

1. Cinquante-neuf en 1819; vingt-sept en 1823...

du revenu que possède le moins riche lord de la chambre haute en Angleterre. Or les pairs de France chercheront tous de riches héritières pour leurs fils, n'importe où elles se trouveront. La nécessité où ils sont tous de faire des mariages d'argent durera plus de deux siècles [a]. Il est possible qu'en attendant l'heureux hasard que tu désires, recherche qui peut te coûter tes plus belles années, tes charmes [b] (car on s'épouse considérablement par amour dans notre siècle), tes charmes, dis-je, opèrent un prodige. Lorsque l'expérience se cache sous un visage aussi frais que le tien, l'on peut en espérer des merveilles. N'as-tu pas d'abord la facilité de reconnaître les vertus dans le plus ou le moins de volume que prennent les corps ? ce n'est pas un petit mérite. Aussi n'ai-je pas besoin de prévenir une personne aussi sage que toi de toutes les difficultés de l'entreprise. Je suis certain que tu ne supposeras jamais à un inconnu du bon sens en lui voyant une figure flatteuse, ou des vertus en lui trouvant une jolie tournure. Enfin je suis parfaitement de ton avis sur l'obligation dans laquelle sont tous les fils de pair d'avoir un air à eux et des manières tout à fait distinctives. Quoique aujourd'hui rien ne marque le haut rang, ces jeunes gens-là auront pour toi peut-être un *je ne sais quoi* qui te les révélera. D'ailleurs, tu tiens ton cœur en bride comme un bon cavalier certain de ne pas laisser broncher son coursier. Ma fille, bonne chance.

— Tu te moques de moi, mon père. Eh bien, je te déclare que j'irai plutôt mourir au couvent de mademoiselle de Condé [1], que de ne pas être la femme d'un pair de France.

Elle s'échappa des bras de son père, et, fière d'être sa maîtresse, elle s'en alla en chantant l'air de *Cara*

---

1. Louise-Adélaïde de Bourbon, princesse de Condé, qui fonda sous la Restauration, à la Maison du Temple, l'institution de l'Adoration perpétuelle.

non dubitare du *Matrimonio secreto* [1]. Par hasard la famille fêtait ce jour-là l'anniversaire d'une fête domestique. Au dessert, madame Planat [a], la femme du receveur général et l'aînée d'Émilie, parla assez hautement d'un jeune Américain, possesseur d'une immense fortune, qui, devenu passionnément épris de sa sœur, lui avait fait des propositions extrêmement brillantes.

— C'est un banquier, je crois, dit négligemment Émilie. Je n'aime pas les gens de finance.

— Mais, Émilie, répondit le baron de Vilaine [b], le mari de la seconde sœur de mademoiselle de Fontaine, vous n'aimez pas non plus la magistrature [2], de manière que je ne vois pas trop, si vous repoussez les propriétaires non titrés, dans quelle classe vous choisirez un mari.

— Surtout, Émilie, avec ton système de maigreur, ajouta le lieutenant général.

— Je sais, répondit la jeune fille, ce qu'il me faut.

— Ma sœur veut un beau nom, un beau jeune homme, un bel avenir [c], dit la baronne de Fontaine, et cent mille livres de rente, enfin monsieur de Marsay par exemple [d] !

— Je sais, ma chère sœur, reprit Émilie, que je ne ferai pas un sot mariage comme j'en ai tant vu faire. D'ailleurs, pour éviter ces discussions nuptiales [e], je déclare que je regarderai comme les ennemis de mon repos [f] ceux qui me parleront de mariage.

Un oncle d'Émilie, un vice-amiral [g], dont la fortune venait de s'augmenter d'une vingtaine de mille livres

---

1. Plus exactement *Cara non dubitar* (Chère, il ne faut pas douter). Au début du *Matrimonio segreto,* opéra de Cimarosa souvent représenté sous la Restauration, Paolino adresse cette rassurante parole à Caroline qui l'a épousé contre la volonté paternelle. Cet air, qui peut apparaître ici vaguement en situation, est chanté aussi par Mme de Restaud dans *Le Père Goriot* (p. 76). Il sera encore question p. 172 d'« un des plus beaux duos de Cimarosa », chanté par Émilie et Longueville.

2. La réplique est judicieusement prêtée à celui des deux gendres qui est magistrat.

de rente par suite de la loi d'indemnité[1][a], vieillard
septuagénaire en possession de dire de dures vérités
à sa petite-nièce de laquelle il raffolait[b], s'écria pour
dissiper l'aigreur de cette conversation : — Ne tour-
mentez donc pas ma[c] pauvre Émilie! ne voyez-vous
pas qu'elle attend la majorité du duc de Bordeaux[2]!

Un rire universel accueillit la plaisanterie du vieillard.

— Prenez garde que je ne vous épouse, vieux fou!
repartit la jeune fille dont les dernières paroles furent
heureusement étouffées par le bruit[3].

— Mes enfants, dit madame de Fontaine pour adoucir cette impertinence, Émilie, de même que vous tous,
ne prendra conseil que de sa mère[d].

— Oh! mon Dieu[e], je n'écouterai que moi dans une
affaire qui ne regarde que moi[f], dit fort distinctement
mademoiselle de Fontaine.

Tous les regards se portèrent alors sur le chef de
la famille. Chacun semblait être curieux de voir comment il allait s'y prendre pour maintenir sa dignité.
Non seulement le vénérable Vendéen jouissait d'une
grande considération dans le monde; mais encore,
plus heureux que bien des pères, il était apprécié par
sa famille dont tous les membres avaient su reconnaître
les qualités solides qui lui servaient à faire la fortune
des siens; aussi était-il[g] entouré de ce profond respect
que témoignent les familles anglaises et quelques maisons aristocratiques du continent au représentant de
l'arbre généalogique. Il s'établit un profond silence, et
les yeux des convives se portèrent alternativement sur
la figure boudeuse et altière de l'enfant gâté et sur les

---

1. Cette loi, dite du milliard des émigrés, prévoyait 30 millions de
rente, correspondant à un capital d'un milliard, qui devaient être
répartis entre tous les émigrés. Elle avait été annoncée dans le premier
discours du Trône de Charles X, le 22 décembre 1824.

2. Le duc de Bordeaux, fils du duc et de la duchesse de Berry,
est né le 20 septembre 1820 : il est donc dans sa cinquième année...

3. Cette parole inconsciemment prophétique prend son relief
avec le dénouement.

visages sévères de monsieur et de madame de Fontaine.

— J'ai laissé ma fille Émilie maîtresse de son sort, fut la réponse que laissa tomber le comte d'un son de voix profond [a].

Les parents et les convives regardèrent alors mademoiselle de Fontaine avec une curiosité mêlée de pitié. Cette parole semblait annoncer que la bonté paternelle s'était lassée de lutter contre un caractère que la famille savait être incorrigible. Les gendres [b] murmurèrent, et les frères lancèrent à leurs femmes des sourires moqueurs. Dès ce moment, chacun cessa de s'intéresser au mariage de l'orgueilleuse fille. Son vieil oncle fut le seul qui, en sa qualité d'ancien marin, osât courir des bordées avec elle et essuyer ses boutades, sans être jamais embarrassé de lui rendre feu pour feu.

Quand la belle saison fut venue après le vote du budget, cette famille, véritable modèle des familles parlementaires de l'autre bord de la Manche, qui ont un pied dans toutes les administrations et dix voix aux Communes, s'envola, comme une nichée d'oiseaux, vers les beaux sites d'Aulnay, d'Antony et de Châtenay [c]. L'opulent receveur général avait récemment acheté dans ces parages une maison de campagne pour sa femme qui ne restait [d] à Paris que pendant les sessions. Quoique la belle Émilie méprisât la roture, ce sentiment n'allait pas jusqu'à dédaigner les avantages de la fortune amassée par les bourgeois ; elle accompagna donc sa sœur à sa *villa* somptueuse, moins par amitié pour les personnes de sa famille qui s'y réfugièrent, que parce que le bon ton ordonne impérieusement à toute femme [e] qui se respecte d'abandonner Paris pendant l'été. Les vertes campagnes de Sceaux remplissaient admirablement bien les conditions exigées par le bon ton et le devoir des charges publiques.

Comme il est un peu douteux que la réputation du bal champêtre de Sceaux ait jamais dépassé l'enceinte du département de la Seine, il est nécessaire de donner quelques détails sur cette fête hebdomadaire qui, par

son importance, menaçait alors de [1a] devenir une institution. Les environs de la petite ville de Sceaux jouissent
d'une renommée due à des sites qui passent pour être
ravissants. Peut-être sont-ils fort ordinaires et ne doi-
vent-ils leur célébrité qu'à la stupidité des bourgeois
de Paris, qui, au sortir des abîmes de moellon où ils
sont ensevelis, seraient disposés à admirer les plaines
de la Beauce. Cependant les poétiques ombrages d'Aulnay, les collines d'Antony et la vallée de la Bièvre [b]
étant habités par quelques artistes qui ont voyagé, par
des étrangers, gens fort difficiles, et par nombre de
jolies femmes qui ne manquent pas de goût, il est à
croire que les Parisiens ont raison. Mais Sceaux possède un autre attrait non moins puissant sur le Parisien.
Au milieu d'un jardin d'où se découvrent de délicieux
aspects, se trouve une immense rotonde ouverte de
toutes parts dont le dôme aussi léger que vaste est
soutenu par d'élégants piliers. Ce dais champêtre protège une salle de danse. Il est rare que les propriétaires
les plus collets montés du voisinage n'émigrent pas
une fois ou deux pendant la saison vers ce palais de
la Terpsichore villageoise, soit en cavalcades brillantes,
soit dans ces élégantes et légères voitures qui saupoudrent de poussière les piétons philosophes. L'espoir
de rencontrer là quelques femmes du beau monde et
d'être vus par elles, l'espoir moins souvent trompé
d'y voir de jeunes paysannes aussi rusées que des juges,
fait accourir le dimanche, au bal de Sceaux, de nombreux essaims de clercs d'avoué, de disciples d'Esculape et de jeunes gens dont le teint blanc et la fraîcheur
sont entretenus par l'air humide des arrière-boutiques
parisiennes. Aussi bon nombre [c] de mariages bourgeois

---

1. Les premières éditions évoquaient le danger au présent; mais
Balzac dut considérer en 1842 que le bal de Sceaux avait perdu une
partie de sa vogue. Ce bal datait du début du siècle, après que le maire
de la ville, M. Desgranges, eut racheté avec quelques amis les jardins
du château, devenus biens nationaux.

se sont-ils ébauchés aux sons de l'orchestre qui occupe le centre de cette salle circulaire. Si le toit pouvait parler, que d'amours ne raconterait-il pas ? Cette [a] intéressante mêlée rendait alors le bal de Sceaux plus piquant que ne le sont deux ou trois autres bals des environs de Paris [1], sur lesquels sa rotonde, la beauté du site et les agréments de son jardin lui donnaient d'incontestables avantages. Émilie, la première, manifesta le désir d'aller *faire peuple* à ce joyeux bal de l'arrondissement, en se promettant un énorme plaisir à se trouver au milieu de cette assemblée. On s'étonna de son désir d'errer au sein d'une telle cohue; mais l'incognito n'est-il pas pour les grands une très vive jouissance? Mademoiselle de Fontaine se plaisait à se figurer toutes ces tournures citadines, elle se voyait laissant dans plus d'un cœur bourgeois le souvenir d'un regard et d'un sourire enchanteurs, riait déjà des danseuses à prétentions [b], et taillait ses crayons pour les scènes avec lesquelles elle comptait enrichir les pages de son album satirique [c]. Le dimanche n'arriva jamais assez tôt au gré de son impatience. La société du pavillon Planat se mit en route à pied, afin de ne pas commettre d'indiscrétion sur le rang des personnages qui voulaient honorer le bal de leur présence. On avait dîné de bonne heure. Enfin, le mois de mai favorisa cette escapade aristocratique par la plus belle de ses soirées. Mademoiselle de Fontaine fut toute surprise de trouver, sous la rotonde, quelques quadrilles composés de personnes qui paraissaient appartenir à la bonne compagnie [d]. Elle vit bien, çà et là, quelques jeunes gens qui semblaient avoir employé les économies d'un mois pour briller pendant une journée [e], et reconnut plusieurs couples dont la joie trop franche n'accusait rien de conjugal; mais elle n'eut qu'à glaner

---

1. Balzac peut songer aux bals assez fréquentés de Belleville, de Saint-Cloud ou du Ranelagh. Voir une allusion à ce dernier bal dans *La Grisette* (O. D. II, 278).

au lieu de récolter. Elle s'étonna de voir le plaisir habillé de percale ressembler si fort au plaisir vêtu de satin, et la bourgeoisie [a] dansant avec autant de grâce, quelquefois mieux que ne dansait la noblesse. La plupart des toilettes étaient simples et bien portées. Ceux qui, dans cette assemblée, représentaient les suzerains du territoire, c'est-à-dire les paysans, se tenaient dans leur coin avec une incroyable politesse. Il fallut même à mademoiselle Émilie une certaine étude des divers éléments qui composaient cette réunion avant de pouvoir y trouver un sujet de plaisanterie. Mais elle n'eut ni le temps de se livrer à ses malicieuses critiques, ni le loisir d'entendre beaucoup de ces propos saillants que les caricaturistes recueillent [1][b] avec joie [c]. L'orgueilleuse créature rencontra subitement dans ce vaste champ une fleur, la métaphore est de saison, dont l'éclat et les couleurs agirent sur son imagination avec les prestiges d'une nouveauté. Il nous arrive souvent de regarder une robe, une tenture, un papier blanc avec assez de distraction pour n'y pas apercevoir sur-le-champ une tache ou quelque point brillant qui plus tard frappent tout à coup notre œil comme s'ils y survenaient à l'instant seulement où nous les voyons; par une espèce de phénomène moral assez semblable à celui-là, mademoiselle de Fontaine reconnut dans un jeune homme le type des perfections extérieures qu'elle rêvait depuis si longtemps.

Assise sur une de ces chaises grossières qui décrivaient l'enceinte obligée de la salle, elle s'était placée à l'extrémité du groupe formé par sa famille afin de pouvoir se lever ou s'avancer suivant ses fantaisies, en se comportant, avec les vivants tableaux et les groupes offerts par cette salle, comme à l'exposition du Musée; elle braquait impertinemment son lorgnon [2]

---

1. Le manuscrit révèle que Balzac songeait à Charlet et à Henri Monnier.

2. Balzac a plusieurs fois noté des traits de ce genre. Dans *La*

sur une personne qui se trouvait à deux pas d'elle, et faisait ses réflexions comme si elle eût critiqué ou loué une tête d'étude, une scène de genre [1]. Ses regards, après avoir erré sur cette vaste toile animée, furent tout à coup saisis par [a] cette figure qui semblait avoir été mise exprès dans un coin du tableau, sous le plus beau jour, comme un personnage hors de toute proportion avec le reste. L'inconnu, rêveur et solitaire, légèrement appuyé sur une des colonnes qui supportent le toit, avait les bras croisés et se tenait penché comme s'il se fût placé là pour permettre à un peintre de faire son portrait. Quoique pleine d'élégance et de fierté, cette attitude était exempte d'affectation. Aucun geste ne démontrait qu'il eût mis sa face de trois quarts et faiblement incliné sa tête à droite, comme Alexandre, comme lord Byron, et quelques autres grands hommes [b], dans le seul but d'attirer sur lui l'attention. Son regard fixe [c] suivait les mouvements d'une danseuse, en trahissant quelque sentiment profond. Sa taille svelte et dégagée rappelait les belles proportions de l'Apollon. De beaux cheveux noirs se bouclaient naturellement sur son front élevé [d]. D'un seul coup d'œil mademoiselle de Fontaine remarqua la finesse de son linge [e], la fraîcheur de ses gants de chevreau [f] évidemment pris chez le bon faiseur [2][g], et la petitesse d'un pied bien chaussé dans une botte de peau d'Irlande [h]. Il ne portait aucun de ces ignobles brimborions dont se chargent les anciens petits-maîtres de la garde nationale, ou les Lovelace [i] de comptoir. Seulement [j] un ruban noir auquel était suspendu son lorgnon flottait sur un gilet d'une

---

Vendetta (p. 225), la jeune et hautaine Amélie Thirion se sert d'un lorgnon. Dans *La Duchesse de Langeais*, l'héroïne examine « fort impertinemment » Montriveau en prenant son lorgnon (*Histoire des Treize*, p. 236).

1. Ces premières *Scènes de la vie privée* sont décidément placées sous le signe de la peinture de genre.

2. Dans le manuscrit, Balzac désignait le gantier Walker (88, rue de Richelieu), dont il fut le client. Voir *Corr.* Pierrot I, 621.

coupe distinguée [a]. Jamais la difficile Émilie n'avait
vu les yeux d'un homme ombragés par des cils si longs
et si recourbés. La mélancolie et la passion respiraient
dans cette figure caractérisée par un teint olivâtre et
mâle. Sa bouche semblait toujours prête à sourire et
à relever les coins de deux lèvres éloquentes ; mais cette
disposition, loin de tenir à la gaieté, révélait plutôt
une sorte de grâce triste. Il y avait trop d'avenir dans
cette tête, trop de distinction dans la personne, pour
qu'on pût dire : — Voilà un bel homme ou un joli
homme ! on désirait le connaître [b]. En voyant l'inconnu, l'observateur le plus perspicace n'aurait pu
s'empêcher de le prendre pour un homme de talent
attiré par quelque intérêt puissant à cette fête de
village.

Cette masse d'observations ne coûta guère à Émilie
qu'un moment d'attention, pendant lequel cet homme
privilégié, soumis à une analyse sévère, devint l'objet
d'une secrète [c] admiration. Elle ne se dit pas : — Il
faut qu'il soit pair de France ! mais — Oh ! s'il est
noble, et il doit l'être... Sans achever sa pensée, elle
se leva tout à coup, alla, suivie de son frère le lieutenant
général, vers cette colonne en paraissant regarder les
joyeux quadrilles ; mais par un artifice d'optique familier aux femmes, elle ne perdait pas un seul des mouvements du jeune homme, de qui elle s'approcha. L'inconnu s'éloigna poliment pour céder la place aux deux
survenants, et s'appuya sur une autre colonne. Émilie,
aussi piquée de la politesse de l'étranger qu'elle l'eût
été d'une impertinence [d], se mit à causer avec son
frère en élevant la voix beaucoup plus que le bon ton
ne le voulait ; elle prit des airs de tête, multiplia ses
gestes et rit sans trop en avoir sujet, moins pour amuser
son frère que pour attirer l'attention de l'imperturbable
inconnu. Aucun de ces petits artifices ne réussit. Mademoiselle de Fontaine suivit alors la direction que prenaient les regards du jeune homme, et aperçut la cause
de cette insouciance.

Au milieu du quadrille qui se trouvait devant elle, dansait une jeune personne pâle [a], et semblable à ces déités écossaises [b] que Girodet a placées dans son immense composition des guerriers français reçus par Ossian [1]. Émilie crut reconnaître en elle une illustre lady [c] qui était venue habiter depuis peu de temps une campagne voisine. Elle avait pour cavalier un jeune homme de quinze ans [d], aux mains rouges, en pantalon de nankin, en habit bleu, en souliers blancs, qui prouvait que son amour pour la danse ne la rendait pas difficile sur le choix de ses partners. Ses mouvements ne se ressentaient pas de son apparente faiblesse; mais une rougeur [e] légère colorait déjà ses joues blanches, et son teint commençait à s'animer. Mademoiselle de Fontaine s'approcha du quadrille pour pouvoir examiner l'étrangère au moment où elle reviendrait à sa place, pendant que les vis-à-vis [f] répéteraient la figure qu'elle exécutait. Mais l'inconnu s'avança, se pencha vers la jolie danseuse, et la curieuse [g] Émilie put entendre distinctement ces paroles, quoique prononcées d'une voix à la fois impérieuse et douce :

— Clara, mon enfant [h], ne dansez plus.

Clara fit une petite moue boudeuse, inclina la tête en signe d'obéissance et finit par sourire. Après la contredanse, le jeune homme eut les précautions d'un amant en mettant sur les épaules de la jeune fille un châle de cachemire, et la fit asseoir de manière à ce qu'elle fût à l'abri du vent. Puis bientôt mademoiselle de Fontaine, qui les vit se lever et se promener [i] autour de l'enceinte comme des gens disposés à partir, trouva le moyen de les suivre sous prétexte d'admirer les points de vue du jardin. Son frère se prêta avec une malicieuse bonhomie aux caprices de cette marche assez vagabonde. Émilie aperçut alors ce beau couple [j] montant dans un élégant tilbury que gardait un domes-

---

1. Il s'agit du tableau *Les Guerriers français reçus par Ossian*, commandé à Girodet par Bonaparte en 1801.

tique à cheval et en livrée; au moment où du haut de
son siège le jeune homme mettait ses guides égales,
elle obtint d'abord de lui un de ces regards que l'on
jette sans but sur les grandes foules [a]; puis elle eut la
faible satisfaction de lui voir retourner la tête à deux
reprises différentes, et la jeune inconnue l'imita. Était-
ce jalousie [b] ?

— Je présume que tu as maintenant assez observé
le jardin, lui dit son frère, nous pouvons retourner à
la danse.

— Je le veux bien, répondit-elle. Croyez-vous que
ce soit une parente de lady Dudley ?

— Lady Dudley peut avoir chez elle un parent, reprit
le baron de Fontaine; mais une jeune parente, non.

Le lendemain [c], mademoiselle de Fontaine manifesta
le désir de faire une promenade à cheval. Insensiblement elle accoutuma son vieil oncle et ses frères à
l'accompagner dans certaines courses matinales, très
salutaires, disait-elle, pour sa santé. Elle affectionnait
singulièrement les alentours du village habité par lady
Dudley [d]. Malgré ses manœuvres de cavalerie, elle ne
revit pas l'étranger aussi promptement que la joyeuse
recherche à laquelle elle se livrait pouvait le lui faire
espérer. Elle retourna plusieurs fois au bal de Sceaux,
sans pouvoir y retrouver le jeune Anglais tombé du
ciel pour dominer ses rêves et les embellir. Quoique
rien n'aiguillonne plus le naissant amour d'une jeune
fille qu'un obstacle, il y eut cependant un moment où
mademoiselle Émilie de Fontaine fut sur le point d'a-
bandonner son étrange et secrète poursuite, en désespérant presque du succès d'une entreprise dont la
singularité peut donner une idée de la hardiesse de son
caractère [e]. Elle aurait pu en effet tourner longtemps
autour du village de Châtenay sans revoir son inconnu.
La jeune Clara, puisque tel est le nom que mademoiselle
de Fontaine avait entendu, n'était pas Anglaise [f], et
le prétendu étranger n'habitait pas les bosquets fleuris
et embaumés de Châtenay.

Un soir, Émilie, sortie à cheval avec son oncle, qui depuis les beaux jours avait obtenu de sa goutte une assez longue cessation d'hostilités, rencontra lady Dudley. L'illustre étrangère avait auprès d'elle dans sa calèche monsieur de Vandenesse. Émilie reconnut ce joli couple, et ses suppositions furent en un moment dissipées comme se dissipent les rêves [a]. Dépitée comme une femme frustrée dans son attente, elle tourna bride si rapidement, que son oncle eut toutes les peines du monde à la suivre, tant elle avait lancé son poney [b].

— Je suis apparemment devenu trop vieux pour comprendre ces esprits de vingt ans, se dit le marin en mettant son cheval au galop, ou peut-être la jeunesse d'aujourd'hui ne ressemble-t-elle plus à celle d'autrefois. Mais [c] qu'a donc ma nièce? La voilà maintenant qui marche à petits pas comme un gendarme en patrouille dans les rues de Paris. Ne dirait-on pas qu'elle veut cerner ce brave bourgeois qui m'a l'air d'être un auteur rêvassant à ses poésies, car il a, je crois, un *album* [d] à la main. Par ma foi, je suis un grand sot! Ne serait-ce pas le jeune homme en quête de qui nous sommes?

A cette pensée le vieux marin modéra le pas de son cheval, de manière [e] à pouvoir arriver sans bruit auprès de sa nièce. Le vice-amiral [f] avait fait trop de noirceurs dans les années 1771 et suivantes, époques de nos annales où la galanterie était en honneur [1], pour ne pas deviner sur-le-champ qu'Émilie avait par le plus grand hasard rencontré l'inconnu du bal de Sceaux. Malgré

---

1. Balzac devait souligner dans des récits postérieurs que ces années-là furent dans la société d'Ancien Régime l'âge d'or de la vie galante. C'est vers 1770 que font leurs « noirceurs » le chevalier de Valois *(La Vieille Fille)*, le vidame de Pamiers et les autres vieux aristocrates décrits dans *La Duchesse de Langeais*. Tous ces gentilshommes se ressemblent et empruntent sans doute des traits, comme nous le suggère Mlle Fargeaud, au vieil ami de Balzac Louis-Philippe de Villers La Faye, lui-même grand amateur de femmes et, selon Laure Surville, plein d'anecdotes libertines sur le règne de Louis XV *(Balzac,* 1858, p. 45).

le voile que l'âge répandait sur ses yeux gris, le comte
de Kergarouët sut reconnaître les indices d'une agitation extraordinaire chez sa nièce, en dépit de l'immobilité qu'elle essayait d'imprimer à son visage. Les yeux
perçants de la jeune fille étaient fixés avec une sorte
de stupeur sur l'étranger qui marchait paisiblement
devant elle.

— C'est bien ça! se dit le marin, elle va le suivre
comme un vaisseau marchand suit un corsaire [a]. Puis,
quand elle l'aura vu s'éloigner, elle sera au désespoir
de ne pas savoir qui elle aime, et d'ignorer si c'est un
marquis ou un bourgeois. Vraiment les jeunes têtes
devraient toujours avoir auprès d'elles une vieille
perruque comme moi...

Il poussa tout à coup son cheval à l'improviste de
manière à faire partir celui de sa nièce, et passa si vite
entre elle et le jeune promeneur, qu'il le força de se
jeter sur le talus de verdure qui encaissait le chemin.
Arrêtant aussitôt son cheval, le comte s'écria :

— Ne pouviez-vous pas vous ranger?

— Ah! pardon, monsieur, répondit l'inconnu. J'igno-
rais que ce fût à moi de vous faire des excuses de ce que
vous avez failli me renverser [b].

— Eh! l'ami, finissons [c], reprit aigrement le marin
en prenant un son de voix dont le ricanement avait
quelque chose d'insultant.

En même temps [d] le comte leva sa [e] cravache comme
pour fouetter son cheval [f], et toucha l'épaule de son
interlocuteur en disant : — Le bourgeois libéral est
raisonneur, tout raisonneur doit être sage [g].

Le jeune homme gravit le talus de la route en entendant ce sarcasme; il se croisa les bras et répondit d'un
ton fort ému : — Monsieur, je ne puis croire, en voyant
vos cheveux blancs, que vous vous amusiez encore à
chercher des duels.

— Cheveux blancs? s'écria le marin en l'interrompant,
tu en as menti par ta gorge, ils ne sont que gris.

Une [h] dispute ainsi commencée devint en quelques

secondes si chaude, que le jeune adversaire oublia le ton de modération qu'il s'était efforcé de conserver. Au moment où le comte de Kergarouët vit sa nièce arrivant à eux avec toutes les marques d'une vive inquiétude, il donnait son nom à son antagoniste en lui disant de garder le silence ^a devant la jeune personne confiée à ses soins. L'inconnu ne put s'empêcher de sourire et remit une carte au vieux marin en lui faisant observer qu'il ^b habitait une maison de campagne à Chevreuse, et s'éloigna rapidement après la lui avoir indiquée.

— Vous avez manqué blesser ce pauvre péquin, ma nièce, dit le comte en s'empressant d'aller au-devant d'Émilie. Vous ne savez donc plus tenir votre cheval en bride ^c. Vous me laissez-là compromettre ma dignité pour couvrir vos folies ; tandis que si vous étiez restée, un seul de vos regards ou une de vos paroles polies, une de celles que vous dites si joliment quand vous n'êtes pas impertinente, aurait tout raccommodé, lui eussiez-vous cassé le bras.

— Eh ! mon cher oncle, c'est votre cheval, et non le mien, qui est la cause de cet accident. Je crois, en vérité, que vous ne pouvez plus monter à cheval, vous n'êtes déjà plus si bon cavalier que vous l'étiez l'année dernière ^d. Mais au lieu de dire des riens...

— Diantre ^e ! des riens. Ce n'est donc rien que de faire une impertinence à votre oncle ?

— Ne devrions-nous pas aller savoir si ce jeune homme est blessé ? Il boite, mon oncle, voyez donc.

— Non, il court. Ah ! je l'ai rudement morigéné.

— Ah ! mon oncle, je vous reconnais là.

— Halte-là, ma nièce, dit le comte en arrêtant le cheval d'Émilie par la bride. Je ne vois pas la nécessité de faire des avances à quelque boutiquier trop heureux d'avoir été jeté à terre par une charmante jeune fille ou par le commandant de la *Belle-Poule* ^{1 f}.

1. Balzac nomme un vaisseau qui s'est illustré dans la guerre

— Pourquoi croyez-vous que ce soit un roturier, mon cher oncle? Il me semble qu'il a des manières fort distinguées.

— Tout le monde a des manières aujourd'hui, ma nièce.

— Non, mon oncle, tout le monde n'a pas l'air et la tournure que donne l'habitude des salons, et je parierais avec vous volontiers que ce jeune homme est noble.

— Vous n'avez pas trop eu le temps de l'examiner.

— Mais ce n'est pas la première fois que je le vois.

— Et ce n'est pas non plus la première fois que vous le cherchez, lui répliqua l'amiral en riant.

Émilie rougit, son oncle se plut à la laisser quelque temps dans l'embarras; puis il lui dit : — Émilie, vous savez que je vous aime comme mon enfant, précisément parce que vous êtes la seule de la famille qui ayez cet orgueil légitime que donne une haute naissance. Diantre [a]! ma petite-nièce, qui aurait cru que les bons principes deviendraient si rares? Eh bien! je veux être votre confident. Ma chère petite, je vois que ce jeune gentilhomme ne vous est pas indifférent. Chut! Ils se moqueraient de nous dans la famille si nous nous embarquions sous un méchant pavillon. Vous savez ce que cela veut dire. Ainsi laissez-moi vous aider, ma nièce. Gardons-nous tous deux le secret, et je vous promets de l'amener au milieu [b] du salon.

— Et quand, mon oncle?

— Demain.

— Mais, mon cher oncle, je ne serai obligée à rien?

— A rien du tout, et vous pourrez le bombarder, l'incendier, et le laisser là comme une vieille caraque [1] si cela vous plaît. Ce ne sera pas le premier, n'est-ce pas?

---

de l'Indépendance américaine, comme il nommera plus loin *La Ville de Paris* (p. 194) et, dans *Le Père Goriot* (p. 73), *Le Vengeur*.

1. Vaisseau rond qui fut en usage au xvie siècle.

— Êtes-vous bon, mon oncle !

Aussitôt que le comte fut rentré, il mit ses besicles, tira secrètement la carte de sa poche et lut : Maximilien Longueville, rue du Sentier [a].

— Soyez tranquille, ma chère nièce, dit-il à Émilie, vous pouvez le harponner en toute sécurité de conscience, il appartient à l'une de nos familles historiques ; et s'il n'est pas pair de France, il le sera infailliblement.

— D'où savez-vous tant de choses ?

— C'est mon secret.

— Vous connaissez donc son nom ?

Le comte inclina en silence sa tête grise qui ressemblait assez à un vieux tronc de chêne autour duquel auraient voltigé quelques feuilles roulées par le froid d'automne ; à ce signe, sa nièce vint essayer sur lui le pouvoir toujours neuf de ses coquetteries [b]. Instruite dans l'art de cajoler le vieux marin, elle lui prodigua les caresses les plus enfantines, les paroles les plus tendres ; elle alla même jusqu'à l'embrasser, afin d'obtenir de lui la révélation d'un secret si important. Le vieillard, qui passait sa vie à faire jouer à sa nièce ces sortes de scènes, et qui les payait souvent par le prix d'une parure ou par l'abandon de sa loge aux Italiens, se complut cette fois à se laisser prier et surtout caresser. Mais, comme il faisait durer ses plaisirs trop longtemps, Émilie se fâcha, passa des caresses aux sarcasmes et bouda, puis elle revint, dominée par la curiosité. Le marin diplomate obtint solennellement de sa nièce une promesse d'être à l'avenir plus réservée, plus douce, moins volontaire, de dépenser moins d'argent, et surtout de lui tout dire. Le traité conclu et signé par un baiser qu'il déposa sur le front blanc d'Émilie, il l'amena dans un coin du salon, l'assit sur ses genoux, plaça la carte sous ses deux pouces de manière à la cacher, découvrit lettre à lettre le nom de Longueville, et refusa fort obstinément d'en laisser voir davantage. Cet événement rendit plus intense le sentiment secret de mademoiselle de Fontaine qui déroula pendant

une grande partie de la nuit les tableaux les plus brillants des rêves par lesquels elle avait nourri ses espérances [a]. Enfin, grâce à ce hasard imploré si souvent,
Émilie voyait maintenant tout autre chose qu'une chimère à la source des richesses imaginaires avec lesquelles elle dorait sa vie conjugale [b]. Comme toutes les
jeunes personnes, ignorant les dangers de l'amour et
du mariage, elle se passionna pour les dehors trompeurs
du mariage et de l'amour. N'est-ce pas dire que son
sentiment naquit comme naissent presque tous ces
caprices du premier âge, douces et cruelles erreurs [c]
qui exercent une si fatale influence sur l'existence des
jeunes filles assez inexpérimentées pour ne s'en
remettre qu'à elles-mêmes du soin de leur bonheur à
venir? Le lendemain matin, avant qu'Émilie fût réveil-
lée, son oncle avait couru à Chevreuse. En reconnaissant dans la cour d'un élégant pavillon le jeune homme
qu'il avait si résolument insulté la veille, il alla vers lui
avec cette affectueuse politesse des vieillards de l'ancienne cour.

— Eh! mon cher monsieur, qui aurait dit que je
me ferais une affaire, à l'âge de soixante-treize ans, avec
le fils ou le petit-fils d'un de mes meilleurs amis? Je
suis vice-amiral [d], monsieur. N'est-ce pas vous dire
que je m'embarrasse aussi peu d'un duel que de fumer
un cigare [e]. Dans mon temps, deux [f] jeunes gens ne
pouvaient devenir intimes qu'après avoir vu la couleur de leur sang. Mais, ventre-de-biche [g]! hier, j'avais,
en ma qualité de marin, embarqué un peu trop de
rhum à bord, et j'ai sombré sur vous. Touchez là!
j'aimerais mieux recevoir cent rebuffades [h] d'un Longueville que de causer la moindre peine à sa famille.

Quelque froideur que le jeune homme s'efforçât de
marquer au comte de Kergarouët, il ne put longtemps
tenir à la franche bonté de ses manières, et se laissa
serrer la main.

— Vous alliez monter à cheval, dit le comte, ne vous
gênez pas. Mais à moins que vous n'ayez des projets,

venez avec moi, je vous invite à dîner aujourd'hui au pavillon Planat. Mon neveu, le comte de Fontaine, est un homme essentiel à connaître [a]. Ah! je prétends, morbleu, vous dédommager de ma brusquerie en vous présentant à cinq des plus jolies femmes de Paris. Hé! hé! jeune homme, votre front se déride. J'aime [b] les jeunes gens, et j'aime à les voir heureux. Leur bonheur me rappelle les bienfaisantes années de ma jeunesse [c] où les aventures ne manquaient pas plus que les duels [d]. On était gai, alors! Aujourd'hui, vous raisonnez, et l'on s'inquiète de tout, comme s'il n'y avait eu ni quinzième ni seizième siècles.

— Mais, monsieur, n'avons-nous pas raison! Le seizième siècle n'a donné que la liberté religieuse à l'Europe, et le dix-neuvième lui donnera la liberté pol... [e]

— Ah! ne parlons pas politique. Je suis une *ganache* [1] d'ultra [f], voyez-vous. Mais je n'empêche pas les jeunes gens d'être révolutionnaires, pourvu qu'ils laissent au Roi la liberté de dissiper leurs attroupements [g].

A quelques pas de là, lorsque le comte et son jeune compagnon furent au milieu des bois, le marin avisa un jeune bouleau assez mince, arrêta son cheval, prit un de ses pistolets, et la balle alla se loger au milieu de l'arbre à quinze pas de distance.

— Vous voyez, mon cher [h], que je ne crains pas un duel, dit-il avec une gravité comique en regardant monsieur Longueville.

— Ni moi non plus, répliqua ce dernier qui arma promptement son pistolet, visa le trou fait par la balle du comte, et plaça la sienne près de ce but.

— Voilà ce qui s'appelle un jeune homme bien élevé, s'écria le marin avec une sorte d'enthousiasme.

---

1. Ce mot, détaché en italiques, a été mis à la mode par la jeunesse romantique et couramment appliqué aux hommes d'âge imbus des idées d'autrefois. Le vice-amiral se l'applique ici plaisamment avec une coquetterie de vieillard, mais l'illustre Gaudissart s'attire une mauvaise querelle pour l'avoir prononcé mal à propos (*Pl.* IV, 24).

Pendant la promenade qu'il fit avec celui qu'il regardait déjà comme son neveu, il trouva mille occasions de l'interroger sur toutes les bagatelles dont la parfaite connaissance constituait, selon son code particulier [a], un gentilhomme accompli.

— Avez-vous des dettes ? demanda-t-il enfin à son compagnon après bien des questions.

— Non, monsieur.

— Comment ! vous payez tout ce qui vous est fourni ?

— Exactement, monsieur ; autrement, nous perdrions tout crédit et toute espèce de considération.

— Mais au moins vous avez plus d'une maîtresse ? Ah ! vous rougissez, mon camarade [b] ?... les mœurs ont bien changé. Avec ces idées d'ordre légal, de kantisme et de liberté, la jeunesse s'est gâtée. Vous n'avez ni Guimard, ni Duthé [1], ni créanciers, et vous ne savez pas le blason ; mais, mon jeune ami, vous n'êtes pas *élevé* ! Sachez que celui qui ne fait pas ses folies au printemps les fait en hiver. Si j'ai quatre-vingt mille [c] livres de rente à soixante-dix ans, c'est que j'en ai mangé le capital [d] à trente ans... Oh ! avec ma femme, en tout bien tout honneur [e]. Néanmoins, vos imperfections ne m'empêcheront pas de vous annoncer au pavillon Planat. Songez que vous m'avez promis d'y venir, et je vous y attends.

— Quel singulier petit vieillard, se dit le jeune Longueville, il est vert et gaillard [f] ; mais quoiqu'il veuille paraître bon homme, je ne m'y fierai pas.

Le lendemain, vers [g] quatre heures, au moment où

---

1. La Guimard, la Duthé sont, comme écrit Balzac dans *La Vieille Fille* (p. 29), « ces illustres reines d'Opéra dont la célébrité fut européenne pendant un bon tiers du dix-huitième siècle » et dont le souvenir éveille la nostalgie des vieux aristocrates qui en furent les familiers. On relève dans *Un Prince de la Bohème* une allusion « aux beaux jours des Guimard, des Sophie Arnould, des Duthé qui dévorèrent des fortunes princières » (*Pl.* VI, 843). Mlle Guimard fut entretenue par le prince de Soubise et Rosalie Duthé courtisée par le comte d'Artois, futur Charles X.

la compagnie était éparse [a] dans les salons ou au billard, un domestique annonça aux habitants du pavillon Planat : Monsieur *de* Longueville. Au nom du favori du vieux comte de Kergarouët, tout le monde, jusqu'au joueur qui allait manquer une bille, accourut, autant pour observer la contenance de mademoiselle de Fontaine que pour juger le phénix humain qui avait mérité une mention honorable au détriment de tant de rivaux. Une mise aussi élégante que simple, des manières pleines d'aisance, des formes polies, une voix douce et d'un timbre qui faisait vibrer les cordes du cœur, concilièrent à monsieur Longueville la bienveillance de toute la famille. Il ne sembla pas étranger au luxe [b] de la demeure du fastueux receveur général. Quoique sa conversation fût celle d'un homme du monde, chacun put facilement deviner qu'il avait reçu la plus brillante éducation et que ses connaissances étaient aussi solides qu'étendues. Il trouva si bien le mot propre dans une discussion assez légère suscitée par le vieux marin sur les constructions navales, qu'une des femmes fit observer qu'il semblait être sorti de l'École polytechnique.

— Je crois, madame, répondit-il, qu'on peut regarder comme un titre de gloire d'y être entré [1].

Malgré de vives instances, il se refusa avec politesse, mais avec fermeté, au désir qu'on lui témoigna de le garder à dîner, et arrêta les observations [c] des dames en disant qu'il était l'Hippocrate [d] d'une jeune sœur dont la santé délicate exigeait beaucoup de soins.

— Monsieur est sans doute médecin? demanda avec ironie une des belles-sœurs d'Émilie.

— Monsieur est sorti de l'École polytechnique, répondit avec bonté mademoiselle de Fontaine dont la

---

1. Cette phrase de *Longueville* peut passer pour une amabilité implicite de Balzac à l'adresse de son beau-frère *Surville*, qui était devenu ingénieur des ponts et chaussées après être passé par l'École polytechnique. On lira un peu plus loin que le même personnage a « renoncé à entrer dans le service des ponts et chaussées ».

figure s'anima des ᵃ teintes les plus riches au moment
où elle apprit que la jeune fille du bal était la sœur
de monsieur Longueville.

— Mais, ma chère, on peut être médecin et avoir
été à l'École polytechnique, n'est-ce pas, monsieur ?

— Madame, rien ne s'y oppose, répondit le jeune
homme.

Tous les yeux se portèrent sur Émilie qui regardait
alors avec une sorte de curiosité inquiète le séduisant
inconnu. Elle respira plus librement quand il ajouta,
non sans un sourire : — Je n'ai pas l'honneur d'être
médecin, madame, et j'ai même renoncé à entrer dans
le service des ponts et chaussées afin de conserver mon
indépendance.

— Et vous avez bien fait, dit le comte. Mais comment pouvez-vous regarder comme un honneur d'être
médecin ? ajouta le noble Breton. Ah ! mon jeune ami,
pour un homme comme vous...

— Monsieur le comte, je respecte infiniment toutes
les professions qui ont un but d'utilité.

— Eh ! nous sommes d'accord : vous respectez ces
professions-là, j'imagine, comme un jeune homme respecte une douairière.

La visite de monsieur Longueville ne fut ni trop
longue, ni trop courte. Il se retira au moment où il
s'aperçut qu'il avait plu à tout le monde, et que la
curiosité de chacun s'était éveillée sur son compte.

— C'est un rusé compère, dit le comte en rentrant
au salon après l'avoir reconduit.

Mademoiselle de Fontaine, qui seule était dans le
secret de cette visite, avait fait une toilette assez recherchée pour attirer les regards du jeune homme ; mais
elle eut le petit chagrin de voir qu'il ne lui accorda
pas autant d'attention qu'elle croyait en mériter. La
famille fut assez surprise du silence dans lequel elle
s'était renfermée. Émilie déployait ordinairement pour
les nouveaux venus sa coquetterie, son babil spirituel,
et l'inépuisable éloquence de ses regards et de ses

attitudes. Soit que la voix mélodieuse du jeune homme et l'attrait de ses manières l'eussent charmée, qu'elle aimât sérieusement, et que ce sentiment eût opéré en elle un changement, son maintien perdit toute affectation. Devenue simple et naturelle, elle dut sans doute paraître plus belle. Quelques-unes de ses sœurs et une vieille dame, amie de la famille, virent un raffinement de coquetterie dans cette conduite. Elles supposèrent que, jugeant le jeune homme digne d'elle, Émilie se proposait peut-être de ne montrer que lentement ses avantages, afin de l'éblouir tout à coup, au moment où elle lui aurait plu. Toutes les personnes de la famille [a] étaient curieuses de savoir ce que cette capricieuse fille pensait de cet étranger; mais lorsque, pendant le dîner, chacun prit plaisir à doter monsieur Longueville d'une qualité nouvelle, en prétendant l'avoir seul découverte, mademoiselle de Fontaine resta muette pendant quelque temps; un léger sarcasme de son oncle la réveilla tout à coup de son apathie, elle dit d'une manière assez épigrammatique que cette perfection céleste devait couvrir quelque grand défaut, et qu'elle se garderait bien de juger à la première vue un homme si habile; — ceux qui plaisent ainsi à tout le monde ne plaisent à personne, ajouta-t-elle, et que le pire de tous les défauts est de n'en avoir aucun. Comme toutes les jeunes filles qui aiment, Émilie caressait l'espérance de pouvoir cacher son sentiment au fond de son cœur en donnant le change aux Argus qui l'entouraient; mais, au bout d'une quinzaine de jours [b], il n'y eut pas un des membres de cette nombreuse famille qui ne fût initié dans ce petit secret domestique. A la troisième [c] visite que fit monsieur Longueville, Émilie crut y être pour beaucoup. Cette découverte lui causa un plaisir si enivrant, qu'elle en fut étonnée en y réfléchissant. Il [d] y avait là quelque chose de pénible pour son orgueil. Habituée à se faire le centre du monde, elle fut obligée de reconnaître une force qui l'attirait hors d'elle-même; elle essaya de se révolter, mais elle ne put chasser de son cœur la séduisante image du jeune homme. Puis vinrent bientôt des inquiétudes. Deux qualités de monsieur Longueville très contraires à la curiosité générale, et surtout à celle de mademoiselle de Fontaine, étaient une discrétion et une modestie inattendues. Les finesses [a] qu'Émilie semait dans sa conversation et les pièges qu'elle y tendait pour arracher à ce jeune homme des détails sur lui-même, il savait les déconcerter avec l'adresse d'un diplomate qui veut cacher des secrets [b]. Parlait-elle peinture, monsieur Longueville répondait en connaisseur [c]. Faisait-elle de la musique, le jeune homme prouvait sans fatuité qu'il était assez fort sur le piano. Un soir, il enchanta toute la compagnie, en mariant sa voix délicieuse à celle d'Émilie dans un des plus beaux duos de Cimarosa ; mais quand on essaya de s'informer s'il était artiste, il plaisanta avec tant de grâce, qu'il ne laissa pas à ces femmes si exercées dans l'art de deviner les sentiments la possibilité de découvrir à quelle sphère sociale il appartenait. Avec quelque courage que le vieil oncle jetât le grappin sur ce bâtiment, Longueville s'esquivait avec souplesse afin de se conserver le charme du mystère ; et il lui fut d'autant plus facile de rester le *bel inconnu* au pavillon Planat, que la curiosité n'y excédait pas les bornes de la politesse. Émilie, tourmentée de cette réserve, espéra tirer meilleur parti de la sœur que du frère pour ces sortes de confidences. Secondée par son oncle, qui s'entendait aussi bien à cette manœuvre qu'à celle d'un bâtiment, elle essaya de mettre en scène le personnage jusqu'alors muet de mademoiselle Clara Longueville. La société du pavillon manifesta bientôt le plus grand désir de connaître une si aimable personne, et de lui procurer quelque distraction. Un bal sans cérémonie fut proposé et accepté [d]. Les femmes ne désespérèrent pas complètement de faire parler une jeune fille de seize ans.

Malgré ces petits nuages amoncelés par le soupçon [e] et créés par la curiosité, une vive lumière [f] pénétrait l'âme de mademoiselle de Fontaine qui jouissait délicieusement de l'existence en la rapportant à un autre qu'à elle. Elle commençait à concevoir les rapports sociaux [a]. Soit que le bonheur nous rende meilleurs, soit qu'elle fût trop occupée pour tourmenter les autres, elle devint moins caustique, plus indulgente, plus douce. Le changement de son caractère enchanta sa famille étonnée. Peut-être, après tout, son égoïsme se métamorphosait-il en amour. Attendre l'arrivée de son timide et secret adorateur était une joie profonde [b]. Sans qu'un seul mot de passion eût été prononcé entre eux, elle se savait aimée, et avec quel art ne se plaisait-elle pas à faire déployer au jeune inconnu les trésors d'une instruction qui se montra variée [c] ! Elle s'aperçut qu'elle aussi était observée avec soin, et alors elle essaya de vaincre tous [d] les défauts que son éducation avait laissés croître en elle. N'était-ce pas un premier hommage rendu à l'amour, et un reproche cruel qu'elle s'adressait à elle-même ? Elle voulait plaire, elle enchanta ; elle aimait, elle fut idolâtrée. Sa famille, la sachant bien gardée par son orgueil, lui donnait assez de liberté pour qu'elle pût savourer ces petites félicités enfantines qui donnent tant de charme et de violence aux premières amours. Plus d'une fois, le jeune homme et mademoiselle de Fontaine se promenèrent seuls [e] dans les allées de ce parc [f] où la nature était parée comme une femme qui va au bal. Plus d'une fois, ils eurent de ces entretiens sans but ni physionomie dont les phrases les plus vides de sens sont celles qui cachent le plus de sentiments. Ils admirèrent souvent ensemble le soleil couchant et ses riches couleurs. Ils cueillirent des marguerites pour les effeuiller, et chantèrent les duos les plus passionnés en se servant des notes trouvées par Pergolèse ou par Rossini comme de truchements fidèles pour exprimer leurs secrets [g].

Le jour du bal arriva. Clara Longueville et son frère, que les valets s'obstinaient à décorer de la noble particule, en furent les héros. Pour la première fois de sa vie, mademoiselle de Fontaine vit le triomphe d'une jeune fille avec plaisir. Elle prodigua sincèrement à Clara ces caresses gracieuses et ces petits soins que les femmes ne se rendent ordinairement entre elles que pour exciter la jalousie des hommes. Mais Émilie avait un but, elle voulait surprendre des secrets [a]. Mais, en sa qualité de fille [b], mademoiselle Longueville montra plus de finesse et d'esprit que son frère, elle n'eut même pas l'air d'être discrète et sut tenir la conversation sur des sujets étrangers aux intérêts matériels [c], tout en y jetant un si grand charme que mademoiselle de Fontaine en conçut une sorte d'envie, et la surnomma *la sirène*. Quoique Émilie eût formé le dessein de faire causer Clara, ce fut Clara qui interrogea Émilie ; elle voulait la juger, et fut jugée par elle ; elle se dépita souvent d'avoir laissé percer son caractère dans quelques réponses que lui arracha malicieusement Clara dont l'air modeste et candide éloignait tout soupçon de perfidie. Il y eut un moment où mademoiselle de Fontaine parut fâchée d'avoir fait contre les roturiers une imprudente sortie provoquée par Clara.

— Mademoiselle, lui dit cette charmante créature, j'ai tant entendu parler de vous par Maximilien, que j'avais le plus vif désir de vous connaître par attachement pour lui ; mais vouloir vous connaître, n'est-ce pas vouloir vous aimer ?

— Ma chère Clara, j'avais peur de vous déplaire en vous parlant ainsi de ceux qui ne sont pas nobles.

— Oh ! rassurez-vous. Aujourd'hui, ces sortes de discussions sont sans objet. Quant à moi, elles ne m'atteignent pas : je suis en dehors de la question.

Quelque ambiguë [1][d] que fût cette réponse, made-

---

1. Toutes les éditions portent *ambitieuse,* qui n'offre ici aucun sens. La consultation du manuscrit permet de corriger cette inadvertance du typographe.

moiselle de Fontaine en ressentit une joie profonde; car, semblable à tous les gens passionnés, elle l'expliqua comme s'expliquent les oracles, dans le sens qui s'accordait avec ses désirs [a], et revint à la danse plus joyeuse que jamais en regardant Longueville dont les formes, dont l'élégance surpassaient peut-être celles de son type imaginaire. Elle ressentit une satisfaction de plus en songeant qu'il était noble, ses yeux noirs scintillèrent, elle dansa avec tout le plaisir qu'on y trouve en [b] présence de celui qu'on aime. Jamais les deux amants ne s'entendirent mieux qu'en ce moment; et plus d'une fois ils sentirent le bout de leurs doigts frémir et trembler lorsque les lois de la contredanse les mariaient [c].

Ce joli couple atteignit le commencement de l'automne au milieu des fêtes et des plaisirs de la campagne, en se laissant doucement abandonner au courant du sentiment le plus doux de la vie, en le fortifiant par mille petits accidents que chacun peut imaginer : les amours se ressemblent toujours en quelques points. L'un et l'autre, ils s'étudiaient [d], autant que l'on peut s'étudier quand on aime.

— Enfin, jamais amourette [e] n'a si promptement tourné en mariage d'inclination, disait le vieil oncle qui suivait les deux jeunes gens de l'œil comme un naturaliste examine un insecte au microscope.

Ce mot effraya monsieur et madame de Fontaine. Le vieux Vendéen cessa d'être aussi indifférent au mariage de sa fille qu'il avait naguère promis de l'être. Il alla [f] chercher à Paris des renseignements et n'en trouva pas. Inquiet de ce mystère, et ne sachant pas encore quel serait le résultat de l'enquête qu'il avait prié un administrateur parisien de lui faire sur la famille Longueville, il crut devoir avertir sa fille de se conduire prudemment. L'observation paternelle fut reçue avec une feinte obéissance pleine d'ironie.

— Au moins, ma chère Émilie, si vous l'aimez, ne le lui avouez pas !

— Mon père, il est vrai que je l'aime, mais j'attendrai pour le lui dire que vous me le permettiez.

— Cependant, Émilie, songez que vous ignorez encore quelle est sa famille, son état.

— Si je l'ignore, je le veux bien. Mais, mon père, vous avez souhaité me voir mariée, vous m'avez donné la liberté de faire un choix, le mien est fait irrévocablement, que faut-il de plus?

— Il faut savoir, ma chère enfant, si celui que tu as choisi est fils d'un pair de France, répondit ironiquement le vénérable gentilhomme.

Émilie resta un moment silencieuse. Elle releva bientôt la tête, regarda son père, et lui dit avec une sorte d'inquiétude : — Est-ce que les Longueville?...

— Sont éteints en la personne du vieux duc de Rostein-Limbourg [a], qui a péri sur l'échafaud en 1793. Il était le dernier rejeton de la dernière branche cadette [1].

— Mais, mon père, il y a de fort bonnes maisons issues de bâtards. L'histoire de France fourmille de princes qui mettaient des barres à leur écu.

— Tes idées ont bien changé, dit le vieux gentilhomme en souriant.

Le lendemain était le dernier jour que la famille Fontaine dût passer au pavillon Planat. Émilie, que l'avis de son père avait fortement inquiétée, attendit avec une vive impatience l'heure à laquelle le jeune Longueville avait l'habitude de venir, afin d'obtenir de lui une explication. Elle sortit après le dîner et alla se promener seule dans le parc en se dirigeant vers le bosquet aux confidences où elle savait que l'empressé jeune homme la chercherait [b]; et tout en courant, elle

---

1. Cette indication semble purement imaginaire. La Chesnaye-Desbois, dans le *Dictionnaire de la noblesse,* mentionne des Rostein et des Limbourg, mais non des Rostein-Limbourg. Quant aux Longueville, ils se sont éteints avec le duc Louis-Charles, abbé d'Orléans, mort en 1694, et sa sœur Marie, son héritière, morte en 1707. A cette date, le duché de Longueville retourna à la couronne.

songeait à la manière de surprendre, sans se compromettre, un secret si important : chose assez difficile ! Jusqu'à présent, aucun aveu direct n'avait sanctionné le sentiment qui l'unissait à cet inconnu. Elle avait secrètement joui, comme Maximilien, de la douceur d'un premier amour, mais aussi fiers l'un que l'autre, il semblait que chacun d'eux craignît d'avouer qu'il aimât.

Maximilien Longueville, à qui Clara avait inspiré sur le caractère d'Émilie des soupçons assez fondés, se trouvait tour à tour emporté par la violence d'une passion de jeune homme, et retenu par le désir de connaître et d'éprouver la femme à laquelle il devait confier son bonheur. Son amour ne l'avait pas empêché de reconnaître en Émilie les préjugés qui gâtaient ce jeune caractère; mais il désirait savoir s'il était aimé d'elle avant de les combattre, car il ne voulait pas plus hasarder le sort de son amour que celui de sa vie. Il s'était donc constamment tenu dans un silence que ses regards, son attitude et ses moindres actions démentaient. De l'autre côté, la fierté naturelle à une jeune fille, encore augmentée chez mademoiselle de Fontaine par la sotte vanité que lui donnaient sa naissance et sa beauté, l'empêchait d'aller au-devant d'une déclaration qu'une passion croissante lui persuadait quelquefois de solliciter. Aussi les deux amants avaient-ils instinctivement compris leur situation sans s'expliquer leurs secrets motifs. Il est des moments de la vie où le vague plaît à de jeunes âmes. Par cela même que l'un et l'autre avaient trop tardé de parler, ils semblaient tous deux se faire un jeu cruel de leur attente. L'un cherchait à découvrir s'il était aimé par l'effort que coûterait un aveu à son orgueilleuse maîtresse, l'autre espérait voir rompre à tout moment un trop respectueux silence [a].

Assise sur un banc rustique, Émilie songeait aux événements qui venaient de se passer pendant ces trois [b] mois pleins d'enchantements. Les [c] soupçons de son père étaient les dernières craintes qui pouvaient l'atteindre, elle en fit même justice par deux ou trois de ces réflexions de jeune fille inexpérimentée qui lui semblèrent victorieuses. Avant tout elle convint avec elle-même qu'il était impossible qu'elle se trompât. Durant toute la saison, elle n'avait pu apercevoir en Maximilien, ni un seul geste, ni une seule parole qui indiquassent une origine ou des occupations communes ; bien mieux, sa manière de discuter décelait[a] un homme occupé des hauts intérêts du pays. — D'ailleurs, se dit-elle, un homme de bureau, un financier ou un commerçant n'aurait pas eu le loisir de rester une saison entière à me faire la cour[b] au milieu des champs et des bois, en dispensant son temps aussi libéralement qu'un noble qui a devant lui toute une vie libre de soins. Elle s'abandonnait au cours d'une méditation beaucoup plus intéressante pour elle que ces pensées préliminaires, quand un léger bruissement du feuillage lui annonça que depuis un moment Maximilien la contemplait sans doute avec admiration.

— Savez-vous que cela est fort mal de surprendre ainsi les jeunes filles ? lui dit-elle en souriant.

— Surtout lorsqu'elles sont occupées de leurs secrets, répondit finement Maximilien[c].

— Pourquoi n'aurais-je pas les miens ? vous avez bien les vôtres !

— Vous pensiez donc réellement à vos secrets ? reprit-il en riant.

— Non, je songeais aux vôtres. Les miens, je les connais.

— Mais, s'écria doucement le jeune homme en saisissant le bras de mademoiselle de Fontaine et le mettant sous le sien, peut-être mes secrets sont-ils les vôtres, et vos secrets les miens.

Après avoir fait quelques pas, ils se trouvèrent sous un massif d'arbres que les couleurs du couchant enveloppaient comme d'un nuage rouge et brun. Cette magie naturelle imprima[d] une sorte de solennité à ce moment. L'action vive et libre du jeune homme, et surtout l'agitation de son cœur bouillant dont les pulsations précipitées parlaient au bras d'Émilie [a], la jetèrent dans une exaltation d'autant plus pénétrante qu'elle ne fut excitée que par les accidents les plus simples et les plus innocents. La réserve dans laquelle vivent les jeunes filles du grand monde donne une force incroyable aux explosions de leurs sentiments, et c'est un des plus grands dangers qui puissent les atteindre quand elles rencontrent un amant passionné. Jamais les yeux d'Émilie et de Maximilien n'avaient dit tant de ces choses qu'on n'ose pas dire [b]. En proie à cette ivresse, ils oublièrent aisément les petites stipulations de l'orgueil et les froides considérations de la défiance [c]. Ils ne purent même s'exprimer d'abord que par un serrement de mains qui servit d'interprète à leurs joyeuses pensées.

— Monsieur, j'ai une question à vous faire, dit en tremblant et d'une voix émue mademoiselle de Fontaine après un long silence et après avoir fait quelques pas avec une certaine lenteur. Mais songez, de grâce, qu'elle m'est en quelque sorte commandée par la situation assez étrange où je me trouve vis-à-vis de ma famille.

Une pause effrayante pour Émilie succéda à ces phrases qu'elle avait presque bégayées. Pendant le moment que dura le silence, cette jeune fille si fière n'osa soutenir le regard éclatant de celui qu'elle aimait, car elle avait un secret sentiment de la bassesse des mots suivants qu'elle ajouta : — Êtes-vous noble?

Quand ces dernières paroles furent prononcées, elle aurait voulu être au fond d'un lac [d].

— Mademoiselle, reprit gravement Longueville dont la figure altérée contracta une sorte de dignité sévère, je vous promets de répondre sans détour à cette demande quand vous aurez répondu avec sincérité à celle que je vais vous faire. Il quitta le bras de la jeune fille, qui tout à coup se crut seule dans la vie, et lui dit : — Dans

quelle intention me questionnez-vous sur ma naissance? Elle demeura immobile, froide et muette. —
Mademoiselle, reprit Maximilien, n'allons pas plus
loin si nous ne nous comprenons pas. — Je vous
aime, ajouta-t-il d'un son de voix profond et attendri.
Eh bien, reprit-il d'un air joyeux après avoir entendu
l'exclamation de bonheur que ne put retenir la jeune
fille, pourquoi me demander si je suis noble?

— Parlerait-il ainsi s'il ne l'était pas? s'écria une voix
intérieure qu'Émilie crut sortie du fond de son cœur.
Elle releva gracieusement la tête, sembla puiser une
nouvelle vie dans le regard du jeune homme et lui
tendit le bras comme pour faire une nouvelle alliance.

— Vous avez cru que je tenais beaucoup à des dignités, demanda-t-elle avec une finesse malicieuse.

— Je n'ai pas de titres à offrir à ma femme, répondit-
il d'un air moitié gai, moitié sérieux. Mais si je la prends
dans un haut rang et parmi celles que la fortune paternelle habitue au luxe et aux plaisirs de l'opulence,
je sais à quoi ce choix m'oblige. L'amour donne tout,
ajouta-t-il avec gaieté, mais aux amants seulement.
Quant aux époux, il leur faut un peu plus que le dôme
du ciel et le tapis des prairies.

— Il est riche, pensa-t-elle. Quant aux titres, peut-
être veut-il m'éprouver! On lui aura dit que j'étais
entichée de noblesse, et que je ne voulais épouser qu'un
pair de France. Mes bégueules de sœur m'auront joué
ce tour-là. — Je vous assure, monsieur, dit-elle à
haute voix [a], que j'ai eu des idées bien exagérées sur
la vie et le monde; mais aujourd'hui, reprit-elle avec
intention [b] en le regardant d'une manière à le rendre
fou, je sais où sont pour une femme [c] les véritables
richesses.

— J'ai besoin de croire que vous parlez à cœur
ouvert, répondit-il avec une gravité douce. Mais cet
hiver, ma chère Émilie, dans moins de deux mois
peut-être, je serai fier de ce que je pourrai vous offrir,
si vous tenez aux jouissances de la fortune. Ce sera

le seul secret que je garderai là, dit-il en montrant son cœur; car de sa réussite dépend mon bonheur, je n'ose dire le nôtre...

— Oh dites, dites !

Ce fut au milieu des plus doux propos qu'ils revinrent à pas lents rejoindre la compagnie au salon. Jamais mademoiselle de Fontaine ne trouva son prétendu [a] plus aimable, ni plus spirituel : ses formes sveltes, ses manières engageantes lui semblèrent plus charmantes encore depuis une conversation qui venait en quelque sorte de lui confirmer la possession d'un cœur digne d'être envié par toutes les femmes [b]. Ils chantèrent un duo italien avec tant d'expression, que l'assemblée les applaudit avec enthousiasme. Leur adieu prit un accent de convention sous lequel ils cachèrent leur bonheur. Enfin, cette journée devint pour la jeune fille comme une chaîne qui la lia plus étroitement encore [c] à la destinée de l'inconnu. La force et la dignité qu'il venait de déployer dans la scène où [d] ils s'étaient révélé leurs sentiments avaient peut-être imposé à mademoiselle de Fontaine ce respect sans lequel il n'existe pas de véritable amour. Lorsqu'elle resta seule avec son père dans le salon [e], le vénérable Vendéen s'avança vers elle, lui prit affectueusement les mains, et lui demanda si elle avait acquis quelque lumière sur la fortune et sur la famille de monsieur Longueville.

— Oui, mon cher père, répondit-elle, je suis plus heureuse que je ne pouvais le désirer. Enfin, monsieur de Longueville est le seul homme que je veuille épouser.

— C'est bien, Émilie, reprit le comte, je sais ce qu'il me reste à faire.

— Connaîtriez-vous quelque obstacle ? demanda-t-elle avec une véritable anxiété.

— Ma chère enfant, ce jeune homme est absolument inconnu; mais, à moins que ce ne soit un malhonnête homme [f], du moment où tu l'aimes, il m'est aussi cher qu'un fils.

— Un malhonnête homme [a]? reprit Émilie, je suis
bien tranquille [b]. Mon oncle, qui nous l'a présenté,
peut vous répondre de lui. Dites, cher oncle, a-t-il
été flibustier, forban, corsaire?

— Je savais bien que j'allais me trouver là, s'écria
le vieux marin en se réveillant.

Il regarda dans le salon, mais sa nièce avait disparu
comme un feu Saint-Elme[1], pour se servir de son
expression habituelle.

— Eh bien, mon oncle! reprit monsieur de Fontaine, comment avez-vous pu nous cacher tout ce que
vous saviez sur ce jeune homme? Vous avez cependant
dû vous apercevoir de nos inquiétudes. Monsieur de
Longueville est-il de bonne famille?

— Je ne le connais ni d'Ève ni d'Adam, s'écria le
comte de Kergarouët. Me fiant au tact de cette petite
folle, je lui ai amené son Saint-Preux [c] par un moyen
à moi connu. Je sais que ce garçon tire le pistolet
admirablement, chasse très bien, joue merveilleusement au billard, aux échecs et au trictrac; il fait des
armes et monte à cheval comme feu le chevalier de
Saint-Georges. Il a une érudition corsée relativement
à nos vignobles. Il calcule comme Barême[2], dessine,
danse et chante bien. Eh! diantre, qu'avez-vous
donc, vous autres? Si ce n'est pas là un gentilhomme
parfait, montrez-moi un bourgeois qui sache tout
cela, trouvez-moi un homme qui vive aussi noblement
que lui? Fait-il quelque chose? Compromet-il sa dignité

---

1. Les navigateurs nomment feu Saint-Elme l'aigrette lumineuse
due à l'électricité atmosphérique qui apparaît parfois à l'extrémité
des vergues et des mâts ou aux filaments des cordages.

2. Le chevalier de Saint-Georges (1745-1799), désigné comme un
« artiste » dans *La Maison du Chat-qui-pelote,* est mentionné ici pour ses
talents de cavalier et d'escrimeur; dans *Le Cabinet des Antiques* (p. 46),
la même comparaison s'appliquera au jeune comte d'Esgrignon.
Barême est devenu un nom commun; mais Balzac évoque l'homme
même qui est à l'origine de ce nom et qui composa, au xviie siècle,
des livres d'arithmétique et de comptabilité.

à aller dans des bureaux, à se courber devant des parvenus [a] que vous appelez des directeurs généraux ?
Il marche droit. C'est un homme. Mais, au surplus,
je viens de retrouver dans la poche de mon gilet la
carte qu'il m'a donnée quand il croyait que je voulais
lui couper la gorge, pauvre innocent! La jeunesse
d'aujourd'hui n'est guère rusée. Tenez, voici.

— Rue du Sentier, n⁰ 5 [1], dit monsieur de Fontaine
en cherchant à se rappeler parmi tous les renseignements
qu'il avait obtenus celui qui pouvait concerner le
jeune inconnu. Que diable cela signifie-t-il? Messieurs
Palma, Werbrust et compagnie [b], dont le principal
commerce est celui des mousselines, calicots et toiles
peintes en gros [c], demeurent là. Bon, j'y suis!
Longueville, le député, a un intérêt dans leur maison.
Oui; mais je ne connais à Longueville qu'un fils de
trente-deux ans, qui ne ressemble pas du tout au
nôtre et auquel il donne cinquante mille livres de
rente en mariage afin de lui faire épouser la fille d'un
ministre; il a envie d'être fait pair tout comme un
autre. Jamais je ne lui ai entendu parler de ce Maximilien. A-t-il une fille? Qu'est-ce que cette Clara [d]?
Au surplus, permis à plus d'un intrigant de s'appeler
Longueville. Mais la maison Palma, Werbrust et
compagnie n'est-elle pas à moitié ruinée par une spéculation au Mexique ou aux Indes [e]? J'éclaircirai
tout cela.

— Tu parles tout seul comme si tu étais sur un
théâtre, et tu parais me compter pour zéro, dit tout
à coup le vieux marin. Tu ne sais donc pas que s'il est
gentilhomme, j'ai plus d'un sac dans mes écoutilles
pour parer à son défaut de fortune?

— Quant à cela, s'il est fils de Longueville, il n'a
besoin de rien [f]; mais, dit monsieur de Fontaine en

---

1. Le texte de la carte reproduit p. 165 ne porte pas le numéro de
la rue, qui figurait à l'endroit correspondant sur le manuscrit. Cette
suppression entraine ici un très léger flottement.

agitant la tête de droite à gauche, son père n'a pas
même acheté de savonnette à vilain [1]. Avant la Révolution, il était procureur; et le *de* qu'il a pris depuis
la Restauration lui appartient tout autant que la
moitié de sa fortune.

— Bah! bah! heureux ceux dont les pères ont été
pendus, s'écria gaiement le marin.

Trois ou quatre jours après cette mémorable journée, et dans une de ces belles matinées du mois de
novembre qui font voir aux Parisiens leurs boulevards
nettoyés par le froid piquant d'une première gelée,
mademoiselle de Fontaine, parée d'une fourrure
nouvelle qu'elle voulait mettre à la mode [a], était sortie
avec deux de ses belles-sœurs [b] sur lesquelles elle avait
jadis décoché le plus d'épigrammes. Ces trois femmes
étaient bien moins invitées à cette promenade parisienne par l'envie d'essayer une voiture très élégante
et des robes qui devaient donner le ton aux modes
de l'hiver que par le désir de voir une pèlerine qu'une
de leurs amies avait remarquée dans un riche magasin de lingerie situé au coin de la rue de la Paix [2][c].
Quand les trois dames furent entrées dans la boutique,
madame la baronne de Fontaine tira Émilie par la
manche et lui montra Maximilien Longueville assis
dans le comptoir et occupé à rendre avec une grâce
mercantile la monnaie d'une pièce d'or à la lingère
avec laquelle il semblait en conférence. Le *bel inconnu*
tenait à la main quelques échantillons qui ne laissaient
aucun doute sur son honorable profession. Sans qu'on
pût s'en apercevoir, Émilie fut saisie d'un frisson glacial. Cependant, grâce au savoir-vivre de la bonne
compagnie, elle dissimula parfaitement la rage qu'elle
avait dans le cœur, et répondit à sa sœur un : « Je le

---

1. Charge achetée par les roturiers pour s'anoblir et *laver* ainsi la
tache de leur origine.

2. Au coin de la rue de la Paix « et de la place Vendôme », précise
le manuscrit.

savais! » dont la richesse d'intonation et l'accent
inimitable eussent fait envie à la plus célèbre actrice
de ce temps [1a]. Elle s'avança vers le comptoir. Longueville leva la tête, mit les échantillons dans sa poche
avec un [b] sang-froid désespérant, salua mademoiselle
de Fontaine et s'approcha d'elle en lui jetant un regard
pénétrant.

— Mademoiselle, dit-il à la lingère qui le suivit d'un
air très inquiet, j'enverrai régler ce compte; ma maison
le veut ainsi. Mais, tenez, ajouta-t-il à l'oreille de la
jeune femme en lui remettant un billet de mille francs,
prenez : ce sera une affaire entre nous. — Vous me
pardonnerez, j'espère, mademoiselle, dit-il en se retournant vers Émilie. Vous aurez la bonté d'excuser la
tyrannie qu'exercent les affaires.

— Mais il me semble, monsieur, que cela m'est fort
indifférent, répondit mademoiselle de Fontaine en le
regardant avec une assurance et un air d'insouciance
moqueuse qui pouvaient faire croire qu'elle le voyait
pour la première fois.

— Parlez-vous sérieusement? demanda Maximilien
d'une voix entrecoupée [c].

Émilie lui tourna [d] le dos avec une incroyable
impertinence. Ce peu de mots, prononcés à voix
basse, avaient échappé à la curiosité des deux belles-
sœurs [e]. Quand, après avoir pris la pèlerine, les trois
dames furent remontées en voiture, Émilie [f], qui se
trouvait assise sur le devant, ne put s'empêcher d'embrasser par son dernier regard la profondeur de cette
odieuse boutique où elle vit Maximilien debout et
les bras croisés, dans l'attitude d'un homme supérieur
au malheur qui l'atteignait si subitement. Leurs [g]
yeux se rencontrèrent et se lancèrent deux regards
implacables [h]. Chacun d'eux espéra qu'il blessait
cruellement le cœur qu'il aimait. En un moment

---

1. Le manuscrit révèle que Balzac songeait à Mlle Mars.

tous deux se trouvèrent aussi loin l'un de l'autre
que s'ils eussent été, l'un à la Chine et l'autre au
Groenland. La vanité n'a-t-elle pas un souffle qui
dessèche tout? En proie [a] au plus violent combat
qui puisse agiter le cœur d'une jeune fille, mademoiselle
de Fontaine recueillit la plus ample moisson de douleurs que jamais les préjugés et les petitesses aient
semée dans une âme humaine. Son visage, frais et
velouté naguère, était sillonné de tons jaunes, de
taches rouges, et parfois les teintes blanches de ses
joues verdissaient soudain. Dans l'espoir de dérober
son trouble à ses sœurs, elle leur montrait en riant
ou un passant ou une toilette ridicule; mais ce rire
était convulsif. Elle se sentait plus vivement blessée
de la compassion silencieuse de ses sœurs que des
épigrammes par lesquelles elles auraient pu se venger.
Elle employa tout son esprit à les entraîner dans une
conversation où elle essaya d'exhaler sa colère par des
paradoxes insensés [b], en accablant les négociants
des injures les plus piquantes et d'épigrammes de
mauvais ton. En rentrant, elle fut [c] saisie d'une fièvre
dont le caractère eut d'abord quelque chose de dangereux. Au bout d'un mois [d], les soins des parents,
ceux du médecin, la rendirent aux vœux de sa famille.
Chacun espéra que cette leçon serait assez forte pour
dompter le caractère d'Émilie, qui reprit insensiblement ses anciennes habitudes et s'élança de nouveau
dans le monde [e]. Elle prétendit qu'il n'y avait pas de
honte à se tromper. Si, comme son père, elle avait
quelque influence à la Chambre, disait-elle, elle pro-
voquerait une loi pour obtenir que les commerçants,
surtout les marchands de calicot, fussent [f] marqués
au front comme les moutons du Berri, jusqu'à la
troisième génération. Elle voulait que les nobles
eussent seuls le droit de porter ces anciens habits
français qui allaient si bien aux courtisans de Louis XV.
A l'entendre, peut-être était-ce un malheur pour la
monarchie qu'il n'y eût aucune différence visible [g]

entre un marchand et un pair de France. Mille autres
plaisanteries, faciles à deviner, se succédaient rapidement quand un accident imprévu la mettait sur ce
sujet. Mais ceux qui aimaient Émilie remarquèrent
à travers ses railleries une teinte de mélancolie. Évidemment Maximilien Longueville régnait toujours
au fond de ce cœur inexplicable. Parfois elle devenait
douce comme pendant la saison fugitive qui vit naître
son amour, et parfois aussi elle se montrait plus que
jamais insupportable. Chacun excusa les inégalités
d'une humeur qui prenait sa source dans une souffrance
à la fois secrète et inconnue [a]. Le comte de Kergarouët
obtint un peu d'empire sur elle, grâce à un surcroît
de prodigalités, genre de consolation qui manque
rarement son effet sur les jeunes Parisiennes [b]. La première fois que mademoiselle de Fontaine alla au bal,
ce fut chez l'ambassadeur de Naples. Au moment
où elle se plaça dans le plus brillant des quadrilles [c],
elle aperçut à quelques pas d'elle Longueville qui fit
un léger signe de tête à son danseur [d].

— Ce jeune homme est un de vos amis? demanda-
t-elle à son cavalier d'un air de dédain.

— Rien que mon frère, répondit-il.

Émilie ne put s'empêcher de tressaillir.

— Ah! reprit-il d'un ton d'enthousiasme, c'est bien
la plus belle âme qui soit au monde...

— Savez-vous mon nom? lui demanda Émilie en
l'interrompant avec vivacité [e].

— Non, mademoiselle. C'est un crime, je l'avoue,
de ne pas avoir retenu un nom qui est sur toutes les
lèvres, je devrais dire dans tous les cœurs; mais j'ai
une excuse valable : j'arrive d'Allemagne [f]. Mon
ambassadeur, qui est à Paris en congé, m'a envoyé
ce soir ici pour servir de chaperon à son aimable femme,
que vous pouvez voir là-bas dans un coin.

— Un vrai masque tragique, dit Émilie après avoir
examiné l'ambassadrice.

— Voilà cependant sa figure de bal, repartit en riant

le jeune homme. Il faudra bien que je la fasse danser!
Aussi ai-je voulu avoir une compensation. Mademoiselle de Fontaine s'inclina. — J'ai été bien surpris,
dit le babillard secrétaire d'ambassade en continuant,
de trouver mon frère ici. En arrivant de Vienne, j'ai
appris que le pauvre garçon était malade et au lit.
Je comptais bien le voir avant d'aller au bal; mais
la politique ne nous laisse pas toujours le loisir d'avoir
des affections de famille ᵃ. La *padrona* ᵇ *della casa* ¹
ne m'a pas permis de monter chez mon pauvre
Maximilien.

— Monsieur votre frère n'est pas comme vous dans
la diplomatie? dit Émilie.

— Non, dit le secrétaire ᶜ en soupirant, le pauvre
garçon s'est sacrifié pour moi! Lui et ma sœur Clara
ont renoncé à la fortune de mon père, afin qu'il pût
réunir sur ma tête un majorat ² ᵈ. Mon père rêve la
pairie comme tous ceux qui votent pour le ministère.
Il a la promesse d'être nommé, ajouta-t-il à voix basse.
Après avoir réuni quelques capitaux, mon frère s'est
alors associé à une maison de banque; et je sais qu'il
vient de faire avec le Brésil une spéculation qui peut
le rendre millionnaire ³. Vous me voyez tout joyeux

---

1. Comme l'observent MM. de Cesare et Laubriet, (*L'Année balzacienne 1961*, p. 104, note 2), Balzac, quoiqu'il n'ait jamais su écrire
ni parler correctement l'italien, se plaît à émailler ses romans et ses
lettres de mots empruntés à cette langue, parfois sans la moindre justification, comme ici. Nous avons vu dans *La Maison du Chat-qui-pelote*
(p. 72) le mot *fioriture*, détaché en italiques.

2. Dans *Le Contrat de mariage* (*Pl.* III, 50), Balzac lui-même définit
avec précision le majorat comme « une fortune inaliénable, prélevée
sur la fortune des deux épeux, et constituée au profit de l'aîné de la
maison, à chaque génération, sans qu'il soit privé de ses droits au
partage égal des autres biens ».

3. Cette maison de banque est sans doute la maison Nucingen,
avec laquelle ont partie liée les commerçants et escompteurs Palma
et Werbrust, domiciliés 5 rue du Sentier et propriétaires du magasin
géré par Longueville. Cette spéculation avec le Brésil est sans doute
l'opération aventureuse que M. de Fontaine, imparfaitement renseigné,

d'avoir contribué par mes relations diplomatiques au succès. J'attends même avec impatience une dépêche de la légation brésilienne qui sera de nature à lui dérider le front. Comment le trouvez-vous?

— Mais la figure de monsieur votre frère ne me semble pas être celle d'un homme occupé d'argent.

Le jeune diplomate scruta par un seul regard la figure en apparence calme de sa danseuse.

— Comment! dit-il en souriant, les demoiselles devinent donc aussi les pensées d'amour à travers les fronts muets?

— Monsieur votre frère est amoureux? demandat-elle en laissant échapper un geste de curiosité [a].

— Oui. Ma sœur Clara, pour laquelle il a des soins maternels, m'a écrit qu'il s'était amouraché, cet été, d'une fort jolie personne; mais depuis je n'ai pas eu de nouvelles de ses amours. Croiriez-vous que le pauvre garçon se levait à cinq heures du matin, et allait expédier ses affaires afin de pouvoir se trouver à quatre heures à la campagne de la belle? Aussi a-t-il abîmé un charmant cheval de race que je lui avais envoyé. Pardonnez-moi mon babil, mademoiselle : j'arrive d'Allemagne. Depuis un an je n'ai pas entendu parler correctement le français, je suis sevré de visages français et rassasié d'allemands, si bien que dans ma rage patriotique je parlerais, je crois, aux chimères d'un candélabre parisien. Puis, si je cause avec un abandon peu convenable chez un diplomate, la faute en est à vous, mademoiselle [b]. N'est-ce pas vous qui m'avez montré mon frère? Quand il est question de lui, je suis intarissable [c]. Je voudrais pouvoir dire à la terre tout entière combien il est bon et généreux. Il ne s'agissait de rien moins [1]

---

donnait vaguement comme engagée « au Mexique ou aux Indes » en croyant d'ailleurs la partie perdue pour les spéculateurs. Il est question aussi, toutefois, dans *La Maison Nucingen,* d'une spéculation avec le Mexique; mais Palma et Werbrust y sont joués par Nucingen.

1. Balzac écrit couramment *rien moins* pour *rien de moins.*

que de cent mille [a] livres de rente que rapporte la terre de Longueville.

Si mademoiselle de Fontaine obtint ces révélations importantes, elle les dut en partie à l'adresse avec laquelle elle sut interroger son confiant cavalier, du moment où elle apprit qu'il était le frère de son amant dédaigné [b].

— Est-ce que vous avez pu, sans quelque peine, voir monsieur votre frère vendant des mousselines et des calicots? demanda Émilie après avoir accompli la troisième figure de la contredanse [c].

— D'où savez-vous cela? lui demanda le diplomate. Dieu merci! tout en débitant un flux de paroles, j'ai déjà l'art de ne dire que ce que je veux, ainsi que tous les apprentis diplomates de ma connaissance.

— Vous me l'avez dit, je vous assure.

Monsieur de Longueville regarda mademoiselle de Fontaine avec un étonnement plein de perspicacité. Un soupçon entra dans son âme. Il interrogea successivement les yeux de son frère et de sa danseuse, il devina tout, pressa [d] ses mains l'une contre l'autre, leva les yeux au plafond, se mit à rire et dit : — Je ne suis qu'un sot! Vous êtes la plus belle personne du bal, mon frère vous regarde à la dérobée, il danse malgré la fièvre, et vous feignez de ne pas le voir. Faites son bonheur, dit-il en la reconduisant auprès de son vieil oncle, je n'en serai pas jaloux [e]; mais je tressaillirai toujours un peu en[f] vous nommant ma sœur...

Cependant les deux amants devaient être aussi inexorables l'un que l'autre pour eux-mêmes. Vers les deux heures du matin, l'on servit un ambigu [1] dans une immense galerie où, pour laisser les personnes d'une

---

1. Généralement servi la nuit, l'ambigu n'est donc ni un déjeuner, ni un dîner. Il est question, dans *La Paix du ménage*, d'« un ambigu préparé pour trois cents personnes » (*Pl.* I, 1023). Dans *La Femme auteur* (*Pl.* XI, 107), Mme de Jarente « sert un ambigu confortable tous les mercredis ».

même coterie libres de se réunir, les tables avaient été disposées comme elles le sont chez les restaurateurs. Par un de ces hasards qui arrivent toujours aux amants, mademoiselle de Fontaine se trouva placée à une table voisine de celle autour de laquelle se mirent les personnes les plus distinguées. Maximilien faisait partie de ce groupe. Émilie, qui prêta une oreille attentive aux discours tenus par ses voisins, put entendre une de ces conversations qui [a] s'établissent si facilement entre les jeunes femmes [b] et les jeunes gens qui ont les grâces et la tournure de Maximilien Longueville. L'interlocutrice du jeune banquier était une duchesse napolitaine dont les yeux lançaient des éclairs [c], dont la peau blanche avait l'éclat du satin. L'intimité que le jeune Longueville affectait d'avoir avec elle blessa d'autant plus mademoiselle de Fontaine qu'elle venait de rendre à son amant vingt fois plus de tendresse qu'elle ne lui en portait jadis.

— Oui, monsieur, dans mon pays, le véritable amour sait faire toute espèce de sacrifices, disait la duchesse en minaudant [d].

— Vous êtes plus passionnées que ne le sont les Françaises [1], dit Maximilien dont le regard enflammé tomba sur Émilie. Elles sont tout vanité.

— Monsieur, reprit vivement la jeune fille, n'est-ce pas une mauvaise action que de calomnier sa patrie? Le dévouement est de tous les pays.

---

1. Le romancier est plusieurs fois revenu dans ses premières œuvres sur cette opposition prétendue entre la passion violente des Italiennes et l'amour mieux contrôlé des Parisiennes. MM. de Cesare et Laubriet, en éditant une « chronique italienne avortée » de Balzac, *Douleurs de mère*, ont rapproché ce passage du *Bal de Sceaux* d'un fragment de *La Femme abandonnée* et d'une page de *La Femme de trente ans;* ils discernent dans un tel lieu commun la marque d'une influence du *Rome, Naples et Florence* de Stendhal (*L'Année balzacienne 1961*, p. 105). De fait, Balzac a acheté *Rome, Naples et Florence* le 15 décembre 1829 (voir la facture de Levavasseur en date du 15 nov. 1830, *Lov* A 268, f° 27) et c'est en décembre 1829 qu'il a rédigé *Le Bal de Sceaux.*

— Croyez-vous, mademoiselle, reprit l'Italienne avec un sourire sardonique, qu'une Parisienne soit capable de suivre son amant partout?

— Ah! entendons-nous, madame. On va dans un désert y habiter une tente, on ne va pas s'asseoir dans une boutique [a].

Elle acheva sa pensée en laissant échapper un geste de dédain [b]. Ainsi l'influence exercée sur Émilie par sa funeste éducation tua deux fois son bonheur naissant, et lui fit manquer son existence. La froideur apparente de Maximilien et le sourire d'une femme lui arrachèrent un de ces sarcasmes dont les perfides jouissances la séduisaient toujours.

— Mademoiselle, lui dit à voix basse Longueville à la faveur du bruit que firent les femmes en se levant de table, personne ne formera pour votre bonheur des vœux plus ardents que ne le seront les miens : permettez-moi de vous donner cette assurance en prenant congé de vous. Dans quelques jours, je partirai pour l'Italie.

— Avec une duchesse, sans doute?

— Non, mademoiselle, mais avec une maladie mortelle peut-être.

— N'est-ce pas une chimère ? demanda Émilie en lui lançant un regard inquiet.

— Non, dit-il, il est des blessures qui ne se cicatrisent jamais.

— Vous ne partirez pas, dit l'impérieuse jeune fille en souriant.

— Je partirai, reprit gravement Maximilien.

— Vous me trouverez mariée au retour, je vous en préviens, dit-elle avec coquetterie.

— Je le souhaite.

— L'impertinent! s'écria-t-elle, se venge-t-il assez cruellement!

Quinze jours après, Maximilien Longueville partit [c] avec sa sœur Clara pour [d] les chaudes et poétiques contrées de la belle Italie, laissant mademoiselle de

Fontaine en proie aux plus violents regrets. Le jeune secrétaire d'ambassade épousa la querelle de son frère, et sut tirer une vengeance éclatante des dédains d'Émilie en publiant les motifs de la rupture des deux amants[a]. Il rendit avec usure à sa danseuse les sarcasmes qu'elle avait jadis lancés sur Maximilien et fit souvent sourire plus d'une Excellence en peignant la belle ennemie des comptoirs, l'amazone qui prêchait une croisade [b] contre les banquiers, la jeune fille dont l'amour s'était évaporé devant un demi-tiers de mousseline. Le [c] comte de Fontaine fut obligé d'user de son crédit pour faire obtenir à Auguste Longueville une mission en Russie, afin de soustraire sa fille au ridicule que ce jeune et dangereux [d] persécuteur versait sur elle à pleines mains. Bientôt le ministère, obligé de lever une conscription de pairs pour soutenir les opinions aristocratiques qui chancelaient dans la noble chambre à la voix d'un illustre écrivain [1][e], nomma monsieur *Guiraudin* de Longueville [f] pair de France et vicomte. Monsieur de Fontaine obtint aussi la pairie, récompense due autant à sa fidélité pendant les mauvais jours qu'à son nom qui manquait à la chambre héréditaire [g].

Vers cette époque, Émilie devenue majeure [2][h] fit sans doute de sérieuses réflexions sur la vie, car elle changea sensiblement de ton et de manières : au lieu de s'exercer à dire des méchancetés à son oncle, elle lui apporta sa béquille avec une persévérance de tendresse qui faisait rire les plaisants; elle lui offrit le bras, alla dans

---

1. Le 6 novembre 1827 parut dans le *Moniteur* une ordonnance qui nommait soixante-seize nouveaux pairs. Villèle avait voulu réduire ainsi l'opposition de la Chambre haute, encouragée par Chateaubriand.
2. Mlle de Fontaine avait vingt-deux ans au début de 1825 (p. 147). A la fin de 1827, elle doit toucher à l'âge de vingt-cinq ans. Balzac entend sans doute ici par majorité les vingt-cinq ans exigés par la loi pour qu'une jeune fille puisse décider de son mariage en toute liberté. De même, l'héroïne de *La Vendetta* atteint cet âge le jour même où elle adresse à ses parents des « actes respectueux » (voir p. 273).

sa voiture, et l'accompagna dans toutes ses promenades ; elle lui persuada même qu'elle aimait l'odeur de la pipe, et lui lut sa chère *Quotidienne* [1a] au milieu des bouffées de tabac que le malicieux marin lui envoyait à dessein ; elle étudia le piquet pour tenir tête au vieux comte ; enfin cette jeune personne si fantasque écouta sans s'impatienter les récits périodiques du combat de la *Belle-Poule*, des manœuvres de la *Ville de Paris*, de la première expédition de monsieur de Suffren, ou de la bataille d'Aboukir. Quoique le vieux marin eût souvent dit qu'il connaissait trop sa longitude et sa latitude pour se laisser capturer par une jeune corvette [2], un beau matin les salons de Paris apprirent le mariage de mademoiselle de Fontaine et du comte de Kergarouët. La jeune comtesse donna des fêtes splendides pour s'étourdir ; mais elle trouva sans doute le néant au fond de ce tourbillon : le luxe cachait imparfaitement le vide et le malheur de son âme souffrante ; la plupart du temps, malgré les éclats d'une gaieté feinte, sa belle figure exprimait une sourde mélancolie. Émilie prodigua d'ailleurs ses attentions à son vieux mari, qui souvent, en s'en allant dans son appartement le soir au bruit d'un joyeux orchestre, disait : — Je ne me reconnais plus. Devais-je donc attendre à soixante-douze ans [3b] pour m'embarquer comme pilote sur la BELLE-ÉMILIE, après vingt ans de galères conjugales. La con-

---

1. *La Quotidienne* et non plus, comme on lisait dans les premières éditions, *La Gazette de France*. L'homme qui s'est désigné lui-même comme « une vieille ganache d'ultra » lit le plus déterminé des journaux qui menaient l'opposition d'extrême-droite.

2. Cette comparaison d'une femme avec une corvette sera reprise dans *La Fille aux yeux d'or* (*Histoire des Treize*, p. 401).

3. A soixante-quinze ans, lisait-on dans les premières éditions. Balzac a peut-être voulu réduire un peu l'extravagant écart des âges entre les deux époux, mais il n'a pas pris le soin d'unifier sur ce point les divers témoignages apportés par son récit, puisque le vice-amiral, deux ans auparavant (p. 166), s'est déclaré âgé de soixante-treize ans. Voir l'étude critique, p. 321.

duite de la comtesse fut empreinte d'une telle sévérité, que la critique la plus clairvoyante n'eut rien à y reprendre. Les observateurs pensèrent que le vice-amiral s'était réservé le droit de disposer de sa fortune pour enchaîner plus fortement sa femme [a] : supposition injurieuse et pour l'oncle et pour la nièce. L'attitude des deux époux fut d'ailleurs si savamment calculée, que les jeunes gens les plus intéressés à deviner le secret de ce ménage ne purent deviner si le vieux comte traitait sa femme en époux [b] ou en père. On lui entendait dire souvent qu'il avait recueilli sa nièce comme une naufragée, et que, jadis, il n'abusait jamais de l'hospitalité quand il lui arrivait de sauver un ennemi de la fureur des orages [c]. Quoique la comtesse aspirât à régner sur Paris et qu'elle essayât de marcher de pair avec mesdames les duchesses de Maufrigneuse, de Chaulieu, les marquises d'Espard et d'Aiglemont, les comtesses Féraud [1], de Montcornet, de Restaud, madame de Camps et mademoiselle Des Touches [2], elle ne céda point à l'amour du jeune vicomte de Portenduère qui fit d'elle son idole.

Deux ans après son mariage, dans un des antiques [d] salons du faubourg Saint-Germain où l'on admirait son caractère digne des anciens temps, Émilie entendit annoncer monsieur le vicomte de Longueville; et dans le coin du salon où elle faisait le piquet de l'évêque de Persépolis [3], son émotion ne put être remarquée de

---

1. Ainsi s'écrit dans *Le Bal de Sceaux* et dans *Le Contrat de mariage* le nom de celle qui est désignée plus fréquemment dans *La Comédie humaine* sous celui de comtesse Ferraud. Sur les vicissitudes de ce nom, voir l'introduction de M. Pierre Citron à son édition du *Colonel Chabert* (Didier, 1961).

2. Cette énumération de personnages qui reparaissent dans *La Comédie humaine* a été ajoutée en 1842.

3. Balzac songe à Mgr Frayssinous, évêque d'Hermopolis et, en 1827, ministre des Affaires ecclésiastiques et de l'Instruction publique. Il ne l'aimait pas et lui a ménagé ailleurs des allusions plus expressément malveillantes. Déjà dans *Falthurne* (1820), il raillait « l'abbé »

personne : en tournant la tête, elle avait vu entrer
son ancien prétendu dans tout l'éclat de la jeunesse.
La mort de son père et celle de son frère, tué par
l'inclémence du climat de Pétersbourg, avaient posé
sur la tête de Maximilien [a] les plumes héréditaires du
chapeau de la pairie ; sa fortune égalait ses connaissances
et son mérite ; la veille même, sa jeune et bouillante
éloquence avait éclairé l'assemblée. En ce moment, il
apparut à la triste comtesse, libre et paré de tous les
avantages qu'elle demandait jadis à son type idéal [b].
Toutes les mères chargées de filles à marier faisaient
de coquettes avances à un jeune homme doué des
vertus qu'on lui supposait en admirant sa grâce ; mais
mieux que toute autre, Émilie savait que le vicomte de
Longueville possédait cette fermeté de caractère dans
laquelle les femmes prudentes voient un gage de bonheur. Elle jeta les yeux sur l'amiral, qui selon son
expression familière paraissait devoir tenir encore longtemps sur son bord, et maudit les erreurs de son enfance.

En ce moment, monsieur de Persépolis lui dit avec
sa grâce épiscopale [c] : — Ma belle dame, vous avez
écarté le roi de cœur, j'ai gagné [d]. Mais ne regrettez
pas votre argent, je le réserve pour mes petits séminaires [1e].

Paris, décembre 1829 [f].

Frayssinous, prédicateur à Saint-Sulpice, sous le nom de Fraynoussi.
En 1837, dans *Les Employés* (*Pl.* VII, 1057), il condamnera fermement
ce prélat pour son action ministérielle.

1. Mgr Frayssinous, ministre du gouvernement Villèle, encouragea
les évêques à ouvrir des petits séminaires et mit à leur disposition
les crédits nécessaires pour accueillir dans ces établissements un grand
nombre d'élèves. Ainsi naquirent des collèges camouflés, soustraits
au contrôle de l'Université, et dont plusieurs, en outre, furent dirigés
par les jésuites, interdits en France depuis Louis XV. Cette politique contribua à déchaîner en 1826 une agitation anticléricale. En
1828, dans le ministère Martignac, Mgr Frayssinous fut dépossédé
de l'Instruction publique ; puis une ordonnance réglementa le régime
des petits séminaires. Balzac fait donc écho à une querelle dont le
souvenir demeurait vif dans l'opinion contemporaine.

LA VENDETTA

INTRODUCTION

L F. *prélude de* La Vendetta *manifeste la curiosité de Balzac pour le personnage déjà légendaire de Napoléon Bonaparte. Nous sommes en 1800 et le Premier Consul reçoit, aux Tuileries, en présence de son frère Lucien, ministre de l'Intérieur, un de ses compatriotes, Bartholoméo di Piombo, qui a dû fuir la Corse après avoir exterminé dans une vendetta les membres de la famille Porta.*

On sait que le romancier devait beaucoup d'informations directes sur cette période historique à la duchesse d'Abrantès, qui avait connu Bonaparte dès le début de sa carrière. A la date où il écrit La Vendetta, *en 1830, il aide la duchesse à la rédaction de ses* Mémoires, *qui commenceront à paraître l'année suivante. Les quelques détails précis que nous relevons au début de la nouvelle sur l'entourage du Premier Consul lui ont sans doute été fournis par son amie, comme vont en témoigner deux rapprochements inédits.*

Dans ces premières pages sont mentionnés Murat, Lannes et Rapp, qui se trouvent dans le cabinet du Premier Consul lors de la visite du Corse. Murat et Lannes se retirent aussitôt; mais Rapp demeure quelques instants et c'est l'occasion pour Balzac d'esquisser un portrait en action de ce personnage pittoresque :

« Lucien prit Napoléon par la main et le conduisit dans l'embrasure de la croisée. Après avoir échangé quelques paroles avec son frère, le premier consul fit un geste de main auquel obéirent Murat et Lannes en s'en

allant. Rapp feignit de n'avoir rien vu, afin de pouvoir
rester. Bonaparte l'ayant interpellé vivement, l'aide de
camp sortit en rechignant. Le premier consul, qui entendit
le bruit des pas de Rapp dans le salon voisin, sortit brusquement et le vit près du mur qui séparait le cabinet du
salon.

— Tu ne veux donc pas me comprendre? dit le premier
consul. J'ai besoin d'être seul avec mon compatriote.

— Un Corse, répondit l'aide de camp. Je me défie trop
de ces gens-là pour ne pas...

Le premier consul ne put s'empêcher de sourire, et
poussa légèrement son fidèle officier par les épaules [1]. »

Or nous trouvons une scène un peu analogue dans les
Mémoires *de la duchesse d'Abrantès* [2]. *Un jour se pré-
sentent à la Malmaison deux personnages d'allure douteuse,
qui effraient Mme Bonaparte. On s'efforce de les écarter,
à l'insu du Premier Consul, qui détestait les précautions
de ce genre. Rapp surgit, interpelle rudement l'un d'eux et
menace de le faire arrêter. Mais Eugène Bonaparte reconnaît
ce visiteur inattendu, comme Lucien reconnaît Bartholoméo
dans* La Vendetta. *Son intervention contribue à adoucir
Rapp. Bonaparte arrive à son tour et se souvient que l'homme
si mal accueilli par son aide de camp est un ancien compagnon
d'armes, blessé sous ses ordres à Montebello ou à Marengo;
aussi lui fait-il bon visage, de même qu'il fait bon visage à
son compatriote corse dans la nouvelle de Balzac.*

*Dans l'épisode rapporté par Mme d'Abrantès comme dans
l'épisode imaginé par le romancier, Rapp nous apparaît avec
le même caractère. Nous lisons dans les* Mémoires *de la
duchesse que c'était un homme excellent, mais à l'écorce « mal
travaillée », passionnément attaché à la personne du Premier*

---

1. *La Vendetta*, p. 218.
2. *Mémoires de la duchesse d'Abrantès, Bonaparte intime*, éd. Albert
Mayrac (Albin Michel, p. 131 sq.).

Consul, mais capable de gourmander son maître. Bonaparte aurait un jour confié à Junot, en « souriant » à l'évocation de ce serviteur fidèle, mais peu diplomate : « Sais-tu qu'il me gronde quelquefois [1] ? » De même, dans La Vendetta, *le Premier Consul sourit aux protestations bougonnes de Rapp, dont les bonnes intentions ne lui échappent pas : aussi le congédie-t-il avec une familiarité bienveillante, quoique un peu rude. Si cette petite scène est vivante, c'est que Balzac disposait, pour l'imaginer, de détails fournis par une amie étroitement associée autrefois à la vie intime de Napoléon Bonaparte.*

En un autre passage de ses Mémoires, *Mme d'Abrantès raconte que Bonaparte reçut un jour la visite d'un Corse prénommé Bartolomeo, comme le héros de* La Vendetta. *Ce personnage lui apportait une pièce de toile de la part de Mme de Saint-Ange, une tante de la duchesse, afin de le convaincre, par ce modeste présent, de fermer les yeux à certain trafic commercial entre la Corse et la Provence. Comme dans* La Vendetta, *l'homme arrive plein d'assurance et ne s'en laisse pas imposer par la nouvelle grandeur du compatriote qu'il a connu autrefois. Comme dans* La Vendetta, *il commence par s'exprimer en italien ou en patois corse. Mais Bonaparte l'oblige à parler français et lui montre ainsi qu'il se considère désormais comme un citoyen de France. Bientôt le visiteur est éconduit et manifeste sa colère en déclarant :* « J'ai vu le temps [...] où la moitié de cette pièce de toile eût été reçue avec plaisir par votre mère, général Bonaparte, et pour en faire des chemises à vos sœurs encore ; je sais bien qu'à présent elles en ont de plus fines à Marseille [2]. » *Dans le récit de Balzac, Bartholoméo, mécontent de la réserve qu'il discerne chez Bonaparte et qu'il considère*

---

1. *Ibid.*, p. 234.
2. *Ibid.*, *Souvenirs historiques sur la Révolution et le Directoire,* avec une introduction de Georges Girard (La Cité des Livres, I, p. 296 sq.).

*comme de l'ingratitude, lui reproche d'avoir oublié la Corse,
lui rappelle un service rendu autrefois et lui jette :* « Sans
moi, ta mère ne serait pas à Marseille [1]. » *Ici encore,
Balzac doit sans doute une touche de pittoresque aux souvenirs de son amie.*

*Il faut reconnaître cependant que, dans l'ensemble, le tableau
de l'accueil ménagé par Bonaparte à Bartholoméo di Piombo
est exécuté de façon assez sommaire, sinon grossière. Le dialogue sonne faux. Le comportement du Premier Consul est
décrit de façon bien conventionnelle et parfois bien gauche :
ainsi lorsque le personnage se parle à lui-même (comme dans
un mélodrame) pour observer que* « le préjugé de la *vendetta* empêchera longtemps le règne des lois en Corse »
et qu'« il faut cependant le détruire à tout prix ». *Enfin,
Lucien Bonaparte est campé sans relief et le décor intérieur
des Tuileries n'a évidemment pas été observé.*

*Le narrateur fournit d'ailleurs une indication significative
en déclarant, à la fin de son introduction historique, que l'aventure proprement dite,* « sans le récit de ces événements,
eût été moins intelligible ». *Nous comprenons que ces
pages ont été rédigées comme un hors-d'œuvre pour satisfaire
à une nécessité d'ordre dramatique : il valait mieux, pour la
clarté de l'histoire, que fût exposée tout au long, dès le début,
la vieille haine des Piombo et des Porta. Le manuscrit de*
La Vendetta *ménage à cet égard une surprise, car la scène
en question n'y figure pas ; l'histoire commence d'une manière
abrupte par la présentation du peintre Servin. Balzac a
procédé à une longue addition sur épreuves, alors que le premier
état de son œuvre était achevé, et de cette addition est sorti
le prélude de la nouvelle [2]. L'écrivain dut se dire, en corrigeant
son texte, que le lecteur verrait mal où on prétend le conduire,*

1. *La Vendetta*, p. 220.
2. Voir l'étude critique et les variantes, p. 363.

si on ne lui apportait des éclaircissements préliminaires. Mais nous nous rendons bien compte, à la lumière de la constatation effectuée grâce au manuscrit, que cet épisode initial a été cousu après coup : la couture demeure visible.

II

A ce prélude factice, hâtivement surajouté, succède une scène de genre exécutée au contraire avec beaucoup de soin. Quinze ans se sont écoulés ; nous sommes au début de la Restauration ; nous pénétrons dans un atelier de jeunes demoiselles, dirigé par le peintre Servin, où nous retrouvons Ginevra, fille du vieux Bartholoméo. La vérité, la fraîcheur de la description éclatent, par contraste avec les pages du début. Balzac décrit manifestement des lieux observés et des mœurs saisies sur le vif.

Depuis longtemps, il s'intéresse à la peinture. Dès 1819, il manifestait à Théodore Dablin le désir d'aller voir les tableaux récemment acquis pour le musée du Louvre, en particulier le fameux Endymion *de Girodet* [1]. *Son admiration pour ce peintre et pour cette toile ne s'est pas démentie :* « l'*Endymion,* chef-d'œuvre de Girodet », *est mentionné dans* La Vendetta [2].

Balzac n'a probablement pas connu Girodet, qui mourut en 1824. Mais il vivait en 1830 dans la familiarité de plusieurs peintres. En particulier, il avait rencontré chez Sophie Gay le baron Gérard, qui le reçut à ses soirées du mercredi. De ces réceptions, il garda un souvenir chaleureux [3]. *Lorsqu'il*

---

1. *Corr.* Pierrot I, 46 : « A propos, si Girodet met son *Endymion* à l'exposition, ayez l'obligeance de me procurer un billet... »

2. *La Vendetta,* p. 236.

3. Voir le début d'*Une conversation entre onze heures et minuit,* dans les *Contes bruns* (1832).

écrit La Vendetta, *il a déjà visité sans doute l'atelier de Gérard; peut-être s'en souvient-il, pour quelques détails, en décrivant celui de Servin.*

Pourtant cet atelier de La Vendetta, *avec ses modèles en plâtre, sa Niobé, sa Vénus, ses « écorchés », ses caricatures tracées sur les murailles par la malignité de jeunes élèves, est plutôt celui d'un professeur que celui d'un grand maître comme Gérard, « peintre des rois et roi des peintres », chargé de gloire et d'honneurs. Balzac désigne Servin de façon plus tempérée, comme* « l'un de nos artistes les plus distingués ¹ ». *Dans un début de rédaction abandonné et qui se trouve conservé avec le manuscrit, il marque mieux encore les distances en précisant que les jeunes filles désireuses de devenir artistes consommées* « devaient nécessairement aller prendre des leçons chez Girodet, ou chez MM. Gérard et Gros », *Servin ayant la sagesse de limiter ses ambitions à développer chez ses élèves le sens artistique et l'habileté manuelle qui leur permettront d'acquérir* « un joli talent d'amateur ² ». *Dans le texte définitif de la nouvelle, il demeure avant tout un homme de métier, fort estimé sans doute et jouissant d'une grande vogue auprès d'une clientèle aristocratique, mais plus réputé pour le bon ton de son enseignement que pour le prestige de ses toiles :* « Quand une jeune fille manifestait le désir d'apprendre à peindre ou à dessiner, et que sa mère demandait conseil : Envoyez-la chez Servin ! était la réponse de chacun. Servin devint donc pour la peinture féminine une spécialité... ³ » *Voilà qui définit le succès professionnel du personnage et qui fixe en même temps les bornes où ce succès demeure circonscrit.*

Plutôt qu'à l'illustre Gérard, Servin fait songer à un

1. *La Vendetta*, p. 221.
2. Voir l'étude critique et les variantes, p. 365.
3. *La Vendetta*, p. 221.

peintre déjà renommé sous la Restauration, mais dont la vocation apparaissait déjà comme celle d'un professeur à la technique solide, non d'un artiste vraiment original : Léon Cogniet, élève de Guérin et ami de Géricault. *Léon Cogniet avait obtenu le Prix de Rome en 1817 et s'était imposé à l'attention du public par une toile représentant* Marius sur les ruines de Carthage : *or cette toile a manifestement frappé Balzac, qui en évoque six fois le sujet dans* La Comédie humaine. *Vers 1830, il fréquentait encore la bohème des artistes :* Balzac l'y coudoya [1]. *Mais il était déjà sur la pente de la grande réussite. Il recevra un hommage significatif dans une des* Lettres à l'Étrangère [2].

Dans une notice sur Cogniet, Victor Fournel écrit : « L'excellent artiste fut surtout un maître hors de ligne et son atelier était plus célèbre encore que ses tableaux. Il n'est pas de maître contemporain dont les leçons aient été plus recherchées [3]. » *Cogniet avait ouvert en réalité deux ateliers, l'un pour les jeunes gens, l'autre pour les jeunes filles; mais c'est le second qui rencontra la plus grande faveur. Il est curieux d'observer, en se reportant au début abandonné de* La Vendetta, *que Servin dirigeait, lui aussi, deux ateliers, l'un rue Guénégaud pour les jeunes gens, l'autre pour ses* « écolières » *rue du Colombier* [4]. *On lit en outre, dans la nouvelle, que l'atelier des demoiselles était placé sous la surveillance de Mme Servin; chez Cogniet, selon Fournel,* « l'atelier des femmes était sous la surveillance de Mlle Amélie Cogniet », *sœur du peintre.*

Nous pouvons songer encore au récit de Balzac, lorsque

---

1. Voir Arrigon, *Les Années romantiques de Balzac,* p. 78.
2. *Etr.* II, 130. A Mlle Colette Roquefort revient le mérite d'avoir suggéré Cogniet comme prototype possible de Servin dans un mémoire inédit sur *Balzac et la peinture.*
3. Victor Fournel, *Les Artistes français contemporains.*
4. Variantes, p. 365.

le biographe de Cogniet décrit l'arrivée du maître : « Au bruit de la porte qui s'ouvrait, un silence profond, solennel, religieux s'établissait dans la salle... Il allait de chevalet en chevalet, examinant chaque tableau longuement, soulignant son examen d'un reniflement caractéristique... » *De façon un peu analogue, Servin va* « de chevalet en chevalet, grondant, flattant, plaisantant, et faisant, comme toujours, craindre plutôt ses plaisanteries que ses réprimandes ». *De telles manières, il est vrai, ne sont pas assez particulières pour qu'on y reconnaisse un personnage bien déterminé.*

Une anecdote vaut davantage d'être relevée : « Une élève déjà ancienne à laquelle Cogniet représentait qu'elle aurait une meilleure lumière en inclinant sa toile plus en avant et qui osa lui répondre qu'elle voyait très bien ainsi, parut un prodige d'audace et l'on en parla pendant huit jours. » *Or, dans* La Vendetta, *un incident du même genre oppose Ginevra à Servin et met l'atelier en émoi :* « Mademoiselle Ginevra, dit-il après avoir jeté un coup d'œil sur l'atelier, pourquoi vous êtes-vous mise là? Le jour est mauvais. Approchez-vous donc de ces demoiselles et descendez un peu votre rideau. » *Ginevra ne bouge pas et Servin, quelques instants plus tard, insiste :* « Pourquoi êtes-vous donc restée là malgré mon avis, mademoiselle? demanda gravement le professeur à Ginevra » *et l'héroïne réplique avec une obstination bien propre à faire soupçonner un mystère :* « Ne trouvez-vous pas comme moi que ce jour est plus favorable? ne dois-je pas rester là [1]? »

---

1. *La Vendetta*, pp. 237-238.

III

Si frappantes que soient les coïncidences relevées, si vraie qu'apparaisse dans la nouvelle la scène de l'atelier, animée par les rivalités de clan entre les jeunes demoiselles, les modèles de Balzac ne peuvent être désignés avec certitude. En tout cas, si « hospitalier » *que se soit montré Cogniet, toujours selon Fournel, rien ne permet de supposer que l'aventure du proscrit Luigi Porta, caché par Servin sous les combles de son logis, ait été inspirée à l'écrivain par une circonstance de la vie du peintre, d'ailleurs fort jeune et encore non établi en 1815; ni même, d'une façon plus générale, par un épisode de la vie réelle.*

Certes, de nombreux bonapartistes ont dû se cacher, après l'arrestation de Ney et de Labédoyère; Balzac, qui avait alors seize ans et qui vivait avec ses parents à Paris, put recueillir un écho direct de l'événement; Mme d'Abrantès, plus vraisemblablement encore, devait posséder des souvenirs de ce genre. Mais l'agitation de cette période a inspiré d'autres romanciers ; et il se pourrait que l'idylle de Luigi avec Ginevra eût été imaginée à partir d'un souvenir livresque.

Balzac s'est lié avec Stendhal en 1830, au plus tard, mais il l'a sans doute rencontré avant cette date et il s'est manifestement inspiré du traité De l'amour *dès la première rédaction de sa* Physiologie du mariage [1]. *Lorsqu'il imagina* La Vendetta, *datée de janvier 1830, il venait sans doute de lire* Vanina Vanini, « chronique italienne » *parue en*

---

1. Voir, outre l'introduction de Maurice Bardèche au texte préoriginal de la *Physiologie du mariage,* les constatations complémentaires de T. Hiraoka dans le *Bulletin de la société de littérature française du Japon,* Tokyo, 1961 (texte japonais, résumé en français).

décembre 1829 dans la Revue de Paris. *L'héroïne de Stendhal, une jeune Romaine* « aux cheveux noirs et à l'œil de
feu », *découvre que son père cache une personne blessée dans
les combles de son palais et réussit à s'introduire auprès
d'elle : c'est un carbonaro échappé d'un cachot et habillé en
femme ; aussitôt le mystère dissipé naît une passion violente
entre les deux jeunes gens. La situation est donc la même, au
départ, dans le récit de Stendhal et dans celui de Balzac, qui
semble bien en procéder. Mais Vanina, irritée de voir son
amant la sacrifier à des engagements politiques, le dénonce et
cause sa perte, alors que Ginevra demeure héroïquement fidèle
à Luigi jusqu'à la mort.*

*Balzac s'est donc écarté de la voie tracée par Stendhal.
A l'histoire d'amour, il associe la description d'un conflit
qui oppose Ginevra à son père : le vieux Bartholoméo a
découvert que Luigi est un Porta miraculeusement échappé
à sa vengeance et le mariage des jeunes gens, célébré contre
sa volonté, tourne à la catastrophe. Deux Corses se sont
heurtés ; tous deux ont hérité de leur race un orgueil qui ruine
d'avance tout espoir de conciliation. En peignant cet aspect
traditionnel de l'âme corse, l'auteur de* La Vendetta *a pu
s'inspirer d'un autre modèle littéraire récent, que venait de
donner Prosper Mérimée, dans la* Revue de Paris, *encore,
avec* Mateo Falcone : *Bartholoméo est aussi implacable
que Mateo, lorsque son honneur familial lui paraît en jeu.*

*Mais tout au plus peut-on noter une analogie de couleur
locale et d'atmosphère psychologique entre* Mateo Falcone
et La Vendetta. *Le drame conçu par Balzac répond en
effet à des préoccupations qui lui sont personnelles et, notamment, illustre la thèse qu'il a voulu mettre en évidence dans
les premières* Scènes de la vie privée. *Le découpage en
chapitres que l'écrivain a ménagé pour l'édition originale souligne une telle intention. Au chapitre premier, qui s'intitulait*

L'Atelier, *succédaient, une fois l'action nouée, trois chapitres qui en marquaient les principales péripéties :* La Désobéissance, Le Mariage, Le Châtiment. *Ginevra heurte de front la volonté de son père, elle épouse l'homme qu'il lui refusait : il ne peut rien résulter pour elle de sa bravade que le malheur et la mort.*

Il faut avouer qu'une histoire aussi édifiante ne nous touche guère et surtout que le conteur se révèle incapable de nous la faire accepter. Les dialogues entre la fille et le père sont d'une outrance qui, sans doute, tend à manifester l'opposition de deux caractères absolus, mais qui sacrifie aux pires conventions de la rhétorique. Ainsi le vieux Corse s'écrie : « S'il t'aimait comme tu mérites de l'être, il me tuerait; et s'il ne t'aimait pas, je le poignarderais »; *et le narrateur ajoute :* « Les mains de Piombo tremblaient, ses lèvres tremblaient, son corps tremblait et ses yeux lançaient des éclairs; Ginevra seule pouvait soutenir son regard, car alors elle allumait ses yeux, et la fille était digne du père[1]. » *De semblables indications s'apparentent à celles qu'on rencontre dans les mélodrames et dans les romans populaires de l'époque : Balzac, lorsque le sujet ne le soutient pas, demeure exposé à tomber, comme au temps de ses débuts littéraires, dans les dangers d'une facilité qui cultive les poncifs les plus grossiers aux dépens du naturel et de la vérité. Cette impression d'arbitraire s'accentue dans les dernières pages. La misère qui s'installe au foyer des jeunes gens est évoquée de façon banale et incolore; les malheurs qui s'abattent sur la famille au dénouement sont décrits avec une sorte de sécheresse qui exclut toute vertu pathétique. Les dernières lignes demeurent même franchement ridicules, quoique Balzac les ait retouchées d'une édition à l'autre :*

« — Morte! Nos deux familles devaient s'exterminer

---

1. *La Vendetta*, p. 263.

l'une par l'autre, car voilà tout ce qui reste d'elle, dit-il en posant sur une table la longue chevelure noire de Ginevra.

Les deux vieillards frissonnèrent comme s'ils eussent reçu une commotion de la foudre et ne virent plus Luigi.

— Il nous épargne un coup de feu, car il est mort, s'écria lentement Bartholoméo en regardant à terre [1] ».

La description de l'âme corse a donc moins heureusement inspiré l'auteur de La Vendetta *que celui de* Mateo Falcone. *Non pas que l'histoire d'une vendetta fût nécessairement un mauvais sujet de nouvelle : Mérimée encore prouvera le contraire, dix ans plus tard, en écrivant* Colomba. *Mais l'idée morale qui s'y trouve associée dans le récit de Balzac ne pouvait en recevoir aucune illustration valable. Comment justifier humainement qu'une fille doive obéir à son père, lorsque le père n'oppose à la pureté de son amour que le préjugé le plus absurde et le plus révoltant? Balzac lui-même montre d'ailleurs qu'il ne croit pas à l'efficacité de sa démonstration. Pas plus qu'Augustine de Sommervieux, Ginevra di Piombo ne regrette, au moment de mourir, le parti qu'elle a pris et lorsqu'elle déclare :* « J'ai été si heureuse, que si je recommençais à vivre, j'accepterais encore notre destinée [2] », *il y a dans cet héroïsme passionnel une grandeur qui détruit toute autre leçon.*

Aussi vaut-il mieux, en définitive, considérer La Vendetta *comme un drame de la passion que comme un drame de la désobéissance. Ce sont bien deux passions qui se sont affrontées et qui ont opposé en un conflit insoluble deux âmes de même trempe. D'ailleurs, à y regarder de près, on s'avise que le préjugé corse n'explique pas seul l'attitude du vieux Bartholoméo. Avant même d'apprendre que sa fille aimait*

---

1. *Ibid.*, p. 299.
2. *Ibid.*, p. 297.

le dernier survivant d'une famille ennemie, il a manifesté son hostilité à toute idée de mariage avec une intransigeance où s'exprimait comme une jalousie d'amant : « Vous faites mal, vous, ma fille, d'aimer un autre homme que votre père [...] Je me flattais [...] que ma Ginevra me serait fidèle jusqu'à ma mort [1]. » *L'amour que lui inspire* « sa Ginevra » *éclate au cours du récit en accents ou en transports frénétiques :* « La voici, la Ginevra, la Ginevrettina, la Ginevrina, la Ginevrola, la Ginevretta, la Ginevra bella ! — Mon père, vous me faites mal » ; *ou encore :* « Et le père jouait avec sa fille comme avec une enfant de six ans, il s'amusait à défaire les tresses ondoyantes de ses cheveux, à la faire sauter ; il y avait de la folie dans l'expression de sa tendresse [2]. » *Lorsque Balzac décrit ainsi cette passion paternelle, qu'il qualifie lui-même de* « jalouse et terrible » *dans l'un de ses albums [3], nous avons le sentiment qu'il effleure un sujet bien différent de celui qu'il a placé au centre de sa nouvelle et nous découvrons dans* La Vendetta *une préfiguration de cette étude de caractère qui, avec d'autres nuances et avec un relief incomparable, s'épanouira dans* Le Père Goriot

---

1. *Ibid.*, p. 261.
2. *Ibid.*, pp. 260 et 265.
3. Lov. A 159, f° 24.

LA VENDETTA

DÉDIÉ A PUTTINATI [1a]

1. Le 10 avril 1837, Balzac écrivait, de Florence, à Mme Hanska :
« Vous aurez probablement ma statue en marbre de Carrare et en
demi-nature, c'est-à-dire de trois pieds de haut environ, merveilleusement ressemblante... Elle est faite à Milan par un artiste nommé
Puttinati; il n'a rien voulu. J'ai à grand-peine payé les frais et le
marbre. » La reconnaissance de l'écrivain se manifesta par l'hommage
d'une nouvelle qui contient plusieurs allusions à l'art italien : l'héroïne,
Ginevra, possède « la simplicité, l'abandon des beautés lombardes »
(p. 230) et son père a une de ces têtes « qui se sont souvent offertes
au pinceau des Carraches », peintres bolonais (p. 215).

LA VENDETTA

En 1800, vers la fin du mois d'octobre [a], un étranger, accompagné d'une femme et d'une petite fille, arriva devant les Tuileries à Paris, et se tint assez long-temps auprès des décombres d'une maison récemment démolie, à l'endroit où s'élève aujourd'hui l'aile commencée qui devait unir le château de Catherine de Médicis au Louvre des Valois [1b]. Il resta là, debout, les bras croisés, la tête inclinée et la relevait parfois pour regarder alternativement le palais consulaire et sa femme assise auprès de lui sur une pierre. Quoique l'inconnue parût ne s'occuper que de la petite fille âgée de neuf à dix ans dont les longs cheveux noirs étaient comme un amusement entre ses mains [c], elle ne perdait aucun des regards que lui adressait son compagnon. Un même sentiment, autre que l'amour, unissait ces deux êtres, et animait d'une même inquiétude leurs mouvements et leurs pensées. La misère est peut-être le plus puissant de tous les liens. L'étranger [d] avait une de ces têtes abondantes en cheveux, larges et graves, qui se sont souvent offertes au pinceau des Carrraches. Ces cheveux si noirs étaient mélangés d'une grande quantité de cheveux blancs. Quoique nobles et fiers, ses traits avaient un ton de dureté qui les gâtait. Malgré sa force et sa taille droite, il semblait

---

1. L'aile nord du Louvre, qui longe la rue de Rivoli, à peine commencée sous Louis XIV, a été remise en chantier sous Napoléon, mais les travaux ne furent achevés que sous le second Empire.

avoir plus de soixante ans. Ses vêtements délabrés
annonçaient qu'il venait d'un pays étranger. Quoique
la figure jadis belle et alors flétrie de la femme trahît
une tristesse profonde, quand[a] son mari la regardait,
elle s'efforçait de sourire en affectant une contenance
calme. La petite fille restait debout, malgré la fatigue
dont les marques frappaient son jeune visage hâlé
par le soleil. Elle avait une tournure italienne, de grands
yeux noirs sous des sourcils bien arqués, une noblesse
native, une grâce vraie[b]. Plus d'un passant se sentait
ému au seul aspect de ce groupe dont les personnages
ne faisaient aucun effort pour cacher un désespoir
aussi profond que l'expression en était simple; mais
la source de cette fugitive obligeance qui distingue
les Parisiens se tarissait promptement. Aussitôt que
l'inconnu se croyait l'objet de l'attention de quelque
oisif, il le regardait d'un air si farouche, que le flâneur
le plus intrépide hâtait le pas comme s'il eût marché
sur un serpent. Après être demeuré longtemps indécis[c],
tout à coup le grand étranger[1] passa la main sur son
front, il en chassa, pour ainsi dire, les pensées qui
l'avaient sillonné de rides, et prit sans doute un parti
désespéré. Après avoir jeté un regard perçant sur sa
femme et sur sa fille, il tira de sa veste un long poignard,
le tendit à sa compagne, et lui dit en italien : — Je
vais voir si les Bonaparte se souviennent de nous.
Et il marcha d'un pas lent et assuré vers l'entrée du
palais, où il fut naturellement arrêté par un soldat de
la garde consulaire avec lequel il ne put longtemps
discuter. En s'apercevant de l'obstination de l'inconnu,
la sentinelle lui présenta sa baïonnette en manière
d'*ultimatum*. Le hasard voulut que l'on vînt en ce

---

1. Balzac répète que son personnage est un « étranger ». Or nous
allons apprendre que cet homme est Corse et la Corse est française
depuis 1768. Mais dans l'esprit de l'écrivain les Corses conservent
les caractères propres aux Italiens. « L'Italien », « l'Italienne », ainsi
va-t-il nommer constamment les protagonistes du récit.

moment relever le soldat de faction, et le caporal indiqua fort obligeamment à l'étranger l'endroit où se tenait le commandant du poste.

— Faites savoir à Bonaparte que Bartholoméo di Piombo [1] voudrait lui parler, dit l'Italien au capitaine de service.

Cet officier eut beau représenter à Bartholoméo qu'on ne voyait pas le premier consul sans lui avoir préalablement demandé par écrit une audience, l'étranger [a] voulut absolument que le militaire allât prévenir Bonaparte. L'officier objecta les lois de la consigne, et refusa formellement d'obtempérer à l'ordre de ce singulier solliciteur. Bartholoméo fronça le sourcil, jeta sur le commandant un regard terrible, et sembla le rendre responsable des malheurs que ce refus pouvait occasionner; puis il garda le silence, se croisa fortement les bras sur la poitrine, et alla se placer sous le portique qui sert de communication entre la cour et le jardin des Tuileries. Les gens qui veulent fortement une chose sont presque toujours bien servis par le hasard [2]. Au moment où Bartholoméo di Piombo s'asseyait sur une des bornes qui sont auprès de l'entrée des Tuileries, il arriva une voiture d'où descendit Lucien Bonaparte, alors ministre de l'Intérieur [3].

— Ah! Loucian [b]! il est bien heureux pour moi de te rencontrer, s'écria l'étranger.

---

1. A la date où Balzac compose ses premières *Scènes de la vie privée*, il dirige volontiers sa pensée vers la peinture, qui, dans *La Vendetta* particulièrement, occupe une place privilégiée. Au moment de présenter ses Corses, il songe à des peintres italiens. Il cite plusieurs fois dans *La Comédie humaine* Sebastiano del Piombo et Bartolomeo della Porta : de ces deux noms sont nés ceux de Bartholoméo di Piombo et de Luigi da Porta. En outre, comme nous l'avons noté p. 201, il a pu voir dans les *Mémoires* en chantier de la duchesse d'Abrantès que Bonaparte eut affaire à un Corse prénommé Bartolomeo.

2. Le hasard est aussi la providence du romancier, qui l'invoque pour la seconde fois à vingt lignes de distance.

3. Cette indication est exacte à la date de 1800.

Ces mots, prononcés en patois corse, arrêtèrent
Lucien au moment où il s'élançait sous la voûte, il
regarda son compatriote et le reconnut. Au premier
mot que Bartholoméo lui dit à l'oreille, il emmena
le Corse avec lui. Murat, Lannes, Rapp [1] se trouvaient
dans le cabinet du premier consul. En voyant entrer
Lucien, suivi d'un homme aussi singulier que l'était
Piombo, la conversation cessa. Lucien prit Napoléon
par la main et le conduisit dans l'embrasure de la
croisée. Après avoir échangé quelques paroles avec
son frère, le premier consul fit un geste de main auquel
obéirent Murat et Lannes en s'en allant. Rapp feignit
de n'avoir rien vu, afin de pouvoir rester. Bonaparte
l'ayant interpellé vivement, l'aide de camp sortit en
rechignant. Le premier consul, qui entendit le bruit
des pas de Rapp dans le salon voisin, sortit brusquement et le vit près du mur qui séparait le cabinet du
salon.

— Tu ne veux donc pas me comprendre? dit le
premier consul. J'ai besoin d'être seul avec mon compatriote.

— Un Corse, répondit l'aide de camp. Je me défie
trop de ces gens-là pour ne pas... [a]

Le premier consul ne put s'empêcher de sourire, et
poussa légèrement son fidèle officier par les épaules [b].

— Eh bien, que viens-tu faire ici, mon pauvre Bartholoméo? dit le premier consul à Piombo.

— Te demander asile et protection, si tu es un vrai
Corse, répondit Bartholoméo d'un ton brusque.

— Quel malheur a pu te chasser du pays? tu en
étais le plus riche [c], le plus...

— J'ai tué tous les Porta, répliqua le Corse d'un
son de voix profond en fronçant les sourcils.

Le premier consul fit deux pas en arrière comme un
homme surpris [d].

---

1. En 1800, Murat, Lannes étaient déjà généraux; et Bonaparte
avait choisi Rapp comme aide de camp pendant la campagne d'Égypte.

— Vas-tu me trahir? s'écria Bartholoméo en jetant un regard sombre à Bonaparte. Sais-tu que nous sommes encore quatre Piombo en Corse?

Lucien prit le bras de son compatriote, et le secoua.

— Viens-tu donc ici pour menacer le sauveur de la France [a]? lui dit-il vivement.

Bonaparte fit un signe à Lucien, qui se tut. Puis il regarda Piombo, et lui dit : — Pourquoi donc as-tu tué les Porta?

— Nous avions fait amitié, répondit-il, les Barbanti [b] nous avaient réconciliés. Le lendemain du jour où nous trinquâmes pour noyer nos querelles, je les quittai parce que j'avais affaire à Bastia. Ils restèrent chez moi, et mirent le feu à ma vigne de Longone. Ils ont tué mon fils Grégorio. Ma fille Ginevra et ma femme leur ont échappé; elles avaient communié le matin, la Vierge les a protégées. Quand je revins, je ne trouvai plus ma maison, je la cherchais les pieds dans ses cendres [c]. Tout à coup je heurtai le corps de Grégorio, que je reconnus à la lueur de la lune. — Oh! les Porta ont fait le coup! me dis-je. J'allai sur-le-champ dans les *mâquis* [d], j'y rassemblai quelques hommes auxquels j'avais rendu service, entends-tu, Bonaparte? et nous marchâmes sur la vigne des Porta. Nous sommes arrivés à cinq heures du matin, à sept [e] ils étaient tous devant Dieu. Giacomo prétend qu'Élisa Vanni [1] a sauvé un enfant, le petit Luigi; mais je l'avais attaché moi-même dans son lit avant de mettre le feu à la maison. J'ai quitté l'île avec ma femme, sans avoir pu vérifier s'il était vrai que Luigi Porta vécût encore.

Bonaparte regardait Bartholoméo avec curiosité, mais sans étonnement.

— Combien étaient-ils? demanda Lucien.

— Sept, répondit Piombo. Ils ont été vos persécuteurs dans les temps, leur dit-il. Ces mots ne réveillèrent

---

1. Ce nom a peut-être été inspiré à Balzac par la lecture récente de *Vanina Vanini* (voir ci-dessus, p. 208).

aucune expression de haine chez les deux frères. — Ah !
vous n'êtes plus Corses, s'écria Bartholoméo avec une
sorte de désespoir. Adieu. Autrefois je vous ai protégés,
ajouta-t-il d'un ton de reproche. Sans moi, ta mère ne
serait pas arrivée à Marseille [1], dit-il en s'adressant à
Bonaparte qui restait pensif le coude appuyé sur le
manteau de la cheminée.

— En conscience, Piombo, répondit Napoléon, je
ne puis pas te prendre sous mon aile. Je suis devenu
le chef d'une grande nation, je commande la république [a], et dois faire exécuter les lois.

— Ah ! ah ! dit Bartholoméo.

— Mais je puis fermer les yeux, reprit Bonaparte. Le
préjugé de la *vendetta* empêchera longtemps le règne
des lois en Corse, ajouta-t-il en se parlant à lui-même.
Il faut cependant le détruire à tout prix.

Bonaparte resta un moment silencieux, et Lucien
fit signe à Piombo de ne rien dire. Le Corse agitait
déjà la tête de droite et de gauche d'un air improbateur.

— Demeure ici, reprit le consul en s'adressant à
Bartholoméo, nous n'en saurons rien. Je ferai acheter
tes propriétés afin de te donner d'abord les moyens de
vivre. Puis, dans quelque temps [b], plus tard, nous pen-
serons à toi. Mais plus de *vendetta* ! Il n'y a pas de
mâquis ici. Si tu y joues du poignard, il n'y aurait pas
de grâce à espérer. Ici la loi protège tous les citoyens,
et l'on ne se fait pas justice soi-même.

— Il s'est fait chef d'un singulier pays, répondit
Bartholoméo en prenant la main de Lucien et la serrant.
Mais vous me reconnaissez dans le malheur, ce sera [c]
maintenant entre nous à la vie à la mort, et vous pouvez
disposer de tous les Piombo.

À ces mots, le front du Corse se dérida, et il regarda
autour de lui avec satisfaction.

---

1. Lorsque les paysans corses levés par Paoli marchèrent sur Ajaccio,
Lætitia Bonaparte, protégée par quelques fidèles, quitta l'île et gagna
la côte provençale.

— Vous n'êtes pas mal ici, dit-il en souriant, comme s'il voulait y loger. Et tu es habillé tout en rouge comme un cardinal [1a].

— Il ne tiendra qu'à toi de parvenir et d'avoir un palais à Paris, dit Bonaparte qui toisait son compatriote. Il m'arrivera plus d'une fois de regarder autour de moi pour chercher un ami dévoué auquel je puisse me confier.

Un soupir de joie sortit de la vaste poitrine de Piombo qui tendit la main au premier consul en lui disant : — Il y a encore du Corse en toi !

Bonaparte sourit. Il regarda silencieusement cet homme, qui lui apportait en quelque sorte l'air de sa patrie, de cette île où naguère il avait été sauvé si miraculeusement de la haine du *parti anglais* [2b], et qu'il ne devait plus revoir. Il fit un signe à son frère, qui emmena Bartholoméo di Piombo. Lucien s'enquit avec intérêt de la situation financière de l'ancien protecteur de leur famille. Piombo amena le ministre de l'Intérieur auprès d'une fenêtre, et lui montra sa femme et Ginevra, assises toutes deux sur un tas de pierres.

— Nous sommes venus de Fontainebleau ici à pied, et nous n'avons pas une obole, lui dit-il.

Lucien donna sa bourse à son compatriote et lui recommanda de venir le trouver le lendemain afin d'aviser aux moyens d'assurer le sort de sa famille. La valeur de tous les biens que Piombo possédait en Corse ne pouvait guère le faire vivre honorablement à Paris.

Quinze ans s'écoulèrent entre l'arrivée de la famille Piombo à Paris et l'aventure suivante, qui, sans le récit de ces événements, eût été moins intelligible [c].

Servin, l'un de nos artistes les plus distingués [d],

---

1. Le Premier Consul porte donc sa tenue d'apparat.

2. Le parti de Paoli, qui s'était réfugié en Angleterre et qui, revenu en Corse pendant la Révolution française, négocia la cession de l'île. Les Anglais occupèrent la Corse de 1793 à 1796.

conçut le premier l'idée d'ouvrir un atelier pour les jeunes personnes qui veulent des leçons de peinture. Agé d'une quarantaine d'années, de mœurs pures et entièrement livré à son art, il avait épousé par inclination la fille d'un général sans fortune. Les mères conduisirent d'abord elles-mêmes leurs filles chez le professeur; puis elles finirent par les y envoyer quand elles eurent bien connu ses principes et apprécié le soin qu'il mettait à mériter la confiance. Il était entré dans le plan du peintre de n'accepter pour écolières que des demoiselles appartenant à des familles riches ou considérées afin de n'avoir pas de reproches à subir sur la composition de son atelier; il se refusait même à prendre les jeunes filles qui voulaient devenir artistes et auxquelles il aurait fallu donner certains enseignements sans lesquels il n'est pas de talent possible en peinture. Insensiblement, sa prudence, la supériorité avec laquelle il initiait ses élèves aux secrets de l'art, la certitude où les mères étaient de savoir leurs filles en compagnie de jeunes personnes bien élevées et la sécurité qu'inspiraient le caractère, les mœurs, le mariage de l'artiste, lui valurent dans les salons une excellente [a] renommée. Quand une jeune fille manifestait le désir d'apprendre à peindre ou à dessiner, et que sa mère demandait conseil : « Envoyez-la chez Servin ! » était la réponse de chacun [b]. Servin devint donc pour la peinture féminine une spécialité, comme Herbault pour les chapeaux, Leroy pour les modes et Chevet pour les comestibles [1]. Il était reconnu qu'une jeune femme qui

---

1. Herbault, modes et nouveautés, 8, rue Neuve-Saint-Augustin, « fournisseur breveté de l'Impératrice de Russie et de plusieurs cours d'Allemagne » ; dans *Illusions perdues,* le baron du Chatelet conseille à Mme de Bargeton d'y commander des toques pour se *désangoulêmer.* Leroy, couturier, 89, rue de Richelieu, fournisseur de l'impératrice Marie-Louise, puis des duchesses d'Angoulême et de Berry. Chevet, comestibles, Palais-Royal, galerie de Chartres, fournisseur du Roi... et de Balzac (voir Clouzot et Valensi, *Le Paris de la Comédie humaine,* *passim*).

avait pris des leçons chez Servin pouvait juger en dernier ressort les tableaux du Musée, faire supérieurement
un portrait, copier une toile et peindre son tableau de
genre. Cet artiste suffisait ainsi à tous les besoins de
l'aristocratie. Malgré les rapports qu'il avait avec les
meilleures maisons de Paris, il était indépendant, patriote [1], et conservait avec tout le monde ce ton léger,
spirituel, parfois ironique, cette liberté de jugement qui
distinguent les peintres [2]. Il avait poussé le scrupule
de ses précautions jusque dans l'ordonnance du local
où étudiaient ses écolières. L'entrée du grenier qui
régnait au-dessus de ses appartements avait été murée.
Pour parvenir à cette retraite, aussi sacrée qu'un harem,
il fallait monter par un escalier pratiqué dans l'intérieur
de son logement. L'atelier, qui occupait tout le comble
de la maison, offrait ces proportions énormes qui sur-
prennent toujours les curieux quand, arrivés à soixante
pieds du sol, ils s'attendent à voir les artistes logés
dans une gouttière. Cette espèce de galerie était profu-
sément éclairée par d'immenses châssis vitrés et [a] garnis
de ces grandes toiles vertes à l'aide desquelles les peintres disposent de la lumière. Une foule de caricatures,
de têtes faites au trait, avec de la couleur ou [b] la pointe
d'un couteau, sur les murailles peintes en gris foncé,
prouvaient, sauf la différence de l'expression, que les
filles les plus distinguées ont dans l'esprit autant de
folie que les hommes peuvent en avoir. Un petit poêle
et ses grands tuyaux, qui décrivaient un effroyable
zigzag avant d'atteindre les hautes régions du toit,
étaient l'infaillible ornement de cet atelier. Une planche
régnait autour des murs et soutenait des modèles en

---

1. Comme Balzac le soulignera plus loin (p. 248), *patriote*, à l'époque,
signifiait *bonapartiste*. C'est encore dans ce sens que le mot sera appliqué
par Servin à Ginevra, p. 239.

2. Dans l'essai *Des artistes (O. D.* I, 355), Balzac oppose l'indépendance de l'artiste, qui « dit naïvement sa pensée », au conformisme
des sots qui suivent la mode et à la servilité des ambitieux qui vont
« faire des bassesses chez un ministre ».

plâtre qui gisaient confusément placés, la plupart couverts d'une [a] blonde poussière. Au-dessus de ce rayon,
çà et là, une tête de Niobé pendue à un clou montrait
sa pose de douleur, une Vénus souriait, une main se
présentait brusquement aux yeux comme celle d'un
pauvre demandant l'aumône, puis quelques *écorchés*
jaunis par la fumée avaient l'air de membres arrachés
la veille à des cercueils; enfin des tableaux, des dessins,
des mannequins, des cadres sans toiles et des toiles
sans cadres achevaient de donner à cette pièce irrégulière la physionomie d'un atelier que distingue un
singulier mélange d'ornement et de nudité, de misère
et de richesse, de soin et d'incurie. Cet immense
vaisseau, où tout paraît petit, même l'homme, sent la
coulisse d'opéra; il s'y trouve de vieux linges, des
armures dorées, des lambeaux d'étoffe, des machines;
mais il y a je ne sais quoi de grand comme [b] la pensée :
le génie et la mort sont là; la Diane ou l'Apollon auprès
d'un crâne ou d'un squelette, le beau et le désordre,
la poésie et la réalité, de riches couleurs dans l'ombre,
et souvent tout un drame immobile et silencieux. Quel
symbole [c] d'une tête d'artiste!

Au moment où commence cette histoire, le brillant
soleil du mois de juillet illuminait l'atelier, et deux
rayons le traversaient dans sa profondeur en y traçant
de larges bandes d'or diaphanes où brillaient des grains
de poussière. Une douzaine de chevalets élevaient leurs
flèches aiguës, semblables à des mâts de vaisseau dans
un port. Plusieurs jeunes filles [d] animaient cette scène
par la variété de leurs physionomies, de leurs attitudes,
et par la différence de leurs toilettes. Les fortes ombres
que jetaient les serges vertes, placées suivant les besoins de chaque chevalet, produisaient une multitude
de contrastes, de piquants effets de clair-obscur. Ce
groupe formait le plus beau de tous les tableaux de
l'atelier. Une jeune fille blonde et mise simplement se
tenait loin de ses compagnes, travaillait avec courage
en paraissant prévoir le malheur; nulle ne la regardait,

ne lui adressait la parole : elle était la plus jolie, la plus modeste et la moins riche. Deux groupes principaux, séparés l'un de l'autre par une faible distance, indiquaient deux sociétés, deux esprits jusque dans cet atelier où les rangs et la fortune auraient dû s'oublier. Assises ou debout, ces jeunes filles, entourées de leurs boîtes à couleurs, jouant avec leurs pinceaux ou les préparant, maniant leurs éclatantes palettes, peignant, parlant, riant, chantant, abandonnées à leur naturel, laissant voir leur caractère, composaient un spectacle inconnu aux hommes : celle-ci, fière, hautaine, capricieuse, aux cheveux noirs, aux belles mains, lançait au hasard la flamme de ses regards ; celle-là, insouciante et gaie, le sourire sur les lèvres, les cheveux châtains, les mains blanches et délicates, vierge française, légère, sans arrière-pensée, vivant de sa vie actuelle ; une autre, rêveuse, mélancolique, pâle, penchant la tête comme une fleur qui tombe ; sa voisine, au contraire, grande, indolente, aux habitudes musulmanes, l'œil long, noir, humide, parlant peu, mais songeant et regardant à la dérobée la tête d'Antinoüs. Au milieu d'elles, comme le *jocoso* d'une pièce espagnole, pleine d'esprit et de saillies épigrammatiques, une fille les espionnait toutes d'un seul coup d'œil, les faisait rire et levait sans cesse sa figure trop vive pour n'être pas jolie ; elle commandait au premier groupe des écolières qui comprenait les filles de banquier, de notaire et de négociant ; toutes riches, mais essuyant toutes les dédains imperceptibles quoique poignants que leur prodiguaient les autres jeunes personnes appartenant à l'aristocratie. Celles-ci étaient gouvernées par la fille d'un huissier du cabinet du roi, petite créature aussi sotte que vaine, et fière d'avoir pour père un homme *ayant une charge* à la Cour [a] ; elle voulait toujours paraître avoir compris du premier coup les observations du maître et semblait travailler par grâce ; elle se servait d'un lorgnon, ne venait que très parée, tard, et suppliait ses compagnes de parler bas. Dans ce second groupe, on

eût remarqué des tailles délicieuses, des figures distinguées ; mais les regards de ces jeunes filles offraient
peu [a] de naïveté. Si leurs attitudes étaient élégantes et
leurs mouvements gracieux, les figures manquaient de
franchise, et l'on devinait facilement qu'elles appartenaient à un monde où la politesse façonne de bonne
heure les caractères, où l'abus des jouissances sociales
tue les sentiments et développe l'égoïsme [1]. Lorsque
cette réunion était complète, il se trouvait dans le
nombre de ces jeunes filles des têtes enfantines, des
vierges d'une pureté ravissante, des visages dont la
bouche légèrement entrouverte laissait voir des dents
vierges, et sur laquelle errait un sourire de vierge. L'atelier ne ressemblait pas alors à un sérail, mais à un groupe
d'anges assis sur un nuage dans le ciel [2].

A midi, Servin n'avait pas encore paru. Depuis quelques jours, la plupart du temps il restait à un atelier
qu'il avait ailleurs et où il achevait un tableau pour
l'exposition. Tout à coup, mademoiselle Amélie Thirion [b], chef du parti aristocratique de cette petite assemblée, parla longtemps à sa voisine, il se fit un grand
silence dans le groupe des patriciennes ; le parti de
la banque étonné se tut également, et tâcha de deviner
le sujet d'une semblable conférence ; mais le secret des
jeunes *ultrà* [c] fut bientôt connu. Amélie se leva, prit à
quelques pas d'elle un chevalet pour le replacer à une
assez grande distance du noble groupe, près d'une
cloison grossière qui séparait l'atelier d'un cabinet

---

1. Balzac a développé ailleurs ces considérations sévères sur l'aristocratie. Il observe, dans *La Fille aux yeux d'or,* que, dans la plus haute
sphère de la société, « les embrassements couvrent une profonde indifférence, et la politesse un mépris continuel » (*Histoire des Treize,*
p. 385). La duchesse de Langeais cultive un égoïsme orgueilleux : « Il
y avait du *moi* de Médée dans sa vie » (*ibid.,* p. 230) et le jeune Victur-
nien d'Esgrignon pratique, comme elle, « la religion aristocratique du
moi » (*Le Cabinet des Antiques,* p. 84).

2. La même comparaison, empruntée à la peinture, a été appliquée
aux commis du Chat-qui-pelote (p. 27).

obscur où l'on mettait les plâtres ^a brisés, les toiles condamnées par le professeur, et la provision de bois ^b en hiver. L'action d'Amélie excita un murmure de surprise qui ne l'empêcha pas d'achever ce déménagement en roulant vivement près du chevalet la boîte à couleur et le tabouret, tout jusqu'à un tableau de Prudhon ^c que copiait sa compagne absente [1]. Après ce coup d'État,^d si le Côté Droit se mit à travailler, le Côté Gauche pérora longuement.

— Que va dire mademoiselle Piombo, demanda une jeune fille à mademoiselle Mathilde Roguin ^e, l'oracle malicieux du premier groupe.

— Elle n'est pas fille à parler, répondit-elle; mais dans cinquante ans elle se souviendra de cette injure comme si elle l'avait reçue la veille, et saura s'en venger cruellement. C'est une personne avec laquelle je ne voudrais pas être en guerre.

— La proscription dont la frappent ces demoiselles est d'autant plus injuste, dit une autre jeune fille, qu'avant-hier mademoiselle Ginevra était fort triste; son père venait, dit-on, de donner sa démission. Ce serait donc ajouter à son malheur, tandis qu'elle a été fort bonne pour ces demoiselles pendant les Cent-Jours [f]. Leur a-t-elle jamais dit une parole qui pût les blesser? Elle évitait au contraire de parler politique ^g. Mais nos Ultras paraissent agir plutôt par jalousie que par esprit de parti.

— J'ai envie d'aller chercher le chevalet de mademoiselle Piombo [2], et de le mettre auprès du mien, dit Mathilde Roguin ^h. Elle se leva, mais une réflexion la fit rasseoir : — Avec un caractère comme celui de mademoiselle Ginevra, dit-elle, on ne peut savoir de

---

1. Prudhon (1758-1823) est encore vivant à l'époque où Servin fait copier l'un de ses tableaux (voir la variante, p. 227). Il en sera de même, plus loin, pour Girodet (p. 236). Balzac souligne ainsi que ce professeur en vogue suit bien le goût du jour.

2. Balzac appelle son héroïne tantôt Ginevra Piombo et tantôt, plus correctement, Ginevra di Piombo.

quelle manière elle prendrait notre politesse, attendons
l'événement.

— *Eccola* [a], dit languissamment la jeune fille aux
yeux noirs.

En effet, le bruit des pas d'une personne qui montait
l'escalier retentit dans la salle. Ce mot : « La voici ! » [1]
passa de bouche en bouche, et le plus profond silence
régna dans l'atelier.

Pour comprendre l'importance de l'ostracisme exercé
par [b] Amélie Thirion, il est nécessaire d'ajouter que cette
scène avait lieu vers la fin du mois de juillet 1815. Le
second retour des Bourbons venait de troubler bien
des amitiés qui avaient résisté au mouvement de la
première restauration. En ce moment les familles, presque toutes divisées d'opinions, renouvelaient plusieurs
de ces déplorables scènes qui souillent l'histoire de
tous les pays aux époques de guerre civile ou religieuse.
Les enfants, les jeunes filles, les vieillards partageaient
la fièvre monarchique à laquelle le gouvernement était
en proie. La discorde se glissait sous tous les toits,
et la défiance teignait de ses sombres couleurs les
actions et les discours les plus intimes. Ginevra Piombo
aimait Napoléon avec idolâtrie, et comment aurait-elle
pu le haïr [c] ? l'Empereur était son compatriote et le
bienfaiteur de son père. Le baron de Piombo était un
des serviteurs de Napoléon qui avaient coopéré le
plus efficacement au retour de l'île d'Elbe. Incapable [d]
de renier sa foi politique, jaloux même de la confesser,
le vieux baron de Piombo restait [e] à Paris au milieu
de ses ennemis. Ginevra Piombo pouvait donc être
d'autant mieux mise au nombre des personnes suspectes, qu'elle ne faisait pas mystère du chagrin que
la seconde restauration causait à sa famille [f]. Les seules
larmes qu'elle eût peut-être versées dans sa vie lui

---

1. Ce sont ces deux mots que prononçait la belle languissante dans
les premières éditions. L'idée vint curieusement à Balzac d'y substi-
tuer l'équivalent italien.

furent arrachées par la double nouvelle de la captivité de Bonaparte sur le *Bellérophon* [1] et de l'arrestation de Labédoyère [2].

Les jeunes personnes qui composaient le groupe des nobles appartenaient aux familles royalistes les plus exaltées de Paris. Il serait difficile de donner une idée des exagérations de cette époque et de l'horreur que causaient les bonapartistes. Quelque insignifiante et petite que puisse paraître aujourd'hui l'action d'Amélie Thirion, elle était alors une expression de haine fort naturelle. Ginevra Piombo, l'une des premières écolières de Servin, occupait la place dont on voulait la priver depuis le jour où elle était venue à l'atelier; le groupe aristocratique l'avait insensiblement entourée : la chasser d'une place qui lui appartenait en quelque sorte était non seulement lui faire injure, mais lui causer une espèce de peine; car les artistes ont tous une place de prédilection pour leur travail. Mais l'animadversion politique entrait peut-être pour peu de chose dans la conduite de ce petit Côté Droit de l'atelier. Ginevra Piombo, la plus forte des élèves de Servin [a], était l'objet d'une profonde jalousie : le maître professait autant d'admiration pour les talents que pour le caractère de cette élève favorite qui servait de terme à toutes ses comparaisons; enfin, sans qu'on s'expliquât [b] l'ascendant que cette jeune personne obtenait sur tout ce qui l'entourait, elle exerçait sur ce petit monde un prestige presque semblable à celui [c] de Bonaparte sur ses soldats. L'aristocratie de l'atelier avait résolu depuis plusieurs jours la chute de cette reine; mais, personne n'ayant encore osé s'éloigner de la bonapartiste, mademoiselle Thirion venait de frapper un coup décisif,

---

1. Le navire anglais où fut embarqué Napoléon à Rochefort, après Waterloo.

2. Bien que la phrase ne soit pas très explicite, Balzac semble donner l'événement pour accompli, au point du récit où nous sommes. Il s'en faut de quelques jours, puisque la scène a lieu « vers la fin du mois de juillet 1815 » : Labédoyère fut arrêté le 2 août.

afin de rendre ses compagnes complices de sa haine. Quoique Ginevra fût sincèrement aimée par deux ou trois des Royalistes [a], presque toutes chapitrées au logis paternel relativement à la politique, elles jugèrent, avec ce tact particulier aux femmes, qu'elles devaient rester indifférentes à la querelle. A son arrivée, Ginevra fut donc accueillie par un profond silence. De toutes les jeunes filles venues jusqu'alors dans l'atelier de Servin, elle était la plus belle, la plus grande et la mieux faite [b]. Sa démarche possédait un caractère de noblesse et de grâce qui commandait le respect. Sa figure empreinte d'intelligence semblait rayonner, tant y respirait cette animation particulière aux Corses et qui n'exclut point le calme [c]. Ses longs cheveux, ses yeux et ses cils noirs exprimaient la passion. Quoique les coins de sa bouche se dessinassent mollement et que ses lèvres fussent un peu trop fortes, il s'y peignait cette bonté que donne aux êtres forts la conscience de leur force. Par un singulier caprice de la nature, le charme de son visage se trouvait en quelque sorte démenti par un front de marbre [d] où se peignait une fierté presque sauvage, où respiraient les mœurs de la Corse. Là était le seul lien qu'il y eût entre elle et son pays natal : dans tout le reste de sa personne, la simplicité, l'abandon des beautés lombardes séduisaient si bien qu'il fallait ne pas la voir pour lui causer la moindre peine. Elle inspirait un si vif attrait que, par prudence, son vieux père la faisait accompagner jusqu'à l'atelier [e]. Le seul défaut de cette créature véritablement poétique venait de la puissance même d'une beauté si largement développée : elle avait l'air d'être femme. Elle [f] s'était refusée au mariage [g], par amour pour son père et sa mère, en se sentant nécessaire à leurs vieux jours. Son goût pour la peinture avait remplacé les passions qui agitent ordinairement les femmes.

— Vous [h] êtes bien silencieuses aujourd'hui, mesdemoiselles, dit-elle après avoir fait deux ou trois pas au milieu de ses compagnes. — Bonjour, ma petite Laure [1], ajouta-t-elle d'un ton doux et caressant en s'approchant de la jeune fille qui peignait loin des autres. Cette tête est fort bien! Les chairs sont un peu trop roses, mais tout en est dessiné à merveille.

Laure leva la tête, regarda Ginevra d'un air attendri et leurs figures s'épanouirent en exprimant une même affection. Un faible sourire anima les lèvres de l'Italienne qui paraissait songeuse, et qui se dirigea lentement vers sa place en regardant avec nonchalance les dessins ou les tableaux, en disant bonjour à chacune des jeunes filles du premier groupe, sans s'apercevoir de la curiosité insolite [a] qu'excitait sa présence. On eût dit d'une reine dans sa cour. Elle ne donna aucune attention au profond silence qui régnait parmi les patriciennes, et passa devant leur camp sans prononcer un seul mot. Sa préoccupation fut si grande qu'elle se mit à son chevalet, ouvrit sa boîte à couleurs, prit ses brosses, revêtit ses manches brunes, ajusta son tablier, regarda son tableau, examina sa palette, sans penser, pour ainsi dire, à ce qu'elle faisait. Toutes les têtes du groupe des bourgeoises étaient tournées vers elle. Si les jeunes personnes du camp Thirion ne mettaient pas tant de franchise que leurs compagnes dans leur impatience, leurs œillades n'en étaient pas moins dirigées sur Ginevra.

— Elle ne s'aperçoit de rien, dit mademoiselle Roguin.

En ce moment Ginevra quitta l'attitude méditative dans laquelle elle avait contemplé sa toile, et tourna la tête vers le groupe aristocratique. Elle mesura d'un seul coup d'œil la distance qui l'en séparait, et garda le silence.

— Elle ne croit pas qu'on ait eu la pensée de l'in-

---

1. Balzac attribue à cette jeune fille charmante un prénom que sa sœur et Mme de Berny lui avaient rendu doublement cher, et que portait aussi Mme d'Abrantès.

sulter, dit Mathilde, elle n'a ni pâli ni rougi. Comme ces
demoiselles vont être vexées si elle se trouve mieux
à sa nouvelle place qu'à l'ancienne! — Vous êtes là
hors ligne [1], mademoiselle, ajouta-t-elle alors à haute
voix en s'adressant à Ginevra.

L'Italienne feignit de ne pas entendre, ou peut-être
n'entendit-elle pas; elle se leva brusquement, longea
avec une certaine lenteur la cloison qui séparait le
cabinet noir de l'atelier, et parut examiner le châssis
d'où venait le jour en y donnant tant d'importance
qu'elle monta sur une chaise pour attacher beaucoup
plus haut la serge verte qui interceptait la lumière.
Arrivée à cette hauteur, elle atteignit à une crevasse [a]
assez légère dans la cloison, le véritable but de ses
efforts [b], car le regard qu'elle y jeta ne peut se comparer qu'à celui d'un avare découvrant les trésors d'Ala-
din; elle descendit vivement, revint à sa place, ajusta
son tableau, feignit d'être mécontente du jour, approcha de la cloison une table sur laquelle elle mit une
chaise, grimpa lestement sur cet échafaudage, et regarda
de nouveau par la crevasse. Elle ne jeta qu'un regard
dans le cabinet alors éclairé par un jour de souffrance
qu'on avait ouvert [c], et ce qu'elle y aperçut produisit
sur elle une sensation si vive qu'elle tressaillit.

— Vous allez tomber, mademoiselle Ginevra, s'écria
Laure.

Toutes les jeunes filles regardèrent l'imprudente qui
chancelait. La peur de voir arriver ses compagnes auprès
d'elle lui donna du courage, elle retrouva ses forces et
son équilibre [d], se tourna vers Laure en se dandinant
sur sa chaise, et dit d'une voix émue : « Bah! c'est
encore un peu plus solide qu'un trône [e] ! » Elle se
hâta d'arracher la serge, descendit, repoussa la table
et la chaise bien loin de la cloison, revint à son chevalet,
et fit encore quelques essais en ayant l'air de chercher

---

1. Hors de la zone d'où le regard de la dessinatrice aurait pu se
porter sur le modèle.

une masse de lumière qui lui convînt. Son tableau ne l'occupait guère [a], son but était de s'approcher du cabinet noir auprès duquel elle se plaça, comme elle le désirait, à côté de la porte. Puis elle se mit à préparer sa palette en gardant le plus profond silence. A cette place, elle entendit bientôt plus distinctement le léger bruit qui, la veille, avait si fortement excité sa curiosité et fait parcourir à sa jeune imagination le vaste champ des conjectures. Elle reconnut facilement la respiration forte et régulière de l'homme endormi qu'elle venait de voir. Sa curiosité était satisfaite au-delà de ses souhaits, mais elle se trouvait chargée d'une immense responsabilité. A travers la crevasse, elle avait entrevu l'aigle impériale, et, sur un lit de sangles faiblement éclairé [b], la figure d'un officier de la Garde. Elle devina tout : Servin cachait un proscrit. Maintenant elle tremblait qu'une de ses compagnes ne vînt examiner son tableau, et n'entendît ou la respiration de ce malheureux ou quelque aspiration trop forte, comme celle [c] qui était arrivée à son oreille pendant la dernière leçon. Elle résolut de rester auprès de cette porte, en se fiant à son adresse pour déjouer les chances du sort.

— Il vaut mieux que je sois là, pensait-elle, pour prévenir un accident sinistre, que de laisser le pauvre prisonnier à la merci d'une étourderie. Tel était le secret de l'indifférence apparente que Ginevra avait manifestée en trouvant son chevalet dérangé; elle en fut intérieurement enchantée, puisqu'elle avait pu satisfaire assez naturellement sa curiosité : puis, en ce moment, elle était trop vivement préoccupée pour chercher la raison de son déménagement. Rien n'est plus mortifiant pour des jeunes filles, comme pour tout le monde, que de voir une méchanceté, une insulte ou un bon mot manquant leur effet par suite du dédain qu'en témoigne la victime. Il semble que la haine envers un ennemi s'accroisse de toute la hauteur à laquelle il s'élève au-dessus de nous. La conduite [d] de Ginevra devint une énigme pour toutes ses compagnes. Ses amies comme ses ennemies furent également surprises; car on lui accordait toutes les qualités possibles, hormis le pardon des injures. Quoique [a] les occasions de déployer ce vice de caractère eussent été rarement offertes à Ginevra dans les événements de la vie d'atelier, les exemples qu'elle avait pu donner de ses dispositions vindicatives et de sa fermeté n'en avaient pas moins laissé des impressions profondes dans l'esprit de ses compagnes. Après bien des conjectures, mademoiselle Roguin finit par trouver dans le silence de l'Italienne une grandeur d'âme au-dessus de tout éloge; et son cercle, inspiré par elle, forma le projet d'humilier l'aristocratie de l'atelier. Elles parvinrent à leur but par un feu de sarcasmes qui abattit l'orgueil du Côté Droit. L'arrivée de madame Servin mit fin à cette lutte d'amour-propre. Avec cette finesse qui accompagne toujours la méchanceté, Amélie avait remarqué, analysé, commenté la prodigieuse préoccupation qui empêchait Ginevra d'entendre la dispute aigrement polie dont elle était l'objet. La vengeance que mademoiselle Roguin et ses compagnes tiraient de mademoiselle Thirion et de son groupe eut alors le fatal effet de faire rechercher par les jeunes Ultras la cause du silence que gardait Ginevra di Piombo. La belle Italienne devint donc le centre de tous les regards, et fut épiée par ses amies comme par ses ennemies. Il est bien difficile de cacher la plus petite émotion, le plus léger sentiment, à quinze [b] jeunes filles curieuses, inoccupées, dont la malice et l'esprit ne demandent que des secrets à deviner, des intrigues à créer, à déjouer, et qui savent trouver trop d'interprétations différentes à un geste, à une œillade, à une parole, pour ne pas en découvrir la véritable signification. Aussi le secret de Ginevra di Piombo fut-il bientôt en grand péril d'être connu. En ce moment la présence de madame Servin produisit un entr'acte dans le drame qui se jouait sourdement au fond de ces jeunes cœurs, et dont les sentiments, les pensées, les

progrès étaient exprimés par des phrases presque allé-
goriques, par de malicieux [a] coups d'œil, par des gestes,
et par le silence même, souvent plus intelligible que
la parole. Aussitôt que madame Servin entra dans l'atelier, ses yeux se portèrent sur la porte auprès de laquelle
était Ginevra. Dans les circonstances présentes, ce
regard ne fut pas perdu. Si d'abord aucune des écolières n'y fit attention, plus tard mademoiselle Thirion
s'en souvint, et s'expliqua la défiance, la crainte et le
mystère qui donnèrent alors quelque chose de fauve
aux yeux de madame Servin [b].

— Mesdemoiselles, dit-elle, monsieur Servin ne
pourra pas venir aujourd'hui. Puis elle complimenta
chaque jeune personne, en recevant de toutes une foule
de ces caresses féminines qui sont autant dans la voix
et dans les regards que dans les gestes. Elle arriva
promptement auprès de Ginevra dominée par une
inquiétude qu'elle déguisait en vain. L'Italienne et la
femme du peintre se firent un signe de tête amical, et
restèrent toutes deux silencieuses, l'une peignant, l'autre
regardant peindre. La respiration du militaire s'entendait facilement, mais madame Servin ne parut pas s'en
apercevoir; et sa dissimulation était si grande, que
Ginevra fut tentée de l'accuser d'une surdité volontaire [c]. Cependant l'inconnu se remua dans son lit.
L'Italienne regarda fixement madame Servin, qui lui
dit alors, sans que son visage éprouvât la plus légère
altération [d] : — Votre copie est aussi belle que l'original. S'il me fallait choisir, je serais fort embarassée.

— Monsieur Servin n'a pas mis sa femme dans la
confidence de ce mystère, pensa Ginevra, qui, après
avoir répondu à la jeune femme par un doux sourire
d'incrédulité, fredonna une *canzonetta* de son pays pour
couvrir le bruit que pourrait faire le prisonnier [e].

C'était quelque chose de si insolite que d'entendre
la studieuse Italienne chanter, que toutes les jeunes
filles surprises la regardèrent. Plus tard cette circonstance servit de preuve aux charitables suppositions de

la haine[a]. Madame Servin s'en alla bientôt, et la séance s'acheva sans autres événements. Ginevra laissa partir ses compagnes et parut vouloir travailler longtemps encore; mais elle trahissait à son insu le désir de rester seule, car à mesure que les écolières se préparaient à sortir, elle leur jetait des regards d'impatience mal déguisée. Mademoiselle Thirion, devenue en peu d'heures une cruelle ennemie pour celle qui la primait en tout, devina par un instinct de haine que la fausse application de sa rivale cachait un mystère. Elle avait été frappée plus d'une fois de l'air attentif avec lequel Ginevra s'était mise à écouter un bruit que personne n'entendait. L'expression qu'elle surprit en dernier lieu dans les yeux de l'Italienne fut pour elle un trait de lumière[b]. Elle s'en alla la dernière de toutes les écolières et descendit chez madame Servin, avec laquelle elle causa un instant; puis elle feignit d'avoir oublié son sac, remonta tout doucement à l'atelier, et aperçut Ginevra grimpée sur un échafaudage fait à la hâte, et si absorbée dans la contemplation du militaire inconnu[c] qu'elle n'entendit pas le léger bruit que produisaient les pas de sa compagne. Il est vrai que, suivant une expression de Walter Scott, Amélie marchait comme sur des œufs; elle regagna promptement la porte de l'atelier et toussa. Ginevra tressaillit, tourna la tête, vit son ennemie, rougit[d], s'empressa de détacher la serge pour donner le change sur ses intentions, et descendit après avoir rangé sa boîte à couleurs. Elle quitta l'atelier en emportant gravée dans son souvenir l'image d'une tête d'homme aussi gracieuse que celle de l'*Endymion,* chef-d'œuvre de Girodet[1] qu'elle avait copié quelques jours auparavant.

— Proscrire[e] un homme si jeune! Qui donc peut-il être? car ce n'est pas le maréchal Ney[2f].

---

1. Voir ci-dessus, p. 205 et la note 1.
2. La constatation va de soi. Ney, en 1815, a quarante-six ans. Même si Ginevra ne l'a jamais vu, elle ne peut ignorer qu'il est d'âge mûr.

Ces deux phrases sont l'expression la plus simple de toutes les idées que Ginevra commenta pendant deux jours. Le surlendemain, malgré sa diligence pour arriver la première à l'atelier, elle y trouva mademoiselle Thirion qui s'y était fait conduire en voiture. Ginevra et son ennemie s'observèrent longtemps; mais elles se composèrent des visages impénétrables l'une pour l'autre. Amélie avait vu la tête ravissante de l'inconnu; mais, heureusement et malheureusement tout à la fois, les aigles et l'uniforme n'étaient pas placés dans l'espace que la fente lui avait permis d'apercevoir. Elle se perdit alors en conjectures. Tout à coup Servin arriva beaucoup plus tôt qu'à l'ordinaire.

— Mademoiselle Ginevra, dit-il après avoir jeté un coup d'œil sur l'atelier, pourquoi vous êtes-vous mise là? Le jour est mauvais. Approchez-vous donc de ces demoiselles, et descendez un peu votre rideau.

Puis il s'assit auprès de Laure, dont le travail méritait ses plus complaisantes corrections [a].

— Comment donc! s'écria-t-il, voici une tête supérieurement faite. Vous serez une seconde Ginevra.

Le maître alla de chevalet en chevalet, grondant, flattant, plaisantant, et faisant, comme toujours, craindre plutôt ses plaisanteries que ses réprimandes. L'Italienne n'avait pas obéi aux observations du professeur, et restait à son poste avec la ferme intention de ne pas s'en écarter. Elle prit une feuille de papier et se mit à *croquer* [b] à la sépia la tête du pauvre reclus. Une œuvre conçue avec passion porte toujours un cachet particulier. La faculté d'imprimer aux traductions de la nature ou de la pensée des couleurs vraies constitue le génie, et souvent la passion en tient lieu [1]. Aussi, dans la circonstance où se trouvait Ginevra, l'intuition

---

1. Comme dans *La Maison-du-Chat-qui-pelote* (p. 45) et en termes moins nuancés, car le passage n'a jamais été corrigé, Balzac énonce, sur la création des œuvres d'art, une théorie proprement romantique dont il s'est éloigné par la suite.

qu'elle devait à sa mémoire vivement frappée [a], ou
la nécessité peut-être, cette mère des grandes choses,
lui prêta-t-elle un talent surnaturel. La tête de l'officier
fut jetée sur le papier au milieu d'un tressaillement [b]
intérieur qu'elle attribuait à la crainte, et dans lequel
un physiologiste aurait reconnu la fièvre de l'inspiration [c]. Elle glissait de temps en temps un regard furtif
sur ses compagnes, afin de pouvoir cacher le lavis en
cas d'indiscrétion de leur part. Malgré son active surveillance, il y eut un moment où elle n'aperçut pas le
lorgnon que son impitoyable ennemie braquait sur le
mystérieux dessin, en s'abritant derrière un grand portefeuille [d]. Mademoiselle Thirion, qui reconnut la figure
du proscrit, leva brusquement la tête [e], et Ginevra
serra la feuille de papier.

— Pourquoi êtes-vous restée là malgré mon avis,
mademoiselle? demanda gravement le professeur à
Ginevra.

L'écolière tourna vivement son chevalet de manière
que personne ne pût voir son lavis, et dit d'une voix
émue en le montrant à son maître : — Ne trouvez-vous
pas comme moi que ce jour est plus favorable? ne
dois-je pas rester là?

Servin pâlit [f]. Comme rien n'échappe aux yeux
perçants de la haine, mademoiselle Thirion se mit,
pour ainsi dire, en tiers dans les émotions qui agitèrent
le maître et l'écolière.

— Vous avez raison, dit Servin. Mais vous en saurez
bientôt plus que moi, ajouta-t-il en riant forcément. Il y
eut une pause pendant laquelle le professeur contempla
la tête [g] de l'officier. — Ceci est un chef-d'œuvre digne
de Salvator Rosa [1h], s'écria-t-il avec une énergie d'artiste.

---

1. La référence à ce peintre du XVIIe siècle n'est pas hors de propos,
car Salvator Rosa s'est plu à représenter des visages énergiques et
tourmentés. Mais elle ne serait sans doute pas venue à l'esprit de l'écrivain s'il n'avait lu la nouvelle inspirée à Hoffmann par Salvator Rosa
et traduite par Loève-Veimars. Deux fragments de cette nouvelle
ont paru dans le *Mercure de France* en octobre 1829.

A cette exclamation [a], toutes les jeunes personnes se levèrent, et mademoiselle Thirion accourut avec la vélocité du tigre qui se jette sur sa proie. En ce moment le proscrit éveillé par le bruit se remua. Ginevra fit tomber son tabouret, prononça des phrases assez incohérentes et se mit à rire, mais elle avait plié le portrait et l'avait jeté dans son portefeuille avant que sa redoutable ennemie eût pu l'apercevoir. Le chevalet fut entouré, Servin détailla à haute voix les beautés de la copie que faisait en ce moment son élève favorite, et tout le monde fut dupe de ce stratagème, moins Amélie qui, se plaçant en arrière de ses compagnes, essaya d'ouvrir le portefeuille où elle avait vu mettre le lavis. Ginevra saisit le carton et le plaça devant elle sans mot dire. Les deux jeunes filles s'examinèrent alors en silence [b].

— Allons, mesdemoiselles, à vos places, dit Servin. Si vous voulez en savoir autant que mademoiselle de Piombo, il ne faut pas toujours parler modes ou bals [c] et baguenauder comme vous faites.

Quand toutes les jeunes personnes eurent regagné leurs chevalets, Servin s'assit auprès de Ginevra.

— Ne valait-il pas mieux que ce mystère fût découvert par moi que par une autre? dit l'Italienne en parlant à voix basse.

— Oui, répondit le peintre. Vous êtes patriote; mais, ne le fussiez-vous pas, ce serait encore vous à qui je l'aurais confié.

Le maître et l'écolière se comprirent, et Ginevra [d] ne craignit plus de demander : — Qui est-ce?

— L'ami intime de Labédoyère, celui qui, après l'infortuné colonel, a contribué le plus à la réunion du septième [1] avec les grenadiers de l'île d'Elbe. Il était chef d'escadron dans la Garde, et revient de Waterloo.

---

1. Le septième de ligne, en garnison à Grenoble, qui avait été confié au colonel Labédoyère.

— Comment n'avez-vous pas brûlé son uniforme, son shako, et ne lui avez-vous pas donné des habits bourgeois? dit vivement Ginevra.

— On doit m'en apporter ce soir.

— Vous auriez dû fermer notre atelier pendant quelques jours.

— Il va partir.

— Il veut donc mourir [a]? dit la jeune fille. Laissez-le chez vous pendant le premier moment de la tourmente. Paris est encore le seul endroit de la France où l'on puisse cacher sûrement un homme. Il est votre ami? demanda-t-elle.

— Non, il n'a pas d'autres titres à ma recommandation que son malheur. Voici comment il m'est tombé sur les bras : mon beau-père, qui avait repris du service pendant cette campagne, a rencontré ce pauvre jeune homme, et l'a très subtilement sauvé des griffes [b] de ceux qui ont arrêté Labédoyère. Il voulait le défendre, l'insensé !

— C'est vous qui le nommez ainsi? s'écria Ginevra en lançant un regard de surprise au peintre, qui garda le silence un moment.

— Mon beau-père est trop espionné pour pouvoir garder quelqu'un chez lui, reprit-il. Il me l'a donc nuitamment amené la semaine dernière. J'avais espéré le dérober à tous les yeux en le mettant dans ce coin, le seul endroit de la maison où il puisse être en sûreté.

— Si je puis vous être utile, employez-moi, dit Ginevra, je connais le maréchal Feltre [1c].

— Eh bien, nous verrons, répondit le peintre.

Cette conversation dura trop longtemps pour ne pas être remarquée de toutes les jeunes filles. Servin quitta Ginevra, revint encore à chaque chevalet, et

---

1. Henri Clarke, duc de Feltre, s'était aussitôt rallié à la Restauration. Son expérience de l'administration militaire lui valut d'emblée un grand crédit au ministère de la Guerre, dont il devait bientôt prendre la direction.

donna de si longues leçons qu'il était encore sur l'escalier quand sonna l'heure à laquelle ses écolières avaient l'habitude de partir.

— Vous oubliez votre sac, mademoiselle Thirion, s'écria le professeur en courant après la jeune fille, qui descendait jusqu'au métier d'espion pour satisfaire sa haine.

La curieuse élève vint chercher son sac en manifestant un peu de surprise de son étourderie, mais le soin de Servin fut pour elle une nouvelle preuve de l'existence d'un mystère dont la gravité n'était pas douteuse; elle avait déjà inventé tout ce qui devait être, et pouvait dire comme l'abbé Vertot : *Mon siége est fait* [1]. Elle descendit bruyamment l'escalier et tira violemment la porte qui donnait dans l'appartement de Servin, afin de faire croire qu'elle sortait [a]; mais elle remonta doucement, et se tint derrière la porte de l'atelier. Quand le peintre et Ginevra se crurent seuls, il frappa d'une certaine manière à la porte de la mansarde, qui tourna aussitôt sur ses gonds rouillés et criards. L'Italienne vit paraître un jeune homme grand et bien fait dont l'uniforme impérial lui fit battre le cœur. L'officier avait le bras en écharpe, et la pâleur de son teint accusait de vives souffrances. En apercevant une inconnue, il tressaillit. Amélie, qui ne pouvait rien voir, trembla de rester plus longtemps; mais il lui suffisait d'avoir entendu le grincement de la porte, elle s'en alla sans bruit.

— Ne craignez rien, dit le peintre à l'officier; mademoiselle est la fille du plus fidèle ami de l'Empereur, le baron de Piombo.

Le jeune militaire ne conserva plus de doute sur le patriotisme de Ginevra, après l'avoir vue.

---

1. L'abbé Vertot aurait prononcé ces mots pour refuser les documents qu'on lui apportait tardivement sur le siège de Rhodes en vue de son *Histoire de l'ordre de Malte* (1726). Balzac les détourne de leur sens originel, car ils signifient dans le contexte : « Je suis fixée. »

— Vous [a] êtes blessé? dit-elle.

— Oh! ce n'est rien, mademoiselle, la plaie se re-ferme.

En ce moment, les voix criardes et perçantes des colporteurs arrivèrent jusqu'à l'atelier : « Voici le jugement qui condamne à mort... [1] » Tous trois tres-saillirent. Le soldat entendit, le premier, un nom qui le fit pâlir.

— Labédoyère! dit-il en tombant sur le tabouret [b].

Ils se regardèrent en silence. Des gouttes de sueur se formèrent sur le front livide du jeune homme, il saisit d'une main et par un geste de désespoir les touffes noires de sa chevelure, et appuya son coude sur le bord du chevalet de Ginevra.

— Après tout, dit-il en se levant brusquement, Labé-doyère et moi nous savions ce que nous faisions. Nous connaissions le sort qui nous attendait après le triomphe comme après la chute. Il meurt pour sa cause, et moi je me cache...

Il alla précipitamment vers la porte de l'atelier; mais plus leste que lui, Ginevra s'était élancée et lui en barrait le chemin.

— Rétablirez-vous l'Empereur? dit-elle. Croyez-vous pouvoir relever ce géant quand lui-même n'a pas su rester debout?

— Que voulez-vous [c] que je devienne? dit alors le proscrit en s'adressant aux deux amis que lui avait envoyés le hasard. Je n'ai pas un seul parent dans le monde, Labédoyère était mon protecteur et mon ami [d], je suis seul; demain je serai peut-être proscrit ou con-damné, je n'ai jamais eu que ma paye pour fortune, j'ai mangé mon dernier écu pour venir arracher Labé-doyère à son sort et tâcher de l'emmener [e]; la mort est donc une nécessité pour moi. Quand on est décidé à mourir, il faut savoir vendre sa tête au bourreau.

---

1. Labédoyère fut condamné à mort le 15 août 1815 et fusillé le 19. Le mot *colporteurs* désigne ici des marchands de journaux.

Je pensais tout à l'heure que la vie d'un honnête homme vaut bien celle de deux traîtres, et qu'un coup de poignard bien placé peut donner l'immortalité.

Cet accès de désespoir effraya le peintre et Ginevra elle-même, qui comprit bien le jeune homme. L'Italienne admira cette belle tête et cette voix délicieuse dont la douceur était à peine altérée par des accents de fureur; puis elle jeta tout à coup du baume sur toutes les plaies de l'infortuné.

— Monsieur, dit-elle [a], quant à votre détresse pécuniaire, permettez-moi de vous offrir l'or de mes économies [b]..Mon père est riche, je suis son seul enfant, il m'aime, et je suis bien sûre qu'il ne me blâmera pas [c]. Ne vous faites pas scrupule d'accepter : nos biens viennent de l'Empereur, nous n'avons pas un centime qui ne soit un effet de sa munificence. N'est-ce pas être reconnaissants que d'obliger un de ses fidèles soldats? Prenez donc cette somme avec aussi peu de façons que j'en mets à vous l'offrir [d]. Ce n'est que de l'argent, ajouta-t-elle d'un ton de mépris. Maintenant, quant à des amis, vous en trouverez! Là, elle leva fièrement la tête, et ses yeux brillèrent d'un éclat inusité. — La tête qui tombera demain devant une douzaine de fusils sauve la vôtre, reprit-elle. Attendez que cet orage passe, et vous pourrez aller chercher du service à l'étranger si l'on ne vous oublie pas, ou dans l'armée française si l'on vous oublie [e].

Il existe dans les consolations que donne une femme une délicatesse qui a toujours quelque chose de maternel, de prévoyant, de complet. Mais quand, à ces paroles de paix et d'espérance, se joignent la grâce des gestes, cette éloquence de ton qui vient du cœur, et que surtout la bienfaitrice est belle, il est difficile à un jeune homme de résister. Le colonel [f] aspira l'amour par tous les sens. Une légère teinte rose nuança ses joues blanches, ses yeux perdirent un peu de la mélancolie qui les ternissait, et il dit d'un son de voix particulier : — Vous êtes un ange de bonté [a] ! Mais Labédoyère, ajouta-t-il, Labédoyère !

A ce cri, ils se regardèrent tous les trois en silence, et ils se comprirent. Ce n'était plus des amis de vingt minutes, mais de vingt ans.

— Mon cher, reprit Servin, pouvez-vous le sauver?

— Je puis le venger.

Ginevra tressaillit : quoique l'inconnu fût beau [b], son aspect n'avait point ému la jeune fille [c]; la douce pitié que les femmes trouvent dans leur cœur pour les misères qui n'ont rien d'ignoble avait étouffé chez Ginevra toute autre affection : mais entendre un cri de vengeance, rencontrer dans ce proscrit une âme italienne, du dévouement pour Napoléon, de la générosité à la corse [d]?... c'en était trop pour elle [e]; elle contempla donc l'officier avec une émotion respectueuse qui lui agita fortement le cœur. Pour la première fois, un homme lui faisait éprouver un sentiment si vif. Comme toutes les femmes [f], elle se plut à mettre l'âme de l'inconnu en harmonie avec la beauté distinguée de ses traits, avec les heureuses proportions de sa taille qu'elle admirait en artiste. Menée par le hasard de la curiosité à la pitié, de la pitié à un intérêt puissant, elle arrivait de cet intérêt à des sensations si profondes, qu'elle crut dangereux de rester là plus longtemps.

— A demain, dit-elle en laissant à l'officier le plus doux de ses sourires pour consolation.

En voyant ce sourire, qui jetait comme un nouveau jour sur la figure de Ginevra, l'inconnu oublia tout pendant un instant [g].

— Demain, répondit-il avec tristesse, demain, Labédoyère...

Ginevra se retourna, mit un doigt sur ses lèvres, et le regarda comme si elle lui disait : — Calmez-vous, soyez prudent.

Alors le jeune homme s'écria : — *O Dio ! che non vorrei vivere dopo averla veduta !* (O Dieu, qui ne voudrait vivre après l'avoir vue !)

L'accent particulier avec lequel il prononça cette phrase fit tressaillir Ginevra.

— Vous êtes Corse? s'écria-t-elle en revenant à lui le cœur palpitant d'aise.

— Je suis né en Corse, répondit-il; mais j'ai été amené très jeune à Gênes; et, aussitôt que j'eus atteint l'âge auquel on entre au service militaire, je me suis engagé.

La beauté de l'inconnu, l'attrait surnaturel que lui prêtaient son attachement à l'Empereur [a], sa blessure, son malheur, son danger même, tout disparut aux yeux de Ginevra, ou plutôt tout se fondit dans un seul sentiment, nouveau, délicieux. Ce proscrit était un enfant de la Corse, il en parlait le langage chéri! La jeune fille resta pendant un moment immobile, retenue par une sensation magique; elle avait sous les yeux un tableau vivant auquel tous les sentiments humains réunis et le hasard donnaient de vives couleurs : sur l'invitation de Servin, l'officier s'était assis sur un divan, le peintre avait dénoué l'écharpe qui retenait le bras de son hôte, et s'occupait à en défaire l'appareil afin de panser la blessure. Ginevra frissonna en voyant la longue et large plaie faite par la lame d'un sabre sur l'avant-bras du jeune homme, et laissa échapper une plainte. L'inconnu leva la tête vers elle et se mit à sourire. Il y avait quelque chose de touchant et qui allait à l'âme dans l'attention avec laquelle Servin enlevait la charpie et tâtait les chairs meurtries; tandis que la figure du blessé, quoique pâle et maladive, exprimait, à l'aspect de la jeune fille, plus de plaisir que de souffrance. Une artiste devait admirer involontairement cette opposition de sentiments, et les contrastes que produisaient la blancheur des linges, la nudité du bras, avec l'uniforme bleu et rouge de l'officier. En ce moment, une obscurité douce enveloppait l'atelier; mais un dernier rayon de soleil vint éclairer la place où se trouvait le proscrit, en sorte que sa noble et blanche figure, ses cheveux noirs, ses vêtements, tout fut inondé par le jour. Cet effet si simple, la supertitieuse Italienne le prit pour un heureux présage. L'inconnu ressemblait ainsi à un céleste messager qui lui faisait entendre le langage de la patrie, et la mettait sous le charme des souvenirs de son enfance, pendant que dans son cœur naissait un sentiment aussi frais, aussi pur que son premier âge d'innocence. Pendant un moment bien court, elle demeura songeuse et comme plongée dans une pensée infinie; puis elle rougit de laisser voir sa préoccupation, échangea un doux et rapide regard avec le proscrit, et s'enfuit en le voyant toujours [a].

Le lendemain n'était pas un jour de leçon, Ginevra vint à l'atelier et le prisonnier put rester auprès de sa compatriote; Servin, qui avait une esquisse à terminer, permit au reclus d'y demeurer en servant de mentor aux deux jeunes gens, qui s'entretinrent souvent en corse [b]. Le pauvre soldat raconta ses souffrances pendant la déroute de Moscou, car il s'était trouvé, à l'âge de dix-neuf ans, au passage de la Bérézina [1], seul de son régiment après avoir perdu dans ses camarades les seuls hommes qui pussent s'intéresser à un orphelin. Il peignit en traits de feu le grand désastre de Waterloo. Sa voix fut une musique pour l'Italienne. Élevée à la corse, Ginevra était [c] en quelque sorte la fille de la nature, elle ignorait le mensonge [d], et se livrait sans détour à ses impressions, elle les avouait, ou plutôt les laissait deviner sans le manège de la petite et calculatrice coquetterie des jeunes filles de Paris. Pendant cette journée, elle resta plus d'une fois, sa palette d'une main, son pinceau de l'autre, sans que le pinceau s'abreuvât des couleurs de la palette : les yeux attachés sur l'officier et la bouche légèrement entr'ouverte, elle

---

1. En novembre 1812. Le jeune colonel, en août 1815, a donc vingt-deux ans à peine, trois ans de moins que Ginevra.

écoutait, se tenant toujours prête à donner un coup de pinceau qu'elle ne donnait jamais. Elle ne s'étonnait pas de trouver tant de douceur dans les yeux du jeune homme, car elle sentait les siens devenir doux malgré sa volonté de les tenir sévères ou calmes [a]. Puis, elle peignait ensuite avec une attention particulière et pendant des heures entières [b], sans lever la tête, parce qu'il était là, près d'elle, la regardant travailler. La première fois qu'il vint s'asseoir pour la contempler en silence [c], elle lui dit d'un son de voix ému, et après une longue pause [d] : — Cela vous amuse donc de voir peindre ? Ce jour-là, elle apprit qu'il se nommait Luigi [e]. Avant de se séparer, ils convinrent que, les jours d'atelier, s'il arrivait quelque événement politique important, Ginevra l'en instruirait en chantant à voix basse certains airs italiens.

Le lendemain, mademoiselle Thirion apprit sous le secret à toutes ses compagnes que Ginevra di Piombo était aimée d'un jeune homme qui venait, pendant les heures consacrées aux leçons, s'établir dans le cabinet noir de l'atelier.

— Vous qui prenez son parti, dit-elle à mademoiselle Roguin, examinez-la bien, et vous verrez à quoi elle passera son temps.

Ginevra fut donc observée avec une attention diabolique. On écouta ses chansons [f], on épia ses regards. Au moment où elle ne croyait être vue de personne, une douzaine d'yeux étaient incessamment arrêtés sur elle. Ainsi prévenues, ces jeunes filles interprétèrent dans leur sens vrai les agitations qui passèrent sur la brillante figure de l'Italienne, et ses gestes, et l'accent particulier de ses fredonnements, et l'air attentif avec lequel on la vit écoutant des sons indistincts qu'elle seule entendait à travers la cloison. Au bout d'une semaine, une seule des quinze élèves de Servin, Laure, avait résisté à l'envie d'examiner Louis par la crevasse de la cloison et, par un instinct de la faiblesse, défendait encore la belle Corse [g] ; mademoiselle Roguin voulut

la faire rester sur l'escalier à l'heure du départ afin de
lui prouver l'intimité de Ginevra et du beau jeune
homme en les surprenant ensemble; mais elle refusa
de descendre à un espionnage que la curiosité ne justifiait pas, et devint l'objet d'une réprobation universelle.
Bientôt la fille de l'huissier du cabinet du roi trouva
peu convenable de venir [a] à l'atelier d'un peintre dont
les opinions avaient une teinte de patriotisme ou de
bonapartisme, ce qui, à cette époque, semblait [b] une
seule et même chose; elle ne revint donc plus chez
Servin [c]. Si Amélie oublia Ginevra, le mal qu'elle avait
semé porta ses fruits. Insensiblement, par hasard,
par caquetage ou par pruderie, toutes les autres jeunes
personnes instruisirent leurs mères de l'étrange aventure qui se passait à l'atelier [d]. Un jour Mathilde
Roguin ne vint pas, la leçon suivante ce fut une autre
jeune fille; enfin trois ou quatre demoiselles, qui
étaient restées les dernières, ne revinrent plus. Ginevra
et mademoiselle Laure, sa petite amie, furent pendant
deux ou trois jours les seules habitantes de l'atelier
désert. L'Italienne ne s'apercevait point de l'abandon
dans lequel elle se trouvait, et ne recherchait même
pas la cause de l'absence de ses compagnes. Ayant
inventé depuis peu les moyens de correspondre mysté-
rieusement avec Louis, elle vivait à l'atelier comme dans
une délicieuse retraite, seule au milieu d'un monde [e],
ne pensant qu'à l'officier et aux dangers qui le menaçaient [f]. Cette jeune fille, quoique sincèrement admi-
ratrice des nobles caractères qui ne veulent pas trahir
leur foi politique, pressait Louis de se soumettre
promptement à l'autorité royale, afin de le garder en
France [g]. Louis ne voulait pas sortir de sa cachette.
Si les passions ne naissent et ne grandissent que sous
l'influence d'événements extraordinaires et romanesques [h], jamais tant de circonstances ne concou-
rurent à lier deux êtres par un même sentiment.
L'amitié de Ginevra pour Louis et de Louis pour elle
fit ainsi plus de progrès en un mois qu'une amitié

du monde n'en fait en dix ans dans un salon. L'adversité n'est-elle pas la pierre de touche des caractères? Ginevra put donc apprécier facilement Louis, le connaître, et ils ressentirent bientôt une estime réciproque l'un pour l'autre. Plus âgée que Louis, Ginevra trouva quelque douceur à être courtisée par un jeune homme déjà si grand, si éprouvé par le sort, et qui joignait à l'expérience d'un homme les grâces de l'adolescence. De son côté, Louis ressentit un indicible plaisir à se laisser protéger en apparence par une jeune fille de vingt-cinq ans. Il y avait dans ce sentiment un certain orgueil inexplicable. N'était-ce pas une preuve d'amour? L'union de la douceur et de la fierté, de la force et de la faiblesse avait en Ginevra d'irrésistibles attraits, aussi Louis fut-il entièrement subjugué par elle [a]. Enfin ils s'aimaient si profondément déjà, qu'ils n'eurent besoin ni de se le nier, ni de se le dire.

Un jour, vers le soir, Ginevra [b] entendit le signal convenu : Louis frappait avec une épingle sur la boiserie de manière à ne pas produire plus de bruit qu'une araignée qui attache son fil, et demandait ainsi à sortir de sa retraite; elle jeta un coup d'œil dans l'atelier, ne vit pas la petite Laure, et répondit au signal; mais en ouvrant la porte, Louis aperçut l'écolière [c], et rentra précipitamment. Étonnée, Ginevra regarde autour d'elle, trouve Laure, et lui dit en allant à son chevalet :

— Vous restez bien tard, ma chère [d]. Cette tête me paraît pourtant achevée, il n'y a plus qu'un reflet à indiquer sur le haut de cette tresse de cheveux.

— Vous seriez bien bonne, dit Laure d'une voix émue, si vous vouliez me corriger cette copie, je pourrais conserver quelque chose de vous...

— Je veux bien, répondit Ginevra, sûre de pouvoir ainsi la congédier. Je croyais, reprit-elle en donnant de légers coups de pinceau [e], que vous aviez beaucoup de chemin à faire de chez vous à l'atelier.

— Oh! Ginevra, je vais m'en aller et pour toujours, s'écria la jeune fille d'un air triste.

— Vous quittez monsieur Servin? demanda l'Italienne, sans se montrer affectée de ces paroles comme
elle l'aurait été un mois auparavant.

— Vous ne vous apercevez donc pas, Ginevra, que
depuis quelque temps il n'y a plus ici que vous et moi [a]?

— C'est vrai, répondit Ginevra frappée tout à coup
comme par un souvenir. Ces demoiselles seraient-elles
malades, se marieraient-elles, ou leurs pères seraient-ils
tous de service au château [b]?

— Toutes ont quitté monsieur Servin, répondit
Laure.

— Et pourquoi?

— A cause de vous, Ginevra.

— De moi! répéta la fille corse [c] en se levant, le
front menaçant, l'œil fier et les yeux étincelants.

— Oh! ne vous fâchez pas, ma bonne Ginevra,
s'écria douloureusement Laure. Mais ma mère aussi
veut que je quitte l'atelier. Toutes ces demoiselles
ont dit que vous aviez une intrigue [d], que monsieur
Servin se prêtait à ce qu'un jeune homme qui vous
aime demeurât dans le cabinet noir; je n'ai jamais cru
ces calomnies et n'en ai rien dit à ma mère. Hier au
soir, madame Roguin [1][e] a rencontré ma mère dans un
bal et lui a demandé si elle m'envoyait toujours ici.
Sur la réponse affirmative de ma mère, elle lui a répété
les mensonges de ces demoiselles. Maman m'a bien
grondée, elle a prétendu que je devais savoir tout
cela, que j'avais manqué à la confiance qui règne entre
une mère et sa fille en ne lui en parlant pas [f]. O ma
chère Ginevra! moi qui vous prenais pour modèle,
combien je suis fâchée [g] de ne plus pouvoir rester
votre compagne...

---

1. L'officieuse « cousine » de *La Maison du Chat-qui-pelote,* qui
favorisait les amours d'Augustine avec Sommervieux, apparait dans
La Vendetta comme une bégueule. Dans les premières éditions des
deux nouvelles, il ne s'agissait pas de la même personne (voir les
variantes, pp. 335 et 373).

— Nous nous retrouverons dans la vie : les jeunes filles se marient... dit Ginevra.

— Quand elles sont riches, répondit Laure.

— Viens me voir, mon père a de la fortune...

— Ginevra, reprit Laure attendrie [a], madame Roguin et ma mère doivent venir demain chez monsieur Servin pour lui faire des reproches, au moins qu'il en soit prévenu.

La foudre [b] tombée à deux pas de Ginevra l'aurait moins étonnée que cette révélation.

— Qu'est-ce que cela leur faisait? dit-elle naïvement.

— Tout le monde trouve cela fort mal. Maman dit que c'est contraire aux mœurs...

— Et vous, Laure, qu'en pensez-vous?

La jeune fille regarda Ginevra, leurs pensées se confondirent, Laure ne retint plus ses larmes, se jeta au cou de son amie et l'embrassa. En ce moment, Servin arriva.

— Mademoiselle Ginevra, dit-il avec enthousiasme [c], j'ai fini mon tableau, on le vernit. Qu'avez-vous donc? Il paraît que toutes ces demoiselles prennent des vacances, ou sont à la campagne.

Laure sécha ses larmes, salua Servin, et se retira.

— L'atelier est désert depuis plusieurs jours [d], dit Ginevra, et ces demoiselles ne reviendront plus.

— Bah?...

— Oh! ne riez pas, reprit Ginevra, écoutez-moi [e] : je suis la cause involontaire de la perte de votre réputation.

L'artiste se mit à sourire, et dit en interrompant son écolière : — Ma réputation?... mais, dans quelques jours, mon tableau sera exposé.

— Il ne s'agit pas de votre talent, dit l'Italienne [f] ; mais de votre moralité. Ces demoiselles ont publié que Louis était enfermé ici, que vous vous prêtiez... à... notre amour...

— Il y a du vrai là-dedans, mademoiselle, répondit le professeur. Les mères de ces demoiselles sont des

bégueules, reprit-il. Si elles étaient venues me trouver,
tout se serait expliqué. Mais que je prenne du souci de
tout cela ? la vie est trop courte !

Et le peintre fit craquer ses doigts par-dessus sa tête [a].
Louis, qui avait entendu une partie de cette conversation, accourut aussitôt.

— Vous allez perdre toutes vos écolières, s'écria-t-il,
et je vous aurai ruiné.

L'artiste prit la main de Louis et celle de Ginevra, les
joignit [b]. — Vous vous marierez, mes enfants ? leur
demanda-t-il avec une touchante bonhomie [c]. Ils
baissèrent tous deux les yeux, et leur silence fut le
premier aveu qu'ils se firent [d]. — Eh bien, reprit
Servin, vous serez heureux, n'est-ce pas ? Y a-t-il
quelque chose qui puisse payer le bonheur de deux
êtres tels que vous !

— Je suis riche, dit Ginevra, et vous me permettrez
de vous indemniser...

— Indemniser !... s'écria Servin. Quand on saura que
j'ai été victime des calomnies de quelques sottes, et
que je cachais un proscrit, mais tous les libéraux de
Paris m'enverront leurs filles ! Je serai peut-être alors
votre débiteur...

Louis serrait la main de son protecteur sans pouvoir
prononcer une parole ; mais enfin il lui dit d'une voix
attendrie : — C'est donc à vous que je devrai toute ma
félicité.

— Soyez heureux, je vous unis, dit le peintre avec
une onction comique [e] en imposant ses mains sur la
tête des deux amants [1].

Cette plaisanterie d'artiste mit fin à leur attendrissement. Ils se regardèrent tous trois en riant. L'Italienne
serra la main de Louis par une violente étreinte et avec

---

1. Balzac décrira un jeu de scène exactement semblable dans *Le Père
Goriot* : « Adieu, enfants, reprit Vautrin en se tournant vers Eugène
et Victorine. Je vous bénis, lui dit-il en leur imposant ses mains au-
dessus de leurs têtes » (p. 209).

une simplicité d'action digne des mœurs de sa patrie [a].

— Ah çà, mes chers enfants, reprit Servin, vous croyez que tout ça va maintenant à merveille? Eh bien, vous vous trompez.

Les deux amants l'examinèrent avec étonnement.

— Rassurez-vous, je suis le seul que votre espiéglerie embarrasse! Madame Servin est un peu *collet-monté*, et je ne sais en vérité pas comment nous nous arrangerons avec elle.

— Dieu! j'oubliais! s'écria Ginevra. Demain, madame Roguin et la mère de Laure doivent venir vous...

— J'entends! dit le peintre en interrompant.

— Mais vous pouvez vous justifier, reprit la jeune fille en laissant échapper un geste de tête plein d'orgueil. Monsieur Louis, dit-elle en se tournant vers lui et le regardant avec finesse, ne doit plus avoir d'antipathie pour le gouvernement royal? — Eh bien, reprit-elle après l'avoir vu souriant, demain matin j'enverrai une pétition à l'un des personnages les plus influents du ministère de la Guerre, à un homme qui ne peut rien refuser à la fille du baron de Piombo. Nous obtiendrons un pardon tacite pour le commandant Louis, car *ils* ne voudront pas vous reconnaître le grade de colonel. Et vous pourrez, ajouta-t-elle en s'adressant à Servin, confondre les mères de mes charitables compagnes en leur disant la vérité.

— Vous êtes un ange! s'écria Servin [b].

Pendant que cette scène se passait à l'atelier, le père et la mère de Ginevra s'impatientaient de ne pas la voir revenir [c].

— Il est six heures [d], et Ginevra n'est pas encore de retour, s'écria Bartholoméo.

— Elle n'est jamais rentrée si tard, répondit la femme de Piombo.

Les deux vieillards se regardèrent avec toutes les marques d'une anxiété peu ordinaire. Trop agité pour rester en place, Bartholoméo se leva et fit deux fois le tour de son salon assez lestement pour un homme de soixante-dix-sept ans. Grâce à sa constitution robuste, il avait subi peu de changements depuis le jour de son arrivée à Paris [a], et malgré sa haute taille, il se tenait encore droit. Ses cheveux devenus blancs et rares laissaient à découvert un crâne large et protubérant qui donnait une haute idée de son caractère et de sa fermeté, sa figure marquée de rides profondes avait pris un très grand développement et gardait ce teint pâle qui inspire la vénération. La fougue des passions régnait encore dans le feu surnaturel de ses yeux dont les sourcils n'avaient pas entièrement blanchi, et qui conservaient leur terrible mobilité. L'aspect de cette tête était sévère, mais on voyait que Bartholoméo avait le droit d'être ainsi. Sa bonté, sa douceur n'étaient guère connues que de sa femme et de sa fille. Dans ses fonctions ou devant un étranger, il ne déposait jamais la majesté que le temps imprimait à sa personne, et l'habitude de froncer ses gros sourcils, de contracter les rides de son visage, de donner à son regard une fixité napoléonienne [b], rendait son abord glacial [c]. Pendant le cours de sa vie politique, il avait été si généralement craint, qu'il passait pour peu sociable; mais il n'est pas difficile d'expliquer les causes de cette réputation. La vie, les mœurs et la fidélité de Piombo faisaient la censure de la plupart des courtisans [d]. Malgré les missions délicates [1] confiées à sa discrétion, et qui pour tout autre eussent été lucratives, il ne possédait pas plus d'une trentaine [e] de mille livres de rente en inscriptions sur le Grand-Livre. Si l'on vient à songer au bon marché des rentes sous l'Empire, à la libéralité de Napoléon envers ceux de ses fidèles serviteurs qui savaient parler, il est facile de voir que le

---

1. Nous allons apprendre qu'il a été envoyé « dans une cour étrangère » et Ginevra précisera qu'il est resté plusieurs mois « en ambassade ». On imagine mal dans des fonctions de diplomate ce personnage rude et, en outre, « sans instruction » (voir p. 258).

baron de Piombo était un homme d'une probité sévère ; il ne devait son plumage de baron [1] qu'à la nécessité dans laquelle Napoléon s'était trouvé de lui donner un titre en l'envoyant dans une cour étrangère. Bartholoméo avait toujours professé une haine implacable pour les traîtres dont s'entoura Napoléon en croyant les conquérir à force de victoires [a]. Ce fut lui qui, dit-on, fit trois pas vers la porte du cabinet de l'Empereur, après lui avoir donné le conseil de se débarrasser de trois hommes en France [2], la veille du jour où il partit pour sa célèbre et admirable campagne de 1814. Depuis [b] le second retour des Bourbons, Bartholoméo ne portait plus la décoration de la Légion d'honneur. Jamais homme n'offrit une plus belle image de ces vieux républicains, amis incorruptibles de l'Empire, qui restaient comme les vivants débris des deux gouvernements les plus énergiques que le monde ait connus [3]. Si le baron de Piombo déplaisait à quelques courtisans [c], il avait les Daru, les Drouot, les Carnot [4] pour amis. Aussi, quant au reste des hommes politiques, depuis Waterloo [d], s'en souciait-il autant que des bouffées de fumée qu'il tirait de son cigare [e].

Bartholoméo di Piombo avait acquis, moyennant la somme assez modique que *Madame,* mère de l'Empereur, lui avait donnée de ses propriétés en Corse, l'ancien hôtel de Portenduère [f], dans lequel il ne fit

---

1. « Les perles dont les couronnes héraldiques sont surmontées avaient été remplacées par des plumes dans les armoiries de la noblesse impériale » (note de Balzac aux premières éditions).

2. Sans doute Talleyrand, Beugnot et Fouché qui, en 1814 et 1815, jouèrent un rôle décisif dans l'institution du régime nouveau.

3. L'Empire et le Consulat, qui était encore, officiellement, la République (Bonaparte disait, p. 220 : « Je commande la République »). L'hommage à ces deux régimes vaut d'être noté, dans une nouvelle écrite sous Charles X.

4. Ces trois personnages, demeurés fidèles à l'Empereur, connurent la disgrâce au début de la Restauration.

aucun changement. Presque toujours logé aux frais
du gouvernement, il n'habitait cette maison que depuis
la catastrophe de Fontainebleau[1]. Suivant l'habitude
des gens simples et de haute vertu, le baron et sa
femme ne donnaient rien au faste extérieur : leurs
meubles provenaient de l'ancien ameublement de
l'hôtel. Les grands appartements hauts d'étage, sombres
et nus de cette demeure, les larges glaces encadrées
dans de vieilles bordures dorées presque noires,
et ce mobilier du temps de Louis XIV[a], étaient en
rapport avec Bartholoméo et sa femme, personnages
dignes de l'antiquité. Sous l'Empire et pendant les
Cent-Jours, en exerçant des fonctions largement
rétribuées, le vieux Corse avait eu un grand train de
maison, plutôt dans le but de faire honneur à sa place
que dans le dessein de briller. Sa vie et celle de sa femme
étaient si frugales, si tranquilles, que leur modeste
fortune[2] suffisait à leurs besoins. Pour eux, leur fille
Ginevra valait toutes les richesses du monde. Aussi,
quand[b], en mai 1814, le baron de Piombo quitta sa
place, congédia ses gens et ferma la porte de son
écurie, Ginevra, simple et sans faste comme ses parents,
n'eut-elle aucun regret : à l'exemple des grandes
âmes, elle mettait son luxe dans la force des sentiments, comme elle plaçait sa fidélité dans la solitude
et le travail. Puis, ces trois êtres s'aimaient trop pour
que les dehors de l'existence eussent quelque prix

---

1. L'abdication du 6 avril 1814.
2. Cette indication paraît contredire des propos antérieurs et répétés
de Ginevra : « Mon père est riche »(p. 243); « Mon père a de la fortune »
(p. 251); « Je suis riche » (p. 252). Nous pouvons admettre qu'en
parlant ainsi elle demeurait sous l'impression du souvenir encore
récent de la faveur impériale. En fait, nous avons lu qu'en 1800 son
père ne possédait pas « une obole » (p. 221); Bonaparte a promis de lui
acheter ses propriétés en Corse « pour lui donner les moyens de vivre »
(p. 220), mais *Madame,* mère de l'Empereur, ne lui en a donné qu'une
somme « assez modique » (p. 255) et Piombo, en outre, n'était pas
homme à abuser des occasions qui lui furent données de s'enrichir
aux grands moments de sa carrière (p. 254).

à leurs yeux. Souvent, et surtout depuis la seconde et effroyable chute de Napoléon, Bartholoméo et sa femme passaient des soirées délicieuses à entendre Ginevra toucher du piano ou chanter. Il y avait pour eux un immense secret de plaisir dans la présence, dans la moindre parole de leur fille, ils la suivaient des yeux avec une tendre inquiétude, ils entendaient son pas dans la cour, quelque léger qu'il pût être. Semblables à des amants, ils savaient rester des heures entières silencieux tous trois, entendant mieux ainsi que par des paroles l'éloquence de leurs âmes. Ce sentiment profond, la vie même des deux vieillards, animait toutes leurs pensées. Ce n'était pas trois existences, mais une seule, qui, semblable à la flamme d'un foyer, se divisait en trois langues de feu. Si quelquefois le souvenir des bienfaits et du malheur de Napoléon, si la politique du moment triomphaient de la constante sollicitude des deux vieillards, ils pouvaient en parler sans rompre la communauté de leurs pensées [a] : Ginevra ne partageait-elle pas leurs passions politiques [b]? Quoi de plus naturel que l'ardeur avec laquelle ils se réfugiaient dans le cœur de leur unique enfant? Jusqu'alors, les occupations d'une vie publique avaient absorbé l'énergie du baron de Piombo; mais en quittant ses emplois, le Corse eut besoin de rejeter son énergie dans le dernier sentiment qui lui restât; puis, à part les liens qui unissent un père et une mère à leur fille, il y avait peut-être, à l'insu de ces trois âmes despotiques, une puissante raison au fanatisme de leur passion réciproque : ils s'aimaient sans partage, le cœur tout entier de Ginevra appartenait à son père, comme à elle celui de Piombo; enfin, s'il est vrai que nous nous attachions les uns aux autres plus par nos défauts que par nos qualités, Ginevra répondait merveilleusement bien à toutes les passions de son père. De là procédait la seule imperfection de cette triple vie. Ginevra était entière dans ses volontés, vindicative, emportée comme Bartholoméo l'avait été pendant sa jeunesse. Le Corse se complut à développer ces sentiments sauvages dans le cœur de sa fille, absolument comme un lion apprend à ses lionceaux à fondre sur leur proie. Mais cet apprentissage de vengeance ne pouvant en quelque sorte se faire qu'au logis paternel, Ginevra ne pardonnait rien à son père, et il fallait qu'il lui cédât. Piombo ne voyait que des enfantillages dans ces querelles factices; mais l'enfant y contracta l'habitude de dominer ses parents. Au milieu de ces tempêtes que Bartholoméo aimait à exciter, un mot de tendresse, un regard suffisaient pour apaiser leurs âmes courroucées, et ils n'étaient jamais si près d'un baiser que quand ils se menaçaient. Cependant, depuis cinq années environ, Ginevra, devenue plus sage que son père, évitait constamment ces sortes de scènes. Sa fidélité, son dévouement, l'amour qui triomphait dans toutes ses pensées et son admirable bon sens avaient fait justice de ses colères; mais il n'en était pas moins résulté un bien grand mal : Ginevra vivait avec son père et sa mère sur le pied d'une égalité toujours funeste. Pour achever de faire connaître tous les changements survenus chez ces trois personnages depuis leur arrivée à Paris, Piombo et sa femme, gens sans instruction, avaient laissé Ginevra étudier à sa fantaisie. Au gré de ses caprices de jeune fille, elle avait tout appris et tout quitté, reprenant et laissant chaque pensée tout à tour, jusqu'à ce que la peinture fût devenue sa passion dominante; elle eût été parfaite [a], si sa mère avait été capable de diriger ses études, de l'éclairer et de mettre en harmonie les dons de la nature : ses défauts provenaient de la funeste éducation que le vieux Corse avait pris plaisir à lui donner.

Après avoir pendant longtemps fait crier sous ses pas les feuilles [1] du parquet, le vieillard sonna. Un domestique parut.

---

1. Les lames.

— Allez au-devant de mademoiselle Ginevra, dit-il.

— J'ai toujours regretté de ne plus avoir de voiture pour elle, observa la baronne.

— Elle n'en a pas voulu, répondit Piombo en regardant sa femme qui, accoutumée depuis quarante ans à son rôle d'obéissance, baissa les yeux.

Déjà septuagénaire [a], grande, sèche, pâle et ridée, la baronne ressemblait parfaitement à ces vieilles femmes que Schnetz met [b] dans les scènes italiennes de ses tableaux de genre [1], elle restait si habituellement silencieuse, qu'on l'eût prise pour une nouvelle madame Shandy [2]; mais un mot, un regard, un geste annonçaient que ses sentiments avaient gardé la vigueur et la fraîcheur de la jeunesse. Sa toilette, dépouillée de coquetterie, manquait souvent de goût. Elle demeurait ordinairement passive, plongée dans une bergère, comme une sultane *Validé* [3], attendant ou admirant sa Ginevra, son orgueil et sa vie. La beauté, la toilette, la grâce de sa fille, semblaient être devenues siennes. Tout pour elle était bien quand Ginevra se trouvait heureuse. Ses cheveux avaient blanchi, et quelques mèches se voyaient au-dessus de son front blanc et ridé, ou le long de ses joues creuses.

— Voilà quinze jours [c] environ, dit-elle, que Ginevra rentre un peu plus tard.

— Jean n'ira pas assez vite, s'écria l'impatient vieillard qui croisa les basques de son habit bleu, saisit son chapeau, l'enfonça sur sa tête, prit sa canne et partit.

— Tu n'iras pas loin, lui cria sa femme.

---

1. Schnetz (1787-1870) a emprunté la plupart de ses sujets aux mœurs italiennes. Il devait être appelé, en 1840 à diriger l'École française de Rome.

2. Balzac cite souvent *Tristram Shandy* de Sterne. Mme Shandy y figure en effet un personnage discret et effacé.

3. Qualificatif donné par les Turcs à la sultane mère. Il est encore question, dans *Le Cabinet des Antiques* (p. 192), d'une « vieille Validé ».

En effet, la porte cochère s'était ouverte et fermée, et la vieille mère entendait le pas de Ginevra [a] dans la cour. Bartholoméo reparut tout à coup portant en triomphe sa fille, qui se débattait dans ses bras.

— La voici, la Ginevra, la Ginevrettina, la Ginevrina, la Ginevrola, la Ginevretta [b], la Ginevra bella!

— Mon père, vous me faites mal.

Aussitôt Ginevra fut posée à terre avec une sorte de respect. Elle agita la tête par un gracieux mouvement pour rassurer sa mère qui déjà s'effrayait, et pour lui dire : c'est une ruse. Le visage terne et pâle de la baronne reprit alors ses couleurs et une espèce de gaieté [c]. Piombo se frotta les mains avec une force extrême, symptôme le plus certain de sa joie; il avait pris cette habitude à la cour en voyant Napoléon se mettre en colère contre ceux de ses généraux ou de ses ministres qui le servaient mal ou qui avaient commis quelque faute. Les muscles de sa figure une fois détendus, la moindre ride de son front exprimait la bienveillance. Ces deux vieillards offraient en ce moment une image exacte de ces plantes souffrantes auxquelles un peu d'eau rend la vie après une longue sécheresse [d].

— A table, à table! s'écria le baron en présentant sa large main à Ginevra qu'il nomma Signora Piombellina [e], autre symptôme de gaieté auquel sa fille répondit par un sourire [f].

— Ah çà, dit Piombo en sortant de table, sais-tu que ta mère m'a fait observer que depuis un mois tu restes beaucoup plus [g] longtemps que de coutume à ton atelier? Il paraît que la peinture passe avant nous.

— O mon père!

— Ginevra nous prépare sans doute quelque surprise, dit la mère.

— Tu m'apporterais un tableau de toi? s'écria le Corse en frappant dans ses mains.

— Oui, je suis très occupée à l'atelier, répondit-elle.

— Qu'as-tu donc, Ginevra? Tu pâlis! lui dit sa mère.

— Non! s'écria la jeune fille en laissant échapper un geste de résolution, non, il ne sera pas dit que Ginevra Piombo aura menti une fois dans sa vie.

En entendant cette singulière exclamation, Piombo et sa femme regardèrent leur fille d'un air étonné [a].

— J'aime un jeune homme, ajouta-t-elle d'une voix émue.

Puis, sans oser regarder ses parents, elle abaissa ses larges paupières, comme pour voiler le feu de ses yeux.

— Est-ce un prince? lui demanda ironiquement son père en prenant un son de voix qui fit trembler la mère et la fille.

— Non, mon père, répondit-elle avec modestie, c'est un jeune homme sans fortune...

— Il est donc bien beau?

— Il est malheureux.

— Que fait-il?

— Compagnon de Labédoyère; il était proscrit, sans asile, Servin l'a caché, et...

— Servin est un honnête garçon qui s'est bien comporté, s'écria Piombo; mais vous faites mal, vous, ma fille, d'aimer un autre homme que votre père...

— Il ne dépend pas de moi de ne pas aimer, répondit doucement Ginevra.

— Je me flattais, reprit son père, que ma Ginevra me serait fidèle jusqu'à ma mort, que mes soins et ceux de sa mère seraient les seuls qu'elle aurait reçus, que notre tendresse n'aurait pas rencontré dans son âme de tendresse rivale, et que...

— Vous ai-je reproché votre fanatisme pour Napoléon? dit Ginevra. N'avez-vous aimé que moi? n'avez-vous pas été des mois entiers en ambassade? n'ai-je pas supporté courageusement vos absences [b]? La vie a des nécessités qu'il faut savoir subir.

— Ginevra!

— Non, vous ne m'aimez pas pour moi, et vos reproches trahissent un insupportable égoïsme.

— Tu accuses l'amour de ton père, s'écria Piombo les yeux flamboyants.

— Mon père, je ne vous accuserai jamais, répondit Ginevra avec plus de douceur que sa mère tremblante n'en attendait. Vous avez raison dans votre égoïsme, comme j'ai raison dans mon amour. Le ciel m'est témoin que jamais fille n'a mieux rempli ses devoirs auprès de ses parents. Je n'ai jamais vu que bonheur et amour là où d'autres voient souvent des obligations. Voici quinze ans [a] que je ne me suis pas écartée de dessous votre aile protectrice, et ce fut un bien doux plaisir pour moi que de charmer vos jours. Mais serais-je donc ingrate en me livrant au charme d'aimer, en désirant un époux qui me protège après vous [b]?

— Ah! tu comptes avec ton père, Ginevra, reprit le vieillard d'un ton sinistre.

Il se fit une pause effrayante pendant laquelle personne n'osa parler. Enfin, Bartholoméo rompit le silence en s'écriant d'une voix déchirante : — Oh! reste [c] avec nous, reste auprès de ton vieux père! Je ne saurais te voir aimant un homme. Ginevra, tu n'attendras pas longtemps ta liberté...

— Mais, mon père, songez donc que nous ne vous quitterons pas, que nous serons deux à vous aimer, que vous connaîtrez l'homme aux soins duquel vous me laisserez! Vous serez doublement chéri par moi et par lui : par lui qui est encore moi, et par moi qui suis tout lui-même.

— O Ginevra! Ginevra! s'écria le Corse en serrant les poings, pourquoi ne t'es-tu pas mariée quand Napoléon m'avait accoutumé à cette idée, et qu'il te présentait des ducs et des comtes?

— Ils m'aimaient par ordre [d], dit la jeune fille. D'ailleurs, je ne voulais pas vous quitter, et ils m'auraient emmenée avec eux.

— Tu ne veux pas nous laisser seuls, dit Piombo; mais te marier, c'est nous isoler! Je te connais, ma fille, tu ne nous aimeras plus.

— Élisa, ajouta-t-il en regardant sa femme qui restait immobile et comme stupide, nous n'avons plus de fille, elle veut se marier.

Le vieillard s'assit après avoir levé les mains en l'air comme pour invoquer Dieu; puis il resta courbé, comme accablé sous sa peine. Ginevra vit l'agitation de son père, et la modération de sa colère lui brisa le cœur, elle s'attendait à une crise, à des fureurs, elle n'avait pas armé son âme contre la douceur paternelle.

— Mon père, dit-elle d'une voix touchante, non, vous ne serez jamais abandonné par votre Ginevra. Mais aimez-la aussi un peu pour elle. Si vous saviez comme *il* m'aime! Ah! ce ne serait pas lui qui me ferait de la peine!

— Déjà des comparaisons, s'écria Piombo avec un accent terrible. Non, je ne puis supporter cette idée, reprit-il. S'il t'aimait comme tu mérites de l'être, il me tuerait; et s'il ne t'aimait pas, je le poignarderais.

Les mains de Piombo tremblaient, ses lèvres tremblaient, son corps tremblait et ses yeux lançaient des éclairs; Ginevra seule pouvait soutenir son regard, car alors elle allumait ses yeux [a], et la fille était digne du père.

— Oh! t'aimer! Quel est l'homme digne de cette vie? reprit-il. T'aimer comme un père, n'est-ce pas déjà vivre dans le paradis; qui donc sera digne d'être ton époux?

— Lui, dit Ginevra, lui de qui je me sens indigne.

— Lui? répéta machinalement Piombo. Qui, *lui?*

— Celui que j'aime.

— Est-ce qu'il peut te connaître encore assez pour t'adorer?

— Mais, mon père, reprit Ginevra éprouvant un mouvement d'impatience, quand il ne m'aimerait pas, du moment où je l'aime...

— Tu l'aimes donc? s'écria Piombo. Ginevra inclina doucement la tête. — Tu l'aimes alors plus que nous?

— Ces deux sentiments ne peuvent se comparer, répondit-elle.

— L'un est plus fort que l'autre, reprit Piombo.

— Je crois que oui, dit Ginevra.

— Tu ne l'épouseras pas, cria le Corse dont la voix fit résonner les vitres du salon.

— Je l'épouserai, répliqua tranquillement Ginevra.

— Mon Dieu! mon Dieu ! s'écria la mère, comment finira cette querelle? [a] *Santa Virgina !* mettez-vous entre eux.

Le baron, qui se promenait à grands pas, vint s'asseoir; une sévérité glacée rembrunissait son visage, il regarda fixement sa fille, et lui dit d'une voix douce et affaiblie :

— Eh bien! Ginevra [b]! non, tu ne l'épouseras pas. Oh! ne me dis pas oui ce soir?... laisse-moi croire le contraire. Veux-tu voir ton père à genoux et ses cheveux blancs prosternés devant toi? je vais te supplier [c]...

— Ginevra Piombo n'a pas été habituée à promettre et à ne pas tenir, répondit-elle. Je suis votre fille.

— Elle a raison, dit la baronne, nous sommes mises au monde pour nous marier.

— Ainsi, vous l'encouragez dans sa désobéissance, dit le baron à sa femme qui, frappée de ce mot, se changea en statue [d].

— Ce n'est pas désobéir que de se refuser à un ordre injuste, répondit Ginevra.

— Il ne peut pas être injuste quand il émane de la bouche de votre père, ma fille! Pourquoi me jugez-vous? La répugnance que j'éprouve n'est-elle pas un conseil d'en haut? Je vous préserve peut-être d'un malheur.

— Le malheur serait qu'il ne m'aimât pas.

— Toujours lui!

— Oui, toujours, reprit-elle. Il est ma vie, mon bien, ma pensée. Même en vous obéissant, il serait toujours dans mon cœur. Me défendre de l'épouser, n'est-ce pas vous haïr [e]?

— Tu ne nous aimes plus, s'écria Piombo.

— Oh! dit Ginevra en agitant la tête.

— Eh bien, oublie-le, reste-nous fidèle. Après nous... tu comprends.

— Mon père, voulez-vous me faire désirer votre mort? s'écria Ginevra.

— Je vivrai plus longtemps que toi! Les enfants qui n'honorent pas leurs parents meurent promptement [1], s'écria son père parvenu au dernier degré de l'exaspération.

— Raison de plus pour me marier promptement et être heureuse! dit-elle.

Ce sang-froid, cette puissance de raisonnement achevèrent de troubler Piombo, le sang lui porta violemment à la tête, son visage devint pourpre, Ginevra frissonna, elle s'élança comme un oiseau sur les genoux de son père, lui passa ses bras autour du cou, lui caressa les cheveux, et s'écria tout attendrie :

— Oh! oui, que je meure la première! Je ne te survivrais pas, mon père, mon bon père!

— O ma Ginevra, ma folle Ginevra [a], répondit Piombo dont toute la colère se fondit à cette caresse comme une glace sous les rayons du soleil.

— Il est temps que vous finissiez [b], dit la baronne d'une voix émue.

— Pauvre mère [c]!

— Ah! Ginevretta! ma Ginevra bella!

Et le père jouait avec sa fille comme avec une enfant de six ans, il s'amusait à défaire les tresses ondoyantes de ses cheveux, à la faire sauter; il y avait de la folie dans l'expression de sa tendresse. Bientôt sa fille le gronda en l'embrassant, et tenta d'obtenir en plaisantant l'entrée de son Louis au logis; mais, tout en plaisantant aussi, le père refusa. Elle bouda, revint, bouda encore;

---

1. Comme dans *Le Bal de Sceaux* (p. 149), l'écrivain prête à l'un de ses personnages une parole qui, de manière implicite, annonce le dénouement.

puis, à la fin de la soirée, elle se trouva contente d'avoir gravé dans le cœur de son père et son amour pour Louis et l'idée d'un mariage prochain. Le lendemain elle ne parla plus de son amour, elle alla plus tard à l'atelier, elle en revint de bonne heure; elle devint plus caressante pour son père qu'elle ne l'avait jamais été, et se montra pleine de reconnaissance, comme pour le remercier du consentement qu'il semblait donner à son mariage par son silence. Le soir, elle faisait long-temps de la musique, et souvent elle s'écriait : — Il faudrait une voix d'homme pour ce nocturne! Elle était italienne, c'est tout dire. Au bout de huit jours sa mère lui fit un signe, elle vint; puis à l'oreille et à voix basse : — J'ai amené ton père à le recevoir, lui dit-elle.

— O ma mère! vous me faites bien heureuse [a]!

Ce jour-là Ginevra eut donc le bonheur de revenir à l'hôtel de son père en donnant le bras à Louis. Pour la seconde fois, le pauvre officier sortait de sa cachette. Les actives sollicitations que Ginevra faisait auprès du duc de Feltre, alors ministre de la Guerre [1], avaient été couronnées d'un plein succès. Louis venait d'être réintégré sur le contrôle des officiers en dispo-nibilité. C'était un bien grand pas vers un meilleur avenir. Instruit par son amie de toutes les difficultés qui l'attendaient auprès du baron, le jeune chef de bataillon [2] n'osait avouer la crainte qu'il avait de ne pas lui plaire [b]. Cet homme si courageux contre l'adver-sité, si brave sur un champ de bataille, tremblait

---

1. Balzac paraît ici soucieux d'une chronologie stricte. Ginevra a manifesté son dessein, vers la fin d'août (p. 253), d'envoyer « une pétition à l'un des personnages les plus influents du ministère de la Guerre » : sans doute désignait-elle ainsi, pour la seconde fois, le duc de Feltre. Vers le même temps eut lieu l'élection de la « Chambre introuvable » et Richelieu entreprit ensuite de former son cabinet, où Feltre reçut le portefeuille de la Guerre.

2. Ginevra avait vu juste en annonçant (p. 253) que le gouverne-ment de la Restauration ne lui reconnaîtrait pas le grade de colonel.

en pensant à son entrée dans le salon des Piombo. Ginevra le sentit tressaillant, et cette émotion, dont le principe était leur bonheur, fut pour elle une nouvelle preuve d'amour.

— Comme vous êtes pâle! lui dit-elle quand ils arrivèrent à la porte de l'hôtel.

— O Ginevra! s'il ne s'agissait que de ma vie.

Quoique Bartholoméo fût prévenu par sa femme de la présentation officielle de celui que Ginevra aimait, il n'alla pas à sa rencontre, resta dans le fauteuil où il avait l'habitude d'être assis, et la sévérité de son front fut glaciale.

— Mon père, dit Ginevra, je vous amène une personne que vous aurez sans doute plaisir à voir : monsieur Louis, un soldat qui combattait à quatre pas de l'Empereur à Mont-Saint-Jean [1]...

Le baron de Piombo se leva, jeta un regard furtif sur Louis, et lui dit d'une voix sardonique : — Monsieur n'est pas décoré?

— Je ne porte plus la Légion d'honneur, répondit timidement Louis qui restait humblement debout.

Ginevra, blessée de l'impolitesse de son père [a], avança une chaise. La réponse de l'officier satisfit le vieux serviteur de Napoléon [2]. Madame Piombo, s'apercevant que les sourcils de son mari reprenaient leur position naturelle, dit pour ranimer la conversation [b] : — La ressemblance de monsieur avec Nina [c] Porta est étonnante. Ne trouvez-vous pas que monsieur a toute la physionomie des Porta?

— Rien de plus naturel, répondit le jeune homme sur qui les yeux flamboyants de Piombo s'arrêtèrent, Nina était ma sœur...

---

1. Le plateau de Mont-Saint-Jean, occupé par Wellington à la bataille de Waterloo.

2. Nous avons vu qu'après le second retour des Bourbons Bartholoméo a décidé, lui aussi, de ne plus porter sa décoration (p. 255). Créé par Bonaparte, l'ordre de la Légion d'honneur avait été maintenu par la Charte.

— Tu es [a] Luigi Porta? demanda le vieillard [b].
— Oui.

Bartholoméo di Piombo se leva, chancela, fut obligé de s'appuyer sur une chaise et regarda sa femme. Élisa Piombo [c] vint à lui; puis les deux vieillards silencieux se donnèrent le bras et sortirent du salon en abandonnant leur fille avec une sorte d'horreur [d]. Luigi Porta stupéfait regarda Ginevra, qui devint aussi blanche qu'une statue de marbre et resta les yeux fixés sur la porte vers laquelle son père et sa mère avaient disparu : ce silence et cette retraite eurent quelque chose de si solennel que, pour la première fois peut-être, le sentiment de la crainte entra dans son cœur. Elle joignit ses mains l'une contre l'autre avec force, et dit d'une voix si émue qu'elle ne pouvait guère être entendue que par un amant : — Combien de malheur dans un mot!

— Au nom de notre amour, qu'ai-je donc dit ? demanda Luigi Porta.

— Mon père, répondit-elle, ne m'a jamais parlé de notre déplorable histoire, et j'étais trop jeune quand j'ai quitté la Corse pour la savoir.

— Nous serions en *vendetta* ? demanda Luigi en tremblant [e].

— Oui. En questionnant ma mère, j'ai appris que les Porta avaient tué mes frères [f] et brûlé notre maison. Mon père a massacré toute votre famille. Comment avez-vous survécu, vous qu'il croyait avoir attaché aux colonnes d'un lit avant de mettre le feu à la maison?

— Je ne sais, répondit Luigi. A six ans [g], j'ai été amené à Gênes, chez un vieillard nommé Colonna. Aucun détail sur ma famille ne m'a été donné. Je savais seulement que j'étais orphelin et sans fortune. Ce Colonna me servait de père, et j'ai porté son nom jusqu'au jour où je suis entré au service. Comme il m'a fallu des actes pour prouver qui j'étais, le vieux Colonna m'a dit alors que moi, faible et presque enfant encore, j'avais des ennemis [h]. Il m'a engagé à ne prendre que le nom de Luigi pour leur échapper [1].

— Partez, partez, Luigi, s'écria Ginevra; mais non, je dois vous accompagner. Tant que vous êtes dans la maison de mon père, vous n'avez rien à craindre; aussitôt que vous en sortirez, prenez bien garde à vous! vous marcherez de danger en danger. Mon père a deux Corses à son service, et si ce n'est pas lui qui menacera vos jours, c'est eux.

— Ginevra, dit-il, cette haine existera-t-elle donc entre nous?

La jeune fille sourit tristement et baissa la tête [a]. Elle la releva bientôt avec une sorte de fierté, et dit :

— O Luigi, il faut que nos sentiments soient bien purs et bien sincères pour que j'aie la force de marcher dans la voie où je vais entrer. Mais il s'agit d'un bonheur qui doit durer toute la vie, n'est-ce pas [b]?

Luigi ne répondit que par un sourire, et pressa la main de Ginevra. La jeune fille comprit qu'un véritable amour pouvait seul dédaigner en ce moment les protestations vulgaires. L'expression calme et consciencieuse des sentiments de Luigi annonçait en quelque sorte leur force et leur durée. La destinée de ces deux époux fut alors accomplie. Ginevra entrevit de bien cruels combats à soutenir; mais l'idée d'abandonner Louis, idée qui peut-être avait flotté dans son âme, s'évanouit complètement. A lui pour toujours, elle l'entraîna tout à coup avec une sorte d'énergie hors de l'hôtel, et ne le quitta qu'au moment où il atteignit la maison dans laquelle Servin lui avait loué un modeste logement [c]. Quand elle revint chez son père, elle avait pris cette espèce de sérénité que donne une résolution forte : aucune altération dans ses manières

---

1. Le romancier imagine manifestement ces aventures pour dissiper les invraisemblances de son récit. On comprend ainsi comment Ginevra a pu prononcer plusieurs fois devant Luigi le nom de son père sans éveiller en lui de souvenir et comment elle a pu, de son côté, ignorer jusqu'à ce jour le nom de famille du jeune homme.

ne peignit d'inquiétude. Elle leva sur son père et sa
mère, qu'elle trouva prêts à se mettre à table, des yeux
dénués de hardiesse et pleins de douceur; elle vit que
sa vieille mère avait pleuré, la rougeur de ces paupières
flétries ébranla un moment son cœur; mais elle cacha
son émotion. Piombo semblait être en proie à une
douleur trop violente, trop concentrée pour qu'il
pût la trahir par des expressions ordinaires. Les gens
servirent le dîner auquel personne ne toucha. L'horreur de la nourriture est un des symptômes qui trahissent les grandes crises de l'âme. Tous trois se levèrent
sans qu'aucun d'eux se fût adressé la parole [a]. Quand
Ginevra fut placée entre son père et sa mère dans leur
grand salon sombre [b] et solennel, Piombo voulut parler,
mais il ne trouva pas de voix; il essaya de marcher,
et ne trouva pas de force, il revint s'asseoir et sonna [c].

— Piétro[1][d], dit-il enfin au domestique, allumez du
feu, j'ai froid.

Ginevra tressaillit et regarda son père avec anxiété.
Le combat qu'il se livrait devait être horrible, sa
figure était bouleversée. Ginevra connaissait l'étendue
du péril qui la menaçait, mais elle ne tremblait pas;
tandis que les regards furtifs que Bartholoméo jetait
sur sa fille semblaient annoncer qu'il craignait en ce
moment le caractère dont la violence était son propre
ouvrage [e]. Entre eux, tout devait être extrême. Aussi
la certitude du changement qui pouvait s'opérer dans
les sentiments du père et de la fille animait-elle le
visage de la baronne d'une expression de terreur.

— Ginevra, vous aimez l'ennemi de votre famille,
dit enfin Piombo sans oser regarder sa fille.

— Cela est vrai, répondit-elle.

— Il faut choisir entre lui et nous. Notre *vendetta*

---

1. Le même domestique a été appelé Jean, p. 259. Balzac, ayant
signalé que Piombo « a deux Corses a son service », s'avise, dans le
Furne corrigé, de donner un prénom corse à celui-ci, mais il oublie
de procéder à la même correction un peu plus haut.

fait partie de nous-mêmes. Qui n'épouse pas ma vengeance, n'est pas de ma famille.

— Mon choix est fait, répondit Ginevra d'une voix calme.

La tranquillité de sa fille trompa Bartholoméo.

— O ma chère fille! s'écria le vieillard qui montra ses paupières humectées par des larmes, les premières et les seules qu'il répandit dans sa vie.

— Je serai sa femme, dit brusquement Ginevra.

Bartholoméo eut comme un éblouissement; mais il recouvra son sang-froid et répliqua : — Ce mariage ne se fera pas de mon vivant, je n'y consentirai jamais. Ginevra garda le silence. — Mais, dit le baron en continuant, songes-tu que Luigi est le fils de celui qui a tué tes frères?

— Il avait six ans [a] au moment où le crime a été commis, il doit en être innocent, répondit-elle.

— Un Porta? s'écria Bartholoméo.

— Mais ai-je jamais pu partager cette haine? dit vivement la jeune fille. M'avez-vous élevée dans cette croyance qu'un Porta était un monstre? Pouvais-je penser qu'il restât un seul de ceux que vous aviez tués? N'est-il pas naturel que vous fassiez céder votre *vendetta* à mes sentiments?

— Un Porta? dit Piombo. Si son père t'avait jadis trouvée dans ton lit, tu ne vivrais pas, il t'aurait donné cent fois la mort.

— Cela se peut, répondit-elle, mais son fils m'a donné plus que la vie. Voir Luigi, c'est un bonheur sans lequel je ne saurais vivre. Luigi m'a révélé le monde des sentiments. J'ai peut-être aperçu des figures plus belles encore que la sienne, mais aucune ne m'a autant charmée; j'ai peut-être entendu des voix... non, non, jamais de plus mélodieuses. Luigi m'aime, il sera mon mari.

— Jamais, dit Piombo. J'aimerais mieux te voir dans ton cercueil [b], Ginevra. Le vieux Corse se leva, se mit à parcourir à grands pas le salon et laissa échapper ces paroles après des pauses qui peignaient toute

son agitation [a] : — Vous croyez peut-être faire plier
ma volonté? détrompez-vous : je ne veux pas qu'un
Porta soit mon gendre. Telle est ma sentence. Qu'il
ne soit plus question de ceci entre nous. Je suis Bartholoméo di Piombo [b], entendez-vous, Ginevra?

— Attachez-vous quelque sens mystérieux à ces
paroles? demanda-t-elle froidement.

— Elles signifient que j'ai un poignard [1], et que je ne
crains pas la justice des hommes. Nous autres Corses,
nous allons nous expliquer avec Dieu [c].

— Eh bien! dit la fille en se levant. je suis Ginevra
di Piombo, et je déclare que dans six mois je serai la
femme de Luigi Porta. — Vous êtes un tyran, mon
père, ajouta-t-elle après une pause effrayante.

Bartholoméo serra ses poings et frappa sur le marbre
de la cheminée : « Ah! nous sommes à Paris », dit-il
en murmurant.

Il se tut, se croisa les bras, pencha la tête sur sa poitrine et ne prononça plus une seule parole pendant
toute la soirée. Après avoir exprimé sa volonté, la
jeune fille affecta un sang-froid incroyable, elle se mit
au piano, chanta, joua des morceaux ravissants avec
une grâce et un sentiment qui annonçaient une parfaite
liberté d'esprit, triomphant ainsi de son père dont le
front ne paraissait pas s'adoucir. Le vieillard ressentit
cruellement cette tacite injure, et recueillit en ce moment un des fruits amers de l'éducation qu'il avait
donnée à sa fille. Le respect est une barrière qui protège autant un père et une mère que les enfants, en
évitant à ceux-là des chagrins, à ceux-ci des remords.
Le lendemain, Ginevra, qui voulut sortir à l'heure
où elle avait coutume de se rendre à l'atelier, trouva
la porte de l'hôtel fermée pour elle [d]; mais elle eut

---

1. Bartholoméo est bien l'homme au poignard. Il a confié son arme
à sa femme quand il est allé voir le Premier Consul aux Tuileries
(p. 216); il va la brandir, un peu plus loin (p. 277). Bonaparte, qui le
connaît bien, l'a incité à n'en pas jouer (p. 220).

bientôt inventé un moyen d'instruire Luigi Porta des sévérités paternelles. Une femme de chambre qui ne savait pas lire fit parvenir au jeune officier la lettre que lui écrivit Ginevra. Pendant cinq jours les deux amants surent correspondre, grâce à ces ruses qu'on sait toujours machiner à vingt ans. Le père et la fille se parlèrent rarement. Tous deux gardaient au fond du cœur un principe de haine, ils souffraient, mais orgueilleusement et en silence. En reconnaissant combien étaient forts les liens d'amour qui les attachaient l'un à l'autre, ils essayaient de les briser, sans pouvoir y parvenir. Nulle pensée douce ne venait plus comme autrefois égayer les traits sévères de Bartholoméo quand il contemplait sa Ginevra [a]. La jeune fille avait quelque chose de farouche en regardant son père, et le reproche siégeait sur son front d'innocence ; elle se livrait bien à d'heureuses pensées, mais parfois des remords semblaient ternir ses yeux. Il n'était même pas difficile de deviner qu'elle ne pourrait jamais jouir tranquillement d'une félicité qui faisait le malheur de ses parents. Chez Bartholoméo comme chez sa fille, toutes les irrésolutions [b] causées par la bonté native de leurs âmes devaient néanmoins échouer devant leur fierté, devant la rancune particulière aux Corses. Ils s'encourageaient l'un et l'autre dans leur colère et fermaient les yeux sur l'avenir. Peut-être aussi se flattaient-ils mutuellement que l'un céderait à l'autre.

Le jour de la naissance de Ginevra, sa mère, désespérée de cette désunion qui prenait un caractère grave, médita de réconcilier le père et la fille, grâce aux souvenirs de cet anniversaire. Ils étaient réunis tous trois dans la chambre de Bartholoméo. Ginevra devina l'intention de sa mère à l'hésitation peinte sur son visage et sourit tristement. En ce moment un domestique annonça deux notaires accompagnés de plusieurs témoins qui entrèrent [c]. Bartholoméo regarda fixement ces hommes, dont les figures froidement compassées avaient quelque chose de blessant pour des âmes

aussi passionnées que l'étaient celles des trois principaux acteurs de cette scène. Le vieillard se tourna
vers sa fille d'un air inquiet, il vit sur son visage un
sourire de triomphe ᵃ qui lui fit soupçonner quelque
catastrophe ᵇ; mais il affecta de garder, à la manière
des sauvages, une immobilité mensongère en regardant
les deux notaires avec une sorte de curiosité calme.
Les étrangers s'assirent après y avoir été invités par
un geste du vieillard.

— Monsieur est sans doute monsieur le baron de
Piombo, demanda le plus âgé des notaires.

Bartholoméo s'inclina. Le notaire fit un léger mouvement de tête, regarda la jeune fille avec la sournoise
expression d'un garde du commerce qui surprend un
débiteur ᶜ; et il tira sa tabatière, l'ouvrit, y prit une
pincée de tabac, se mit à la humer à petits coups en
cherchant les premières phrases de son discours;
puis, en les prononçant, il fit des repos continuels [1]
(manœuvre oratoire que ce signe — représentera très
imparfaitement).

— Monsieur, dit-il, je suis monsieur Roguin,
notaire de mademoiselle votre fille [2], et nous venons,
— mon collègue et moi ᵈ, — pour accomplir le vœu
de la loi et — mettre un terme aux divisions qui — pa-
raîtraient — s'être introduites — entre vous et mademoiselle votre fille, — au sujet — de — son — mariage
avec monsieur Luigi Porta.

Cette phrase, assez pédantesquement débitée, parut
probablement trop belle à maître Roguin pour qu'on
pût la comprendre d'un seul coup, il s'arrêta en regardant Bartholoméo avec une expression particulière
aux gens d'affaires et qui tient le milieu entre la ser-

---

1. Balzac donne ici un premier exemple des tics de langage qu'en
interrogeant peut-être ses souvenirs il prête à certains de ses hommes
de loi (voir ceux du notaire de *La Grande Bretèche,* nouvelle de 1832,
incorporée plus tard à *Autre étude de femme).*

2. Ginevra a choisi comme notaire le père de la compagne qui
prenait sa défense à l'atelier Servin.

vilité et la familiarité. Habitués à feindre beaucoup
d'intérêt pour les personnes auxquelles ils parlent,
les notaires finissent par faire contracter à leur figure
une grimace qu'ils revêtent et quittent comme leur
pallium [1] officiel. Ce masque de bienveillance, dont
le mécanisme est si facile à saisir, irrita tellement
Bartholoméo qu'il lui fallut rappeler toute sa raison
pour ne pas jeter monsieur Roguin par les fenêtres;
une expression de colère se glissa dans ses rides, et
en la voyant le notaire se dit en lui-même : — Je pro-
duis de l'effet.

— Mais, reprit-il d'une voix mielleuse, monsieur le
baron, dans ces sortes d'occasions, notre ministère
commence toujours par être essentiellement conci-
liateur. — Daignez donc avoir la bonté de m'entendre.
— Il est évident que mademoiselle Ginevra Piombo —
atteint aujourd'hui même — l'âge auquel il suffit
de faire des actes respectueux pour qu'il soit passé
outre à la célébration d'un mariage — malgré le défaut
de consentement des parents. Or, — il est d'usage dans
les familles — qui jouissent d'une certaine considération, — qui appartiennent à la société, — qui conservent
quelque dignité, — auxquelles il importe enfin de ne
pas donner au public le secret de leurs divisions, —
et qui d'ailleurs ne veulent pas se nuire à elles-mêmes
en frappant de réprobation l'avenir de deux jeunes
époux (car — c'est se nuire à soi-même!) — il est
d'usage, — dis-je, — parmi ces familles honorables —
de ne pas laisser subsister des actes semblables, —
qui restent, qui — sont des monuments d'une division
qui — finit — par cesser. — Du moment, monsieur,
où une jeune personne a recours aux actes respectueux,
elle annonce une intention trop décidée pour qu'un
père et — une mère, ajouta-il en se tournant vers la
baronne, puissent espérer de lui voir suivre leurs
avis. — La résistance paternelle étant alors nulle

---

1. Originellement, un manteau de cérémonie.

— par ce fait — d'abord, — puis étant infirmée par la loi, il est constant que tout homme sage, après avoir fait une dernière remontrance à son enfant, lui donne la liberté de...

Monsieur Roguin s'arrêta en s'apercevant qu'il pouvait parler deux heures ainsi sans obtenir de réponse, et il éprouva d'ailleurs une émotion particulière à l'aspect de l'homme qu'il essayait de convertir. Il s'était fait une révolution extraordinaire sur le visage de Bartholoméo : toutes ses rides contractées lui donnaient un air de cruauté indéfinissable, et il jetait sur le notaire un regard de tigre. La baronne demeurait muette et passive. Ginevra, calme et résolue, attendait, elle savait que la voix du notaire était plus puissante que la sienne, et alors elle semblait s'être décidée à garder le silence. Au moment où Roguin se tut, cette scène devint si effrayante que les témoins étrangers tremblèrent : jamais peut-être ils n'avaient été frappés par un semblable silence. Les notaires se regardèrent comme pour se consulter, se levèrent et allèrent ensemble à la croisée.

— As-tu jamais rencontré des clients fabriqués comme ceux-là ? demanda Roguin à son confrère.

— Il n'y a rien à en tirer, répondit le plus jeune. A ta place, moi, je m'en tiendrais à la lecture de mon acte. Le vieux ne me paraît pas amusant, il est colère, et tu ne gagneras rien à vouloir *discuter* avec lui...

Monsieur Roguin lut un papier timbré contenant un procès-verbal rédigé à l'avance et demanda froidement à Bartholoméo qu'elle était sa réponse.

— Il y a donc en France des lois qui détruisent le pouvoir paternel ? demanda le Corse.

— Monsieur... dit Roguin de sa voix mielleuse.

— Qui arrachent une fille à son père ?

— Monsieur...

— Qui privent un vieillard de sa dernière consolation ?

— Monsieur, votre fille ne vous appartient que...

— Qui le tuent?

— Monsieur, permettez?

Rien n'est plus affreux que le sang-froid et les raisonnements exacts d'un notaire au milieu des scènes passionnées où ils ont coutume d'intervenir. Les figures que Piombo voyait lui semblèrent échappées de l'enfer, sa rage froide et concentrée ne connut plus de bornes au moment où la voix calme et presque flûtée de son petit antagoniste prononça ce fatal : « *permettez* ? » Il sauta sur un long poignard suspendu par un clou au-dessus de sa cheminée et s'élança sur sa fille. Le plus jeune des deux notaires et l'un des témoins [a] se jetèrent entre lui et Ginevra; mais Bartholoméo renversa brutalement les deux conciliateurs en leur montrant une figure en feu et des yeux flamboyants qui paraissaient plus terribles que ne l'était la clarté du poignard. Quand Ginevra se vit en présence de son père, elle le regarda fixement d'un air de triomphe, s'avança lentement vers lui et s'agenouilla.

— Non! non! je ne saurais [b], dit-il en lançant si violemment son arme qu'elle alla s'enfoncer dans la boiserie.

— Eh bien! grâce! grâce, dit-elle. Vous hésitez à me donner la mort, et vous me refusez la vie. O mon père, jamais je ne vous ai tant aimé, accordez-moi Luigi! Je vous demande votre consentement à genoux : une fille peut s'humilier devant son père [c]; mon Luigi, ou je meurs [d].

L'irritation violente qui la suffoquait l'empêcha de continuer, elle ne trouvait plus de voix; ses efforts convulsifs disaient assez qu'elle était entre la vie et la mort [e]. Bartholoméo repoussa durement sa fille.

— Fuis, dit-il. La Luigi Porta ne saurait être une Piombo. Je n'ai plus de fille! Je n'ai pas la force de te maudire; mais je t'abandonne, et tu n'as plus de père. Ma Ginevra Piombo est enterrée là, s'écria-t-il d'un son de voix profond, en se pressant fortement le cœur [f].

— Sors donc, malheureuse, ajouta-t-il après un mo-

ment de silence, sors, et ne reparais plus devant moi [a].
Puis, il prit Ginevra par le bras, et la conduisit silencieusement hors de la maison.

— Luigi, s'écria Ginevra en entrant dans le modeste
appartement où était l'officier, mon Luigi, nous
n'avons d'autre fortune que notre amour.

— Nous sommes plus riches que tous les rois de la
terre, répondit-il.

— Mon père et ma mère m'ont abandonnée, dit-elle
avec une profonde mélancolie.

— Je t'aimerai pour eux.

— Nous serons donc bien heureux? s'écria-t-elle
avec une gaieté qui eut quelque chose d'effrayant.

— Et toujours, répondit-il en la serrant sur son
cœur [h].

Le lendemain du jour [c] où Ginevra quitta la maison
de son père, elle alla prier madame Servin de lui
accorder un asile et sa protection jusqu'à l'époque
fixée par la loi pour son mariage avec Luigi Porta.
Là, commença pour elle l'apprentissage des chagrins
que le monde sème autour de ceux qui ne suivent pas
ses usages. Très affligée du tort que l'aventure de
Ginevra faisait à son mari, madame Servin reçut
froidement la fugitive, et lui apprit par des paroles
poliment circonspectes qu'elle ne devait pas compter
sur son appui. Trop fière pour insister, mais étonnée
d'un égoïsme auquel elle n'était pas habituée, la jeune
Corse alla se loger dans l'hôtel garni le plus voisin
de la maison où demeurait Luigi [d]. Le fils des Porta
vint passer toutes ses journées aux pieds de sa future;
son jeune amour, la pureté de ses paroles, dissipaient
les nuages que la réprobation paternelle amassait
sur le front de la fille bannie, et il lui peignait
l'avenir si beau qu'elle finissait par sourire, sans
néanmoins oublier la rigueur de ses parents [e].

Un matin, la servante de l'hôtel remit à Ginevra
plusieurs malles qui contenaient des étoffes [f], du linge,
et une foule de choses nécessaires à une jeune femme

qui se met en ménage; elle reconnut dans cet envoi la prévoyante bonté d'une mère, car en visitant ces présents, elle trouva une bourse où la baronne avait mis la somme qui appartenait à sa fille, en y joignant le fruit de ses économies. L'argent était accompagné d'une lettre où la mère conjurait la fille d'abandonner son funeste projet de mariage, s'il en était encore temps; il lui avait fallu, disait-elle, des précautions inouïes pour faire parvenir ces faibles secours à Ginevra; elle la suppliait de ne pas l'accuser de dureté, si par la suite elle la laissait dans l'abandon, elle craignait de ne pouvoir plus l'assister, elle la bénissait, lui souhaitait de trouver le bonheur dans ce fatal mariage, si elle persistait [a], en lui assurant qu'elle ne pensait qu'à sa fille chérie. En cet endroit, des larmes avaient effacé plusieurs mots de la lettre.

— O ma mère! s'écria Ginevra, tout attendrie. Elle éprouvait le besoin de se jeter à ses genoux, de la voir, et de respirer l'air bienfaisant de la maison paternelle; elle s'élançait déjà, quand Luigi entra; elle le regarda, et sa tendresse filiale s'évanouit, ses larmes se séchèrent, elle ne se sentit pas la force d'abandonner cet enfant si malheureux et si aimant. Être le seul espoir d'une noble créature, l'aimer et l'abandonner... ce sacrifice est une trahison dont sont incapables de jeunes âmes. Ginevra eut la générosité d'ensevelir sa douleur au fond de son âme [b].

Enfin, le jour du mariage arriva. Ginevra ne vit personne autour d'elle. Luigi avait profité du moment où elle s'habillait pour aller chercher les témoins nécessaires à la signature de leur acte de mariage. Ces témoins étaient de braves gens. L'un, ancien maréchal des logis de hussards, avait contracté, à l'armée, envers Luigi, de ces obligations qui ne s'effacent jamais du cœur d'un honnête homme; il s'était mis loueur de voitures et possédait quelques fiacres. L'autre, entrepreneur de maçonnerie, était le propriétaire de la maison où les nouveaux époux devaient demeurer. Chacun d'eux se fit accompagner par un ami [a], puis tous quatre vinrent [b] avec Luigi prendre la mariée. Peu accoutumés aux grimaces sociales, et ne voyant rien que de très simple dans le service qu'ils rendaient à Luigi, ces gens s'étaient habillés proprement, mais sans luxe, et rien n'annonçait le joyeux cortège d'une noce [c]. Ginevra, elle-même, se mit très simplement afin de se conformer à sa fortune ; néanmoins sa beauté avait quelque chose de si noble et de si imposant, qu'à son aspect la parole expira sur les lèvres des témoins qui se crurent obligés de lui adresser un compliment [d] ; ils la saluèrent avec respect, elle s'inclina ; ils la regardèrent en silence et ne surent plus que l'admirer. Cette réserve jeta du froid entre eux. La joie ne peut éclater que parmi des gens qui se sentent égaux. Le hasard voulut donc que tout fût sombre et grave autour des deux fiancés, rien ne refléta leur félicité [e]. L'église et la mairie n'étaient pas très éloignées de l'hôtel. Les deux Corses, suivis des quatre témoins que leur imposait la loi [f], voulurent y aller à pied, dans une simplicité qui dépouilla de tout appareil cette grande scène de la vie sociale. Ils trouvèrent dans la cour de la mairie une foule d'équipages qui annonçaient nombreuse compagnie, ils montèrent et arrivèrent à une grande salle où les mariés, dont le bonheur était indiqué pour ce jour-là, attendaient assez impatiemment le maire du quartier [g]. Ginevra s'assit près de Luigi au bout d'un grand banc, et leurs témoins restèrent debout, faute de sièges. Deux mariées pompeusement habillées de blanc, chargées de rubans, de dentelles, de perles [h], et couronnées de bouquets de fleurs d'oranger dont les boutons satinés [i] tremblaient sous leur voile, étaient entourées de leurs familles joyeuses, et accompagnées de leurs mères, qu'elles regardaient d'un air à la fois satisfait et craintif ; tous les yeux réfléchissaient leur bonheur, et chaque figure semblait leur prodiguer des bénédictions. Les pères, les témoins, les frères, les sœurs allaient et venaient comme un essaim se jouant dans un rayon de soleil qui va disparaître. Chacun semblait comprendre la valeur de ce moment fugitif où, dans la vie, le cœur se trouve entre deux espérances : les souhaits du passé, les promesses de l'avenir [a]. A cet aspect, Ginevra sentit son cœur se gonfler, et pressa le bras de Luigi qui lui lança un regard. Une larme roula dans les yeux du jeune Corse, il ne comprit jamais mieux qu'alors tout ce que sa Ginevra lui sacrifiait. Cette larme précieuse fit oublier à la jeune fille l'abandon dans lequel elle se trouvait. L'amour versa des trésors de lumière entre les deux amants [b] qui ne virent plus qu'eux au milieu de ce tumulte : ils étaient là, seuls, dans cette foule, tels qu'ils devaient être dans la vie. Leurs témoins, indifférents à la cérémonie [c], causaient tranquillement de leurs affaires.

— L'avoine est bien chère, disait le maréchal des logis au maçon.

— Elle n'est pas encore si renchérie que le plâtre, proportion gardée, répondit l'entrepreneur.

Et ils firent un tour dans la salle.

— Comme on perd du temps ici! s'écria le maçon en remettant dans sa poche [d] une grosse montre d'argent.

Luigi et Ginevra, serrés l'un contre l'autre, semblaient ne faire qu'une même personne. Certes, un poète aurait admiré ces deux têtes unies par un même sentiment, également colorées, mélancoliques et silencieuses en présence de deux noces bourdonnant, devant quatre familles tumultueuses, étincelant [e] de diamants, de fleurs, et dont la gaieté avait quelque chose de passager. Tout ce que ces groupes bruyants et splendides mettaient de joie en dehors, Luigi et Ginevra l'ensevelissaient au fond de leurs cœurs. D'un côté, le grossier fracas du plaisir [f] ; de l'autre, le délicat silence des âmes joyeuses [g] : la terre et le ciel. Mais la tremblante Ginevra ne sut pas entièrement dépouiller les faiblesses de la femme. Superstitieuse comme une Italienne, elle voulut voir un présage dans ce contraste [1], et garda au fond de son cœur un sentiment d'effroi, invincible autant que son amour [a]. Tout à coup, un garçon de bureau à la livrée de la ville [b] ouvrit une porte à deux battants, l'on fit silence, et sa voix retentit comme un glapissement [c] en appelant monsieur Luigi da Porta [d] et mademoiselle Ginevra di Piombo [2]. Ce moment causa quelque embarras aux deux fiancés. La célébrité du nom de Piombo attira l'attention, les spectateurs cherchèrent une noce qui semblait devoir être somptueuse. Ginevra se leva, ses regards foudroyants d'orgueil imposèrent à toute la foule, elle donna le bras à Luigi, et marcha d'un pas ferme suivie de ses témoins. Un murmure d'étonnement qui alla croissant, un chuchotement général vint rappeler à Ginevra que le monde lui demandait compte de l'absence de ses parents : la malédiction paternelle semblait la poursuivre.

— Attendez les familles, dit le maire à l'employé qui lisait promptement les actes.

— Le père et la mère protestent, répondit flegmatiquement le secrétaire.

— Des deux côtés? reprit le maire.

— L'époux est orphelin.

— Où sont les témoins?

— Les voici, répondit encore le secrétaire en montrant les quatre [e] hommes immobiles et muets qui, les bras croisés, ressemblaient à des statues [f].

— Mais s'il y a protestation? dit le maire.

— Les actes respectueux ont été légalement faits, répliqua l'employé en se levant pour transmettre

---

1. Déjà, dans le roman de jeunesse *Argow le Pirate,* l'héroïne, superstitieuse, croyait apercevoir un mauvais présage au moment de se marier.

2. A l'endroit du récit où on appelle les jeunes gens pour la cérémonie du mariage, Balzac s'avise qu'il importe d'énoncer exactement leurs noms. Il a correctement écrit d'emblée Ginevra *di* Piombo; il ajoute en 1842 une particule au nom du jeune homme, presque partout ailleurs nommé Luigi Porta.

au fonctionnaire les pièces annexées à l'acte de mariage.

Ce débat bureaucratique eut quelque chose de flétrissant et contenait en peu de mots toute une histoire. La haine des Porta et des Piombo, de terribles passions furent inscrites sur une page de l'état civil, comme sur la pierre d'un tombeau sont gravées en quelques lignes les annales d'un peuple, et souvent même en un mot : Robespierre ou Napoléon. Ginevra tremblait. Semblable à la colombe qui, traversant les mers, n'avait que l'arche pour poser ses pieds, elle ne pouvait réfugier son regard que dans les yeux de Luigi, car tout était triste et froid autour d'elle. Le maire avait un air improbateur et sévère, et son commis regardait les deux époux avec une curiosité malveillante. Rien n'eut jamais moins l'air d'une fête. Comme toutes les choses de la vie humaine, quand elles sont dépouillées de leurs accessoires, ce fut un fait simple en lui-même, immense par la pensée [a]. Après quelques interrogations auxquelles les époux répondirent, après quelques paroles marmottées par le maire, et après l'apposition de leurs signatures sur le registre, Luigi et Ginevra furent unis. Les deux jeunes Corses, dont l'alliance offrait toute la poésie consacrée par le génie dans celle de Roméo et Juliette, traversèrent [b] deux haies de parents joyeux auxquels ils n'appartenaient pas, et qui s'impatientaient presque du retard que leur causait ce mariage si triste en apparence [c]. Quand la jeune fille se trouva dans la cour de la mairie et sous le ciel, un soupir s'échappa de son sein.

— Oh ! [d] toute une vie de soins et d'amour suffira-t-elle pour reconnaître le courage et la tendresse de ma Ginevra ? lui dit Luigi.

A ces mots accompagnés par des larmes de bonheur, la mariée oublia toutes ses souffrances ; car elle avait souffert de se présenter devant le monde, en réclamant un bonheur que sa famille refusait de sanctionner [e].

— Pourquoi les hommes se mettent-ils donc entre

nous? dit-elle avec une naïveté de sentiment qui ravit Luigi.

Le plaisir rendit les deux époux plus légers. Ils ne virent ni ciel, ni terre, ni maisons, et volèrent comme avec des ailes vers l'église. Enfin, ils arrivèrent à une petite chapelle obscure et devant un autel sans pompe où un vieux prêtre célébra leur union. Là, comme à la mairie, ils furent entourés par les deux noces qui les persécutaient de leur éclat. L'église, pleine d'amis et de parents, retentissait du bruit que faisaient les carrosses, les bedeaux, les suisses, les prêtres. Des autels brillaient de tout le luxe ecclésiastique, les couronnes de fleurs d'oranger qui paraient les statues de la Vierge semblaient être neuves. On ne voyait que fleurs, que parfums, que cierges étincelants, que coussins de velours brodés d'or. Dieu paraissait être complice de cette joie d'un jour [a]. Quand il fallut tenir au-dessus des têtes de Luigi et de Ginevra ce symbole d'union éternelle, ce joug de satin blanc [1], doux, brillant, léger pour les uns, et de plomb pour le plus grand nombre [b], le prêtre chercha, mais en vain, les jeunes garçons qui remplissent ce joyeux office : deux des témoins les remplacèrent [c]. L'ecclésiastique fit à la hâte une instruction aux époux sur les périls de la vie, sur les devoirs qu'ils enseigneraient un jour à leurs enfants; et, à ce sujet, il glissa un reproche indirect sur l'absence des parents de Ginevra; puis, après les avoir unis devant Dieu, comme le maire les avait unis devant la Loi, il acheva sa messe et les quitta.

— Dieu les bénisse! dit Vergniaud [d] au maçon sous le porche de l'église. Jamais deux créatures ne furent mieux faites l'une pour l'autre. Les parents de cette

---

1. Selon un ancien cérémonial, des jeunes gens ou des parents tenaient un voile au-dessus de la tête des mariés, au moment de la bénédiction du prêtre. On relève une autre allusion à cet usage dans *La Vieille Fille* (p. 87).

fille-là sont des infirmes. Je ne connais pas de soldat plus brave que le colonel Louis ᵃ! Si tout le monde s'était comporté comme lui, *l'autre* y serait encore ᵇ.

La bénédiction du soldat, la seule qui, dans ce jour, leur eût été donnée ᶜ, répandit comme un baume sur le cœur de Ginevra.

Ils se séparèrent en se serrant la main, et Luigi remercia cordialement son propriétaire ᵈ.

— Adieu, mon brave, dit Luigi au maréchal, je te remercie.

— Tout à votre service, mon colonel ᵉ. Ame, individu, chevaux et voitures, chez moi tout est à vous.

— Comme il t'aime ! dit Ginevra.

Luigi entraîna vivement sa mariée à la maison qu'ils devaient habiter, ils atteignirent bientôt leur modeste appartement; et, là, quand la porte fut refermée, Luigi prit sa femme dans ses bras en s'écriant : — O ma Ginevra ᶠ! car maintenant tu es à moi, ici est la véritable fête. Ici, reprit-il, tout nous sourira.

Ils parcoururent ensemble les trois chambres qui composaient leur logement. La pièce d'entrée servait de salon et de salle à manger. A droite se trouvait une chambre à coucher, à gauche un grand cabinet que Luigi avait fait arranger pour sa chère femme et où elle trouva les chevalets, la boîte à couleurs, les plâtres, les modèles, les mannequins, les tableaux, les portefeuilles, enfin tout le mobilier de l'artiste.

— Je travaillerai donc là, dit-elle avec une expression enfantine. Elle regarda longtemps la tenture, les meubles, et toujours elle se retournait vers Luigi pour le remercier, car il y avait une sorte de magnificence dans ce petit réduit : une bibliothèque contenait les livres favoris de Ginevra, au fond était un piano ᵍ. Elle s'assit sur un divan, attira Luigi près d'elle, et lui serrant la main : — Tu as bon goût, dit-elle d'une voix caressante ʰ.

— Tes paroles me font bien heureux, dit-il.

— Mais voyons donc tout, demanda Ginevra,

à qui Luigi avait fait un mystère des ornements de
cette retraite.

Ils allèrent alors vers une chambre nuptiale, fraîche
et blanche comme une vierge [a].

— Oh! sortons, dit Luigi en riant.

— Mais je veux tout voir. Et l'impérieuse Ginevra
visita l'ameublement avec le soin curieux d'un anti-
quaire examinant une médaille, elle toucha les soieries
et passa tout en revue [b] avec le contentement naïf
d'une jeune mariée qui déploie les richesses de sa
corbeille. Nous commençons par nous ruiner, dit-elle
d'un air moitié joyeux, moitié chagrin.

— C'est vrai! tout l'arriéré de ma solde [1] est là,
répondit Luigi. Je l'ai vendu à un brave homme
nommé Gigonnet [2 c].

— Pourquoi? reprit-elle d'un ton de reproche où
perçait une satisfaction secrète. Crois-tu que je serais
moins heureuse sous un toit? Mais, reprit-elle, tout cela
est bien joli, et c'est à nous. Luigi la contemplait
avec tant d'enthousiasme qu'elle baissa les yeux et lui
dit : — Allons voir le reste [d].

Au-dessus de ces trois chambres, sous les toits, il y
avait un cabinet pour Luigi, une cuisine et une chambre
de domestique. Ginevra fut satisfaite de son petit
domaine, quoique la vue s'y trouvât bornée par le
large mur d'une maison voisine, et que la cour d'où
venait le jour fût sombre. Mais les deux amants avaient
le cœur si joyeux, mais l'espérance leur embellissait

---

1. Luigi a été réintégré sur le contrôle des officiers en disponibi-
lité (p. 266). Le gouvernement lui doit sa solde pour le temps de la
première Restauration et pour les quelques semaines qui se sont écoulées depuis le second retour des Bourbons. De nombreux officiers
se trouvant dans la même situation, l'usage s'était institué, pour ne
pas inscrire d'un seul coup au budget une charge trop lourde, de régler
de tels arriérés, non en espèces, mais en une valeur à terme, qui pouvait être escomptée par un banquier.

2. Il faut se reporter aux romans de *La Comédie humaine* où Gigonnet
joue un rôle pour concevoir l'ingénuité de Luigi.

si bien l'avenir, qu'ils ne voulurent apercevoir que de charmantes images dans leur mystérieux asile. Ils étaient au fond de cette vaste maison et perdus dans l'immensité de Paris comme deux perles dans leur nacre, au sein des profondes mers : pour tout autre ç'eût été une prison, pour eux ce fut un paradis [a]. Les premiers jours de leur union appartinrent à l'amour. Il leur fut trop difficile de se vouer tout à coup au travail, et ils ne surent pas résister au charme de leur propre passion. Luigi restait des heures entières couché aux pieds de sa femme, admirant la couleur de ses cheveux, la coupe de son front, le ravissant encadrement de ses yeux, la pureté, la blancheur des deux arcs sous lesquels ils glissaient lentement en exprimant le bonheur d'un amour satisfait. Ginevra caressait la chevelure de son Luigi sans se lasser de contempler, suivant une de ses expressions, la *beltà folgorante* de ce jeune homme, la finesse de ses traits; toujours séduite par la noblesse de ses manières, comme elle le séduisait toujours par la grâce des siennes. Ils jouaient comme des enfants avec des riens, ces riens les ramenaient toujours à leur passion [b], et ils ne cessaient leurs jeux que pour tomber dans la rêverie du *far niente*. Un air chanté par Ginevra leur reproduisait encore les nuances délicieuses de leur amour. Puis, unissant leurs pas comme ils avaient uni leurs âmes, ils parcouraient les campagnes en y retrouvant leur amour partout, dans les fleurs, sur les cieux, au sein des teintes ardentes du soleil couchant; ils le lisaient [c] jusque sur les nuées capricieuses qui se combattaient dans les airs. Une journée ne ressemblait jamais à la précédente, leur amour allait croissant parce qu'il était vrai. Ils s'étaient éprouvés en peu de jours, et avaient instinctivement reconnu que leurs âmes étaient de celles dont les richesses inépuisables semblent toujours promettre de nouvelles jouissances pour l'avenir. C'était l'amour dans toute sa naïveté, avec ses interminables causeries, ses phrases inachevées, ses longs silences, son repos oriental et sa fougue. Luigi et Ginevra avaient tout compris de l'amour. L'amour n'est-il pas comme la mer qui, vue superficiellement ou à la hâte, est accusée de monotonie par les âmes vulgaires, tandis que certains êtres privilégiés peuvent passer leur vie à l'admirer en y trouvant sans cesse de changeants phénomènes qui les ravissent?

Cependant, un jour, la prévoyance vint tirer les jeunes époux de leur Éden, il était devenu nécessaire de travailler pour vivre [a]. Ginevra, qui possédait un talent particulier pour imiter les vieux tableaux, se mit à faire des copies et se forma une clientèle parmi les brocanteurs. De son côté, Luigi chercha très activement de l'occupation; mais il était fort difficile à un jeune officier, dont tous les talents se bornaient à bien connaître la stratégie, de trouver de l'emploi à Paris. Enfin, un jour que, lassé de ses vains efforts, il avait le désespoir dans l'âme en voyant que le fardeau de leur existence tombait tout entier sur Ginevra, il songea à tirer parti de son écriture, qui était fort belle [b]. Avec une constance dont l'exemple lui était donné par sa femme, il alla solliciter les avoués, les notaires, les avocats de Paris. La franchise de ses manières, sa situation intéressèrent vivement en sa faveur, et il obtint assez d'expéditions pour être obligé de se faire aider par des jeunes gens. Insensiblement il entreprit les écritures en grand [c]. Le produit de ce bureau, le prix des tableaux de Ginevra, finirent par mettre le jeune ménage dans une aisance qui le rendit fier, car elle provenait de son industrie. Ce fut pour eux le plus beau moment de leur vie. Les journées s'écoulaient rapidement entre les occupations et les joies de l'amour. Le soir, après avoir bien travaillé, ils se retrouvaient avec bonheur dans la cellule de Ginevra. La musique les consolait de leurs fatigues. Jamais une expression de mélancolie ne vint obscurcir les traits de la jeune femme, et jamais elle ne se permit une plainte. Elle savait toujours apparaître à son Luigi le sourire sur les lèvres et les yeux rayonnants. Tous deux caressaient une pensée dominante qui leur eût fait trouver du plaisir aux travaux les plus rudes : Ginevra se disait qu'elle travaillait pour Luigi, et Luigi pour Ginevra. Parfois, en l'absence de son mari [a], la jeune femme songeait au bonheur parfait qu'elle aurait eu si cette vie d'amour s'était écoulée en présence de son père et de sa mère, elle tombait alors dans une mélancolie profonde en éprouvant la puissance des remords ; de sombres tableaux passaient comme des ombres dans son imagination : elle voyait son vieux père seul ou sa mère pleurant le soir en dérobant ses larmes à l'inexorable Piombo ; ces deux têtes blanches et graves se dressaient soudain devant elle, il lui semblait qu'elle ne devait plus les contempler qu'à la lueur fantastique du souvenir. Cette idée la poursuivait comme un pressentiment [b]. Elle célébra l'anniversaire de son mariage en donnant à son mari un portrait qu'il avait souvent désiré, celui de sa Ginevra. Jamais la jeune artiste n'avait rien composé de si remarquable. A part une ressemblance parfaite, l'éclat de sa beauté, la pureté de ses sentiments, le bonheur de l'amour, y étaient rendus avec une sorte de magie. Le chef-d'œuvre fut inauguré. Ils passèrent encore une autre année au sein de l'aisance. L'histoire de leur vie peut se faire alors en trois mots : *Ils étaient heureux*. Il ne leur arriva donc aucun événement qui mérite d'être rapporté.

Au commencement de l'hiver de l'année 1819 [c], les marchands de tableaux conseillèrent à Ginevra de leur donner autre chose que des copies, car ils ne pouvaient plus les vendre avantageusement par suite de la concurrence [1][d]. Madame Porta reconnut le tort

---

1. Il semble (voir la variante, p. 380) que, dans l'esprit de Balzac, ces copies étaient écoulées par les marchands comme des originaux. S'il s'agit bien d'une opération de ce genre, on conçoit que la « concurrence » soit particulièrement gênante.

qu'elle avait eu de ne pas s'exercer à peindre des
tableaux de genre qui lui auraient acquis un nom [a],
elle entreprit de faire des portraits; mais elle eut à
lutter contre une foule d'artistes encore moins riches
qu'elle ne l'était. Cependant, comme Luigi et Ginevra
avaient amassé quelque argent, ils ne désespérèrent
pas de l'avenir. A la fin de l'hiver de cette même année,
Luigi travailla sans relâche. Lui aussi luttait contre
des concurrents [b] : le prix des écritures avait tellement
baissé, qu'il ne pouvait plus employer personne, et se
trouvait dans la nécessité de consacrer plus de temps
qu'autrefois à son labeur pour en retirer la même
somme. Sa femme avait fini plusieurs tableaux qui
n'étaient pas sans mérite; mais les marchands ache-
taient à peine ceux des artistes en réputation. Ginevra
les offrit à vil prix sans pouvoir les vendre. La situation
de ce ménage eut quelque chose d'épouvantable;
les âmes des deux époux nageaient dans le bonheur,
l'amour les accablait de ses trésors, la pauvreté se
levait comme un squelette au milieu de cette moisson
de plaisir [1], et ils se cachaient l'un à l'autre leurs
inquiétudes. Au moment où Ginevra se sentait près de
pleurer en voyant son Luigi souffrant, elle le comblait
de caresses. De même Luigi gardait un noir chagrin au
fond de son cœur en exprimant à Ginevra le plus tendre
amour. Ils cherchaient une compensation à leurs maux
dans l'exaltation de leurs sentiments, et leurs paroles,
leurs joies, leurs jeux s'empreignaient d'une espèce de
frénésie. Ils avaient peur de l'avenir. Quel est le sentiment dont la force puisse se comparer à celle d'une
passion qui doit cesser le lendemain, tuée par la mort
ou par la nécessité? Quand ils se parlaient de leur
indigence, ils [c] éprouvaient le besoin de se tromper

---

1. Balzac a commenté plusieurs fois ce contraste, qu'il jugeait
particulièrement cruel. « Je ne conçois pas l'amour dans la misère »,
lit-on dans *La Peau de Chagrin* (*Pl.* IX, 46) et, dans *Ferragus* : « L'amour
a le travail et la misère en horreur » (*Histoire des Treize*, p. 94).

l'un et l'autre, et saisissaient avec une égale ardeur le plus léger espoir. Une nuit, Ginevra chercha vainement Luigi auprès d'elle, et se leva tout effrayée. Une faible lueur reflétée par le mur noir de la petite cour lui fit deviner que son mari travaillait pendant la nuit. Luigi attendait que sa femme fût endormie avant de monter à son cabinet. Quatre heures sonnèrent, Ginevra se recoucha, feignit de dormir, Luigi revint accablé de fatigue et de sommeil, et Ginevra regarda douloureusement cette belle figure sur laquelle les travaux et les soucis imprimaient déjà quelques rides.

— C'est pour moi qu'il passe ses nuits à écrire, dit-elle en pleurant.

Une pensée sécha ses larmes. Elle songeait à imiter Luigi. Le jour même, elle alla chez un riche marchand d'estampes, et à l'aide d'une lettre de recommandation qu'elle se fit donner pour le négociant par Élie Magus, un de ses marchands de tableaux [a], elle obtint une entreprise de coloriages. Le jour, elle peignait et s'occupait des soins du ménage; puis quand la nuit arrivait, elle coloriait des gravures. Ces deux êtres épris d'amour n'entrèrent alors au lit nuptial que pour en sortir. Tous deux ils feignaient de dormir, et par dévouement se quittaient aussitôt que l'un avait trompé l'autre. Une nuit, Luigi, succombant à l'espèce de fièvre causée par un travail sous le poids duquel il commençait à plier, ouvrit la lucarne de son cabinet pour respirer l'air pur du matin et secouer ses douleurs, quand en abaissant ses regards il aperçut la lueur projetée sur le mur par la lampe de Ginevra, le malheureux devina tout, il descendit, marcha doucement et surprit sa femme au milieu de son atelier enluminant des gravures.

— Oh! Ginevra! s'écria-t-il.

Elle fit un saut convulsif sur sa chaise et rougit.

— Pouvais-je dormir tandis que tu t'épuisais de fatigue? dit-elle.

— Mais c'est à moi seul qu'appartient le droit de travailler ainsi.

— Puis-je rester oisive, répondit la jeune femme dont les yeux se mouillèrent de larmes, quand je sais que chaque morceau de pain nous coûte presque une goutte de ton sang [a] ? Je mourrais si je ne joignais pas mes efforts aux tiens. Tout ne doit-il pas être commun entre nous, plaisirs et peines?

— Elle a froid, s'écria Luigi avec désespoir. Ferme donc mieux ton châle sur ta poitrine, ma Ginevra, la nuit est humide et fraîche.

Ils vinrent devant la fenêtre, la jeune femme appuya sa tête sur le sein de son bien-aimé qui la tenait par la taille, et tous deux, ensevelis dans un silence profond, regardèrent le ciel que l'aube éclairait lentement. Des nuages d'une teinte grise se succédèrent rapidement, et l'orient devint de plus en plus lumineux.

— Vois-tu, dit Ginevra, c'est un présage : nous serons heureux.

— Oui, au ciel, répondit Luigi avec un sourire amer. O Ginevra ! toi qui méritais tous les trésors de la terre...

— J'ai ton cœur, dit-elle avec un accent de joie.

— Ah ! je ne me plains pas, reprit-il en la serrant fortement contre lui. Et il couvrit de baisers ce visage délicat qui commençait à perdre la fraîcheur de la jeunesse, mais dont l'expression était si tendre et si douce, qu'il ne pouvait jamais le voir sans être consolé.

— Quel silence ! dit Ginevra. Mon ami, je trouve un grand plaisir à veiller. La majesté de la nuit est vraiment contagieuse, elle impose, elle inspire [b]; il y a je ne sais quelle puissance dans cette idée : tout dort et je veille.

— Oh ! ma Ginevra, ce n'est pas d'aujourd'hui que je sens combien ton âme est délicatement gracieuse ! Mais voici l'aurore, viens dormir.

— Oui, répondit-elle, si je ne dors pas seule. J'ai bien souffert la nuit où je me suis aperçue que mon Luigi veillait sans moi !

Le courage avec lequel ces deux jeunes gens combattaient le malheur reçut pendant quelque temps sa récompense; mais l'événement qui met presque toujours le comble à la félicité des ménages devait leur être funeste : Ginevra eut un fils qui, pour se servir d'une expression populaire, fut *beau comme le jour*. Le sentiment de la maternité doubla les forces de la jeune femme. Luigi emprunta pour subvenir aux dépenses des couches de Ginevra. Dans les premiers moments, elle ne sentit donc pas tout le malaise de sa situation, et les deux époux se livrèrent au bonheur d'élever un enfant. Ce fut leur dernière félicité. Comme deux nageurs qui unissent leurs efforts pour rompre un courant, les deux Corses luttèrent d'abord courageusement; mais parfois ils s'abandonnaient à une apathie semblable à ces sommeils qui précèdent la mort, et bientôt ils se virent obligés de vendre leurs bijoux. La Pauvreté se montra tout à coup, non pas hideuse, mais vêtue simplement, et presque douce à supporter; sa voix n'avait rien d'effrayant, elle ne traînait après elle ni désespoir, ni spectres, ni haillons; mais elle faisait perdre le souvenir et les habitudes de l'aisance; elle usait les ressorts de l'orgueil. Puis, vint la Misère dans toute son horreur, insouciante de ses guenilles et foulant aux pieds tous les sentiments humains [a]. Sept ou huit mois après la naissance du petit Bartholoméo [b], l'on aurait eu de la peine à reconnaître dans la mère qui allaitait cet enfant malingre l'original de l'admirable portrait, le seul ornement d'une chambre nue. Sans feu par un rude hiver, Ginevra vit les gracieux contours de sa figure se détruire lentement, ses joues devenir blanches comme de la porcelaine, et ses yeux pâlir comme si les sources de la vie tarissaient en elle [c]. En voyant son enfant amaigri, décoloré, elle ne souffrait que de cette jeune misère, et Luigi n'avait plus le courage de sourire à son fils.

— J'ai couru tout Paris, disait-il d'une voix sourde, je n'y connais personne, et comment oser demander à des indifférents? Vergniaud, le nourrisseur, mon vieil Égyptien[1][a], est impliqué dans une conspiration, il a été mis en prison, et d'ailleurs, il m'a prêté tout ce dont il pouvait disposer. Quant à notre propriétaire, il ne nous a rien demandé depuis un an.

— Mais nous n'avons besoin de rien, répondit doucement Ginevra en affectant un air calme.

— Chaque jour qui arrive amène une difficulté de plus, reprit Luigi avec terreur.

Luigi[b] prit tous les tableaux de Ginevra, le portrait, plusieurs meubles desquels le ménage pouvait encore se passer, il vendit tout à vil prix, et la somme qu'il en obtint prolongea l'agonie du ménage pendant quelques moments. Dans ces jours de malheur, Ginevra montra la sublimité de son caractère et l'étendue de sa résignation, elle supporta stoïquement les atteintes de la douleur; son âme énergique la soutenait contre tous les maux, elle travaillait d'une main défaillante auprès de son fils mourant, expédiait les soins du ménage avec une activité miraculeuse, et suffisait à tout. Elle était même heureuse quand elle voyait sur les lèvres de Luigi un sourire d'étonnement à l'aspect de la propreté qu'elle faisait régner dans l'unique chambre où ils s'étaient réfugiés.

— Mon ami, je t'ai gardé ce morceau de pain, lui dit-elle un soir qu'il rentrait fatigué.

— Et toi?

— Moi, j'ai dîné, cher Luigi, je n'ai besoin de rien.

---

1. Ces indications concernent le maréchal des logis de hussards qui lui avait servi de témoin (p. 279). Nous ne pouvons en douter, puisque son nom a déjà été cité à la fin du récit de la cérémonie (p. 284). Dans les premières éditions, le personnage demeurait anonyme. Balzac ne l'appelle Vergniaud qu'en 1842. Il rappelle en même temps la profession de « nourrisseur » (éleveur) qu'il lui avait attribuée dans *Le Colonel Chabert*, sans prendre garde qu'il l'a désigné plus haut comme un loueur de voitures; et aussi sa qualité d'Égyptien, c'est-à-dire d'ancien participant à la campagne d'Égypte, où il servit en effet sous les ordres de Chabert : mais ce rappel est peu naturel en 1819 dans la bouche d'un homme de vingt-cinq ans.

Et la douce expression de son visage le pressait encore plus que sa parole d'accepter une nourriture de laquelle elle se privait. Luigi l'embrassa par un de ces baisers de désespoir qui se donnaient en 1793 entre amis à l'heure où ils montaient ensemble à l'échafaud. En ces moments suprêmes, deux êtres se voient cœur à cœur [a]. Aussi, le malheureux Luigi, comprenant tout à coup que sa femme était à jeun, partagea-t-il la fièvre qui la dévorait, il frissonna, sortit en prétextant une affaire pressante, car il aurait mieux aimé prendre le poison le plus subtil, plutôt que d'éviter la mort en mangeant le dernier morceau de pain qui se trouvait chez lui. Il se mit à errer dans Paris au milieu des voitures les plus brillantes, au sein de ce luxe insultant qui éclate partout; il passa promptement devant les boutiques des changeurs où l'or étincelle; enfin, il résolut de se vendre, de s'offrir comme remplaçant pour le service militaire en espérant que ce sacrifice sauverait Ginevra, et que, pendant son absence, elle pourrait rentrer en grâce auprès de Bartholoméo. Il alla donc trouver un de ces hommes qui font la traite des blancs, et il éprouva une sorte de bonheur à reconnaître en lui un ancien officier de la Garde impériale.

— Il y a deux jours que je n'ai mangé, lui dit-il d'une voix lente et faible, ma femme meurt de faim, et ne m'adresse pas une plainte, elle expirerait en souriant, je crois. De grâce, mon camarade, ajouta-t-il avec un sourire amer, achète-moi d'avance, je suis robuste, je ne suis plus au service, et je...

L'officier donna une somme à Luigi en acompte sur celle qu'il s'engageait à lui procurer. L'infortuné poussa un rire convulsif quand il tint une poignée de pièces d'or, il courut de toute sa force vers sa maison, haletant, et criant parfois : — O ma Ginevra! Ginevra! il commençait à faire nuit quand il arriva chez lui. il entra tout doucement, craignant de donner une trop forte émoton à sa femme, qu'il avait laissée faible.

Les derniers rayons du soleil pénétrant par la lucarne venaient mourir sur le visage de Ginevra qui dormait assise sur une chaise en tenant son enfant sur son sein.

— Réveille-toi, mon âme [a], dit-il sans s'apercevoir de la pose de son enfant qui dans ce moment conservait un éclat surnaturel [b].

En entendant cette voix, la pauvre mère ouvrit les yeux, rencontra le regard de Luigi, et sourit; mais Luigi jeta un cri d'épouvante : à peine reconnut-il sa femme quasi folle à qui, par un geste d'une sauvage énergie, il montra l'or.

Ginevra se mit [c] à rire machinalement, et tout à coup elle s'écria d'une voix affreuse : — Louis! l'enfant est froid. Elle regarda son fils et s'évanouit, car le petit Barthélemy était mort [d]. Luigi prit sa femme dans ses bras sans lui ôter l'enfant qu'elle serrait avec une force incompréhensible ; et après l'avoir posée sur le lit, il sortit pour appeler au secours [e].

— O mon Dieu! dit-il à son propriétaire qu'il rencontra sur l'escalier, j'ai de l'or [f], et mon enfant est mort de faim, sa mère se meurt, aidez-nous!

Il revint comme un désespéré vers sa femme, et laissa l'honnête maçon occupé, ainsi que plusieurs voisins, de rassembler tout ce qui pouvait soulager une misère inconnue jusqu'alors, tant les deux Corses l'avaient soigneusement cachée par un sentiment d'orgueil. Luigi avait jeté son or sur le plancher, et s'était agenouillé au chevet du lit où gisait sa femme.

— Mon père! prenez soin de mon fils qui porte votre nom [g], s'écriait Ginevra dans son délire.

— O mon ange! calme-toi, lui disait Luigi en l'embrassant, de beaux jours nous attendent.

Cette voix et cette caresse lui rendirent quelque tranquillité.

— O mon Louis! reprit-elle en le regardant avec

---

1. Plus précisément, le prénom, Bartholoméo (voir p. 293 et l'étude critique, p. 320).

une attention extraordinaire, écoute-moi bien. Je sens que je meurs. Ma mort est naturelle, je souffrais trop, et puis un bonheur aussi grand que le mien devait se payer. Oui, mon Luigi, console-toi, j'ai été si heureuse, que si je recommençais à vivre, j'accepterais encore notre destinée [1][a]. Je suis une mauvaise mère : je te regrette encore plus que je ne regrette mon enfant. — Mon enfant, ajouta-t-elle d'un son de voix profond. Deux larmes se détachèrent de ses yeux mourants, et soudain elle pressa le cadavre qu'elle n'avait pu réchauffer [b]. — Donne ma chevelure à mon père, en souvenir de sa Ginevra, reprit-elle. Dis-lui bien que je ne l'ai jamais accusé... Sa tête tomba sur le bras de son époux.

— Non, tu ne peux pas mourir, s'écria Luigi, le médecin va venir. Nous avons du pain. Ton père va te recevoir en grâce. La prospérité s'est levée pour nous. Reste avec nous, ange de beauté [c]!

Mais ce cœur fidèle et plein d'amour devenait froid, Ginevra tournait instinctivement les yeux vers celui qu'elle adorait, quoiqu'elle ne fût plus sensible à rien : des images confuses s'offraient à son esprit, près de perdre tout souvenir de la terre. Elle savait que Luigi était là, car elle serrait toujours plus fortement sa main glacée, et semblait vouloir se retenir au-dessus d'un précipice où elle croyait tomber [d].

— Mon ami, dit-elle enfin, tu as froid, je vais te réchauffer.

Elle voulut mettre la main de son mari sur son cœur, mais elle expira. Deux médecins, un prêtre, des voisins entrèrent en ce moment en apportant tout ce qui

---

1. Dans tout ce passage, Ginevra manifeste les mêmes sentiments qu'Augustine dans *La Maison du Chat-qui-pelote* : « En songeant aux délices printanières de son union, elle comprit l'étendue du bonheur passé, et convint en elle-même qu'une si riche moisson d'amour était une vie entière qui ne pouvait se payer que par du malheur » (p. 78); « elle eut alors je ne sais quel orgueil de ses chagrins, en pensant qu'ils prenaient leur source dans un bonheur de dix-huit mois... » (p. 83).

était nécessaire pour sauver les deux époux et calmer leur désespoir [a]. Ces étrangers firent beaucoup de bruit d'abord; mais quand ils furent entrés, un affreux silence régna dans cette chambre [b].

Pendant que cette scène avait lieu [c], Bartholoméo [d] et sa femme étaient assis dans leurs fauteuils antiques, chacun à un coin de la vaste cheminée dont l'ardent brasier réchauffait à peine l'immense salon de leur hôtel. La pendule marquait minuit. Depuis longtemps le vieux couple avait perdu le sommeil. En ce moment, ils étaient silencieux comme deux vieillards tombés en enfance et qui regardent tout sans rien voir. Leur salon désert, mais plein de souvenirs pour eux, était faiblement éclairé par une seule lampe près de mourir. Sans les flammes pétillantes du foyer, ils eussent été dans une obscurité complète. Un de leurs amis venait de les quitter, et la chaise sur laquelle il s'était assis pendant sa visite se trouvait entre les deux Corses. Piombo avait déjà jeté plus d'un regard sur cette chaise, et ces regards pleins d'idées se succédaient comme des remords, car la chaise vide était celle de Ginevra. Élisa Piombo épiait les expressions qui passaient sur la blanche figure de son mari. Quoiqu'elle fût habituée à deviner les sentiments du Corse d'après les changeantes révolutions de ses traits, ils étaient tour à tour si menaçants et si mélancoliques, qu'elle ne pouvait plus lire dans cette âme incompréhensible.

Bartholoméo succombait-il sous les puissants souvenirs que réveillait cette chaise? était-il choqué de voir qu'elle venait de servir pour la première fois à un étranger depuis le départ de sa fille? l'heure de sa clémence, cette heure si vainement attendue jusqu'alors, avait-elle sonné?

Ces réflexions agitèrent successivement le cœur d'Élisa Piombo. Pendant un instant la physionomie de son mari devint si terrible, qu'elle trembla d'avoir osé employer une ruse si simple pour faire naître l'occasion de parler de Ginevra. En ce moment, la bise chassa si violemment les flocons de neige sur les persiennes, que les deux vieillards purent en entendre le léger bruissement. La mère de Ginevra baissa la tête pour dérober ses larmes à son mari. Tout à coup un soupir sortit de la poitrine du vieillard, sa femme le regarda, il était abattu; elle hasarda pour la seconde fois, depuis trois ans, à lui parler de sa fille.

— Si Ginevra avait froid, s'écria-t-elle doucement. Piombo tressaillit. — Elle a peut-être faim, dit-elle en continuant. Le Corse laissa échapper une larme. — Elle a un enfant, et ne peut pas le nourrir, son lait s'est tari, reprit vivement la mère avec l'accent du désespoir.

— Qu'elle vienne! qu'elle vienne, s'écria Piombo. O mon enfant chéri! tu m'as vaincu.

La mère se leva comme pour aller chercher sa fille. En ce moment, la porte s'ouvrit avec fracas, et un homme dont le visage n'avait plus rien d'humain surgit tout à coup devant eux.

— *Morte!* Nos deux familles devaient s'exterminer l'une par l'autre, car voilà tout ce qui reste d'elle, dit-il en posant sur une table la longue chevelure noire de Ginevra [1].

Les deux vieillards frissonnèrent comme s'ils eussent reçu une commotion de la foudre, et ne virent plus Luigi.

— Il nous épargne un coup de feu, car il est mort, s'écria lentement Bartholoméo en regardant à terre [a].

Paris, janvier 1830 [b]

---

1. Ce détail concernant la chevelure, tout à la fin du récit, est la réplique délibérée de l'indication fournie tout au début : « la petite fille […] dont les longs cheveux noirs étaient comme un amusement entre ses mains. »

APPENDICE CRITIQUE

I

MANUSCRITS ET ÉDITIONS

LES MANUSCRITS

Le manuscrit de Gloire et Malheur (La Maison du Chat-qui-pelote) *est conservé à la collection Lovenjoul sous la cote A 89. Il comporte (outre un feuillet A surajouté) 35 feuillets, numérotés par l'écrivain à l'encre noire. Des essais fragmentaires de rédaction, indéchiffrables sous les ratures, figurent au verso des feuillets 3 à 8.*

Le manuscrit du Bal de Sceaux *est inscrit sous la cote A 5. Il comporte (outre un feuillet A surajouté) 45 feuillets, numérotés par l'écrivain à l'encre noire. Des essais fragmentaires de rédaction* [1] *figurent au verso des feuillets 10 à 13, 16, 19, 24 et 27 ; le verso du feuillet 21 contient quatorze lignes barrées qui n'étaient pas destinées à cette nouvelle* [2]. *En haut et en marge du feuillet 1, on lit, formulée au crayon en vue de l'édition originale, la consigne de fabrication suivante :* « copie qui commence la 18e f^{lle} du 1er vol. » *et, d'une autre main, à l'encre :* « IIIe scène ».

Le manuscrit de La Vendetta *est inscrit sous la cote A 239. Il compte 56 feuillets, numérotés par l'écrivain de 1 à 24, puis de 1 à 18, enfin de 1 à 14 ; ces trois paquets correspondent aux trois chapitres de la rédaction primitive :* L'Atelier, La Déso-béissance, Le Mariage. *Une autre main a ajouté, après le*

---

1. M. Bardèche, qui les reproduit en appendice au tome premier des *Œuvres* de Balzac publiées par le Club de l'Honnête Homme (p. 779), en signale la manière encore « grêle » et le « style incorrect ». On notera que les deux sœurs d'Émilie y sont prénommées Eugénie et Anna ; que l'une y devient Mme Mallet et l'autre Mme de Bonneval.

2. Il s'agit de l'assassinat du duc d'Orléans et de la guerre entre Armagnacs et Bourguignons.

*feuillet 24, une numérotation continue de 25 à 56. Des essais
fragmentaires de rédaction* [1] *figurent au verso des feuillets 19,
22 à 24, 28, 30 à 34, 44 à 46, 55 et 56. Au verso du feuillet 18,
on relève cette note de Balzac, destinée au prote :* « Vous n'avez
là que 8 feuillets parce que j'en garde deux. Mais demain
vous en aurez douze ou lundi tout le reste. Il faudra que
les compositeurs travaillent vigoureusement lundi ».

*Avec ce dernier manuscrit sont brochés quatre feuillets désignés
par les lettres A, B, C, D. Les deux premiers sont surajoutés ;
les deux autres offrent le texte autographe de la* Préface *publiée
en tête du premier volume dans l'édition originale des* Scènes de
la vie privée [2]. *En haut du feuillet, Balzac, qui garde fraîches
encore ses connaissances techniques d'imprimeur, a ajouté les
prescriptions suivantes :* « à composer en St Augustin s'il
y en a et de neuf et la plus petite justification possible et
18 lignes à la page, on commencera en bas de la 1re page
par 5 lignes, et en haut de la page on mettra un filet à
l'anglaise ».

*Les trois manuscrits comportent, en assez grand nombre,
des ratures et des additions marginales.*

L'ÉDITION ORIGINALE

*Le 22 octobre 1829, les éditeurs Mame et Delaunay-Vallée
adressaient à Balzac la lettre suivante :*

Monsieur,

Vous avez bien voulu nous proposer le manuscrit d'un
ouvrage ayant pour titre *Scènes de la vie privée*, 2 vol. in 8º.
Nous avons accepté vos offres aux conditions suivantes.
Nous vous imprimerons votre ouvrage au nombre de
neuf cents ex[emplair]es ou une rame de dix-huit mains.

---

1. Nous reproduisons les plus instructifs, p. 365-366.
2. Voir ci-dessous, p. 308.

Nous vous paierons pour le manuscrit la somme de douze cents francs payables en nos billets comme suit 450 fin avril prochain et 750 fin août suivant.

L'ouvrage nous appartiendra en propriété ; moyennant que nous vous payions pour chaque édition à raison d'un franc cinquante centimes l'exemplaire.

Vous vous êtes engagé à nous faire acheter par M. Levavasseur un nombre de trois cent soixante quinze ex[emplair]es de la première édition aux conditions de notre lettre que nous lui avons adressée ce jour et dont vous avez pris connaissance.

Nous sommes d'accord que les corrections d'auteur seront à votre charge au delà de la somme de cent cinquante francs que n[ous] prenons à notre charge.

Nous avons l'honneur de v[ous] saluer bien sincèrement [1].

Cette édition des Scènes de la vie privée *fut annoncée dans la* Bibliographie de la France *le 10 avril 1830 et parut trois jours plus tard* [2] *sous le nom de* « M. Balzac, auteur du *Dernier Chouan ou La Bretagne en 1800* [3] ». La Vendetta *et* Le Bal de Sceaux, *dans le premier volume, encadraient* Les Dangers de l'inconduite (Gobseck) ; La Maison du Chat-qui-pelote, *sous le titre* Gloire et Malheur, *précédait, dans le second,* La Femme vertueuse (Une Double Famille) *et* La Paix du Ménage.

Voici le texte de la Préface que Balzac a rédigée pour les six

---

1. Lov. A 268, f⁰ 34. *Corr.* Pierrot I, 415.

2. Balzac à Mme Carraud, lettre du 14 avril : «... j'irai vous voir cette semaine, afin de vous apporter les *Scènes de la vie privée,* qui ont paru hier ». *Corr.* Pierrot I, 452.

3. Un fragment du *Bal de Sceaux* (jusqu'à « un Benjamin gâté par tout le monde ») avait été publié dans *Le Cabinet de Lecture* le 4 janvier 1830 et un fragment de *La Vendetta,* sous le titre *L'Atelier* (depuis « M. Servin, l'un de nos artistes les plus distingués » jusqu'à « un groupe d'anges assis sur un nuage du ciel »), dans *La Silhouette,* le 1ᵉʳ avril.

nouvelles et qu'il a fait figurer en tête du premier volume, avant
La Vendetta :

Il existe sans doute des mères auxquelles une éducation
exempte de préjugés n'a ravi aucune des grâces de la femme,
en leur donnant une instruction solide sans nulle pédan-
terie. Mettront-elles ces leçons sous les yeux de leurs
filles ?... L'auteur a osé l'espérer. Il s'est flatté que les bons
esprits ne lui reprocheraient point d'avoir présenté le
tableau vrai de mœurs que les familles ensevelissent
aujourd'hui dans l'ombre et que l'observateur a quelquefois
de la peine à deviner. Il a songé qu'il y a bien moins d'imprudence à marquer d'une branche de saule les passages
dangereux de la vie, comme les mariniers pour les sables
de la Loire, qu'à les laisser ignorer à des yeux inexpéri-
mentés.

Mais pourquoi l'auteur solliciterait-il une absolution
auprès des gens de salon [1] ? En publiant cet ouvrage, il ne
fait que rendre au monde ce que le monde lui a donné [2].
Serait-ce parce qu'il a essayé de peindre avec fidélité les
événements dont un mariage est suivi ou précédé, que son
livre serait refusé à de jeunes personnes, destinées à paraître
un jour sur la scène sociale ? Serait-ce donc un crime que
de leur avoir relevé par avance le rideau du théâtre qu'elles
doivent un jour embellir ?

L'auteur n'a jamais compris quels bénéfices d'éducation
une mère pouvait retirer à retarder d'un an ou deux, tout
au plus, l'instruction qui attend nécessairement sa fille, et
à la laisser s'éclairer lentement à la lueur des orages auxquels
elle la livre presque toujours sans défense.

Cet ouvrage a donc été composé en haine des sots livres
que des esprits mesquins ont présentés aux femmes jusqu'à

---

1. Telle est la leçon que nous relevons sur le manuscrit. L'édition
porte : « du salon »; mais nous croyons qu'il s'agit d'une coquille.
2. Rencontre, réminiscence de La Bruyère ou allusion délibérée?
« Je rends au public ce qu'il m'a prêté » (début de la préface des *Caractères*).

ce jour. Que l'auteur ait satisfait aux exigences du moment et de son entreprise ?... c'est un problème qu'il ne lui appartient pas de résoudre. Peut-être retournera-on contre lui l'épithète qu'il décerne à ses devanciers. Il sait qu'en littérature, ne pas réussir c'est périr ; et c'est principalement aux artistes que le public est en droit de dire : - VAE VICTIS !

L'auteur ne se permettra qu'une seule observation qui lui soit personnelle. Il sait que certains esprits pourront lui reprocher de s'être souvent appesanti sur des détails en apparence superflus. Il sait qu'il sera facile de l'accuser d'une sorte de *garrulité* [1] puérile. Souvent ses tableaux paraîtront avoir tous les défauts des compositions de l'école hollandaise, sans en offrir les mérites. Mais l'auteur peut s'excuser en disant qu'il n'a destiné son livre qu'à des intelligences plus candides et moins blasées, moins instruites et plus indulgentes que celles de ces critiques dont il décline la compétence [2].

D'autre part, à la fin du second volume, l'écrivain fit insérer la note *suivante :*

Au risque de ressembler, suivant la spirituelle comparaison d'un auteur, à ces gens qui, après avoir salué la compagnie, rentrent au salon pour y chercher leur canne, l'auteur se hasardera à parler encore de lui, comme s'il n'avait pas mis quatre pages en tête de son ouvrage.

En lisant *Anatole*, l'une des plus charmantes productions d'une femme qui alors fut sans doute inspirée par la muse

---

1. Babillage. Le recenseur des *Scènes de la vie privée* dans le *Feuilleton des Journaux politiques* (3 mai 1830) formule précisément ce reproche. Tout en déclarant que « la garrulité, quelque puérile qu'elle soit, a pour les gens blasés plus de charme que Balzac ne le pense », il juge qu'elle « domine trop » dans *Le Bal de Sceaux*. Ce texte est reproduit dans les *Œuvres diverses*, I, 648 sq.

2. Balzac a atténué son expression. Le manuscrit porte : incompétens.

de miss Inchbald [1], l'auteur a cru y trouver dans trois lignes le sujet du *Bal de Sceaux* [2].

Il déclare qu'il n'aurait aucune répugnance à devoir l'idée de cette scène à la lecture du joli roman de madame Gay ; mais il ajoutera que, malheureusement pour lui, il n'a lu que très récemment *Anatole*, et qu'alors sa scène était faite.

Si l'auteur se montre si chatouilleux et se met en garde contre la critique, il n'en faut pas l'accuser.

Quelques esprits armés contre leurs plaisirs, et qui, à force de demander du neuf, ont conduit notre littérature à faire de l'extraordinaire et à sortir des bornes que lui imposeront toujours la clarté didactique de notre langue et le naturel, ont reproché à l'auteur d'avoir imité, dans le premier de ses ouvrages *(Le Dernier Chouan, ou la Bretagne en 1800),* une fabulation déjà mise en œuvre [3].

Sans relever une critique aussi mal fondée, l'auteur croit qu'il n'est pas inutile pour lui de consigner ici l'opinion très dédaigneuse qu'il s'est formée sur les ressemblances si péniblement cherchées par les oisifs de la littérature entre les ouvrages nouveaux et les anciens ouvrages.

La marque distinctive du talent est sans doute l'inven-

---

1. Femme de lettres et actrice anglaise (1753-1821) que rendit célèbre un roman à la fois sentimental et réaliste, *Simple histoire.*

2. « Calmez vos regrets par le souvenir de madame de V...., qui fut sauvée du feu dans une auberge par le bel homme de France dont elle devint folle et qui aurait peut-être fait la passion de sa vie, si elle n'avait pas eu l'idée d'aller un jour acheter une robe de satin dans je ne sais quelle boutique à Lyon où son libérateur déroulait des étoffes en public avec une grâce toute particulière » (Sophie Gay, *Anatole*, Didot, 1815, tome I, p. 97). M. Bardèche, qui a retrouvé le passage, ajoute à ce propos : « Il est naturel que Balzac, ami de Sophie Gay, lui ait parlé de sa nouvelle et que Sophie Gay lui ait signalé le passage de son roman, que Balzac aura noté par politesse ».

3. Allusion probable au rapprochement indiqué le 4 avril 1829 dans *Le Corsaire* entre l'héroïne des *Chouans,* Marie de Verneuil, et l'héroïne des *Espagnols en Danemark* de Mérimée. Voir à ce sujet l'introduction de M. Regard à son édition des *Chouans,* p. XVIII (Garnier).

tion. Mais, aujourd'hui que toutes les combinaisons possibles paraissent épuisées, que toutes les situations ont été fatiguées, que l'impossible a été tenté, l'auteur croit fermement que les détails seuls constitueront désormais le mérite des ouvrages improprement appelés *Romans.*

S'il avait le loisir de suivre la carrière du docteur Mathanasius [1], il lui serait facile de prouver qu'il y a peu d'ouvrages de lord Byron et de sir Walter Scott dont l'idée première leur appartienne, et que Boileau n'est pas l'auteur des vers de son *Art poétique.*

Il pense, en outre, que entreprendre de peindre des époques historiques et s'amuser à chercher des fables neuves, c'est mettre plus d'importance au cadre qu'au tableau. Il admirera ceux qui réussiront à réunir les deux mérites, et leur souhaite d'y réussir souvent.

S'il a eu l'immodestie de joindre cette note à son livre, il croit avoir obtenu son absolution par l'humble place qu'il lui a donnée ; certain, au reste, qu'elle ne sera peut-être pas lue, même par les intéressés.

ÉDITIONS POSTÉRIEURES

Les trois nouvelles sont reprises, en mai 1832, dans la deuxième édition des Scènes de la vie privée, *chez Mame-Delaunay, publiée en quatre volumes dont les deux premiers reproduisent les deux volumes de 1830, sauf la Note finale.*

Dans un ordre différent (Le Bal de Sceaux, Gloire et Malheur, La Vendetta), *nous les retrouvons, toujours parmi les* Scènes de la vie privée, *au tome premier des* Études de Mœurs au XIXe siècle, *publié chez Mme Veuve Charles Béchet en mai 1835 avec l'Introduction générale de Félix Davin, rédigée d'après les données de Balzac lui-même. Voici le passage de cette Introduction qui les concerne :*

---

1. Pseudonyme du pamphlétaire Nicolas Jouin (1684-1757).

Dans *Le Bal de Sceaux,* nous voyons poindre le premier
mécompte, la première erreur, le premier deuil secret de
cet âge qui succède à l'adolescence. Paris, la cour et les
complaisances de toute une famille ont gâté mademoiselle
de Fontaine ; cette jeune fille commence à raisonner la
vie, elle comprime les battements instinctifs de son cœur,
lorsqu'elle ne croit plus trouver dans l'homme qu'elle
aimait les avantages du mariage aristocratique qu'elle a
rêvé. Cette lutte du cœur et de l'orgueil, qui se reproduit
si fréquemment de nos jours, a fourni à M. de Balzac une
de ses peintures les plus vraies. Cette scène offre une physionomie franchement accusée et qui exprime une des indivi-
dualités les plus caractéristiques de l'époque. M. de Fontaine,
ce Vendéen sévère et loyal que Louis XVIII s'amuse à
séduire, représente admirablement cette portion du parti
royaliste qui se résignait à être de son époque en s'étalant
au budget. Cette scène apprend toute la restauration, dont
l'auteur donne un croquis à la fois plein de bonhomie, de
sens et de malice. Après un malheur dont la vanité est le
principe, voici, dans *Gloire et Malheur,* une mésalliance
entre un capricieux artiste et une jeune fille au cœur simple.
Dans ces deux scènes, l'enseignement est également moral
et sévère. Mademoiselle Émilie de Fontaine et Mademoiselle Guillaume sont toutes deux malheureuses pour avoir
méconnu l'expérience paternelle, l'une en fuyant une
mésalliance aristocratique, l'autre en ignorant les conve-
nances de l'esprit. Ainsi que l'orgueil, la poésie a sa victime
aussi. N'est-ce pas quelque chose de touchant et bien triste
à la fois, que ces amours de deux natures si diverses : de
ce peintre qui revient de Rome tout pénétré des angéliques
créations de Raphaël, qui croit voir sourire une Madone
au fond d'un magasin de la rue Saint-Denis ; et de cette
jeune fille, humble, candide, qui se soumet, frémissante
et ravie, à la poésie qu'elle comprend peut-être d'instinct,
mais qui doit bientôt l'éblouir et la consumer ? Le refroidissement successif de l'âme du poète, son étonnement,
son dépit en reconnaissant qu'il s'est trompé, son mépris,
ingrat et pourtant excusable, pour l'être simple et inintel-

ligent qu'il a attaché à sa destinée, et qui lui alourdit cruellement l'existence ; ses sursauts de colère lorsque la naïve jeune femme, placée en face d'une fougueuse création de son mari, ne trouve pour répondre à son orgueilleuse interrogation que ces mots bourgeois : « C'est bien joli ! »; les souffrances cachées et muettes de la douce victime, tout est saisissant et vrai. Ce drame se voit chaque jour dans notre société, si maladroitement organisée, où l'éducation des femmes est si puérile, où le sentiment de l'art est une chose tout à fait exceptionnelle. Dans *La Vendetta*, l'auteur poursuit son large enseignement, tout en continuant la jolie fresque des *Scènes de la vie privée*. Rien de plus gracieux que la peinture de l'atelier de M. Servin ; mais aussi rien de plus terrible que la lutte de Ginevra et de son père. Cette étude est une des plus magnifiques et des plus poignantes. Quelle richesse dans ce contraste de deux volontés également puissantes, acharnées à rendre leur malheur complet. Le père est comptable à Dieu de ce malheur. Ne l'a-t-il pas causé par la funeste éducation donnée à sa fille dont il a trop développé la force ? La fille est coupable de désobéissance, quoique la loi soit pour elle. Ici l'auteur a montré qu'un enfant avait tort de se marier en faisant les actes respectueux prescrits par le Code. Il est d'accord avec les mœurs contre un article de loi rarement appliqué.

Le Bal de Sceaux *et* Gloire et Malheur *figurent ensuite en tête de la première série des* Scènes de la vie privée *publiées en deux séries chez Charpentier (1839) ;* La Vendetta, *en tête de la seconde.*

Enfin, dans le premier volume de La Comédie humaine *(Furne, 1842) et toujours sous la rubrique* Scènes de la vie privée, La Maison du Chat-qui-pelote *suit immédiatement le célèbre* Avant-propos. *Puis viennent* Le Bal de Sceaux *et, après* La Bourse, La Vendetta.

On a conservé, pour La Vendetta, *des pages du tome premier des* Études de mœurs au XIXᵉ siècle, *édition Béchet, corrigées en vue de l'édition Furne.*

II

ÉVOLUTION DU TEXTE

II

ÉVOLUTION DES TEXTES

Nous avons pris pour base le texte de l'édition Furne, en tenant compte des indications relevées à Chantilly sur l'exemplaire personnel du romancier. Occasionnellement, la consultation des manuscrits nous a amené à corriger une erreur que le romancier avait laissé échapper en lisant les épreuves et que les éditeurs successifs avaient reproduite[1].

Les sigles utilisés dans nos pages critiques sont les suivants : M (manuscrit) ; O (texte original de 1830) ; B (édition Béchet) ; F (édition Furne) Fc ; (Furne corrigé)[2]. Le sigle placé après un fragment de texte indique l'édition dans laquelle ce fragment apparaît tel pour la première fois. L'abréviation ant. désigne l'ensemble des états antérieurs à l'état que l'on vient de considérer. Lorsque plusieurs leçons se trouvent juxtaposées, la plus tardive est donnée en premier et la plus ancienne en dernier. Le signe : sépare les diverses leçons.

ÉCONOMIE D'ENSEMBLE

Si le texte du Bal de Sceaux, *du manuscrit à l'imprimé, n'a pas subi de transformation profonde, il n'en est pas de même pour ceux de* La Maison du Chat-qui-pelote *et de* La Vendetta, *dont l'économie générale a été modifiée, sur épreuves, par l'insertion d'épisodes nouveaux.*

Selon le manuscrit de La Maison du Chat-qui-pelote, *Augustine, après son entretien avec la duchesse de Carigliano, semblait sans force et sans ressort pour livrer le combat dont la*

---

1. Voir ci-dessus, p. 174 et la note.

2. L'édition de 1832, à quelques détails insignifiants près, reproduit celle de 1830 ; l'édition Charpentier ne se distingue de l'édition Béchet que par des graphies.

coquette avait daigné lui donner l'idée et le moyen en lui rendant le portrait ; aussi le romancier se hâtait-il de régler, en quelques lignes, son funeste destin. Dès l'édition originale s'intercalent deux scènes : l'une, dramatique, où l'héroïne tente de conjurer ce destin et de reconquérir le cœur de son mari ; l'autre, moins mouvementée, mais non moins cruelle, où la mère de la jeune femme répand sur sa détresse des consolations d'une intolérable vulgarité. Ces pages ajoutent à l'intérêt psychologique et préparent le dénouement.

Dans La Vendetta, *le prologue surajouté pour l'édition de 1830 crée un arrière-plan historique et comme une nouvelle dimension ; l'atmosphère du récit tout entier en est tranformée. D'autre part, l'édition de 1835, où* Le Bal de Sceaux *et* Gloire et Malheur *précèdent* La Vendetta, *supprime la division en chapitres qui distinguait jusque là cet ouvrage des deux autres.*

NOMS PROPRES

La Maison du Chat-qui-pelote.

Dans M *(voir p. 334), Balzac écrit deux fois* Angélique *pour* Augustine *; d'abord dans un passage ajouté en marge, puis au-dessus de mots rayés : soit qu'il ait songé à modifier le prénom de son personnage, soit, plus vraisemblablement, qu'il ait cédé à une distraction (peut-être travaillait-il en même temps à* La Femme vertueuse, *dont l'héroïne est prénommée* Angélique*). Dans* F *(voir p. 336),* Sommervieux *est appelé Théodore et non plus Henri ou, comme dans* M, *Henry.*

Les autres modifications marquent presque toutes le dessein qu'a le romancier, généralement dans F, *de développer son système du « retour des personnages ». Des « reparaissants »,* Mme Roguin, Roguin, Loraux, *sont substitués à des « non reparaissants » :* Mme Vernier, Vernier, Charbonneau. *D'autres reparaissants sont ajoutés :* Lourdois, Rabourdin, César Birotteau, Camusot *et, dans* FC, Cardot. *Un anonyme (le colonel qui fréquente chez la duchesse de Carigliano) prend, déjà dans* B, *l'identité d'un reparaissant,* d'Aiglemont *(voir p. 343).*

Le Bal de Sceaux

La même tendance systématique se manifeste dans F. *Reparaissants substitués à des non reparaissants : Manerville à Montalant, Beaudenord à Grosbois ou Serisy, Rastignac à Saluces, Portenduère à Comines (voir p. 351) ; Planat et, dans* FC, *Planat de Baudry à Bonneval (p. 346 et 351) ; Palma, Werbrust et Cie à* G. *Brummer, Schilken et Cie (p. 359). Reparaissants ajoutés, dans de simples énumérations pour la plupart : de Marsay (p. 351) ; Félix de Vandenesse (p. 354) ; duchesses de Maufrigneuse et de Chaulieu, marquises d'Espard et d'Aiglemont, comtesses Féraud, Montcornet et de Restaud, Mme de Camps et Mlle des Touches (p. 362). Une anonyme* (« la fille unique d'un banquier ») *devient, dans* FC *seulement, Mlle Mongenod (p. 348). Enfin des reparaissants imaginaires sont substitués à des personnages réels : les Kergarouët aux Rohan (p. 348) ; lady Dudley à la vicomtesse Abergaveny* [1] *(p. 354).*

En marge du système, d'autres modifications concernent des noms de personnages réels. Quelques-uns de ces noms disparaissent purement et simplement : dès la première édition celui du maréchal de Richelieu (voir p. 352) ; dans B *ceux de Charlet et de Henri Monnier (p. 353), du gantier Walker (ibid.) et de Mlle Mars, désormais désignée par une périphrase (p. 359). Quelques-uns encore sont remplacés par d'autres noms de personnages réels : dans* B, *Manuel par Lafayette (p. 348) et Boïeldieu par Rossini (p. 357) ; dans* F, *Montmorency par Rohan (p. 348).*

La Vendetta

Reparaissants substitués dans F *à des non reparaissants : Mlle Amélie Thirion à Mlle de Monsaurin (voir p. 367) ; Mlle Mathilde Roguin à Mlle Fanny Planta (ibid.) ; Mme Roguin à Mme Planta (p. 373) ; d'autres, Gigonnet (p. 380), Élie Magus (p. 381) et, déjà dans* B, *Roguin (p. 378) remplacent des anonymes : un « juif », un « brocanteur » et un « notaire ».*

---

1. Héroïne anglaise d'un célèbre procès en adultère.

Des noms ont été modifiés : Barbantini devient, dans B, *Barbanti (voir p. 364) et Hardy, dans* F, *Vergniaud (p. 381). Des prénoms aussi : Maria di Piombo devient, dans* B, *Elisa (p. 376) ; Jean, le domestique, devient, dans* FC, *en un endroit seulement sur deux, Pietro (voir p. 270 et la note) ; le petit Paolo reçoit, dans* F, *le prénom de son grand-père, Bartholoméo ou Barthélémy (p. 381).*

Parmi les noms de personnages réels, celui de Prudhon remplace, dans B, *celui de Rubens (voir p. 367) ; celui d'un autre peintre, Fleury, est supprimé dans* F *(p. 374) ; celui du maréchal Ney est ajouté dans* B *(p. 369) ; celui des Valois remplace, dans* F, *celui des Bourbons, qui apparaissait dans* B *(p. 363).*

DATES, AGES, CHIFFRES

La Maison du Chat-qui-pelote

La maison des Guillaume a été construite au XVIe siècle (B) *et non plus au XVe (voir p. 328) ; Joseph Lebas y travaille depuis douze ans* (F) *et non plus sept, correction qui renforce le mérite de son ascension persévérante (p. 332) ; le double mariage se déroule « quelques mois »* (O) *et non un mois après le mémorable dimanche (p. 339) ; les chagrins d'Augustine commencent trois ans plus tard* (B) *et non « bientôt » (p. 340) ; ses parents sont alors retirés depuis quatre ans* (O, *voir p. 341) et non cinq comme dans* M. *Un moment, dans* M, *la scène initiale (p. 328) se déroulait en avril et non en mars ; la solitude du jeune peintre (p. 334) se prolongeait cinq mois au lieu de huit.*

Mme de Carigliano, rivale d'Augustine, n'est âgée, jusqu'à B, *que de trente-deux ans ; qu'elle en ait finalement trente-six rend plus sensible la différence d'âge, donc le pouvoir de sa coquetterie (voir p. 341).*

D'une édition à l'autre, la rente de Sommervieux diminue : vingt-quatre mille livres, puis (B) *dix-huit mille et* (F) *douze mille (voir p. 338). Au contraire, la dot d'Augustine augmente : cinquante mille livres, puis* (F) *cent mille, changement qui ne laisse pas de surprendre (voir p. 70 et la note). Trois commis, selon* FC, *et non plus deux assistent le commis principal Joseph Lebas, d'où, pour tenir la boutique, cinq hommes en tout et non quatre, mais la correction n'a pas été reportée partout (voir p. 35 et la note).*

Le Bal de Sceaux

M. de Fontaine (voir p. 351) se lamente pendant trois ans (B) *au lieu de cinq en voyant Émilie rester fille. Le bonheur amoureux d'Émilie (p. 358) a d'abord duré quatre mois, puis* (O) *trois mois. Déçue (p. 360), elle se remet de sa fièvre au bout d'un mois* (F) *et non plus de huit jours* (O) *ou de* « quelques jours » (M).

Émilie, en 1825, a vingt ans, puis (FC) *vingt-deux (p. 351) ; à la fin de 1827, elle en a vingt-deux, puis* (F) *vingt-cinq (voir p. 193 et la note) ; le vieil amiral en a soixante-quinze, puis* (F) *soixante-douze (voir p. 194 et la note).*

Le comte de Fontaine calcule (p. 346) qu'il a dépensé trois cent mille livres pour la cause royale (F) *et non plus six cent mille. Il envisage pour ses filles (p. 348) non plus seulement soixante ou quatre-vingt mille livres de rentes, mais* (FC) *cent mille. La terre de Longueville (p. 360) rapporte cent mille livres* (F) *et non plus cent-vingt mille.*

La Vendetta

C'est en octobre 1800 (F) *et non plus en septembre que les Piombo arrivent devant les Tuileries (voir p. 363) ; quinze ans* (F) *et non seize s'écoulent jusqu'au début de l'aventure (p. 364). Ils s'aperçoivent au bout de quinze jours* (B) *et non d'un mois que leur fille rentre plus tard de l'atelier Servin (p. 374), mais la correction n'a pas été répétée un peu plus loin (voir p. 260). Les temps difficiles arrivent pour le jeune ménage en 1819* (B) *et non en 1817 (p. 380).*

La baronne de Piombo avait « au moins cinquante ans » *en 1800 ; cette précision est supprimée dans B (voir p. 364) ; elle est* « déjà septuagénaire » (F) *en 1815 (p. 374), alors qu'à la même date elle était auparavant (texte de B)* « presque septuagénaire » *ou (antérieurement) âgée de* « plus de soixante ans ». *Selon* M, *on apprenait plus tôt dans le cours du récit que Ginevra, en 1815, atteignait l'âge de vingt-cinq ans (voir p. 368). Quant à Luigi, il est âgé de six ans* (O) *et non plus de cinq comme dans* M, *lorsqu'on l'amène à Gênes après la vendetta (p. 376).*

Il y a a « plusieurs » *jeunes filles* (B) *et non plus dix (voir p. 366), puis quinze et non plus douze (p. 369) à l'atelier Servin, alors qu'y sont seulement installés* « une douzaine de chevalets » *(p. 224). Les* « économies » *généreusement offertes par Ginevra à Luigi, non évaluées dans* F *(p. 371), se montent, selon* B, *à* « quelques cents francs » *et antérieurement à huit cents. Les rentes du baron, son père, s'élèvent à* « une trentaine de mille livres » *selon* F, *à* « une vingtaine » *selon* B, *à* « une douzaine » *seulement dans les textes antérieurs (p. 374). Quatre témoins, aux termes de la loi* (B), *et non plus deux, assistent à la cérémonie du mariage (voir p. 378).*

NUANCES DE SENS, RETOUCHES DE FORME

Balzac a bouleversé profondément, à divers moments de sa création, l'ordonnance et la structure de quelques morceaux essentiels (portraits de Sommervieux, d'Émilie de Fontaine, de Ginevra ; description de l'enceinte où se déroule le bal de Sceaux et des particularités de cette institution ; scène des notaires et scène finale dans La Vendetta). *Quant aux changements de portée plus restreinte, qui s'appliquent à une ou deux lignes ou à quelques mots, on en relève un grand nombre dans chaque nouvel état du texte : ils consistent tantôt dans des additions qui donnent au récit plus de couleur historique, de relief pittoresque ou de précision psychologique ; tantôt dans des suppressions qui éliminent des clichés, des comparaisons bizarres, des mièvreries, des pléonasmes ; tantôt dans des substitutions qui rectifient un trait de mœurs ou de caractères, qui rendent l'expression plus propre, plus vigoureuse, plus concise, plus élégante ou plus pure (car le goût de l'écrivain est averti, sinon infaillible). Nous ne saurions d'ailleurs ranger dans une liste de catégories définies toutes nos constatations d'ordre critique, dont le choix des variantes ci-*

dessous montrera la diversité. Les parties rapportées des manuscrits incorporées à ce choix révèlent, en outre, les usages orthographiques de Balzac. Enfin, d'une édition à l'autre, le nombre des alinéas tend à diminuer : pour La Maison du Chat-qui-pelote, *nous en avons compté 317 dans* O, *208 dans* B, *173 dans* F *et 168 dans* FC.

III

CHOIX DE VARIANTES

On trouvera ci-dessous les variantes que nous avons choisies, présentées dans l'ordre où elles apparaissent au fil du texte. La liste des sigles employés et les principes généraux de notre notation ont été indiqués p. 317.

Nous reproduisons au moins le premier et le dernier mot de chaque passage modifié ou ajouté. Quelques exemples faciliteront les consultations nécessaires.

naguère *F* : encore, il y a peu de temps *ant.* [tems *M.*]

Le texte actuel « naguère » apparaît pour la première fois dans l'édition Furne ; on lit dans tous les états antérieurs : « encore, il y a peu de temps ». *On relève dans* M *la graphie* tems.

aux historiens *F* : aux romanciers *B* : aux romanciers et aux antiquaires *ant.*

Le texte actuel « aux historiens » apparaît pour la première fois dans l'édition Furne ; on lit dans l'édition Béchet (et dans l'édition intermédiaire Charpentier) : « aux romanciers » ; *les états antérieurs portent :* « aux romanciers et aux antiquaires ».

[en] a reçu de rouge *add. B.*

Mots ajoutés dans l'édition Béchet, sauf le mot « en », introduit postérieurement.

LA MAISON DU CHAT-QUI-PELOTE

Page 19 :

a. LA MAISON DU CHAT-QUI-PELOTE *F* : GLOIRE ET MALHEUR *ant.*

b. Dédicace *add. F.*

Page 21 :

a. naguère *F* : encore, il y a peu de temps *ant.* [tems *M*].

b. Au milieu... précieuses *B* : Il existait encore, il y a peu de temps, au milieu de la rue Saint-Denis et presqu'au coin de celle du Petit-Lion, une de ces maisons précieuses *ant.*

c. aux historiens *F* : aux romanciers *B* : aux romanciers et aux antiquaires *ant.*

d. reconstruire par analogie l'ancien Paris *B* : reconstruire l'ancien Paris dans leurs ouvrages *ant.*

e. bariolés *F* : chargés *ant.*

f : que traçaient *F* : tracés par *B* : tracés en profusion par *O* : dessinés en profondeur par *M.*

Page 22 :

a. le badigeon *B* : la chemise jaunâtre passée à la maison par le badigeonneur *ant.*

b. cette frêle maison *F* : cette maison frêle *B* : la maison *ant.*

c. mars *M* : avril *rayé sur M.*

d. d'une boutique en face *FC* : de la boutique qui se trouvait en face *ant.*

e. archéologue *F* : historien *ant.*

f. seizième *F* : XVIe *B* : XVe *O* : 15e *en surcharge sur* 16e *M.*

Page 23 :

a. cet observateur, ennuyé *B* : l'impatient observateur, fatigué *M.*

b. sur ses lèvres *B* : sur sa figure *ant.*

c. où se rencontraient... risibles *add. B.*

d. avait été rechampie d'autant *B* : avait reçu autant *ant.*

e. [en]a reçu de rouge *add. B.*

f. Cette toile causait la gaîté *B* : Ce chef-d'œuvre désespérant causait l'inextinguible gaîté *ant.*

g. que le plus spirituel... comique *B* : qu'il serait difficile à un peintre moderne de donner à un chat une figure aussi merveilleusement sérieuse *ant.*

Page 24 :

a. de manière à faire croire... passans *B* : avec un rare talent *ant.*

b. qui devaient... flâneurs *F* : dont un consciencieux flâneur devait s'inquiéter *B* : qui mettaient l'admirateur dans l'embarras *ant.*

c. Le soleil et la pluie avaient rongé *B* ; l'intempérie du climat parisien avait rongé *ant.*

d. Toute la description de l'enseigne, depuis il faut dire, *a été ajoutée en marge de M.*

Page 25 :

a la Truie-qui-file, le Singe-vert *O* : la truie qui filait, le chat qui pelotait *M.*

b. Cependant l'inconnu... mémoire *F* : Cependant, il était difficile de croire que l'inconnu restât là pour admirer ce chat car un moment d'attention suffisait à le graver dans la mémoire *B* : Cependant il était difficile de croire que ce fût à la délicieuse peinture de ce chat qu'était due la faction [du jeune homme *M*] de l'inconnu *ant.*

Page 27 :

a. Le portrait du jeune homme (depuis Son manteau) *a été bouleversé dans B ; nous donnons en deux colonnes le texte de B et celui d'O (peu différent de M). Les modifications postérieurement introduites dans F sont, sinon négligeables, du moins restreintes, comme on pourra s'en assurer en comparant le texte de B avec le texte définitif fourni p. 25 du présent volume.*

B	*O*
Son manteau, plissé dans le goût des draperies antiques, laissait voir une élégante chaussure, d'autant plus remarquable au milieu de la boue parisienne, qu'il portait des bas de soie blancs dont les mouchetures attestaient son impatience. Les boucles de ses cheveux noirs défrisés par l'humidité, dont ses épaules étaient couvertes, indiquaient une coiffure à la Caracalla, que la récente résur-	Son manteau, plissé avec un goût inné pour l'imitation des élégantes draperies antiques, laissait voir de petits pieds d'autant plus brillans, au milieu de la boue noire du pavé parisien, que le jeune homme portait des bas de soie blancs dont les mouchetures attestaient son impatience. Sous son chapeau, quelques boucles de cheveux noirs, défrisés par l'humidité et retombant sur son col, indi-

rection de la sculpure et certain engouement pour l'antique avaient mise à la mode. Il sortait sans doute d'une noce ou d'un bal, il était six heures et demie du matin, et il portait des gants blancs déchirés. Malgré le bruit que faisaient quelques maraichers attardés qui passaient au galop pour se rendre à la grande halle, cette rue si agitée avait alors un calme dont il est difficile de concevoir la magie, si l'on n'a pas erré dans Paris désert, à ces heures où son tapage, un moment apaisé, renaît et s'entend dans le lointain comme la grande voix de la mer. Cet étrange jeune homme devait être aussi curieux pour les commerçans du Chat-qui-pelote, que le Chat-qui-pelote l'était pour lui. Une cravatte éblouissante de blancheur rendait sa figure tourmentée encore plus pâle qu'elle ne l'était réellement. Le feu tour à tour sombre et pétillant que jetaient ses yeux noirs s'harmoniait avec les contours bizarres de son visage, avec sa bouche large et sinueuse qui se contractait en souriant. Son front, ridé par une contrariété violente, avait quelque chose de fatal. Le front n'est-il pas ce qui se trouve de plus prophétique en l'homme. Quand celui de l'inconnu exprimait la passion, les plis causaient une sorte d'effroi par la vigueur avec laquelle ils se prononçaient, tandis que si la peau brune reprenait son calme si facile à troubler, il y respirait une grâce dont la poésie à demi-lumineuse éclairait des traits qui auraient semblé repoussans s'ils n'eussent été

quaient qu'il était coiffé à la Caracalla, coiffure que la récente résurrection de la sculpture et l'admiration pour l'antique avaient mise à la mode. Une cravatte éblouissante de blancheur rendait encore plus pâle sa figure tourmentée. On oubliait facilement les contours bizarres, la bouche trop large et très sinueuse de ce visage original, grâce au feu tour à tour sombre et pétillant qui s'échappait de deux yeux noirs. Des gants blancs déchirés annonçaient que l'inconnu sortait sans doute de quelque noce, car il était six heures et demie du matin. Sauf quelques maraichers attardés qui passaient au galop en réveillant les échos, cette rue si agitée avait alors un calme dont il est difficile de concevoir la magie si l'on n'a pas erré dans Paris désert, à ces heures où son bruit infernal, un moment apaisé, renaît et s'entend dans le lointain comme la grande voix de la mer.

Cet étrange jeune homme formait un tableau un peu plus curieux que celui du Chat-qui-pelote : sa bouche souriait avec amertume; son front, plissé par une violente contrariété, avait quelque chose de fatal; car le crâne est ce que l'homme a de plus prophétique. Quand la peau brune de ce front haut et large restait unie et tendue, il respirait le génie, la grâce, et de concert avec les yeux, il faisait mentir toutes les prédictions d'un visage repoussant, s'il n'eût été sans cesse ennobli par une physionomie spirituelle; mais quand ce front, chargé

sans cesse ennoblis par une physionomie spirituelle où la joie, la douleur, l'amour, la colère, le dédain, éclataient d'une manière si communicative, qu'un homme froid devait épouser involontairement les affections qui s'y peignaient.

de rides qui ressemblaient aux jeux de l'eau, exprimait une passion trop forte, cette figure causait une sorte d'effroi : mobile à l'excès, la joie, la douleur, l'amour, la colère, le dédain s'y succédaient avec quelque chose de si communicatif qu'on devait involontairement partager les affections qu'il plaisait à ce jeune homme d'exprimer.

b. précipitamment *O* : tout doucement *M.*

c. Ces trois faces... rappelaient les *B* : Ces trois faces... eurent l'air de ces *O* : Elles bouchèrent la lucarne et eurent l'air de ces *M.*

d. semés dans les nuages qui accompagnent le Père éternel *F* : semées dans les nuages dont on accompagne le Père éternel *B* : dont on accompagne les nuages du Père éternel *ant.*

e. les émanations *O* : l'air épais *M.*

f. le commis qui paraissait être le plus jovial *F* : Celui des commis auquel appartenait la figure la plus joviale *O* : Celle des trois figures qui paraissait la plus joviale *M.*

Page 28 :

a. [en] tenant à la main... souple *add. O* [souple *F* : souple et poli *ant*].

b. Le badaud qu'ils aspergèrent *B;* l'étranger, qui tout à coup fut aspergé *O* :... serait arrosé *M.*

c. le passant *B* : le jeune artiste *ant.*

d. d'une ruche... tête *B* : de la mousseline froissée qui donnait à son front, à sa tête *ant.*

Page 29 :

a. de ces vierges devenues proverbiales *add. O.*

b. avait comme mis en relief *F* : avait laissé comme *ant.*

c. de son adorateur *F* : du contemplateur *B* : de l'artiste *ant.*

d. la coquetterie... déshabillé *B* : Elle devint rouge comme une cerise, sans doute par coquetterie d'être vue ainsi en déshabillé *ant.*

e. naïve *F* : triste *ant.*

f. qui défendaient le léger vitrage *O* : qui formaient la double défense du vitrage *M.*

Page 30 :

a. le nom de *Guillaume B*: l'enseigne et le nom classique de Guillaume *ant.*

b. à peine y apercevait-on *B* : on n'y apercevait *O* : on n'apercevait dans les sombres rayons en chêne du magasin *M.*

c. que des harengs quand ils traversent *B* : qu'une cohorte de harengs qui traversent *ant.*

d. ne souffrait pas le moindre soupçon *FC* : était la plus exacte *ant.* *(légères variantes)*.

e. sans avoir la quantité de drap voulue *add. B.*

f. toujours prêt à la leur livrer *B* : toujours prêt à livrer, dans les huit jours, le drap nécessaire à l'habillement de nos armées *ant.*

g. quelque considérable... soumissionnées *B* : quel que fût le nombre d'aunes qu'ils eussent promis *add. O.*

h. connaissait *B* : avait *ant.*

i. de s'attribuer *B* : de s'y prendre pour s'attribuer *ant.*

j. les confrères *B* : ces fournisseurs de l'Empereur *ant.*

Page 31 :

a. le premier gymnote électrique *B* : le premier Kanguroos *ant.*

b. enveloppait *F* : environnait *ant.*

c. verdâtre *au dessus de* jaunâtre *rayé M.*

d. verts *O* : gris *M.*

e. flamboyaient *add. O (variantes postérieures dans la structure de la phrase)*.

f. de son habit *B* : d'un fichu *ant.*

Page 32 :

a. retrouvés par Cuvier dans les carrières *B* : retrouvés par M. Cuvier *O* : échappés au naufrage de 1789 *M.*

b. à regretter *B* : à menacer un confrère du syndic, à regretter *ant.*

Page 33 :

a. du Maximum *FC* : de la terreur *ant.*

b. Un si grand amour... Chat-qui-pelote *add. O.*

c. héla *F* : fit signe à *ant.*

d. plaisanterie *F* : aspersion *ant.*

e. manufacturiers *M* : *après ce mot, Balzac a écrit et rayé* d'Elbeuf.

f. francs *F* : écus *ant.*

Page 34 :

a. et qu'ils se plaisaient à respecter *O* : et qu'ils délaissaient pour acheter autre chose *M.*

b. le plus ancien *F* : le plus jeune *ant.*

c. prudente *F* : inexorable *ant.*

d. savait y épancher *O* : y épanchait *M.*

Page 35 :

a. douze F : sept *ant.*

b. qu'elle avait soin d'emplir *O* : pleines *M.*

c. pour faire valoir leurs dessins *F* : pour en faire valoir les dessins *ant*.

d. admis à partager... à laquelle Paris ne pensait plus *B* :... que Paris ne voyait plus *O* : admis aux parties de campagne pour lesquelles on louait un remise ou aux parties de spectacle où la famille allait dans une loge promise des mois entiers *M*.

e. trois *FC* : deux *ant*.

Page 36 :

a. il devenait l'objet de *F* : il était l'objet de *O* : il excitait une compassion et obtenait des *M*.

b. le patron... docteurs *O* : le patron ne regardait pas à vingt-cinq louis à donner au médecin *M*.

c. car il ne répondait pas seulement des mœurs *B* : bref, il répondait des mœurs *ant*.

d. trahissait *F* : annonçait *ant*. *Avant ce verbe, B. a écrit et rayé* comme celle de presque toutes les vieilles dévotes.

e. garni de *F* : orné de *B* : qui avait des *ant*.

Page 37 :

a. La jeunesse atténuait... figure *O* : La jeunesse rendait sa ressemblance avec sa mère assez supportable *M*.

b. rayons sur lesquels le vieux domestique... poussière *O* : rayons sans un grain de poussière *M*.

Page 38 :

a. souvent leur mère... cause *add*. *B*.

b. de famille formaient *O* : de famille et qui arrivaient encore assez souvent formaient *M*.

Page 39 :

a. et son beau-père M. Cardot *add*. *FC*.

b. Madame Roguin... irréprochables *F* (*sauf l'addition ci-dessus*) : leur oncle le notaire et sa femme qui avait des diamans, un cousin chef de division au ministère de la guerre, les négocians les mieux famés de la rue des Bourdonnais, deux ou trois vieux banquiers, et quelques jeunes femmes de mœurs irréprochables *ant*.

c. empaquetés *B* : servis *ant*.

d. vie monotone *F* : taciturnité de la vie ordinaire *ant*.

e. autant de mouvement... évêque (*variantes de détail*) *O* : du mouvement *M*.

f. aidaient leur mère à se coucher *O* : couchaient leur mère *M*.

g. la sœur tourière *B* : madame Guillaume *ant*.

Page 40 :

a. Quelque *B* : Telles *ant*.

b. inscrites... maison *F* : qui semblaient inscrites... maison *O* : fort rares du reste *M.*

c. Ainsi leurs plaisirs... famille *O* : Tels étaient leurs plaisirs *M.*

d. de grand matin *add. B.*

e. tous les jours *add. O.*

f. sondé ce silence *O* : écouté ce silence *M*

Page 41 :

a. d'une voix qui restait... doux *O* : d'une voix aigre malgré toute son envie de l'adoucir *M.*

b. par Augustine *O* : par Angélique *M.*

c. les idées *O* : la vocation sentimentale *M.*

d. Les expressions de désir vague *B* : Les expressions vagues du désir *ant.*

e. d'Augustine *O* : d'Angélique *(au-dessus de* la jeune fille*) M. C'est la deuxième fois, à quelques lignes de distance, mais aussi la dernière, que Balzac écrit Angélique.*

f. aimée par lui *FC* : en être aimée *ant.*

Page 42 :

a. — Au train... conscrits *(légères variantes) add. O. Ces quelques lignes remplacent les lignes suivantes de M, non composées :* Ajoutez à cela que les sept habitans de la vieille maison étaient le plus souvent comme des naufragés qui ont abordé une ile déserte.

b. se faner *O* : se sécher *M.*

c. de son prédécesseur dans les mêmes circonstances *add. B.*

d. trente-trois *M.* : *B. a d'abord écrit* trente-six.

Page 43 :

a. un plan noir *B* : un plan entièrement noir *O;* un premier plan *M.*

b. blanc *B* : éblouissant de blancheur *ant.*

c. si franche *B* : si franche et si forte *ant.*

d. à exprimer la nature *B* : à exprimer la nature et à la sentir *ant.*

e. un jeune peintre *M* : *B. a d'abord écrit* un homme de génie.

Page 44 :

a. son buste [*B* : elle *ant*] semblait se mouvoir... surnaturelle *O* : elle était comprise dans l'angle de lumière le plus pur de tous ceux qui partaient du foyer aérien *M.*

b. qui se souvient du ciel *add. B.*

c. Une sensation presque inconnue, un amour limpide et bouillonnant *B* : Une sensation presque inconnue, un amour frais et délicieux *O* : Un amour inconnu, frais et délicieux *M.*

d. de son idole *O* : de celle qu'il adorait *M.*

e. il osa... déguisement *O* : il y alla une ou deux fois déguisé *M.*

f. huit *M* : *B a d'abord écrit* cinq.

g. la musique et ses plus chères habitudes *B* : la musique et tout ce qui lui était cher *O* : la musique dont il était idolâtre *M*.

Page 45 :

a. força [*B* : forçant *ant*.] toutes ces consignes… éluder *add*. *O*.

b. sont dûs… chefs-d'œuvre *B* : n'étaient dûs qu'au sentiment de l'amour *O* : n'étaient dûs qu'à ce sentiment *M*.

Page 46 :

a. les Anciens *F* : Anacréon *ant*.

b. Malgré cet avis charitable *add*. *O*.

c. vivante *M*. *B*. *a d'abord écrit* magique.

d. quelquefois juste *F* : toujours juste *ant*.

e. les marchands… amateurs *F* : les marchands…gens de cour *O* : même refus *M*.

f. occupât le monde *FC* : fit du bruit dans le monde *ant*.

Page 47 :

a. madame Roguin *F* : madame Vernier *ant*. *On ne notera plus cette variante*.

b. sa cousine *F* : sa tante *ant*. *On ne notera plus cette variante*.

c. m'a inspiré *FC* : m'a fait faire *ant*. *B*. *a d'abord écrit et rayé* : « Je vous adore ! »

d. il se rencontre *B* : il y a *ant*.

Page 48 :

a. diriger *O* : guider *M*.

b. poussées *B* : placées *ant*.

c. des mouvemen[t]s irréguliers que la foule leur imprima *O* : de la marche irrégulière et des pirouettes que la foule leur faisait décrire *M*.

d. d'accord cette fois avec le talent *add*. *O*

e. qui se trouva criminelle *F* : Elle se trouva criminelle *B* : Elle se crut en quelque sorte criminelle *O* : Elle se crut la plus grande criminelle de la terre *M*.

f. qu'il venait de se conclure un pacte entre elle et l'artiste *B* :… entre elle et l'inconnu *O* : qu'elle s'était engagée à quelque chose *M*.

g. et d'amour *O* : et de génie *M*.

h. à une irritation… et regarda *O* : à un égarement qui lui faisait croire à la vie fantasmagorique d'un songe bizarre et délicieux regarda *M*.

Page 49 :

a. m'a inspiré *FC* : m'a fait faire *ant*.

b. feignit d'avoir *B* : allégua *ant*.

Page 50 :

  a. de plus *add. B.*

  b. que les arts... au tribunal du Négoce *B* : que les arts... au tribunal de ces hommes intéressés *O* : de condamner encore une fois les arts et la peinture *M.*

  c. talent *M* : *B a d'abord écrit* génie.

  d. qui, nourrie... élégante *O* : qui jusqu'alors n'avait été nourrie que d'idées communes *M.*

Page 51 :

  a. le lendemain *add. O.*

  b. peintre *B* : peintre capricieux *ant.*

  c. cachemire *F* : dentelle noire *ant.*

  d. Théodore *F* : Henri *ant; mais, dans M, Balzac écrit presque toujours* Henry.

  e. opposait [*F* : devait opposer *ant*] au caractère fougueux de l'artiste *O* : mettait entre le bouillant artiste et Augustine *M.*

  f. facile à concevoir *F* : difficile à décrire *O* : pour laquelle les expressions manquent *M.*

Page 52 :

  a. S'il échappait... désespoir *O* : Rien n'entrait au logis qu'en passant sous la couleuvrine du père et de la mère *M.*

  b. raison *F* : raison humaine *ant.*

  c. feu *B* : feu plus actif *ant.*

  d. pendant la messe et les vêpres *B* : pendant la grand'messe *ant.*

  e. amoureuses *F* : joyeuses *ant.*

  f. une de ces âmes *O* : la plus humaine de toutes ces âmes *M.*

Page 53 :

  a. contraste *O* : dissonnance *M.*

  b. cinq *FC* : quatre *ant.*

  c. des romantiques *B* : des fanatiques *ant.*

Page 54 :

  a. leur enthousiasme pour un de leurs poètes *B* : l'enthousiasme d'un grand homme *ant. A la place de toutes cette phrase (depuis* Mille*) on lit seulement dans M* et autres choses semblables.

  b. d'une liqueur de ménage *O* : de cassis fait à une terre de M. Guillaume *M.*

  c. voir *Cendrillon add. B.*

Page 55 :

  a. son habit marron *B* : un habit marron de drap fin *ant.*

  b. dont les superbes reflets... contentement *F* : dont il examinait toujours le teint et la laine avec un certain contentement. *ant.*

c. aux oreilles de son [*F* : d'une *ant*] ample culotte de soie *B* : aux jar-retières d'une culotte de soie très ample et aux oreilles de ses souliers *ant.*

d. de la cour *O* : du tuyau *M.*

e. les fers à marquer le drap *B* : le carreau *ant.*

f. sur lequel... patron *add. O.*

g. d'une main tremblante *add. O.*

Page 56 :

a. Étienne *F* : Leroux *ant.*

b. laisser voir sa bile *M* : *B. a d'abord écrit* lâcher sa bile.

c. Parlons d'autre chose *add. O.*

Page 57 :

a. Guillaume et Lebas... On pourrait *B* : cela ne ferait-il pas une belle raison sociale que Guillaume, Lebas et Compagnie, car on pourrait *ant.*

b. devoir. C'était *F* : devoir. Je suis pauvre. C'était *ant.*

c. le secret *B* : les secrets *ant.*

d. la faillite Lecoq *B* : la faillite Lecoq et m'en tirer *ant.*

e. tordant *F* : prenant *ant.*

Page 58 :

a. gouverner sur *F* : comment va *ant.*

b. verts *O* : gris *M.*

Page 59 :

a. sa tête pointue dans *O* : sa petite tête à *M.*

b. si original *F* : aussi original *ant.*

c. tu n'es pas sans savoir que *add. O.*

d. Fais-donc... bête *add. B.*

e. cela s'arrangera peut-être *O* : cela s'arrange *M.*

Page 60 :

a. prodigieusement *O* : un peu *M.*

b. auxquelles le marchand drapier... son désappointement *B* :... le désappointement du matin *O* : que le marchand drapier avait laissées dans l'ignorance *M.*

c. La matrone *O* : Elle *M.*

d. La conformité de la taille de Virginie et de celle de Joseph *B* : la taille de Virginie et de M. Joseph *ant.*

e. Ces niaiseries préparatoires attirèrent *B* : Ces niaiseries préparatoires eurent le pouvoir d'attirer *O* : et mille autres niaiseries préparatoires qui eurent le pouvoir d'attirer *M.*

f. malicieuse *F* : maligne *ant.*

Page 61 :

a. Oui, je connais un maître peintre en bâtiment, monsieur Lourdois, qui a des écus *F* : Oui, je connais un maître peintre en bâtimens qui a des écus *B* : Oui, il y a des maîtres peintres en bâtimens qui ont des écus *ant.*

b. quatrième *F* : troisième *ant.*

c. priait sa madone *B* : priait des yeux *ant.*

d. voile *F* : voile noir *ant.*

e. qu'affectionnaient *O* : où voyageaient *M.*

f. À l'aide de *O* : Malgré *M.*

Page 62 :

a. Un esclandre *F* : une esclandre *ant.*

b. elle eut le courage de cacher ses angoisses *O* : elle se tut *M.*

c. enflammé que lui lança *B* : enflammé des yeux secs de *ant.*

d. que rien n'en transpira d'abord *B* : qu'il serait difficile d'en donner le procès-verbal *ant.*

e. encouragé sa sœur *O* : empêché sa sœur de se tuer *M.*

Page 63 :

a. demanda *O* : répéta *M.*

b. La pauvre enfant *B.* La pauvre petite *ant.*

Page 64 :

a. en imposant silence à sa femme *B* : en la regardant; et il imposa ... femme *ant.*

b. pour ne pas être toujours de mauvais sujets *F* : et presque toujours de mauvais sujets *ant.*

c. Eh bien! de Sommervieux, soit! *add. O.*

d. le chevalier *F* : le comte *ant.*

Page 65 :

a. si grave *F* : aussi grave *ant.*

b. malgré son flegme apparent *add. O.*

c. ajouta-t-elle... Augustine *add. O.*

d. au moins *add. O.*

e. grosse moue *F* : petite moue *ant.*

Page 66 :

a. la colombe *F* : la tante *ant.*

b. n'agitez pas... refus *O* : ne dites pas non avec votre tête *M.*

c. Roguin *F* : M. Vernier *ant.*

d. douze mille *F* : dix-huit mille *B* : vingt-quatre mille *ant.*

Page 67 :

a. chez une Chevrel *F* : chez un notaire dont la famille a cent ans de bonne bourgeoisie *B* : chez son notaire *ant.*

b. au Vice-Connétable *B* : au Grand Connétable *ant.* (*Balzac a d'abord écrit* à M. le Maréchal).

e. s'il y avait... rois *O* : s'il venait des femmes comme celle-là à la cour *M.*

d. Est-ce flatteur *add. B.*

e. Les orages *B* : Le reste est facile à deviner. Les orages *ant.*

f. un temps calme et serein *B* : le temps le plus calme et le plus serein *O* : le tems le plus calme et le plus serein, la fraicheur la plus suave *M.*

Page 68 :

a. par le peintre *B* : par le peintre célèbre *ant.*

b. de la draperie antique *O* : des draperies antiques *M.*

Page 69 :

a. ses futurs paren[t]s aimables *B* : presque de l'amabilité à ses futurs parens *O* : ses futurs parens de bien braves gens *M.*

b. gâter *M* : *B. a d'abord écrit* barbouiller.

c. S'il est rond pour les gens prodigues... qui l'empilent *FC* :... qui l'empilent et l'amassent *F* :... prodigues, les gens économes voient [*B* : n'ignorent pas *ant.*] qu'il est plat pour s'amasser *ant.*

Page 70 :

a. ensachés *B* : amassés *ant.*

b. les cent mille écus de ta dot *F* : cinquante mille écus *ant.*

c. pour bien faire stipuler... constituer *F* : pour que les donations qu'il se propose de te constituer soient soigneusement hypothéquées *ant.*

d. Quelques mois *O* : Un mois *M.*

Page 71 :

a. appuyée sur le bras de son père *FC* : donnant le bras à son père *F* : donnant le bras au modeste M. Lebas *ant.*

b. brocards *O* : brocards suggérés par l'envie *M.*

c. la draperie *O* : le commerce *M.*

Page 72 :

a. la nauf *F* : la barque *ant.*

b. dans un appartement que tous les arts avaient embelli *FC* : dans son élégant appartement *F* : dans le plus élégant appartement de Paris *ant.*

c. Pour ces deux amants *FC* : Pour eux *ant.*

d. Théodore *F* : Henri de Sommervieux *B* : l'âme puissante et pleine de poésie de Henri [Henry *M*] de Sommervieux *ant.*

e. d'incroyables *fioriture* de plaisirs *F* : une incroyable *fioriture* de plaisirs *B* : ... de plaisirs, un luxe d'expansion, de regards et de discours enivrans *ant.*

f. les emportemen[t]s de la passion *B* : l'opulence de ses emporte-
mens *ant.*

g. y oublier l'union corporelle *B* : y méconnaître toute union corporelle *O* : avoir méconnu toute alliance corporelle *M.*

h. l'heureuse Augustine se prêtait à l'allure onduleuse de son bonheur
F :... à l'allure serpentine de son bonheur *B* : la timide et heureuse
Augustine vivait dans les cieux *O* : Augustine vivait dans les cieux *M.*

Page 73 :

a. aussi charmante que rapide *B* : dont le charme ne pouvait se comparer qu'à la rapidité avec laquelle elle s'écoula *ant.*

b. nourrit *B* : nourrit et élève *ant.*

Page 74 :

a. d'admiration *B* : d'admiration, et que nous la possédons *ant.*

Page 75 :

a. tandis qu'il avait la tête dans les cieux *add. B.*

b. cruel *B* : vif *O* : atroce *M.*

c. qui, certes, est une sorte de nature sociale *add. B.*

d. reconnaître *O* : apprécier *M.*

e. absout *O* : désarme *M.*

f. de Raphaël *add. O.*

Page 76 :

a. quoiqu'elle s'en fût souvent moquée *add. B.*

b. Cette exagération... étrangères *add. O.*

c. dont l'étroit plateau... glissant *O* : dont le plateau est bien près
d'une pente rapide et glissante *M.*

d. le descendait *F* : le déclinait *ant.*

e. à ses propres yeux *add. O.*

f. en lui cachant... bourgeoise *add. B.*

g. Augustine se renferma *B* : de même qu'Augustine, n'ayant rien à
se reprocher, se renferma *ant.*

h. en lui voyant *FC* : en le voyant *ant.*

i. Ces sentimen[t]s... pieds *add. O.*

j. fatalement *B* : à sa manière *ant.*

k. Trois ans après son mariage *B* : Bientôt *ant.*

Page 77 :

a. triste *B* : jeune, belle et triste *ant.*

b. reçut d'une amie quelques avis méchamment charitables sur *O* :
acquit une affreuse certitude sur *M.*

c. coquette de la cour impériale *FC* : coquette qui donnait le ton à la cour impériale *F* : coquette qui donnait le ton à la cour et aux modes *B* :... à la cour, aux modes, aux fêtes *M*.

d. vingt-et-un *M* : *ici de même que quelque lignes plus bas, Balzac a d'abord écrit* vingt-deux.

Page 78 :

a. trente-six *B* : trente-deux *ant*.

b. et de rendre... admirait *O* : et de se rendre apte à sentir comme son mari *M*.

Page 79 :

a. à la complète émancipation de son intelligence *F*: à l'émancipation de ses idées *B* : à l'exaltation de ses idées *ant*.

b. et ses plaisanteries étaient assez fondées *B* : et chose juste, il avait raison *M*.

Page 80 :

a. aussi la quitta-t-il en la priant d'excuser *O* : et il la quitta pour un moment *M*.

b. trouva *F* : vit apporter *B* : aperçut *ant*.

c. loge aux Français *O* : loge aux Français et à l'Opéra-Comique *M*.

d. dont la magnificence... siècle *add*. *O*.

e. accepté *O* : pris *M*.

Page 81 :

a. exposa sa situation douloureuse *B* : racontant sa douleur, exposa la situation dans laquelle elle se trouvait *ant*.

b. lourdement les ressources que les lois et les mœurs... crise *B* : un peu lourdement les ressources de la situation *ant*. *Au lieu de* lourdement, *B. a d'abord écrit* pesamment.

c. de voies judiciaires *B* : d'un moyen violent *ant*.

d. quatre *O* : cinq *M*.

Page 82 :

a. banqueroutes, et surtout... du quartier Saint-Denis *O* : faillites, les inventaires les plus productifs et les principaux événemens de ce quartier *M*.

b. se faire trainer *B* : aller *ant*.

c. madame Guillaume ne s'en servait... paroisse *add*. *O*.

d. ce respectable couple tenait table ouverte *O* : ils recevaient du monde *M*.

Page 83 :

a. L'économie... place d'honneur *add*. *O*.

b. [Il]faisait *O* : Le tableau célèbre de Henry faisait *M*.

c. harnachés de besicles *F* : enharnachés de besicles *O* : emprisonnés dans des besicles *M*.

d. L'aspect de cet hôtel... castors *O* : Cet aspect lui compléta le tableau d'une vie ordinaire dont elle avait vu la veille les commencemens *M*.

Page 84 :

a. qu'il les dessine *B* : que c'est pour les dessiner *ant*.

b. élevés par une chaufferette, son piédestal favori *O* : élevés, car elle avait les pieds sur une chaufferette *M*.

c. ces horreurs-là *B* : cela *ant*.

d. Augustine... accusation *add. O*.

e. le monstre *B* : il *ant*.

Page 85 :

a. Il te fait des contes à dormir debout *O* : Ce n'est pas vrai *M*.

b. Augustine ouvrit... d'un ton sec *add. O*.

Page 86 :

a. plus qu'il n aime son prochain *B* : plus que son prochain *O* : comme il les aime *M*.

b. Loraux *F* : Charbonneau *ant*.

c. Consulte... chrétien *(variantes de détail) add. O*.

Page 87 :

a. de son mariage *add. O*.

Page 88 :

a. [Augustine] ne parla plus de ses chagrins... peines de cœur *add. O*.

b. les hommes supérieurs *O* : les hommes de génie *M*.

c. Les orages... pairs *(variantes de détail) O* : *M porte seulement* et que le monde n'avait aucune sympathie pour les orages et les souffrances des sphères élevées.

d. privée de leurs ressources *F* : sans avoir leurs ressources *B* : de manière à ne pas avoir comme elles la ressource de créer pour se distraire des chagrins *M*.

e. illuminer ses ténébreux chagrins *B*: illuminer la nuit de ses chagrins *O* : luire dans la nuit de ses chagrins *M*.

f. Un jour *O* : Un matin *M*.

Page 89 :

a. de laquelle elle n'avait jamais eu l'idée *F* : dont elle n'avait jamais eu l'idée *O* : qu'elle ne possédait pas *M*.

b. l'attrait de cette maison pour *B* : le mystère de l'attrait que cette maison possédait [avait *M*] pour *ant*.

c. richesse. Les parfums *B* : richesse, et il y avait autant d'hommages rendus aux arts et à la simplicité (*M ajoute* que de bon goût). Les parfums *ant*.

    d. des objets épars *O* : de ce délicieux cabinet *M*.

    e. le désordre *F* : la profusion *ant*.

    f. ne suffise pas *FC* : ne suffit pas *ant*.

Page 90 :

    a. secs et brefs *add*. *O*.

    b. velours vert *B* : velours gros bleu *ant*.

    c. des ornements de bronze doré *F*: des ornemens de bronze et d'or *O* : le bronze et l'or *M*.

    d. rehaussaient encore cette *F* : relevaient la blancheur de cette *ant*.

    e. vous me rendrez [cette] visite moins ennuyeuse *B* : vous m'égayerez cette ennuyeuse visite *O* : vous m'éviterez une visite ennuyeuse *M*.

Page 91 :

    a. assez en désordre *O* : parfumés *M*.

    b. d'Aiglemont *F* : M. d'Aiglemont *B* : Colonel *ant*.

    c. de Boulogne *add*. *O*.

Page 92 :

    a. le cœur sans pitié *F* : le cœur bronzé *B* : un cœur de bronze *ant*.

    b. l'amitié de Sommervieux *F* : la tendresse de M. de Sommervieux *B* : l'amitié de M. de Sommervieux *O* : l'amitié de mon cher Henry *M*.

Page 93 :

    a. prit le mouchoir... pitié *O* : prit la jeune femme et se mit à lui sécher les yeux elle-même *M*.

    b. Comment peut-on ... cœur *add*. *O*.

    c. bien que *B*. : bien, mon ange, que *ant*.

    d. me compromettre *O* : nous compromettre *M*.

Page 94 :

    a. ici *B* : dans ce petit sanctuaire *ant*.

    b. Eh bien ! venez *B* : Eh bien, chère petite, venez *ant*.

    c. (d'ailleurs) assez importantes *add*. *O*.

    d. Pauvre innocente *B* : Chère petite niaise *O* : Chère petite bécasse *M*.

Page 95 :

    a. Écoutez-moi... confidence *add*. *O*.

    b. Enfin, apprenez.... exploiter *add*. *O*.

Page 96 :

a. Il sait affronter les batteries, mais devant moi ! il a peur *B* : Il sait affronter des batteries, mais pas celle-ci... dit-elle en mettant [et elle mit *M*] deux doigts de sa main droite sous chacun de ses yeux étin-lans *ant*.

b. Pendant que... porter *B* : Je veux que, pendant le déjeuner que nous allons faire, car il faut achever notre conversation, mon secré-taire le fasse porter *ant*.

c. armée de *O* : avec *M*.

Page 97 :

a. l'embrassa... lendemain *(variantes de détail) O* : l'embrassa de bon cœur *M*.

b. Cette scène aurait peut-être à jamais ruiné... Augustine *O* : Cette scène était la ruine du caractère d'innocence et de candeur d'Augus-tine. Elle renfermait de tels secrets que son bonheur à venir devenait pour elle la plus difficile de toutes les énigmes. *Immédiatement après ces mots, le manuscrit s'achevait par les quelques lignes suivantes* : Bien des gens crurent voir à tort ou à raison la solution du problème de l'exis-tence d'Augustine postérieure encore à cette scène dans l'inscription mise sur une tombe du cimetière Montmartre qui indiquait que Mme de Sommervieux était morte à vingt-sept ans, comme s'il fallait des femmes plus fortes qu'elle aux puissantes étreintes du génie; comme si les fleurs humbles et modestes écloses dans les vallées mouraient transplantées près des cieux aux régions où se forment les orages, où le soleil est brûlant.

Page 98 :

a. s'amoncelant *FC* : s'amonceler *ant*.

Page 100 :

a. un cippe *B* : un marbre tumulaire *ant*.

b. ce jeune marbre *B* : ce jeune cippe *ant*.

c. voit... passe... faut... se dit-il *FC* : voyait... passait... fallait... se disait-il *ant*.

Page 101 :

a. Maffliers, octobre 1829 *add. B*.

LE BAL DE SCEAUX

Page 119 :

a. Dédicace add. F.

Page 121 :

a. Le comte *F* : Monsieur le comte *ant.*

b. la guerre *F* : les longues guerres *ant.*

c. Après avoir échappé... contemporaine *F* : Après voir eu le bonheur d'échapper à la mort, en courant les dangers dont les soldats royalistes étaient menacés durant cette époque de l'histoire contemporaine *B* : Ayant eu assez de bonheur pour échapper aux proscriptions et aux dangers de cette époque orageuse et salutaire de l'histoire contemporaine *M.*

d. gaiment : — Je suis... laissé *B* : gaiment qu'il faisait partie de ceux qui s'étaient tous fait tuer sur les marches du trône, car il avait été laissé *ant.*

e. Quoique ruiné par des confiscations *O* : Quoique pauvre *M.*

f. Malgré... Bretagne *F* : Au mépris des séductions dont l'entourait la famille d'un riche parvenu de la révolution [*O* : d'un des plus riches parvenus de l'Empire *M*], l'ex-comte épousa une jeune fille sans fortune, [mais] qui appartenait à la meilleure maison de la province *ant.*

Page 122 :

a. faisaient curée *F* : convoitaient la curée *ant.*

b. constitutionnelles *F* : créées par l'Empire *B* : de l'Empire *ant.*

c. inédites *add. F.*

Page 123 :

a. aux Tuileries *add. F.*

b. qui le reçurent d'un air un peu froid *add. O.*

c. adorables *O* : charmans *M.*

d. Le plus gracieux de ses maitres *O* : l'un d'eux *M.*

e. Malgré cette ovation *F* : Mais *ant.*

Page 124 :

a. plaisanteries... réprimande *O* : plaisanteries qui contiennent autant de verjus que de sucre *M.*

b. du roi ne tarda pas à s'approcher *O* : des augustes pensées s'approcha *M.*

c. parmi les jambes *B* : du sein de la petite forêt de jambes *ant.*

d. le fiacre *B* : le modeste fiacre *ant.*

e. trois cent *F* : six cent *ant.*

f. reparler *F* : parler *ant.*

Page 125 :

a. et M. Beugnot *add. F.*

b. Louis XVIII a tout gâté à Saint-Ouen *O.*

c. emprunta sur *B* : emprunta à gros intérêts sur *ant.*

Page 126 :

a. de courtisan *F* : de courtisanerie *ant.*

b. selon ... diplomates *add. F.*

c. au discret gentilhomme *O* : à son secrétaire *M.*

Page 127 :

a. avec... rébellion *add. B.*

b. le grand-prévôt *F* : il *ant.*

c. inconnues aux biographes *F* : qui ont échappé à l'investigation des plus curieux biographes *ant.*

d. si nous étions *employés add. B.*

e. sarcasmes *F* : phrases sardoniques *ant.*

Page 128 :

a. dont les membres devaient être lucrativement appointés *B* : quelconque *ant.*

b. adopté *O* : créé *M.*

c. on méconnut *F* : on observa peu *ant.*

d. avec un commandement dans la garde *add. B.*

Page 129 :

a. pleuvaient *F* : passaient *ant.*

b. abbayes *O* : chanoinies *M.*

c. Planat de Baudry *add. FC.*

d. sourit *F* : se mit [*B* : se prit *ant*] à sourire *O* : éclata de rire *M.*

Page 130 :

a. qu'il créa baron *F* : qu'il prit plaisir à créer baron *B* : Il se fit même un malin plaisir de le créer baron *O* : qu'il se fit un malin plaisir de créer baron *M.*

b. l'année suivante *add. F.*

c. après, il régala son *ami Fontaine* d'un *O* : après, l'immortel auteur de la Charte montra d'un air assez gai à son vieux serviteur un *M.*

d. divines *add. B.*

e. Si j'en vois la rime... plaisanterie *F* : — Je n'en vois pas la rime, répondit aigrement le roi, qui ne goûta point cette plaisanterie *B* : — Je n'en vois pas la raison, répondit aigrement le roi. — J'en trouverai la rime ?... reprit le Conseiller d'État. Ces plaisanteries faites sur sa poésie ne plurent pas au roi *M. (légère variante de M à O).*

f. Les rois... Comme *F* : Sans doute il s'était lassé de son favori. Comme *B* : Le comte conçut d'autant plus de chagrin de cette espèce de disgrâce que cette fille était, comme *O* : Le comte en conçut d'autant plus de chagrin que cette fille était, comme *M.*

Page 131 :

a. Liste - Civile *B* : couronne *ant.*

b. qui suffit... de la jeunesse [*B* : des enfans *ant.*] *O* : qui flatte les enfans *M.*

c. l'enchantement de sa vie continua *add. B.*

d. luxe de Paris *F* : luxe dont elle fut entourée *ant.*

e. cour. Comme *FC* : cour. Tout lui sourit. Elle vit de la bienveillance dans tous les yeux et comme *M (variantes postérieures de détail).*

f. femme. Semblable... Élevée *C* : femme [*F* : femme mariée *ant.*]. Sa beauté était si remarquable que, pour elle, paraître dans un salon, c'était régner ; or, semblable... Elevée *O (variantes de détail)* : femme mariée. Sa beauté était si remarquable que personne n'avait la force de contredire ses opinions. Élevée *M.*

g. des soins qui manquèrent [*F* : avaient manqué *ant.*] à ses sœurs *B* : un soin particulier pour tout ce qui concernait ce qu'on nomme les talens d'agrément *ant.*

Page 132 :

a. peignait assez bien *F* : peignait assez bien et dessinait encore mieux *ant.*

b. enfin sa voix... séductions *F* : avait une voix délicieuse *B* : avait une voix délicieuse, déchiffrait à livre ouvert, dansait à merveille *M.*

c. Elle raisonnait facilement... jugeait *F* : Elle raisonnait facilement peinture italienne, flamande, Moyen-âge, Renaissance, littérature anglaise, jugeait *B* : Alors elle pouvait parler peinture et littérature anglaise, juger *add. O.*

d. les livres anciens ou nouveaux *add. F.*

e. des distinctions *B* : de la richesse et des distinctions *ant.*

Page 133 :

a. des fagots *B* : des sacs de farine *ant.*

b. Babylone... nouvelle *O* : Babylone au sein de laquelle députés et fils de famille, libéraux et ultras finissent par fondre les glaces de leur opposition au milieu du foyer de tant de jouissances excitantes, par le contact de toutes les opinions, au spectacle de tant de luxe, et peut-être aussi en voyant la bonne mine qu'on y fait aux gens riches quelque soit *(sic)* la source à laquelle ils ont puisé l'or. La nouvelle *M.*

c. idées *B* : idées sages *ant.*

Page 134 :

a. coûteux principes *B* : principes salutaires *ant.*

b. des agitations *F* : des agitations de la révolution renaissante *B* : des dernières agitations *O* : de l'agitation *M.*

c. dont... politiques *F* : dont il voyait des effets si bizarres *ant.*

d. familles *F* : familles à manteau bleu *ant.*

e. Lafayette *B* : Manuel *ant.*

f. qui hantaient ses salons et celles où il allait *FC* : chez lesquelles il avait accès *ant.*

Page 135 :

a. Rohan *F* : Montmorency *ant.*

b. de soixante, de quatre-vingt, de cent mille livres *FC* : de soixante ou quatre-vingt mille livres *ant.*

c. si richement... si avantageux *F* : aussi *ant.*

d. l'eussent fait *F* : l'auraient fait *ant.*

e. magistrat *F* : président *ant.*

Page 136 :

a. mademoiselle Mongenod, fille d'un riche banquier *FC* : la fille unique d'un banquier ant.

b. président *F* : magistrat *ant.*

c. deux ou trois fois millionnaire *F* : tout millionnaire qu'il était *ant.*

d. commerce du sel *FC* : commerce des toiles peintes *ant.*

e. frère... Bourges *FC* : frère... en prenant sa jeune épouse dans la famille d'un riche notaire de Paris *O* : frère, quoique Directeur général, compléta l'introduction de tant de roturiers par la jeune épouse qu'il alla prendre dans la famille d'un des plus riches notaires de Paris *M.*

f. baronne *F* : vicomtesse *ant.*

g. Kergarouët *F* : Rohan *ant.*

h. tout court *add. B.*

i. vicomte *F* : baron *ant.*

j. éclipser... L'air *F* : éclipser par le bon goût de ses voitures, de ses toilettes Émilie qui se jurait quelquefois de prendre sa revanche quand elle serait mariée. L'air *M. (légères variantes postérieures).*

k. grêle *B* : pluie *ant.*

Page 137 :

a. dont il devait périr *add. O.*

b. nauf *B* : vaisseau *ant.*

c. tâché de résoudre *F* : été à même de chercher à résoudre *ant.*

d. l'impertinente créature *O* : elle *M.*

Page 138 :

a. celui-là... gras *O* : celui-ci la prenait pour une machine parce qu'il était dans les ponts et chaussées, etc. *M.*

b. jour, où *FC* : jour où son babil ravissant lui permettait de deviner souvent les secrets du cœur, où *M (légères variantes postérieures).*

c. à exciter des demandes *FC* : à tourmenter tous les jeunes gens et à exciter avec une coquetterie instinctive des demandes *ant.*

d. à ce rôle de Célimène *FC* : au rôle qu'elle jouait *ant.*

e. possédait... col. *F* : avait ... au cou *ant.*

f. d'albâtre *FC* : de marbre *ant.*

g. quand l'air se calme *add. F.*

Page 139 :

a. mais elle... coquetterie *FC*; mais il y avait tant de feu et tant de promesses dans ses yeux noirs qu'elle faisait bondir tous les cœurs jeunes sous les blancs gilets et les fracs noirs de ses élégans danseurs *M (variantes de détail).*

b. homme de talent *FC* : homme qui n'avait que du talent *ant.*

c. marcher au pair [*FC* : de pair *ant*] avec elle *O* : se maintenir sur la même ligne qu'elle *M.*

d. entreprise *B* : Ce fut une vaine entreprise *add. O.*

e. persévérer dans une tâche aussi difficile [à son âge] que [l'était] celle de *O*: entreprendre à son âge de *M.*

f. bonté; mais il *O* : bonté, souvent mouillées de ses larmes, et il *M.*

Page 140 :

a. cette fille bizarre *F* : elle *ant.*

b. de sa solitude factice et de ses peines volontaires *F* : de ce qu'elle restait seule *ant.*

c. au bout du globe *add. O.*

d. qu'elle avait un grain de folie *F* : qu'elle était en proie à quelque folie *O* : qu'elle était folle *M.*

e. de sourdes révoltes contre la prétendue tyrannie *O* : une révolte ouverte contre la tyrannie *M.*

Page 141 :

a. imagination *O* : mémoire *M.*

b. fragile sagesse *B* : sagesse d'un jour *O* : petite sagesse *M.*

c. son prétendu pour être accepté *F* : celui qu'elle aimerait *ant.*

d. sarcasmes *F* : impertinens sarcasmes *O* : rires impertinens *M.*

e. azur, et de ne pas courir *B* : azur. C'est d'ailleurs un passeport pour parcourir *ant.*

f. rien, si *B* : rien encore, si *O* : rien dans son esprit folâtre si *M*.

g. svelte. La maigreur, cette grâce du corps *B* : svelte. Cette dernière grâce du corps *O* : svelte. Cette dernière qualité *M*.

Page 142 :

a. voulues *F* : voulues par le prospectus *B* : de maigreur voulue par le prospectus *ant*.

b. opinions paradoxales amusaient *O* : opinions réussissaient *M*.

c. à la comédie *F* : au drame *O* : au petit drame *M* : à la comédie *rayé sur M*.

d. [et] les indifférens... se lasser *add. O*.

e. salons *F* : brillans salons *ant*.

Page 143 :

a. illustre *add. F*.

b. compensaient *F* : se vengeaient... de *ant*.

c. n'eut aucun succès *add. O (phrase en suspens dans M)*.

d. fille. Il *FC* : fille et qu'il était tenu de la consulter. Il *ant*.

Page 144 :

a. que... distingué *O (légères variantes postérieures)* : que, de tant de traits dirigés sur les cieux d'Émilie, il pouvait en être entré au moins un plus avant que les autres *M*.

b. vote, il *B* : vote attendu que c'était le jour destiné aux pétitions, il *O* : vote attendu que c'était un jour où il ne s'agissait que de pétitions, il *M*.

c. de la consulter *FC* : de faire un coup d'autorité *ant*.

d. et remettez-le bien droit *add. FC*.

e. fraicheur *B* : splendeur *ant*.

f. à imprimer une sorte d'harmonie *O* : à donner une sorte de contenance *M*.

g. pauvre *add. F*.

Page 145 :

a. oreilles, il *B* : oreilles au dos recourbé et garni en maroquin rouge, il *ant*.

b. hostile sa robe *F* : hostile la blancheur de sa robe *ant*.

c. fille avait *B* : fille chérie, abusant de sa tendresse sexagénaire, avait *ant*.

d. avec l'insouciante... fasse *O* : avec une insouciante légèreté qui cependant ne laissait pas d'être gracieuse *M*.

Page 146 :

a. en souriant *add. B*.

b. vous en faire, jeune folle *B* : t'en faire, petite folle *ant*.

Page 147 :

a. vingt-deux *FC* : vingt *ant.*

b. trois ans que tu devrais être mariée *B* : cinq ans que l'on te voit rester fille *ant.*

c. Manerville *F* : Montalant *ant.*

d. il le croit petit *O* : il est petit *M.*

e. Monsieur de Beaudenord *F* : M. de Grosbois *B* : M. de Sérisy *O* : M. Sérisy *M.*

Page 148 :

a. Rastignac *F* : Saluces *ant.*

b. Madame de Nucingen en a fait un banquier *FC* : Il est devenu presque banquier *F* : Il s'est fait banquier *ant.*

c. dit-elle malicieusement *add. F.*

d. — Et le vicomte de Portenduère... mon père *F* : M. de Comines — Il danse mal ; mais, mon père *ant.*

e. comme l'est ma mère *add. O.*

f. tout à coup *add. O.*

g. nouvelle dose *F* : dose plus forte *ant.*

Page 149 :

a. gendre *O* : fils *M.*

b. Quand... émotion *add. O.*

c. attention *N* : permission *ant.*

d. père. Vous *O* : papa, mais en ais-je [*sic*] donc besoin, puisque je fais tout ce que je veux de vous. Avez-vous l'air coquet, quand Joseph a rajeuni votre menton ? Vous *M.*

e. fille chérie *O* : petite fille, osez dire non *M.*

f. Prends garde *O* : casse-cou *M.*

Page 150 :

a. plus de deux siècles *F* : plus d'un siècle *B* : encore plus de cent ans *M.*

b. attendant... tes charmes *O* : attendant le hazard auquel tu te confies pendant une dizaine d'années, tes charmes *M.*

Page 151 :

a. Planat *F* : Bonneval *ant. On ne notera plus cette variante.*

b. Vilaine *FC* : Villaine *ant.*

c. un beau nom, un beau jeune homme, un bel avenir *FC* : un grand nom *ant.*

d. monsieur de Marsay par exemple *add. F.*

e. nuptiales, je *F* : nuptiales que j'exècre, je *ant.*

f. les ennemis de mon repos *O* : mon mortel ennemi M.

g. un vice-amiral *add. F.*

Page 152 :

a. dont la fortune… indemnité *O* : affligé de quatre-vingt mille livres de rente et de nombreuses infirmités qu'il avait ramassées à faire la guerre des chouans *M*.

b. de laquelle [*F* : dont *ant*] il raffolait *O* : qu'il aimait beaucoup *M*.

c. ma *F* : cette *ant*.

d. Émilie… mère *F* : Émilie [*O* : ma fille *M*] ne prendra conseil que de sa mère, comme vous avez tous pris conseil de votre père *ant*.

e. — Oh ! mon Dieu : *en tête de cette réplique, Balzac a écrit et rayé* — De personne.

f. dans une affaire… moi *add. O*.

g. monde… était-il *O* : monde et qu'au sein de sa famille il était *M* (*Légères variantes de O à F*).

Page 153 :

a. profond *F* : profond et agité *ant*.

b. incorrigible. Les gendres *O* : incorrigible connu de toute la famille et dans cette scène muette le père ne pouvait pas avoir tort. Les gendres *M*.

c. d'Antony et de Châtenay *O* : d'Antony, de Châtenay et de Sceaux *M*.

d. femme qui ne restait *B* : femme, car il ne restait *ant*.

e. villa somptueuse… toute femme *O* : villa somptueuse où se réfugièrent toutes ses sœurs, les maris étant retenus à Paris et le bon ton exigeant impérieusement de toute femme *M*.

Page 154 :

a. menaçait alors de *F* : menace de *ant*.

b. d'Antony et la vallée de la Bièvre *F* : d'Antony et de Fontenay-aux-Roses *ant*.

c. raison. Mais Sceaux… Aussi bon nombre *F*. *Ce passage n'a subi que de légères modifications de O à F, alors qu'il a été profondément remanié de M à O. Voici le texte de M :* raison. La brillante population qui envahit au mois de mai ces charmantes campagnes devait naturellement faire choix d'un lieu de rassemblement pour mille raisons que chacun peut deviner. Il suffit à Paris et aux environs qu'une seule personne un peu distinguée ou célèbre soit censée se plaire à une chose ou aller préférablement dans un lieu pour que cette chose soit à la mode, ou que tout le monde veuille se rendre dans ce lieu. Montmorency a été cruellement puni d'avoir donné asile à un grand homme et Bordeaux a bien gagné au délabrement de la poitrine du Maréchal de Richelieu qui mit ses vins en réputation ! C'est un fanatisme de ce genre qui fait voler au bal de Sceaux nombre de clercs d'avoués le dimanche, des essaims de disciples d'Esculape et des bandes de petits jeunes gens dont l'air humide des arrière-boutiques entretient la blancheur de teint et le rose vif des joues. L'espoir de rencontrer là quelques femmes du beau monde et d'en être vu ; l'espoir moins souvent trompé d'y voir de jeunes paysannes aussi rusées que des juges amènent la foule sous une immense rotonde ouverte de toutes parts et dont le dôme large et vaste est soutenu par des piliers ronds placés de distance en distance. Nombre *M.*

Page 155 :

a. pas? Cette *O* : pas? Il est rare que les propriétaires les plus collets montés du voisinage n'émigrent pas une fois ou deux vers le palais de la terpsychore villageoise soit en cavalcades brillantes, soit en faisant une de ces célèbres parties d'âne dont on vous assassine les nouveaux venus au château, soit même dans ces élégantes et légères voitures qui saupoudrent de poussière les piétons philosophes. De là cette *M.*

b. danseuses à prétentions *O* : dames *M.*

c. sat [y] rique *add. B.*

d. rotonde... compagnie *B* : rotonde, aussi bonne compagnie que celle dont quelques quadrilles étaient composés *O* : rotonde aussi bonne compagnie *M.*

e. briller pendant une journée *O* : paraître ce qu'ils n'étaient pas M.

Page 156 :

a. la bourgeoisie *O* : le tiers Etat *M.*

b. propos saillants que les caricaturistes recueillent *B* : propos interrompus que Charlet, Henri Monnier et l'observateur recueillent *ant.*

c. avec joie *F* : avec délices *B* : avec tant de délices *ant.*

Page 157 :

a. saisis par *B* : saisis, cette expression rendra mieux l'effet, par *ant.*

b. grands hommes *F* : grands génies *ant.*

c. fixe *F* : fixe et immobile *ant.*

d. élevé *B* : élevé, et une de ses mains tenait à la fois son chapeau et une petite cravache *ant.*

e. Fontaine remarqua la finesse [*B* l'extrême finesse *ant*] de son linge *O* : Fontaine vit que son linge ne devait pas sa blancheur éblouissante au tissu à bon marché de la percale mais au fil le plus fin que jamais jeune fille du brabant eût filé *M.*

f. de chevreau *F* : de daim *ant.*

g. évidemment pris chez le bon faiseur *B* : sortis des ateliers de Walker *M.*

h. [en] peau d'Irlande *B* : du cuir le plus fin *O* : fine du cuir le plus souple *M.*

i. Lovelace *FC* : Adonis *ant.*

j. comptoir. Seulement *O* : comptoir. Aucun cachet ne se jouait au bout de l'inévitable chaîne d'or sur un pantalon de toile écrue. Seulement *M.*

Page 158 :

a. coupe distinguée *F* : blancheur irréprochable *ant.*

b. connaître *O* : connaître et qui ont un invincible attrait, attrait d'autant plus puissant qu'il est aussi rare que celui de certains campagnards qui savent siffler les abeilles et s'en faire suivre *M.*

c. secrète *B* : silencieuse et secrète *ant.*

d. qu'elle l'eût été d'une impertinence *O* : qu'elle eût été choquée de le voir arriver auprès d'elle si elle avait été occupée de quelque douce conversation *M (légères variantes de O à F).*

Page 159 :

a. pâle *F* : simple, pâle *B* : charmante, simple, pâle *M.*

b. déités écossaises *O* : filles de bardes *M.*

c. illustre lady *F* : vicomtesse anglaise *O* : jeune duchesse anglaise *M.*

d. de quinze ans *add. O.*

e. blancs, qui prouvait que son amour... rougeur *B* : blancs. Il était facile de voir que son amour... rougeur *O* : blancs qui paraissait appartenir à la classe industrielle des marchands de journaux ou d'indienne. Il était facile de voir qu'elle avait pris son danseur au hazard. Une rougeur *M.*

f. les vis-à-vis *O* : l'autre moitié des danseurs *M.*

g. la curieuse *add. F.*

h. mon enfant *add. D.*

i. se lever et se promener *O* : tourner deux fois *M.*

j. ce beau couple *FC* : ce joli couple *B* : les deux inconnus *M.*

Page 160 :

a. regards... foules *O* : regards distraits que l'on jette sur le monde des promenades *M.*

b. jalousie ? *O* : jalousie peut-être. Ce regard fut un point de ralliement pour les pensée d'Émilie *M.*

c. Croyez-vous... Le lendemain *FC* : Croyez-vous que ce soit lady Dudley? Elle ne sortirait pas sans Félix de Vandenesse, lui dit son frère en souriant. — Lady Dudley ne peut-elle pas avoir chez elle des parents... — Un jeune homme, oui, reprit le baron de Fontaine, mais une jeune personne, non! Le lendemain *F* : Je suis sûre maintenant que c'est la duchesse de... J'ai reconnu sa livrée. Le lendemain *M.*

d. lady Dudley *F* : la vicomtesse *O* : la Duchesse étrangère *M.*

e. poursuite... caractère *O* : poursuite, car elle en désespéra *M.*

f. pas Anglaise *F* : ni vicomtesse, ni anglaise *O* : ni duchesse, ni anglaise *M.*

Page 161 :

a. lady Dudley ... rêves *F* : la calèche de la duchesse [*M* : la vicomtesse *O* : la vicomtesse Abergaveny *B*]. Cette fois c'était bien la véritable étrangère. Elle avait pour compagnon un gentlemen (sic) très prude et très élégant qui couvrait sous la fraîcheur et le coloris d'une jeune fille un cœur tout aussi fragile que celui d'un homme à conquêtes de notre continent, hélas les deux étrangers n'avaient rien dans leurs traits ou leur contenance qui pût ressembler aux deux séduisans portraits que l'amour et la jalousie avaient gravés dans la mémoire d'Émilie *M (légères variantes postérieures)*.

b. poney *F* : petit cheval *ant.*

c. autrefois. Mais *F* : autrefois. J'étais cependant un bien fin voilier et j'ai toujours bien su prendre le vent. Mais *ant.*

d. je crois, un *album B* : je crois, un souvenir *O* : morbleu, un souvenir *M.*

e. modéra... de manière *FC* : fit marcher tout doucement son cheval sur le sable de manière *ant.*

f. Le vice-amiral *F* : L'ancien voltigeur *ant.*

Page 162 :

a. comme... corsaire *F* : comme... corsaire dont il a peur *O* : comme une procession, le regarder comme une châsse *M.*

b. vous avez failli me renverser *B* : vous m'aviez renversé *O* : vous m'ayez renversé *M.*

c. finissons *add. F.*

d. un son... En même temps *F* : ce ton ricaneur qui blesse si vivement, je suis un vieux loup de mer engravé par ici, ne vous émancipez pas de trop avec moi, car j'ai la main légère ! Et en même tems *M (variantes de détail).*

e. leva sa *F* : leva plaisamment sa *ant.*

f. comme pour fouetter son cheval *add. O.*

g. interlocuteur... sage *F* : interlocuteur, ainsi, blanc bec, que l'on soit sage en bas de la cale *(légère variante postérieure).*

h. gris. Une *F* : gris et si j'ai fait la cour à vos grand-mères, je n'en suis que plus habile à la faire à vos femmes, si elles en valent la peine toutefois. Une *M (légère variante postérieure).*

Page 163 :

a. garder le silence *O* : se contenir *M.*

b. observer qu'il *B* : observer qu'il indiquait son adresse de Paris, mais qu'il *M* [qu'il donnait *O*].

c. dit le comte... bride *add. O.*

d. que vous l'étiez l'année dernière *add. O.*

e. Diantre *F* : diable *ant.*

f. ou par le commandant de la *Belle-Poule F* : ou un vieux marin aussi noble que nous *O (légère variante postérieure)* : aussi noble que nous *M.*

Page 164 :

a. Diantre ! *F* : Corbleu *ant.*

b. promets de l'amener au milieu *F* : promets d'amener ce brick-là sous votre feu croisé, au milieu *ant.*

Page 165 :

a. Sentier *O* : Sentier n° 5 *M.*
b. vint... coquetteries *O* : lui fit mille coquetteries *M.*

Page 166 :

a. des rêves... espérances *O* : de son rêve *M.*
b. une chimère... conjugale *F* : un être de raison pour répandre sur son thème de bonheur les richesses imaginaires dont elle se plaisait à doter sa vie future *M* (légère variante dans *O*).
c. douces et cruelles erreurs *add. O.*
d. vice-amiral *F* : contre-amiral *ant.*
e. cigare *F* : cigare de la Havane *ant.*
f. temps, deux *B.* : tems était une partie de plaisir et deux *ant.*
g. ventre-de-biche *F* : ventre dieux *ant.*
h. rebuffades *F* : coups de cravache *ant.*

Page 167 :

a. est un homme essentiel à connaître *O* : y sera *M.*
b. J'aime *O* : Ne vous gênez pas avec moi. J'aime *M.*
c. années de ma jeunesse *F* : années de 1771, 1772 et autres *ant.*
d. duels *O* : sauterelles *M.*
e. lui donnera la liberté pol... *add. F.*
f. Je suis une *ganache* [*F* : vieille ganache *ant.*] d'ultra *B* : Je suis ultra *M.*
g. qu'ils... attroupements *F* : qu'ils me laissent la liberté de serrer ma petite queue à la Frédéric dans son ruban noir *M* [à la Frédéric *supprimé dans B*].
h. cher *F* : brave *ant.*

Page 168 :

a. selon son code particulier *O* : avant la révolution *M.*
b. rougissez, mon camarade *F* : rougissez, ventredieu, mon camarade *ant. Le même juron est encore supprimé quelques lignes plus bas.*
c. quatre-vingt-mille *O* : 70.000 *M.*
d. le capital *F* : le double *ant.* : autant *rayé sur M.*
e. Oh !... honneur *add. F.*
f. vert et gaillard *F* : vert comme un pré *ant.*
g. Le lendemain [vers] *O* : J'irai au pavillon Bonneval, parce qu'il y a de jolies femmes, dit-on, mais y rester à dîner, il faudrait être fou. Sur les *M.*

Page 169 :

    a. éparse *O* : réunie *M.*

    b. luxe *F* : luxe oriental *ant.*

    c. observations *O* : remontrances *M.*

    d. l'Hippocrate *O* : le gardien *M.*

Page 170 :

    a. s'anima des *O* : avait pris les *M.*

Page 171 :

    a. personnes de la famille *O* : dames *M.*

    b. d'une quinzaine de jours *O* : de deux ou trois visites *M.*

    c. troisième *M* : *Balzac a d'abord écrit* seconde.

    d. en y réfléchissant. Il *FC* : quand elle put réfléchir. Il *O* : quand elle put réfléchir. Elle ne croyait pas qu'un homme pût, par sa seule présence, donner autant de joie. Il *M.*

Page 172 :

    a. Les finesses : *avant ces mots, on lit dans M* : Il ne parlait jamais de lui, de ses occupations, de sa famille.

    b. lui-même... secrets *F* : lui-même étaient tous inutiles. Son amour-propre la rendait avide de révélations *O* : lui-même *M.*

    c. répondait en connaisseur *O* : prouvait qu'il se connaissait à cet art. *M.*

    d. Secondée... accepté *O* : *dans M, ce paysage venait plus haut, après les mots* Puis les inquiétudes vinrent bientôt.

    e. le soupçon *F* : ces mystères *O* : l'ombre *M.*

    f. une vive lumière *F* : un jour éclatant *ant.*

Page 173 :

    a. rapports sociaux *O* : choses de ce monde *M.*

    b. profonde *F* : céleste *ant.*

    c. d'une instruction... variée *F* : de son instruction *ant.*

    d. elle essaya de vaincre tous *O* : elle dissimula, avec d'autant plus d'adresse qu'elle commençait à aimer avec passion, tous *M.*

    e. se promenèrent seuls *F* : se mirent à errer *ant.*

    f. allées de ce parc *F* : allées d'un parc assez vaste *O* : allées bien sablées d'un parc. Trente arpens *M.*

    g. en se servant... secrets *add. O* où *on lit* Boïeldieu *au lieu de* Rossini.

Page 174 :

    a. Mais Émilie... secrets *add. O.*

    b. en sa qualité de fille *add. O.*

    c. étrangers aux intérêts matériels *F* : étrangers à tout intérêt individuel *O* : éloignés de l'individualité *M.*

    d. ambiguë *M* : ambitieuse *par inadvertance dans toutes les éditions.*

Page 175 :

   a. l'expliqua... désirs *O* : l'interprèta à son gré *M*.

   b. y trouve en *F* : trouve à ce mystérieux dédale de pas et de mou-
vemens en *M*.

   c. les mariaient *F* : leur imposèrent la douce tâche de se rencontrer
[*M* : de les effleurer *O*].

   d. ils s'étudiaient *O* : Ils ne regardèrent pas plus en arrière de la vie
que dans l'avenir. Ils s'étudiaient *M*.

   e. amourette *B* : affaire *ant*.

   f. Vendéen... alla : vendéen oublia ses remontrances et alla *M*.

Page 176 :

   a. de Rostein-Limbourg *add. F*.

   b. la chercherait *F* : viendrait la surprendre au sein du bosquet sombre où ils causaient souvent *ant*.

Page 177 :

   a. aimé... silence *B* : aimé, l'autre craignant de voir dans un plus long
retard une preuve de dédain *M (légères variantes postérieures)*.

   b. trois *O* : quatre *M*.

   c. Les *F* : Chaque jour était comme la brillante pétale d'une fleur
radieuse et embaumée. Les *ant. (Variantes)*.

Page 178 :

   a. sa manière de discuter décelait *F* : il avait dans la discussion une
habitude qui décelait *O* : une habitude des formes et des discussions
de la tribune qui décelait *M*.

   b. à me faire la cour *O* : à faire l'amour *M*.

   c. répondit finement Maximilien *add. F*.

   d. Cette magie naturelle imprima *O* : Ce spectacle donna *M*.

Page 179 :

   a. bras d'Émilie *B* : bras frais de la jeune fille *ant*.

   b. n'avaient dit... dire *F* : n'avaient tant parlé *ant*.

   c. défiance *F* : raison *ant*.

   d. au fond d'un lac *O* : à cent pieds sous terre *M*.

Page 180 :

   a. dit-elle à haute voix *add. F*.

   b. avec intention *add. F*.

   c. pour une femme *add. F*.

Page 181 :

a. prétendu *F* : amant *ant.*

b. qui venait... femmes *O* : qui lui avait en quelque sorte assuré que cet être envié de tous irait à elle *M.*

c. plus étroitement encore *F* : pour toujours *ant.*

d. scène où *F* : scène secrète pendant laquelle *ant.*

e. salon *O* : salon sur les minuit *M.*

f. que ce ne soit un malhonnête homme *O* : qu'il n'ait volé *M.*

Page 182 :

a. Un malhonnête homme ! *O* : Volé ? *M.*

b. je suis bien tranquille *add. O.*

c. Saint-Preux *F* : Adonis *ant.*

Page 183 :

a. des parvenus *F* : de petits gentillâtres *ant.*

b. Palma, Werbrust et compagnie *F* : Georges Brummer, Schilken et C^{le} *ant.*

c. en gros *add.*

d. A-t-il une fille ? Qu'est-ce que cette Clara ? *B* : il a bien deux filles, aucune, il me semble, ne se nomme Clara *M (légère variante postérieure).*

e. ou aux Indes *add. O.*

f. s'il est fils... rien *add. B.*

Page 184 :

a. qu'elle voulait mettre à la mode *add. O.*

b. deux de ses belles-sœurs *B* : une de ses sœurs et madame la baronne de Fontaine *O* : une de ses sœurs et celle de ses belles-sœurs *M.*

c. de la Paix *O* : de la Paix et de la place Vendôme *M.*

Page 185 :

a. la plus célèbre actrice de ce temps *B* : Mlle Mars *ant.*

b. poche avec un *B* : poche de côté avec une grâce et un *ant.*

c. Parlez-vous... [entrecoupée *F*] altérée *O* : Dites-vous vrai *M.*

d. tourna *FC* : avait tourné *ant.*

e. deux belles-sœurs *B* : deux sœurs de l'orgueilleuse fille *O* : deux sœurs de l'infortunée *M.*

f. Quand... Émilie *B* : En deux secondes le fichu fut achevé et Mlle de Fontaine remonta précipitamment en voiture. Quand les trois dames furent placées dans l'élégante calèche, Émilie *M (légère variante postérieure).*

g. Maximilien... Leurs *O* : Maximilien, pâle, immobile, les bras croisés et comme un homme au désespoir. Leurs *ant. (Quelques variantes de O à F).*

h. rencontrèrent... implacables *B* : rencontrèrent; et semblables

à deux éclairs, ils se lancèrent deux regards d'une implacable rigueur
O : rencontrèrent, et semblables à deux éclairs, leur fierté réciproque
lança deux regards d'une implacable rigueur *M*.

Page 186 :

a. tout. En proie *B* : tout, et en ce moment Mlle de Fontaine était
sous cet air empoisonné en proie *M (légères variantes postérieures)*.
b. paradoxes insensés *F* : contradictions insensées *ant*.
c. En rentrant, elle fut *B* : elle rentra pour se mettre au lit; car elle
fut : *O* : Elle rentra avec un frisson violent et fut *M*.
d. d'un mois *F* : de huit jours *O* : de quelques jours *M*.
e. habitudes... monde *B* : habitudes. Au bout de quinze jours, elle
voulut s'élancer de nouveau dans le monde *O* : ... s'élancer dans le
monde et courir aux fêtes de l'hiver *M*.
f. calicot, fussent *O* : calicot, les épiciers, fussent *M*.
g. visible *add. FC*.

Page 187 :

a. d'une humeur... inconnue *O* : de son humeur, parce qu'on y
voyait un principe secret *M*.
b. sur les jeunes Parisiennes *add. O*.
c. elle se plaça dans le [*FC* : elle prit place au *O*] plus brillant des quadrilles *O* : elle se plaça pour danser *M*.
d. danseur *B* : partner *O* : partenaire *M*.
e. en l'interrompant avec vivacité *add. O*.
f. [Cependant] j'ai une excuse valable, j'arrive d'Allemagne *add. O*.

Page 188 :

a. la politique... famille *add. O*.
b. padrona *F* : dona *ant*.
c. le secrétaire *B* : l'étourdi secrétaire *ant*.
d. un majorat *F* : un immense majorat *ant*.

Page 189 :

a. Mais la figure... curiosité *add. O*.
b. Puis... mademoiselle *add. O (variantes postérieures)*.
c. quand... intarissable *O* : Je suis intraitable sur cet article là *M*.

Page 190 :

a. cent mille *F* : cent vingt mille *ant*.
b. Si mademoiselle... dédaigné *add. O où on lit encore* : Cette conversation
tenue à voix basse et maintes fois interrompue roula sur tant de sujets
divers qu'il est inutile de la rapporter en entier : Cette conversation
tenue sotto voce fut souvent interrompue par quelques phrases habi-

lement glissées par Mlle de Fontaine qui paraissait avide d'entendre parler M. Longueville l'aîné de son frère *M*.

c. demanda... contredanse *add*. *O*.

d. perspicacité... pressa *O (légères variantes)* : perspicacité et après avoir promené deux yeux bleus très fins de son frère à la partenaire et de la partenaire à son frère, il pressa *M*.

e. je n'en serai pas jaloux *add*. *O*.

f. je tressaillirai toujours un peu en *B* : Je tiendrai mon cœur à deux mains en *ant*.

Page 191 :

a. matin... conversations qui *F* : matin lorsque l'ambigu fut servi et que des groupes se furent formés dans la galerie, Mlle de Fontaine se trouva placée de manière à entendre une de ces discussions qui *M* (*de O à F, la phrase se développe par modifications successives*).

b. les jeunes femmes *F* : les femmes *B* : la dame de trente ans *ant*.

c. dont les yeux lançaient des éclairs *O*; aux yeux pétillans *M*.

d. sacrifices... minaudant *O* : sacrifices, et de mon pays, dignités, noblesse, fortune, religion quelquefois sont autant de grains d'encens que l'on brûle sur l'autel *M*.

Page 192 :

a. un désert... boutique *B* : un désert y habiter une tente, mais aller s'asseoir dans un comptoir ! *O* : une chaumière, mais pas dans un comptoir *M*.

b. Elle acheva... [dédain *B*] dégoût *add*. *O*.

c. Longueville partit *B* : Longueville, deux fois millionnaire, partit *ant*.

d. Clara pour *O* : Clara et sa mère pour *M*.

Page 193 :

a. les motifs de la rupture des deux aman[t]s *O* : cette aventure *M*.

b. prêchait une croisade *O* : faisait tant de charges *M*.

c. Le *B* : C'était un feu d'artifice continuel. Aussi le *O* : qui procédait à son mariage par pair ou non. C'était un feu d'artifice continuel et le *M*.

d. et dangereux *add*. *B*.

e. illustre écrivain *O* : homme illustre *M*.

f. monsieur *Guiraudin* de Longueville *F* : M. Longueville *ant*.

g. héréditaire *add*. *O*.

h. devenue majeure *F* : âgée de vingt-deux ans *ant*.

Page 194 :

a. *Quotidienne B* : *Gazette de France ant*.

b. soixante-douze *F* : soixante-quinze *ant*.

Page 195 :

a. s'était réservé... femme *O* : s'était servi de sa fortune comme d'une bride *M*.

b. époux *F* : amant *ant.*

c. quand... orages add. *O (légères variantes)*.

d. Quoique la comtesse... antiques *F* : Bientôt la comtesse de Kergarouët eut le bonheur de rentrer dans le silence et Paris cessa de s'occuper d'elle. Deux ans après, elle se trouvait plus brillante qu'en aucun jour passé au milieu des antiques *M (légères variantes postérieures)*.

Page 196 :

a. La tête de Maximilien *F* : sa tête *B* : cette tête ravissante *ant.*

b. son type idéal *FC* : son idole *ant.*

c. bord... épiscopale *F* : bord, elle jetta un regard de résignation douloureuse sur cette tête grise, elle repassa d'un coup d'œil les erreurs de son enfance pour les condamner, soupira, maudit les lingères et l'Évêque qui lui dit en ce moment *M (légères variantes postérieures)*.

d. le roi de cœur, j'ai gagné *O* : un cœur, à moi la partie *M*.

e. mais ne regrettez pas votre argent, je le réserve à [*B* : donnerai à *ant.*] mes petits séminaires *O* : je donnerai cet argent-là à mes petits séminaires *B*.

f. Paris, décembre 1829 add. *B*.

LA VENDETTA

Page 213 :

a. Puttinati *FC* : Puttinati, sculpteur milanais *add. F.*

Page 215 :

a. octobre *F* : septembre *ant. Les premières pages de la nouvelle, jusquà* Servin, l'un de nos artistes les plus distingués, *sont ajoutées dans O. Toutefois Balzac avait esquissé un prélude historique, beaucoup plus bref, que l'on peut lire sous les ratures au verso du feuillet 30 de M et que voici:*
Le second retour des Bourbons en juillet 1815 troubla bien des amitiés qui avaient résisté au mouvement de la première restauration. En 1814 le pays tressaillait d'espérance, en 1815 il appréhendait la vengeance. Le premier retour semblait une délivrance, le second était une réaction. Les familles mêmes furent divisées d'opinion. Alors le fanatisme politique renouvela ces déplorables scènes qui, à toutes les époques de guerre civile et religieuse, enlaidissent l'histoire des hommes. Les enfans, les jeunes filles, les vieillards éprouvaient la fièvre monarchique à laquelle le gouvernement était en proie et la discorde se glissa sous tous les toits. La défiance teignit de sa couleur sombre les discours et les actions.
Un artiste distingué, M. Servin, avait ouvert chez lui un atelier pour les femmes ou les jeunes personnes qui, par goût ou par nécessité...
(fin du fragment).
Beaucoup d'éléments de ce premier paragraphe abandonné ont été incorporés au texte définitif (voir p. 228).

b. à l'endroit... [Bourbons] *add. B* : Valois *est substitué à* Bourbons *dans F.*

c. dont... mains *F* : dont elle caressait les longs cheveux noirs *ant.*

d. liens. L'étranger *FC*: liens. Cette petite fille semblait être le dernier fruit de leur union. L'étranger *B* : liens. Ils étaient mariés, et la petite fille... union. L'étranger *ant.*

Page 216 :

a. Quoique la figure... quand *F* : Sa femme, dont la figure jadis belle était flétrie, avait passé l'âge; son attitude trahissait une tristesse profonde; mais quand *B* : Sa femme avait au moins cinquante ans. Sa figure jadis belle était flétrie. Son attitude... mais quand *ant*.

   b. vraie *B* : indéfinissable *ant*.

   c. Après être demeuré longtemps indécis *add. B*.

Page 217 :

   a. l'étranger *F* : l'aventurier *ant*.

   b. Loucian *F* : Lucien *ant*.

Page 218 :

   a. Je me défie trop de ces gens-là pour ne pas... *B* : Raison de plus pour rester là! je me défie toujours de ces gens-là. Il s'arrêta *O*.

   b. épaules *B* : épaules. Rapp sortit *ant*.

   c. étais le plus riche *B* : étais, il y a six mois, le plus riche *ant*.

   d. comme un homme surpris *B* : comme s'il eût bondi *ant*.

Page 219 :

   a. le sauveur de la France *F* : mon frère *ant*.

   b. Barbanti *B* : Barbantani *ant*.

   c. ses cendres *B* : sa cendre !... Bartholoméo s'arrêta et parut succomber sous ses souvenirs *ant*.

   d. *mâquis F : macchis B : pâquis ant*.

   e. à cinq heures du matin, à sept *F* : à neuf heures du matin, et à dix *ant*.

Page 220 :

   a. suis devenu... république *B* : suis le chef de la république *ant*.

   b. propriétés afin... temps *B* : propriétés, et dans quelque tems *ant*.

   c. soi-même. — Il s'est fait... ce sera *F* : soi-même. — Tu t'es fait... ce sera *B* : soi-même. — Eh bien! répondit Bartholoméo en prenant la main de Lucien et la serrant, ce sera *ant*.

Page 221 :

   a. Et tu es habillé... cardinal *F* : C'est un palais *ant*.

   b. avait été sauvé... du *parti anglais*, et *F* : avait été reçu avec tant d'enthousiasme, et *B* : avait été reçu avec tant d'enthousiasme à son retour d'Égypte, et *ant*.

   c. Quinze ans s'écoulèrent... intelligible *F* : Les proscrits obtinrent un asile, du pain, et la protection du premier consul. Seize ans s'écoulèrent entre l'arrivée de la famille Piombo à Paris et l'aventure suivante dont elle est en quelque sorte l'introduction *B* : Bartholoméo, plein de joie et d'espérance, retourna auprès de sa femme et de Ginevra. Les proscrits obtinrent ce soir-là du pain et la protection du premier consul. Ce simple récit des motifs qui amenèrent à Paris Bartholoméo di Piombo et sa famille ne doit être considéré que comme une introduction nécessaire à l'intelligence des scènes qui vont suivre *ant*.

d. [M.] Servin l'un de nos artistes les plus dis.ingués. *Ici commence le texte de M, précédé d'un titre de chapitre,* L'atelier, *qui sera supprimé dans B. La présentation du peintre a été peu modifiée de M à F. Mais nous avons relevé aux versos des feuillets 22, 23 et 24 deux états antérieurs au texte de M proprement dit, qui renferment d'intéressantes variantes, commentées dans notre étude introductive, p. 204. Voici ces deux états dans l'ordre où ils ont été conçus :*

M. Servin, l'un de nos artistes les plus distingués, avait ouvert, chez lui, un atelier pour les jeunes personnes qui, soit par goût, luxe ou nécessité, voulaient peindre. M. Servin était un homme d'une quarantaine d'années, de mœurs pures, doux, d'un commerce agréable, et entièrement livré à son art. Il avait fait un mariage d'artiste : sa femme qu'il aimait passionnément n'avait pas de fortune. Elle était la fille unique d'un vieux général qui, même sous l'empire, avait été fidèle au désintéressement républicain. L'âge du peintre, la considération que lui attiraient ses vertus privées, le talent particulier dont il était doué pour l'enseignement et la prudence avec laquelle il initiait ses élèves aux mystères de son art, lui avaient mérité la confiance de beaucoup de mères. L'atelier où M. Servin travaillait à ses tableaux et où il admettait des jeunes gens était situé rue Guénégaud; mais l'atelier destiné à ses écolières avait été pratiqué dans le grenier d'une maison qu'il habitait rue du Colombier. Presque toutes les mères commençaient par amener elles-mêmes leurs filles chez le professeur, mais après avoir reconnu les soins extrêmes que Madame Servin prodiguait aux jeunes personnes confiées à son mari, et la sévérité de la consigne qui assurait l'inviolabilité de l'atelier, toutes ne tardaient pas à envoyer soit en voiture, soit sous la conduite d'une femme de confiance leurs filles prendre leçon les jours où l'atelier des dames était ouvert. Il était entré dans le plan du peintre de n'accepter pour écolières que des jeunes personnes appartenant à des familles riches ou considérées, afin de ne pas avoir à subir de reproches pour la composition de son atelier. Alors la certitude qu'une mère avait de savoir sa fille en bonne compagnie, ajoutée à la sécurité qu'inspiraient le caractère, les mœurs, le talent et la femme de M. Servin, avait valu, dans plus d'un salon, une flatteuse renommée à l'atelier de cet estimable artiste. Quand une personne voulait apprendre à peindre ou à dessiner, — « envoyez-la chez Servin », était la réponse de tous les amateurs consultés, comme de toutes les mères. Servin était une nécessité, une autorité, une spécialité pour la peinture féminine comme Herbault pour les chapeaux, Leroy pour les modes et Chevet pour les comestibles. Il suffisait aux exigences de l'aristocratie en fait de beaux arts. Une jeune fille sortait de chez lui avec le droit de juger tous les tableaux du musée en dernier ressort, il ne tenait qu'à elle de s'y faire un joli talent d'amateur pour le portrait, le tableau de genre ou le dessin, et de pouvoir copier en perfection la toile d'un maître. Quant aux jeunes personnes qui voulaient devenir artistes consommées, elles devaient nécessairement aller prendre des leçons chez Girodet, ou chez MM. Gérard ou Gros; car M. Servin refusait formellement de donner certains enseignemens sans lesquels il n'y a point de talent possible en peinture. La chasteté du peintre achève d'expliquer la faveur dont il jouissait auprès des familles riches, titrées ou bourgeoises qui lui confiaient leurs filles. En effet, une femme artiste est une exception rare. Elle se met en dehors de son sexe et se fait homme. Telle n'est pas la destinée d'une jeune fille. En laissant son enfant étudier un art, une mère a toujours un dessein : ou elle obéit au caprice d'un enfant qui prend un désir pour une vocation ; ou elle cherche à tromper l'espèce de vide qu'une jeune personne sent dans son existence ; ou elle veut perfectionner une éducation brillante ; mais elle serait criminelle d'oublier que sa fille doit être femme et mère.

M. Servin, l'un de nos artistes les plus distingués, avait ouvert chez lui un atelier pour les jeunes personnes qui voulaient prendre des leçons de peinture. C'était un homme d'une quarantaine d'années, de mœurs pures, et entièrement livré à son art - il avait épousé par inclination la fille d'un général qui, malgré l'Empire, était resté fidèle au désintéressement républicain des Hoche ou des Dugommier. D'abord les mères amenèrent elles-mêmes leurs filles chez le professeur ; mais elles les y envoyèrent bientôt après s'être assuré

Page 222 :

   a. excellente *B* : flatteuse *ant.*
   b. la réponse de chacun *B* : la réponse que faisaient les peintres eux-mêmes *ant.*

Page 223 :

   a. vitrés et *add. B.*
   b. de la couleur ou *add. B.*

Page 224 :

   a. placés, la plupart couverts d'une *B* : placés ; les uns blancs encore, les autres essayés à demi, mais couverts pour la plupart d'une *ant.*
   b. de grand comme *F* : de grand, d'infini comme *ant.*
   c. un drame immobile et silencieux. Quel symbole *F* : un drame immobile et silencieux. Tout y est le symbole *B* : un drame qui semble crier dans le silence. Tout y est le symbole *ant.*
   d. Plusieurs jeunes filles *B* : Dix jeunes filles *ant.*

Page 225 :

   a. fille d'un huissier… *ayant une charge* à la Cour *F* : fille d'une marquise, petite créature blanche, fluette, maladive, aussi sotte que vaine, et fière d'avoir pour père un homme revêtu d'une charge à la Cour *B* : fille d'une marquise… d'avoir pour père un homme de Cour, et revêtu d'une charge *O* : … et revêtu de la pairie *M.*

Page 226 :

a. offraient peu *F* : n'avaient point *O* : n'avaient pas *M*.

b. uademoiselle Amélie Thirion *F* : Mlle de Monsaurin *ant*. *On ne notera plus cette variante.*

c. ultra *F* : monarchistes *ant*. *Le mot* ultra, *partout où on le rencontre, résulte d'une substitution introduite dans F.*

Page 227 :

a. l'atelier d'un cabinet obscur où l'on [jetait] les plâtres *B* : l'atelier d'une mansarde. Ce cabinet obscur, était en quelque sorte dû à l'irrégularité du mur mitoyen qui faisait un coude assez profond. Ce petit coin était en quelque sorte les gémonies de l'atelier; on y jettait les plâtres *ant*.

b. la provision de bois *M* : le poële quand on le démontait et le bois *ant*.

c. Prudhon *B* : Rubens *ant*.

d. coup d'état *B* : coup de parti *ant*.

e. mademoiselle Mathilde Roguin *F* : Mlle Planta *ant*.

f. pendant les Cent-Jours *F* : pendant tout ce temps-ci *ant*.

g. Elle évitait... politique *add*. *O*.

h. Mathilde Roguin *F* : Fanny Planta *ant*. *On ne relèvera plus cette variante.*

Page 228 :

a. *Eccola F* : Ecco *B* : La voici *M*.

b. l'ostracisme exercé par *O* : l'espèce de crime commis par *M*.

c.]Comment] aurait-elle pu le haïr? *add*. *O*.

d. un des serviteurs de Napoléon... Incapable *O* : un des hommes les plus dévoués à l'Empereur. Il avait donné sa démission de la place importante qu'il occupait quand Napoléon abdiqua, mais il lui avait rendu d'immenses services au retour de l'île d'Elbe. Aussi venait-il de remplir pendant les cent jours des fonctions aussi hautes que dangereuses. Le 8 juillet il avait remis son pouvoir à celui qui se présenta pour lui succéder même sans une ordonnance royale; et, incapable *M*.

e. Piombo restait *F* : Piombo était resté *O* : Piombo, âgé de soixante-quinze ans, était resté *M*.

f. du chagrin que [cette] seconde restauration causait à sa famille. *O* : de son chagrin *M*.

Page 229 :

a. la plus forte des élèves de [M.] Servin *add*. *B*.

b. le maître... sans qu'on s'expliquât *F* : le maître professait la plus haute admiration pour ses talens et peut-être aussi pour son caractère, sa beauté, ses manières et ses opinions, aussi servait-elle de terme à toutes les comparaisons. Elle était son élève favorite. Sans qu'on s'expliquât *M (légère variante postérieure)*.

c. exerçait... celui *F* : exerçait une influence immense sur ce petit monde qui ne pouvait lui refuser de l'admiration. En effet sa voix était séduisante, ses manières avaient je ne sais quoi de pénétrant, son regard produisait sur ses compagnes le même effet que celui *M* (*légères variantes postérieures*).

Page 230 :

a. deux ou trois des Royalistes *F* : deux ou trois d'entre elles *O* : deux ou trois jeunes filles de l'atelier *M*.

b. la mieux faite. *Le portrait de Ginevra comporte de M à F des variantes assez nombreuses, mais d'inégale importance ; on n'a retenu que les principales.*

c. tant y respirait... calme *add. F*.

d. Quoique les coins... marbre *F* : Les coins de sa bouche se dessinaient mollement, et ses lèvres peut-être un peu trop fortes étaient pleines de grâce et de bonté ; mais par un singulier caprice de la nature, la douceur et le charme de son visage étaient en quelque sorte démentis par la partie supérieure. C'était une fidèle image de son caractère. Il y avait sur son front de marbre *O* (*légères variantes dans B*) : Les coins de sa bouche se dessinaient mollement, et ses lèvres rouges semblaient être le siège de la grâce et de la bonté ; mais il y avait sur son front de marbre *M*.

e. la faisait accompagner jusqu'à l'atelier *F* : lui recommandait d'aller à l'atelier dans la mise la plus simple *B* : ne lui permettait d'aller à l'atelier que dans une mise plus que simple *O* : exigeait d'elle qu'elle n'allât à l'atelier que très mesquinement en voiture *M*.

f. femme. Elle *O* : femme ; mais aussi elle atteignait l'âge de vingt-cinq ans. Elle *M*.

g. au mariage *F* : au joug du mariage *ant.*

h. Son goût pour la peinture... Vous *B* : et alors la passion pour la peinture remplaçait toutes les autres. Elle commençait à peindre de manière à faire croire qu'elle deviendrait un jour [une artiste célèbre *O*] une grande artiste. — Vous *M*.

Page 231 :

a. insolite *F* : particulière *B* : particulière et toute nouvelle *O* : particulière et nouvelle *M*.

Page 232 :

a. atteignit à une crevasse *F* : aperçut à un pied environ au-dessus de sa tête une crevasse *M* (*légère variante postérieure*).

b. le véritable but de ses efforts *add. F*.

c. par un jour de souffrance qu'on avait ouvert *add. B*.

d. et son équilibre *B* : rétablit miraculeusement l'équilibre *add. O*.

e. Bah ! c'est plus solide qu'un trône *O* (*légère variante dans B*) : Bah ! je danserais *M*.

Page 233 :

a. [mais son] tableau ne l'occupait guère [s] *O*; mais elle se souciait de son tableau tout autant que d'un royaliste *M*.

b. éclairé *B* : éclairé par le jour de la lucarne *ant*.

c. aspiration trop forte, comme celle *F* : ronflement trop fort comme celui *ant*.

d. nous. La conduite *B* : nous. On lui pardonne bien moins le mépris que l'on a de soi-même que sa propre supériorité. La conduite *ant*.

Page 234 :

a. injures. Quoique *O* : injures. C'était une véritable fille de la Corse, inébranlable dans ses décisions et poussant même la fermeté jusqu'à l'entêtement. L'amie la plus intime, son père peut-être n'auraient pas eu le pouvoir de faire plier sa volonté, une fois qu'elle s'était étendue dans toute sa force. Ce caractère de bronze chez une jeune personne en qui tout était grâce, mollesse et bonté ne formait un contraste que pour ceux qui avaient été à même de l'étudier. Son père seul la connaissait, mais l'inflexibilité de sa jeunesse faisait ses délices. Il avait développé ce sentiment qui lui semblait beau. Il éprouvait du plaisir à céder à sa fille. Quoique *M*.

b. quinze *F* : douze *ant*.

Page 235 :

a. malicieux *O* : malins *M*.

b. de madame Servin *B* : de la jolie femme de leur maître *ant*.

c. d'une surdité volontaire *O* : d'erreur M.

d. sans que son visage... altération *add. O*.

e. pour couvrir... prisonnier *add. O*.

Page 236 :

a. servit de preuve... haine *O* : servit encore Mlle de Monsaurin *M*.

b. de lumière *F*: de lumière qui l'éclaira *B*: de lumière qui l'éclaira sur ce qu'elle devait faire *M*.

c. du militaire inconnu *B* : du tableau que le trou de la cloison lui permettait de découvrir *ant*.

d. rougit *B* : devint aussi rouge que le plus éclatant coquelicot des champs *ant*.

e. Proscrire *B* : *Avant le début de cette réplique, on lisait dans M* : la figure de l'inconnue était aussi frêle, aussi blanche, aussi pure *et O ajoutait* : que le favori de Diane.

f. [Car] ce n'est pas le maréchal Ney *add. B*.

Page 237 :

a. dont le travail... corrections *F* : dont il corrigea le travail *B* : et s'occupa de corriger son travail *M*.

b. *croquer B* : exécuter *ant*.

Page 238 :

a. l'intuition... frappée *F* : la persécution que sa mémoire lui faisait éprouver *ant.*

b. sur le papier... tressaillement *B* : sur le papier avec un art merveilleux. Il semblait que Dieu animât ses yeux, sa main, son pinceau ; elle éprouvait un tressaillement *M (légères variantes)*.

c. [mais] dans lequel un physiologiste... inspiration *add. O.*

d. le lorgnon... portefeuille *B* : le lorgnon que son impitoyable ennemie braquait sans pudeur sur le mystérieux dessin *O* : Mlle de Monsaurin qui, s'étant fait un rempart d'un cadre suspendu devant elle, avait braqué son lorgnon sur le dessin *M*.

e. leva brusquement la tête *B* : leva brusquement la tête au-dessus d'un cadre immense qui avait protégé sa trahison *O*: se leva brusquement *M*.

f. pâlit *B* : pâlit et une pudique rougeur envahit jusqu'au front blême de la jeune fille *ant.*

g. Il y eut une pause... la tête *add. O (B ajoute* : de l'officier).

h. digne de Salvator Rosa *add. B.*

Page 239 :

a. A cette exclamation *B* : Ce fut comme s'il eût donné un signal *add. O.*

b. silence *B* : silence. La haine se mit entre elles *ant.*

c. modes ou bals *O* : modes et chiffons *M*.

d. se comprirent, et Ginevra *B* : se jettèrent un regard profond. Ils se comprirent entièrement. Aussi Ginevra *ant.*

Page 240 :

a. Il veut donc mourir *B* : C'est sa perte *ant.*

b. très subtilement sauvé des griffes *O* : arraché aux mains *M*.

c. je connais le maréchal Feltre *add. B.*

Page 241 :

a. afin de faire croire qu'elle sortait *add. O.*

Page 242 :

a. vue. — Vous *B* : Elle avait en ce moment une expression céleste — Vous *ant.*

b. en tombant sur le tabouret *add. F.*

c. debout ? — Que voulez-vous *B* : debout... Le jeune homme revint lentement vers le peintre immobile. Que voulez-vous *ant.*

d. Labédoyère était... ami *B* : l'Empereur était mon père, Labédoyère mon ami ; ma famille c'était eux *ant.*

e. l'emmener *O* : l'emmener à l'armée de la Loire *M*.

Page 243 :

a. dit-elle *O* : d'une voix qui sembla mélodieuse à l'officier, tant elle était riche de sollicitude et de vraie sensibilité *M*.

b. l'or de mes économies *F* : quelques cents francs *B* : huit cents francs *ant*.

c. qu'il ne me blâmera pas *O* : de ne pas mourir de misère *M*.

d. l'offrir *O* : le prêter *M*.

e. si l'on ne vous oublie pas, ou dans l'armée française si l'on vous oublie *B* : si l'on vous oublie *ant*.

f. à un jeune homme de résister. Le colonel *F* : à un homme de résister. Le jeune officier *ant*.

Page 244 :

a. un ange de bonté *O* : bien bonne *M*.

b. beau *B* : peut-être trop beau pour un homme *O* : trop beau pour un homme *M*.

c. son aspect n'avait point ému la jeune fille *O* : ses sens, tout inflammables qu'ils puissent être, n'avaient point été émus par cet aspect charmant *M*.

d. à la corse *add*. *B*.

e. c'en était trop pour elle *add*. *O*.

f. Comme toutes les femmes *add*. *F*.

g. instant *B* : instant. Une péri indienne n'aurait pas été plus belle *ant*. *Toutefois* indienne *est rayé dans M*.

Page 245 :

a. son attachement à l'Empereur *FC* : ses opinions bonapartistes *ant*.

Page 246 :

a. magique... toujours. *Ce long passage a été peu remanié de O à F, mais le texte avait été considérablement développé dans O. On lit dans M* : magique. Le soleil n'illuminait plus que le coin où se trouvait l'inconnu, ses rayons en caressaient la figure blanche et noble. Il ressemblait ainsi à un ange de lumière. M. Servin s'occupait à défaire l'appareil de la blessure pour voir s'il était nécessaire de renouveller la charpie. Il y avait quelque chose de touchant dans ce soin qui allait à l'âme. Le silence profond, la lumière qui éclairait vivement cette tête... l'accent de la patrie, tout servit à graver cette scène dans la mémoire de l'italienne.

b. qui s'entretinrent souvent en corse *F* :... en italien *O* : ils parlèrent italien *M*.

c. pour l'Italienne. Elevée à la corse, Ginevra était *F* : pour l'Italienne. Ginevra n'avait pas été élevée à la française : elle était *O* : pour l'Italienne. Ginevra n'avait pas été élevée à la française. Unique espoir de deux vieillards, elle s'était trouvée maîtresse d'elle-même. Tous ses désirs avaient été des lois depuis le jour où Bonaparte distingua Bartholoméo et d'un mot lui fit une fortune. Ginevra était *M*.

d. mensonge *O* : mensonge. Il y avait de la naïveté dans la puissance de son caractère et de sa beauté *M*.

Page 247 :

a. doux malgré sa volonté de les tenir sévères ou calmes *B* : doux malgré sa volonté *O* : doux *M*.

b. des heures entières *O* : des quarts d'heure entiers *M*.

c. qu'il vint s'asseoir pour la contempler en silence *add. O*.

d. ému après une longue pause *O* : doux et interrogatif *M*.

e. Luigi *F* : Louis *ant*.

f. chansons *B* : chansons capricieuses *ant*.

g. défendait encore la belle Corse *FC* : aimait véritablement la belle Corse (*F* : Ginevra *ant.*) et la défendait encore *O* : avait pris de l'amitié pour Ginevra *M*.

Page 248 :

a. Bientôt la fille de l'huissier... venir *F* : Le Comte de Monsaurin ayant été nommé pair de France, Mlle de Monsaurin trouva au dessous de sa dignité de venir *M (légère variante postérieure)*.

b. semblait *F* : était *ant*.

c. chez Servin *FC* : chez [M] Servin qui refusa poliment d'aller chez elle *O* : à l'atelier de M. Servin qui refusa... elle *M*.

d. à l'atelier *B* : à l'atelier. Ce fut une rumeur générale dans toutes les familles *ant*.

e. vivait à l'atelier comme... monde *O* : vivait dans une délicieuse retraite, elle eût été seule au milieu d'une foule *M*.

f. qui le menaçaient *O* : qui le menaçaient, à lui rendre son grade, à lui obtenir une demi-solde *M*.

g. afin de le garder en France *add. B*.

h. romanesques *O* : romanesques. Il faut toujours un fait primitif qui frappe fortement *M*.

Page 249 :

a. [et Louis était] entièrement subjugué par elle *add. O*.

b. Un jour, vers le soir, Ginevra *O* : Une exquise délicatesse, un naturel enchanteur présidait à leur douce vie. Comme deux colombes nées au même moment dans le même nid et qui ne se seraient pas quittées, ils semblaient faits pour voler vers les mêmes cieux, d'une même aile. Un jour, il était quatre heures et demie, Ginevra *M*.

c. porte, Louis aperçut l'écolière *F* : porte, sa vue plongea sur l'atelier, il aperçut la jeune fille *B* : porte, mais comme il était debout et plongeait du plus haut sur l'atelier, il aperçut la modeste jeune fille *M (légère variante postérieure)*.

d. ma chère *B* : mon cher ange *ant*.

e. reprit-elle... pinceau *add. O*.

Page 250 :

a. que depuis quelque tems il n'y a plus ici que vous et moi *O* : que voici quatre leçons que nous ne sommes que toutes deux ici *M*.

b. de service au château *F* : arrivés à la pairie *ant*.

c. la fille corse *F* : l'italienne *ant*.

d. une intrigue *F* : un amant *ant*.

e. madame Roguin *F* : madame Planta *ant*.

f. à la confiance... pas *B* : de confiance en elle en ne l'instruisant pas *ant*.

g. O ma chère Ginevra... combien je suis fâchée *F* : O ma chère Ginevra ! moi qui vous prenais pour modèle et à qui j'aurais tant voulu ressembler !... Ah ! que je suis fâchée *O* : Je ne vois rien de mal en vous, ma chère Ginevra. Je suis bien fâchée *M*.

Page 251 :

a. Nous nous retrouverons... attendrie *add. F*.

b. reproches, au moins... foudre *F* : reproches. La foudre *O* : reproches et le payer. La foudre *M*.

c. avec enthousiasme *add. O*.

d. plusieurs jours *B* : trois jours *ant*. *Avant* trois, *Balzac a écrit et rayé* huit.

e. Bah... écoutez-moi *add. O*.

f. L'artiste se mit... l'Italienne *add. O*.

Page 252 :

a. Et le peintre... tête *add. O*.

b. les joignit *add. O*.

c. avec une touchante bonhomie *O* : avec onction *M*.

d. leur silence... firent *O* : leurs joues semblaient refléter la même flamme *M*.

e. avec une onction comique *add. O*.

Page 253 :

a. digne des mœurs de sa patrie *O* : dignes de l'antiquité *M* : *On lisait ensuite dans O et M* : momens de fête dont le souvenir est éternel.

b. Ah ça... Servin : *tout ce passage est ajouté dans O*.

c. Pendant que cette scène... revenir *B* : Cette scène décida de l'avenir de Ginevra *add. O*.

d. Il est six heures : *ces mots sont précédés dans M et O d'un nouveau titre de chapitre*, La Désobéissance.

Page 254 :

a. depuis le jour de son arrivée à Paris *add. O*.

b. napoléonienne *add. F*.

c. rendait son abord glacial *B* : le rendait réellement peu abordable

O : le rendait véritablement terrible. Il abusait de sa franchise et le feu de son regard était perçant. Malheur à qui ne savait pas soutenir son premier examen *M*.

    d. [Mais] il n'est pas difficile... courtisan *add*. *O* *(légère variante)*.

    e. une trentaine *F* : une vingtaine *B* : une douzaine *ant*.

Page 255 :

    a. dont s'entoura Napoléon... victoires *F* : dont Napoléon s'était entouré *M (légères variantes)*.

    b. 1814. Depuis *O* : 1814. Bartholoméo était toujours vêtu de drap bleu. Depuis *M*.

    c. Si le baron... courtisans *add*. *O*.

    d. depuis Waterloo *F* : depuis le huit juillet surtout *ant*.

    e. cigare *B* : cigare. La prophétie de Piombo s'était réalisée et *ant*.

    f. de Portenduère *F* : des comtes de Givry *ant*.

Page 256 :

    a. et ce mobilier du temps de Louis XIV *add*. *B*.

    b. du monde. Aussi, quand *B* : du monde, elle faisait leur bonheur, et tout était subordonné à ses désirs, et même à ses caprices. Sa parole était la loi de la maison. Quand *O* : du monde et le bonheur, et ils ne faisaient rien que par elle. Mais, quand *M*.

Page 257 :

    a. ils pouvaient... pensées *add*. *B*.

    b. politiques. *Cette phrase et la précédente sont interverties dans M*.

Page 258 :

    a. dominante. Elle eût été parfaite *B* : dominante. Elle avait plutôt en musique le sentiment de cet art que de l'instruction ; mais son âme suffisait à tout, car elle la portait sur tout, et c'était une créature parfaite *ant*.

Page 259 :

    a. Déjà septuagénaire *F* : presque septuagénaire *B* : [la baronne avait] plus de soixante ans *ant*.

    b. Schnetz met *F* : Schnetz et Fleury mettent *ant*.

    c. quinze jours *B* : un mois *ant*.

Page 260 :

    a. le pas de Ginevra *B* : la soie de la robe de Ginevra crier *ant*.

    b. la Ginevrina, la Ginevrola, la Ginevretta *O* : la Glorina, la Glorinola, la Ginevritta *M*.

    c. gaieté *F* : gaité comme par enchantement *ant*.

    d. après une longue sécheresse *add*. *B*.

e. Piombellina *F* : Piombella *ant*.

f. [gaîté] auquel... sourire *B* : gaîté. La coquette lança le plus doux de ses regards à son père *M (légère variante dans O)*.

g. beaucoup plus *B* : un peu plus *ant*.

Page 261 :

a. En attendant... étonné *add*. *O*.

b. n'ai-je pas... absences *O* : vous ne pouviez guères faire autrement *M*.

Page 262 :

a. quinze ans *M* : *Balzac a d'abord écrit et rayé* dix ans.

b. qui me protège après vous *add*. *F*.

c. sinistre. Il se fit... Oh ! reste *O* : sinistre. Écoute, ma fille, je t'ai portée dans les grandes chaleurs et en fuyant Longone pendant environ sept heures. Tu étais sur mes épaules, tu dormais, nous cherchions sur les grèves le moment de nous embarquer. Je n'aurais pu te poser que sur des sables brûlans... je t'ai enveloppée de mon manteau et nous sommes restés ainsi deux grandes heures. Ta tête était sur mon cou et ta brûlante haleine me semblait fraîche ; tu avais dix ans et tu pesais plus d'une once... un autre que moi en serait mort... non, ma fille, une vie tout entière ne récompense pas encore un père de cette terrible angoisse... oh reste *M*.

d. Ils m'aimaient par ordre *B* : Ils ne m'aimaient pas *ant*.

Page 263 :

a. elle allumait ses yeux *F* : ses yeux s'animaient *ant*.

Page 264 :

a. comment finira cette querelle ? *O*: les voilà encore en querelle *M*.

b. fille et lui dit... Ginevra *O* : fille qui lui dit : Eh bien ! — Ginevra *M*.

c. Oh ! ne me dis pas oui... supplier *add*. *O*.

d. dit le baron... statue *add*. *F*.

e. Me défendre... haïr *add*. *B*.

Page 265 :

a. O ma Ginevra, ma folle Ginevra *FC* : O ma Ginevra, ma folle, ma Ginevrina *F* : O ma Ginevra, ma folle, ma Ginevrina, ma Ginevretta *O* : oh ! ma Ginevra ;... ma folle, ma Ginevra, ma Ginevera *M*.

b. Il était [tems] que vous finissiez *O* : Ah ! vous m'avez fait mal *M*.

c. mère *B* : maman *ant*.

Page 266 :

a. O ma mère... heureuse ! *B* : Oh ! ma mère Oh ! que je suis heureuse ! *O* : Ginevra sauta de joie comme un enfant *M*.

b. n'osait ... plaire *add*. *O*.

Page 267 :

a. blessée de l'impolitesse de son père add. O.

b. dit pour ranimer la conversation *B* : se hasarda à dire O : hazarda de dire *M*.

c. Nina *M*. *Balzac a d'abord écrit et rayé* Maria. *De même quelques lignes plus loin.*

Page 268 :

a. Tu es *M* : *Balzac a d'abord écrit et rayé* vous êtes.

b. le vieillard *B* : le vieillard d'une voix faible et en lui lançant un regard furieux *ant.*

c. Élisa Piombo *B* : Maria Piombo *ant. On ne relèvera plus cette variante.*

d. en abandonnant... horreur add. O.

e. — Nous serions en *vendetta* [*F* : ennemis *ant*] ... tremblant O : — Oh ! et moi ! reprit Luigi en hochant la tête *M*.

f. mes frères O : mes deux frères *M*.

g. A six ans O : A cinq ans *M*.

h. des actes... ennemis O : des papiers, mais en me les remettant le vieux Colonna m'a dit que les ennemis de mon père vivaient encore *M*.

Page 269 :

a. tête *M*. *Après ce mot, Balzac a écrit et rayé dans M* : — Ainsi, reprit-il, mon dernier espoir s'évanouit. Oh !

b. n'est-ce pas? O : Cette dernière phrase était interrogative *M*.

c. logement O : logement plus près du ciel que de la terre *M*.

Page 270 :

a. parole : parole. Tout s'était accompli par gestes *ant.*

b. sombre O : froid, mélancolique, sombre *M*.

c. mais il ne trouva pas de voix... sonna O *(légère variante)* : mais il sonna *M*.

d. Piétro *FC* : Jean *ant.*

e. dont la violence... ouvrage *F* : dont il avait si complaisamment développé la violence O : dont il l'avait douée *M*.

Page 271 :

a. six ans O : cinq ans *M*.

b. dans ton cercueil *F* : morte *ant.*

Page 272 :

a. [Alors il] se leva... agitation add. O.

b. di Piombo O : Piombo *M*.

c. la justice des hommes... Dieu *F* : les hommes *ant.*

d. pour elle *B* : pour elle. Bartholoméo avait donné l'ordre de ne pas laisser passer sa fille *ant.*

Page 273 :

   a. sa Ginevra *B* : sa Ginevra. Il était morne *ant.*

   b. les irrésolutions *O* : les irrésolutions et les incertitudes *M.*

   c. notaires accompagnés... entrèrent *B* : notaires. Ils entrèrent *ant.*

Page 274 :

   a. un sourire de triomphe *B* : un air de contentement et un sourire de triomphe *ant.*

   b. catastrophe. *La scène des notaires n'a subi que des modifications légères de O à F, mais avait été considérablement développée et remaniée dans O. Voici le texte de M jusqu'aux mots* sauta sur un long poignard *(p. 277).*

catastrophe. Le plus âgé des deux notaires parla d'une voix claire et calme. Il expliqua sans nulle précaution oratoire qu'il était l'organe et le ministre de la loi, et qu'il venait en exécuter les intentions en sommant, au nom de Mlle Ginevra Piombo, le baron et la baronne ses père et mère d'accorder leur consentement à son mariage avec M. Luigi Porta. Il entra dans de longues considérations pour prouver à Bartholoméo Piombo qu'il devait éviter ces actes respectueux, en ce que la puissance paternelle cessait et que sa fille était entièrement maîtresse d'elle-même, qu'elle avait le droit de quitter la maison paternelle, et que là où la résistance était complètement inutile, les parens avaient coutume, par honneur, de cesser leur opposition en semblable circonstance. Le notaire aurait pu parler deux heures. Piombo, sa femme et Ginevra écoutaient en silence. Il s'était fait une révolution extraordinaire sur le visage de Bartholoméo. Toutes ses rides contractées lui donnaient un air de férocité indéfinissable. Il jettait sur le notaire un regard de tigre et n'osait se tourner vers sa fille. La Baronne était muette et passive. Ginevra, calme et résolue, attendait, elle savait que le notaire parlait plus haut qu'elle et alors elle semblait s'être décidée à garder le silence. Au moment où l'homme de loi se tut, cette scène devint effrayante, et les deux étrangers eux-mêmes tremblèrent. Ils étaient entre deux passions arrivées au dernier degré de l'exaltation. Jamais peut-être ils n'avaient été accueillis par un semblable silence. Enfin, celui des deux notaires qui était chargé des intérêts de Luigi tira un papier timbré qui contenait un procès-verbal rédigé à l'avance, et après l'avoir lu, il demanda froidement à Bartholoméo quelle était sa réponse. — Il y a donc en France des lois qui détruisent le pouvoir paternel?... répondit le Corse. — Monsieur, reprit le notaire d'une voix mielleuse. — Qui arrachent une fille à son père... — Monsieur... Il n'y a peut-être rien de plus impatient que le sang-froid et les raisonnemens exacts d'un notaire au milieu des scènes passionnées où ils ont coutume d'intervenir. La figure sous laquelle la loi comparaissait dans son ménage contribua singulièrement à l'irritation de Piombo. Le Corse sauta sur un long poignard *etc.*

   c. d'un garde du commerce... débiteur *B* : d'un employé au trésor *O.*

d. je suis monsieur Roguin... mon collègue et moi *F* : nous sommes envoyés vers vous, mon collègue et moi *O. Plus loin, le nom de* Roguin *est constamment substitué au mot* notaire *ou à diverses périphrases : on ne relèvera plus cette variante.*

Page 277 :

a. Le plus jeune... témoins *F* : les deux notaires *ant.*

b. je ne saurais M. *Balzac a rayé ensuite les deux mots* te tuer.

c. une fille peut s'humilier devant son père *B* : O mon père, votre fille s'est humiliée devant vous *add. O.*

d. mon Luigi, ou je meurs *F* : mon Luigi ou la mort *add. O.*

e. disaient assez... mort *O* : disaient qu'il y allait de toute sa vie *M.*

f. s'écria-t-il... cœur *add. O (légère variante postérieure).*

Page 278 :

a. après un moment... moi *add. O.*

b. — Et toujours... cœur *F* : oh oui *ant. Sous ces mots apparaît dans M et O un nouveau titre de chapitre :* Le Mariage.

c. Le lendemain du jour *B* : Le jour *ant.*

d. Luigi *B* : Luigi et attendit impatiemment le jour de son mariage *ant.*

e. sourire, sans... parents *B*: sourire ; et chaque jour des scène ravissantes lui faisaient insensiblement oublier la rigueur de ses parens *O*: sourire et oublier son père *M.*

f. la servante... étoffes *B* : la servante de l'hôtel lui remit plusieurs paquets volumineux apportés par un inconnu. C'étaient des étoffes *O* : un inconnu lui apporta plusieurs paquets volumineux. Ils contenaient des étoffes *M.*

Page 279 :

a. dans ce fatal mariage... persistait *add. O.*

b. [Savoir qu'on est l'espoir]... âme *add. O sauf* dont les jeunes âmes sont incapables *add. B. On lisait ensuite dans O la phrase suivante, qui figurait déjà dans M avec une légère variante et qui sera supprimée dans B :* Puis l'amour donne aux cœurs dont il s'empare une indifférence pour tout ce qui est hors de leur sphère, qui va jusqu'à la férocité.

Page 280 :

a. Chacun d'eux... ami *add. B.*

b. puis tous quatre vinrent *F* : Ils vinrent *ant.*

c. [Ces gens peu accoutumés]... d'une noce *add. O (légères variantes postérieures).*

d. qui se [croyaient] obligés... compliment *add. O.*

e. [mais cette] réserve... félicité *add. O.*

f. des quatre témoins... loi *F* : des deux témoins... loi *O* : de leurs acolytes *M.*

g. du quartier *O* : de l'arrondissement *M*.

h. chargées... perles *add. O*.

i. boutons satinés *F* : frais boutons *O* : boutons blancs *M*.

Page 281 :

a. [On eût dit un] essaim...l'avenir *add. O (légères variantes postérieures)*.

b. aman[s] *B* : amans dont les cœurs battaient avec force et à l'unisson *ant*.

c. à la cérémonie *B* : à une scène dont ils ignoraient l'intérêt *ant*.

d. en remettant dans sa poche *B* : en tirant de sa poche *ant*.

e. bourdonnant... étincelant *F* : bourdonnantes ... étincelantes *ant*.

f. le grossier fracas du plaisir *F* : le fracas le plus terrestre *B* : le fracas terrestre des corps *ant*.

g. le délicat silence des âmes joyeuses *F*: le silence des joies paisibles de l'âme *ant*.

Page 282 :

a. amour *B* : amour. N'était-ce pas aussi par cette loi humaine qui mêle une teinte noire à tous nos plaisirs *M (légère variante dans O)*.

b. Un garçon de bureau à la livrée de la ville *F* : un employé *ant*.

c. glapissement *O* : gloussement *M*.

d. Luigi da Porta *F* : Luigi Porta *ant*.

e. quatre *B* : deux *O*.

f. les [deux] hommes... à [deux] statues *add. O*.

Page 283 :

a. [C'était, comme] toutes les choses... pensée *add. O (légères variantes postérieures)*.

b. Les deux jeunes Corses... traversèrent *F* : Ils traversaient *ant*.

c. et qui s'impatientaient... apparence *add. O*.

d. sein. — Oh ! *B* : sein. Elle ressemblait à une captive délivrée. — Oh ! *ant*.

e. car elle avait souffert... sanctionner *add. O*.

Page 284 :

a. [Il semblait que Dieu fût] complice de cette joie d'un jour *add. O*.

b. ce symbole... nombre *O* : ce voile blanc, symbole d'union éternelle *M*.

c. deux des témoins les remplacèrent *B* : il fallut les faire remplacer par un enfant de chœur et par le maréchal des logis *O* : l'enfant de chœur et le maréchal des logis remplacèrent les garçons de noce *M*.

d. Vergniaud *F* : le hussard *ant*.

Page 285 :

a. le colonel Louis *F* : le major Louis *ant*.

b. *l'autre* y serait encore *B* : je ne sais pas ce qui serait arrivé *ant*.

c. la seule... donnée *add*. *O*.

d. Ils se séparèrent... propriétaire *F*. *Cettre phrase, dans les textes antérieurs, venait un peu plus loin, après les mots* tout est à vous.

e. mon colonel *F* : mon major *ant*.

f. Luigi prit... O ma Ginevra *B* : Luigi, prenant sa femme dans ses
bras et la serrant avec force, s'écria : — Oh ! ma Ginevra *O* : Ginevra
s'élança dans les bras de son époux en s'écriant : — Oh mon Luigi *M*.

g. piano *B* : piano. — Mais c'est ici que nous vivrons, dit-elle enfin
ant.

h. dit-elle d'une voix caressante *add*. *O*.

Page 286 :

a. blanche comme une vierge *B* : blanche, vierge, gracieuse image *O* :
blanche, vierge, image de leur union *M*.

b. avec le soin curieux... revue *add*. *O* où on lit examinant le fruste
d'une médaille.

c. un brave homme nommé Gigonnet *F* : un Juif *ant*.

d. Pourquoi?... le reste *add*. *O*.

Page 287 :

a. de Paris comme deux perles... paradis *O* : de Paris, mais ils étaient
seuls et ils s'aimaient, leur prison fut un paradis *M*.

b. [de même qu'elle] le séduisait toujours... passion *add*. *O*.

c. au sein des teintes.. le lisaient *O* : au coucher du soleil, ils l'écri-
vaient *M*.

Page 288 :

a. [Il leur] était devenu nécessaire de travailler pour vivre *add*. *O*.

b. fort belle *B*: fort belle, et il avait le don d'écrire aussi vite que bien
ant.

c. Insensiblement... en grand *F* : Insensiblement, il éleva un bureau
d'écritures *O* : Insensiblement il éleva un bureau d'écritures qui eut
une certaine vogue *add*. *O*.

Page 289 :

a. en l'absence de son mari *add*. *O*.

b. [remords. De] sombres tableaux... pressentiment *add*. *O* *(légères
variantes)*.

c. 1819 *B* : 1817 *ant*.

d. vendre avantageusement... concurrence *B* : vendre *O* : vendre
comme étant des originaux *M*.

Page 290 :

a. un nom *B* : un nom. Elle essaya, mais il fallut des modèles *ant*.

b. de l'hiver de cette même année... [avait] des [concurrens] *B* :

de l'hiver, au mois d'avril 1818, les économies étaient dissipées.
Luigi travaillait sans relâche, mais il avait tant de concurrens et *ant*.
  c. indigence, ils *B* : indigence, c'était en riant. Ils *ant*.

Page 291 :

  a. par Élie Magus, un de ses marchands de tableaux *F* : par un brocanteur *ant*.

Page 292 :

  a. nous coûte presque une goutte de ton sang *O* : est une partie de
ton sang *M*.
  b. La majesté... inspire *F* : Il respire dans la nuit quelque chose de
majestueux *B* : Il y a quelque chose de majestueux dans la nuit *M*.

Page 293 :

  a. [Ils luttèrent d'abord courageusement] comme deux nageurs...
humains *add*. *O*. *On lisait encore dans O après le mot* humains : mais il
est de nobles âmes qui ne balancent jamais à l'aspect des tableaux qu'elle
déroule.
  b. la naissance du petit Bartholoméo *F* : la naissance du petit Paolo
add. *O*.
  c. comme si les sources de la vie tarissaient en elle *add*. *FC*.

Page 294 :

  a. Vergniaud, le nourrisseur, mon vieil Égyptien *F* : Hardy, mon
pauvre Hardy, le brave maréchal-des-logis *O* [Hardi *B*] : Hardy,
ce malheureux maréchal des logis. *M*.
  b. avec terreur. Luigi *FC* : avec terreur. La faim était à leur porte.
Luigi *ant*.

Page 295 :

  a. [C'était un] de ces baisers de désespoir... cœur à cœur *add*. *O (légères variantes postérieures)*.

Page 296 :

  a. mon âme *FC* : ma chère Ginevra *ant*.
  b. de la pose de son enfant... surnaturel *O* : de la mort de son enfant
qui, dans la première heure de son trépas, conservait un éclat surnaturel
M.
  c. d'épouvante... se mit *FC* : d'épouvante. Ginevra était tout à fait
changée; à peine la reconnaissait-il; il lui montra par un geste de
sauvage énergie l'or qu'il avait à la main. La jeune femme se mit *ant*.
  d. car le petit Barthélémy était mort *F* : leur fils était mort *B* : car il
était mort *add*. *O*.
  e. Luigi prit sa femme... secours *O (légères variantes postérieures)* :

Luigi fut obligé de porter sa femme sur le lit, et de lui soustraire son fils *M*.

f. de l'or *O* : de l'or plein mes poches *M*.

g. de mon fils qui porte votre nom *F* : de mon fils et de Luigi *ant*.

Page 297 :

a. Oui, mon Luigi... destinée *add. O*.

b. et soudain... réchauffer *add. O*.

c. ange de beauté *F* : mon ange de bonté *O* : mon ange de consolation *M*.

d. [Elle] semblait... tomber *add. O*.

Page 298 :

a. tout ce qui était nécessaire... désespoir *O* : une foule de choses *M*.

b. régna dans cette chambre *B* : régna *ant. Ici commence dans M et O un dernier chapitre intitulé* Le Châtiment. *Toutefois ce titre, dans M, ne semble pas de la main de Balzac, qui, sans doute, l'a ajouté sur les épreuves après avoir étoffé la fin de sa nouvelle. Voir la variante d.*

c. Pendant que cette scène avait lieu *add. B*.

d. Bartholoméo. *Le passage qui commence ici et qui s'achève avec la réplique :*
— Si Ginevra avait froid *n'a pratiquement pas subi de changements de O à M, mais a été profondément remanié et considérablement développé dans O Voici le texte de M :*
Bartholoméo di Piombo et sa femme étaient assis l'un à droite et l'autre à gauche d'une vaste cheminée dans leur grand salon à peine éclairé par les flammes vacillantes d'un foyer et par une seule lumière. La tête blanche du vieillard avait une expression tout à la fois menaçante et mélancolique. En entendant siffler la bise, la vieille mère baissa la tête pour cacher ses larmes à son implacable époux. — Si Ginevra avait froid !...

Page 299 :

a. Luigi. — Il nous épargne... terre *F* : Luigi. — Il est mort, s'écria lentement Bartholoméo en regardant à terre *B* : Luigi, cette scène avait le caractère d'une épouvantable apparition. — Il est mort ! s'écria lentement Bartholoméo en regardant à terre. — Et notre fille aussi ! répondit la mère en se levant par un mouvement saccadé. Puis elle fit trois pas. Piombo resta debout, immobile, les yeux secs. — Rien, dit-il d'une voix sourde en contemplant les cheveux. — Plus rien ! Et seul ! *O* : Luigi, et cette scène... les yeux secs. — Rien ! plus rien ! dit-il d'une voix sourde en contemplant les cheveux *M*.

b. Paris, janvier 1830 *add. F*.

PERSONNAGES
QUI REPARAISSENT
DANS D'AUTRES ROMANS

PERSONNAGES QUI REPARAISSENT
DANS D'AUTRES ROMANS [1]

LA MAISON DU CHAT-QUI-PELOTE

Aiglemont (Colonel, puis général marquis d'). *La Femme de trente ans* est l'histoire conjugale de ce séducteur de garnison qui, passablement goujat, devient, avec un peu d'invraisemblance, un brave père, d'une « candeur indicible ». En dehors de ce roman, il n'est plus qu'un personnage épisodique, amant de Mme de Sérisy *(La Duchesse de Langeais)*, tuteur de Beaudenord et victime de Nucingen *(La Maison Nucingen)*, client de la « Reine des Roses » *(César Birotteau)*. Le monde évoque parfois son intrigue avec Léontine de Sérisy *(Un Début dans la vie, Splendeurs et Misères des courtisanes)*, le comte de la Bastie se souvient de l'avoir connu au régiment *(Modeste Mignon)* et le baron Hulot pensera l'imiter et partir en Amérique pour refaire sa fortune *(La Cousine Bette)*.

Birotteau (César) et Mme, née Constance Pillerault. « A la Reine des Roses », 397 rue Saint-Honoré. *César Birotteau* est l'histoire de la grandeur, de la décadence

---

1. Ces notices ont été établies grâce au concours de Mme A.-M. Meininger. On se reportera pour plus de détail au *Dictionnaire Géographique des personnages fictifs de La Comédie humaine,* par Fernand Lotte (Librairie José Corti, 1952) et à l'Index du même auteur dans *La Comédie humaine,* édition de la Pléiade, tome XI (Gallimard, 1960).

et de la résurrection de ce martyr de la probité commerciale. Rogron se souviendra du célèbre désastre du parfumeur *(Pierrette)*, dont le magasin avait été installé à l'emplacement de l'épicerie de Descoings fils, près de la place Vendôme *(La Rabouilleuse)*. M. Alain y tenait, pendant un temps, ses livres de comptes *(L'Envers de l'histoire contemporaine)*. La Peyrade dévoilera certains secrets de la malheureuse spéculation de Birotteau sur les terrains de la Madeleine *(Les Petits Bourgeois)*. Son ancien commis, Célestin Crevel, devenu son successeur, fera fortune *(La Cousine Bette)*.

CAMUSOT. « Au Cocon d'Or », rue des Bourdonnais. Gendre et successeur de Cardot, il appartient, lui aussi, à la race des commerçants parvenus. Juge au tribunal de commerce *(César Birotteau)*, il se montre bonhomme, mais aussi avisé et prévoyant que dans sa vie de famille *(Le Cabinet des Antiques, Un Début dans la vie)*. Il s'entend avec son beau-père pour hanter les coulisses et entretenir des maîtresses *(Illusions perdues, La Rabouilleuse, Un Début dans la vie)*. Comme Poiret jeune, qui tient ses livres, il est un habitué du Café David *(Les Employés)*. Sous la Monarchie de Juillet, il se retire des affaires et deviendra député, baron et sans doute Pair de France *(Le Cousin Pons)*.

CARDOT (Jean-Jérôme-Séverin). Belleville. Comme son gendre, il garde des amitiés dans le commerce *(César Birotteau)*. Il mène joyeuse vie *(Illusions perdues)* et aime chanter « la Mère Godichon », tout en restant un excellent père de famille *(Un Début dans la vie, La Rabouilleuse, La Muse du département)*.

CARIGLIANO (Duchesse de). Née Malin de Gondreville et aussi habile manœuvrière que son père, elle est très attachée à la duchesse de Berry, tout en appartenant aux milieux libéraux et bonapartistes. Cette coquette reste cependant au second plan *(La Peau de chagrin, Le Père Goriot, Les Employés, Le Cabinet des Antiques, Illusions perdues, Les Paysans, La Cousine Bette, Le Député d'Arcis).*

CARIGLIANO (Maréchal duc de). Figurant aussi discret dans *La Comédie humaine* que dans la vie de sa femme. Il vend son hôtel aux Lanty *(Sarrasine)* et fait partie du complot anti-légitimiste de Marsay *(Le Contrat de mariage)*, malgré la position privilégiée de sa femme dans l'entourage de la duchesse de Berry.

GUILLAUME et Mme, née Chevrel. Rue du Colombier. Ces estimables commerçants mènent une vie effacée dans *La Comédie humaine.* Ils entretiennent leurs anciennes relations *(César Birotteau).* Rogron se souvient de M. Guillaume *(Pierrette)* qui, comme tous les anciens boutiquiers du quartier Saint-Denis, est un habitué du Café David *(Splendeurs et Misères des courtisanes).*

LEBAS (Joseph). Il tiendra ses promesses, restera un brave homme *(César Birotteau)* et, commerçant avisé, deviendra un personnage sous la Monarchie de Juillet *(Pierrette, Splendeurs et Misères des courtisanes, La Cousine Bette).*

LEBAS (Virginie). Toujours effacée, on ne l'aperçoit plus qu'à un bal *(César Birotteau)* et, beaucoup plus tard, en visite chez la présidente Camusot *(Le Cousin Pons).*

LORAUX (Abbé). Bienfaisant et dévoué, il saura apaiser les souffrances des Birotteau et les derniers moments du parfumeur *(César Birotteau)* ou de Mme Bridau *(La Rabouilleuse).* Malgré sa discrétion, il a une grande notoriété *(Un Début dans la vie)* et le comte de Bauvan s'honore de l'amitié du curé des Blancs-Manteaux *(Honorine).*

LOURDOIS. Peintre en bâtiments, assez riche pour marier sa fille à un notaire *(César Birotteau).*

Rabourdin (Xavier). Rue Duphot. Chef de bureau dans un ministère *(Les Employés)*, entretient des relations — de voisinage, sans doute — avec les Birotteau *(César Birotteau)*. Ses talents et son échec administratifs seront commentés *(La Maison Nucingen, Les Petits Bourgeois)*.

Roguin (Mme, née Chevrel). Coquette vaniteuse et peu délicate, elle dénigre Servin, professeur de peinture de sa fille *(La Vendetta)* et paie mal sa couturière *(Une Double Famille)*. Sa longue liaison avec Du Tillet et son manque de scrupules *(César Birotteau)* seront évoqués avec plus ou moins de sévérité dans les conversations parisiennes et provinciales *(La Maison Nucingen, Une Fille d'Ève, Pierrette, La Muse du département)*.

Sommervieux (Théodore de). Rue des Trois-Frères. Parfois cité pour le drame de son mariage *(César Birotteau)* ou ses talents d'artiste *(Les Employés, Pierre Grassou, Modeste Mignon)*.

Sommervieux (Augustine de). Seul son beau-frère Lebas se souvient de sa triste histoire *(César Birotteau)*.

Sommervieux (Robert de). Le fils d'Augustine devait être l'un des héros d'un roman dont il ne reste qu'une ébauche : *Le Programme d'une jeune veuve*.

LE BAL DE SCEAUX

AIGLEMONT (Marquise d'). Née Julie de Chatilloncst, héroïne de *La Femme de trente ans*. Sa vie intime est évoquée dans *Le Lys dans la vallée*, sa vie mondaine dans *Le Contrat de mariage*, *Le Père Goriot*, *Les Employés*, *La Maison Nucingen*, *Le Cabinet des Antiques*, *Ursule Mirouët*.

BEAUDENORD (Godefroid de). Quai Malaquais, puis rue de la Planche et rue du Mont-Thabor. Emilie de Fontaine juge bien en dédaignant ce gros garçon. Dans *La Maison Nucingen*, ce faux lion sera vite dompté, berné, marié et ruiné. L'ancien élégant du *Cabinet des Antiques*, d'*Illusions perdues*, de *Splendeurs et Misères des Courtisanes*, ne sera plus que « feu Beaudenord » *(Les Secrets de la princesse de Cadignan)*.

CAMPS (Mme de). Rue du Bac. Née Cadignan et mieux connue tout d'abord sous le nom de son premier mari, le receveur-général Firmiani *(Madame Firmiani)*, cette femme charmante, l'une des « reines de Paris » et l'une de ses plus jolies voix, reste cependant discrète. Elle apparaît de loin dans les meilleurs salons *(La Femme de trente ans*, *Le Contrat de mariage*, *Le Père Goriot*, *L'Interdiction*, *Les Employés*, *Le Cabinet des Antiques*, *Une Fille d'Ève*, *Illusions perdues*, *Les Secrets de la princesse de Cadignan*, *Autre étude de femme*, *Splendeurs et Misères des courtisanes)*.

CHAULIEU (Duchesse de). Angle du boulevard des Invalides et de la rue de Grenelle. Née Eléonore de Vauré-

mont. La plus duchesse des duchesses de *La Comédie
humaine*. Ses arrêts *(Eugénie Grandet)*, son salon font la
loi *(Le Cabinet des Antiques)*. Rien n'entame sa hauteur,
ni les désastres de sa fille Louise *(Mémoires de deux jeunes
mariées)*, ni les rumeurs ironiques suscitées par sa longue
liaison avec Canalis *(Illusions perdues, Les Secrets de la
princesse de Cadignan, Modeste Mignon)*.

Dudley (Lady Arabelle). Mariée à l'un des premiers
hommes politiques de l'Angleterre *(Le Contrat de mariage)*, elle vit à Paris, son mari à Londres, tous deux
très satisfaits de cette organisation. Belle et désirable,
elle est une maîtresse enviable *(L'Interdiction)*, mais
cruelle et sera la cause, sinon de la mort, du moins de
la douloureuse jalousie de Mme de Mortsauf *(Le Lys
dans la Vallée)*. Vindicative, elle poursuivra Félix de
Vandenesse de sa haine *(Une Fille d'Ève)* et, de même,
lady Brandon, pour des raisons qui restent inexpliquées
(Mémoires de deux jeunes mariées). On la rencontre chez
Mme d'Espard *(Les Secrets de la princesse de Cadignan)*
ou, avec le fils actuel de son mari, Henri de Marsay, chez
Félicité des Touches *(Autre étude de femme)*. Elle doit
finir par vieillir, car Mme Schontz ridiculise son turban
(La Muse du département).

Espard (Marquise d'). Rue du Faubourg Saint-Honoré.
Née Jeanne-Clémentine-Athénaïs de Blamont-Chauvry.
Dure, égoïste, elle manœuvre et intrigue contre son
mari *(L'Interdiction)*. Ennemie redoutable *(Illusions
perdues, Splendeurs et Misères des courtisanes)*, amie perfide
*(Le Contrat de mariage, La Maison Nucingen, Les Secrets
de la princesse de Cadignan, Béatrix)*, elle reste l'une des
« reines de Paris » et des plus durables, grâce à son salon
influent et politique *(Sarrasine, Madame Firmiani, Le
Père Goriot, Le Lys dans la Vallée, Les Employés, César
Birotteau, Le Cabinet des Antiques, Gambara, Une Fille
d'Ève, Mémoires de deux jeunes mariées, Une Ténébreuse
Affaire, La Fausse Maîtresse, Autre étude de femme, La*

Muse du département, Modeste Mignon, Les Paysans, La Cousine Bette, Le Député d'Arcis).

FERRAUD (Comtesse). Rue de Varenne. Née Rose Chapotel, ancienne prostituée du Palais-Royal, c'est une marquise d'Espard vulgaire. Dépourvue de scrupules envers son premier mari *(Le Colonel Chabert),* elle est citée parmi les femmes à la mode *(Le Contrat de mariage, Le Père Goriot)* et comme la dernière maîtresse de Louis XVIII *(Les Employés).*

FONTAINE (Comte de). Il fut l'un des plus célèbres chefs vendéens *(Les Chouans, Les Employés)* ; son nom de guerre était Grand-Jacques *(César Birotteau, Béatrix).* Devenu favori du roi, il semble faire profiter le chevalier de Valois de son influence *(La Vieille Fille),* mais les « antiques » estiment que Louis XVIII s'est montré ingrat envers lui *(La Cabinet des Antiques).* Il procure des commandes au peintre Schinner *(Un Début dans la vie).* Il mourra en 1828 *(La Muse du département).*

FONTAINE (Vicomte, puis comte de). L'aîné, cité (lui ou son frère puiné) parmi les habitués des mercredis de Mme Rabourdin *(Les Employés).*

FONTAINE (Vicomtesse, puis comtesse de). Citée (elle ou sa belle-sœur) dans *La Duchesse de Langeais* et *Les Employés.*

FONTAINE (Baron, puis vicomte de). Cité dans *Modeste Mignon* et *L'Envers de l'histoire contemporaine.*

FONTAINE (Baronne, puis vicomtesse de). Née Mongenod, fille et sœur de banquiers *(L'Envers de l'histoire contemporaine).* Mademoiselle d'Hérouville la trouve trop roturière pour son neveu *(Modeste Mignon).*

FONTAINE (Chevalier, puis baron de). Cité dans *Le Curé de village*, *La Muse du département*, *L'Envers de l'histoire contemporaine*.

FONTAINE (Baronne de). Née Anna Grossetête, fille unique du receveur-général de Bourges *(Le Curé de village)*, amie d'enfance de Dinah Piedefer *(La Muse du département)*, futile, vaniteuse et superficielle.

GROSSETÊTE. Receveur-général de Bourges, et frère cadet d'un banquier de Limoges *(Le Curé de village, La Muse du département, L'Envers de l'histoire contemporaine)*.

KERGAROUET (Amiral comte de). On le vit aux Indes *(Gobseck)* et en Russie avec son capitaine de pavillon, le fidèle ami de la première comtesse de Kergarouët *(La Bourse, Béatrix)*, le chevalier du Halga. Il est aussi dévoué à ses parents *(Ursule Mirouët)* qu'à ses amis *(Un Début dans la vie)*.

KERGAROUET (Comtesse Émilie de). La hautaine Émilie, qui écrasait de son dédain le bal d'un parfumeur *(César Birotteau)*, devenue une femme à la mode *(Le Père Goriot)* et remariée au marquis Charles de Vandenesse *(Une Fille d'Ève)*, aura l'occasion de mettre plus noblement à l'épreuve l'orgueil de son caractère en restant une épouse irréprochable tant pour son vieux premier mari *(Ursule Mirouët)* que pour le second *(Béatrix)*.

MANERVILLE (Comte Paul de). Un lion mondain *(La Fille aux yeux d'or, Les Employés, Le Cabinet des Antiques, Illusions perdues)*. En fait, encore un faux lion, comme « feu Beaudenord », et dompté plus cruellement encore *(Le Contrat de mariage)*.

MARSAY (Comte Henri de). 54 rue de l'Université. L'homme idéal, selon la difficile Émilie de Fontaine, et l'homme au superlatif dans *La Comédie humaine*, le plus beau, tous les dons, tous les talents, tous les avantages : de la fortune, du nom — bien que fils naturel de lord Dudley — ; un lion royal et partout présent (dans vingt-neuf romans). Cité seulement parfois *(Gobseck, La Femme de trente ans)*, il est l'un des plus en vue des Treize *(Ferragus, La Duchesse de Langeais)*, sait se faire servir par ses amis dans les plus bizarres aventures *(La Fille aux yeux d'or)* et, quand vient le moment où la politique apparaît à ce blasé comme la seule aventure digne de lui, ils le serviront encore *(Le Contrat de mariage)*. Lion ou homme politique, on le rencontre partout *(Le Père Goriot, L'Interdiction, Le Lys dans la vallée, La Maison Nucingen, César Birotteau, Le Cabinet des Antiques)*. Après avoir été, l'amant des plus belles femmes de Paris, il deviendra un homme d'État important *(Une Fille d'Ève, Les Secrets de la princesse de Cadignan)* et mourra président du Conseil *(Une Ténébreuse Affaire)*. Le plus cynique, le plus cruel peut-être des hommes *(Ursule Mirouët, Mémoires de deux jeunes mariées, La Fausse Maîtresse)*, parce que, dit-il, trompé par sa première maîtresse, il est devenu athée en amour *(Autre étude de femme)*. Athée en amitié aussi, semble-t-il *(La Rabouilleuse, Splendeurs et Misères des courtisanes, Modeste Mignon)*, et partout adoré *(Les Paysans)*. Son souvenir reste *(Béatrix, Le Député d'Arcis, Un Homme d'affaires)*. Son monument funéraire même a une histoire *(Le Cousin Pons)*.

MAUFRIGNEUSE (Duchesse Diane de). Rue du Faubourg Saint-Honoré, près rue de Miromesnil. Née Diane d'Uxelles *(Les Chouans)*. Si Marsay est le lion, Diane est la chasseresse, la plus belle, la plus hardie, la plus charmante des aristocrates *(La Femme de trente ans, Madame Firmiani, La Duchesse de Langeais, Le Père Goriot, L'Interdiction, Le Lys dans la Vallée)*. Du début *(Le Cabinet des Antiques)* à la fin de sa carrière amoureuse *(Les Secrets de la princesse de Cadignan)*, c'est elle qui, dans la chasse au bonheur, choisit sa proie. On la retrouve tantôt dans le monde *(Illusions perdues)*, tantôt aux côtés de Daniel d'Arthez, son dernier amant *(Une Ténébreuse Affaire)* et toujours au premier rang *(Ursule Mirouët, Mémoires de deux jeunes mariées, Autre étude de femme)*, malgré ses folies *(Splendeurs et Misères des courtisanes)*. Elle finira par se ruiner *(La Muse du département)*, mais, folle ou assagie, dans l'opulence ou la gêne, la jeunesse ou le déclin, elle sera restée l'une des « reines de Paris » *(Modeste Mignon, Béatrix, Le Député d'Arcis)*.

MONGENOD. Fondateur de la maison de banque établie à Paris rue de la Victoire *(L'Envers de l'histoire contemporaine)* ou rue Chantereine *(Modeste Mignon)*. A la mort de son père, le fils aîné, Frédéric, deviendra le chef de la maison Mongenod et Cie, qui jouit d'une exceptionnelle réputation de probité *(L'Interdiction, César Birotteau, La Rabouilleuse, La Muse du département, Les Petits Bourgeois)*.

MONTCORNET (Comtesse de). Née Virginie de Troisville (on prononce Tréville), de bonne noblesse normande, fille du marquis et d'une Sherbellof *(La Vieille Fille)*. Dès son enfance à Alençon, elle se lie avec Émile Blondet *(Le Cabinet des Antiques)*, mais épouse Montcornet, général et comte d'Empire. Charmante, elle se fait un salon et des amis qui comptent *(Une Fille d'Ève, Les Secrets de la princesse de Cadignan, Illusions perdues, Autre étude de femme, Splendeurs et Misères des courtisanes, Béatrix)*, tout en poursuivant son idylle avec Blondet : devenue veuve, elle l'épousera *(Les Paysans)*.

NUCINGEN (Baronne de). Rue Saint-Lazare. Née Delphine Goriot, elle voudrait bien l'oublier, elle qui pour un bal, un caprice, a oublié son père ruiné et mourant *(Le Père Goriot)*. Elle s'est installée dans le confort d'une longue liaison sans passion et oublie peut-être d'être infidèle à Rastignac qui, parfois, a des velléités de fuite ou des distractions *(La Peau de chagrin, Étude de femme)*. Elle reste aussi femme de banquier *(Melmoth réconcilié)*, mondaine *(Ferragus, Le Contrat de mariage)*, mais n'est pas reçue par la marquise d'Espard *(L'Interdiction)*, bien que son salon soit envié par Mme Rabourdin *(Les Employés)*. Elle fait, presque inconsciemment, la fortune de Rastignac *(La Maison Nucingen)*. Repoussée par l'aristocratie *(César Birotteau)*, elle s'est créé des relations convenables et sait se donner à propos l'air d'être bonne *(Une Fille d'Ève)*. La marquise d'Espard, qui s'étonne de la durée de sa liaison avec Rastignac *(Les Secrets de la princesse de Cadignan)*, se moque de ses prétentions lorsqu'elle imagine de reprendre la loge de la duchesse de Langeais *(Illusions perdues)*. Elle a tout de même un nom à Paris *(L'Envers de l'histoire contemporaine)*, dîne chez Félicité des Touches *(Autre étude de femme)*, reçoit le dimanche parce que c'est un jour où l'on s'ennuie *(Splendeurs et Misères des courtisanes)*. L'âge venant, avec la consécration mondaine, elle se sépare « convenablement » de Rastignac, mais, pour ne pas perdre un homme arrivé lui aussi, elle le marie à sa fille. La marquise d'Espard a fini par la recevoir *(Le Député d'Arcis)*.

PALMA-WERBRUST et CIE. Cette maison n'existe que dans *Le Bal de Sceaux*. Toutefois on retrouve les deux usuriers Palma et Werbrust, banquiers de second ordre, travaillant ensemble dans *La Maison Nucingen, César Birotteau* et *Illusions perdues*, Palma seul dans *Gobseck, Ursule Mirouët, Les Petits Bourgeois* et *L'Envers de l'histoire contemporaine*, Werbrust seul dans *Melmoth réconcilié* et *Les Employés*.

PLANAT DE BAUDRY (Mme). Née Fontaine. Citée dans *L'Envers de l'histoire contemporaine*.

PORTENDUÈRE (Vicomte Savinien de). Rue des Saints-Pères. L'enfant qui danse mal fera la cour à Émilie devenue sa grand'tante. Repoussé, il s'éprendra de Mme de Sérisy, se ruinera, rentrera à Nemours et finira par aimer sincèrement et par épouser une héritière *(Ursule*

Mirouët). A Paris, on le voit aux mercredis de Mme Rabourdin, à moins qu'il ne s'agisse de son oncle, le comte de Portenduère, député de l'Isère *(Les Employés)*. On le voit aussi enfermé pour dettes à Sainte-Pélagie *(Splendeurs et Misères des courtisanes)*. Marié et riche, il devient parfait *(Béatrix)*.

RASTIGNAC (Eugène de). Pension Vauquer (rue de la Montagne-Sainte-Geneviève), rue d'Artois, rue Taitbout, enfin rue de Bourbon. L'un des personnages les plus importants de *La Comédie humaine* (mentionné dans vingt-cinq romans). Il fait ses débuts à Paris dans *Le Père Goriot*. Il suit les conseils de Mme de Beauséant et de Vautrin : prendre les hommes et les femmes comme des chevaux de poste. Premier relai : les femmes. Sa fortune, c'est Delphine. Il ne la quitte plus *(Melmoth réconcilié)*, cela se sait *(Le Bal des Sceaux)*. Il se lance dans le monde *(Ursule Mirouët, Illusions perdues)*. Il a quelques distractions *(Étude de femme)*, des passades *(Les Secrets de la Princesse de Cadignan)*, des tentations *(La Peau de Chagrin)*. Il trouve la fortune lente à venir, cherche mieux *(L'Interdiction)* et comprend qu'il est temps de s'appuyer sur les hommes : deuxième relai. Il s'est fait des relations *(Le Cabinet des Antiques)*, il s'en sert, il entre dans l'orbite politique de Marsay *(Le Contrat de Mariage)* et établit enfin, grâce à Nucingen, les bases de sa fortune *(La Maison Nucingen)*, soit, vers 1828, 40 000 livres de rentes. Il a tout l'esprit qu'il faut dans un moment donné, et s'en servira, notamment quand il retrouvera Vautrin *(Splendeurs et Misères des Courtisanes)*. Il est lancé *(La Rabouilleuse, Autre Étude de femme)*, il est prêt à dominer, dans la ligne de son époque, le gouvernement de Juillet et la politique. Il entre dans le ministère Marsay comme sous-secrétaire d'État *(Une Ténébreuse Affaire)*, tombe avec le ministère à la mort de Marsay *(Une Fille d'Ève)*, revient comme ministre des Travaux publics *(La Cousine Bette)*, devient l'héritier politique de Marsay *(Le Député d'Arcis)*.

Il est arrivé *(La Fausse Maîtresse, Un Prince de la Bohème, Béatrix)*. Dans *Les Comédiens sans le savoir*, encore une fois ministre, il est l'Homme d'État, reconnu et indispensable. Il a 300 000 livres de rentes. Il est comte et pair de France.

RESTAUD (Comtesse de). Rue du Helder. Née Anastasie Goriot. Plus belle, plus racée que sa sœur Nucingen, elle a moins de mal qu'elle à supporter le nom de Goriot. Elle a d'autres soucis, d'autres passions *(Gobseck, Le Père Goriot)*. Citée parfois pour sa vie mondaine *(La Peau de chagrin, La Maison Nucingen)*, elle est surtout célèbre pour le désastre de sa liaison avec Maxime de Trailles *(Le Député d'Arcis)*.

TOUCHES (Félicité des). Célèbre en littérature sous le nom de Camille Maupin. La vraie femme supérieure. Trop supérieure, sans doute. Du génie, de la noblesse, de la fortune et trop de cœur. En position de recevoir tout Paris, même les jeunes roués *(Le Cabinet des Antiques)*; elle fait de l'esprit *(Une Fille d'Ève)* ; elle a des amis comme Rastignac ou d'Arthez *(Les Secrets de la princesse de Cadignan)*, comme Rubempré qu'elle secourt lorsqu'il est dans la détresse *(Illusions perdues)* et Joseph Bridau dont elle encourage les débuts *(La Rabouilleuse)*. Son salon est le dernier asile de l'esprit *(Autre étude de femme)*. Elle aime l'Italie, elle y fait plusieurs voyages, dont l'un avec Vignon et Léon de Lora *(Honorine)*. De Rome, elle reviendra avec Conti, ténor de génie, bon musicien mais pauvre homme. On les verra ensemble chez le baron de Nucingen *(Splendeurs et Misères des courtisanes)*. Elle publiera deux volumes de pièces de théâtre et deux romans, dont *Le Nouveau Prométhée (La Muse du département)*. Trop lucide pour l'amour blasé d'un Claude Vignon, trop altière et trop généreuse pour conquérir Calyste du Guénic malgré lui, elle lui offre sa fortune et entre au couvent des Dames de la Visitation à Nantes *(Béatrix)*.

VANDENESSE (Comte Félix de). Lorsqu'Émilie de Fontaine s'intéresse à la liaison de Lady Dudley et de Vandenesse, elle ne se doute pas qu'après avoir perdu son premier mari, elle épousera le frère aîné de Félix *(Une Fille d'Ève, Béatrix)*. En tout temps et bien qu'ils soient du même monde, ils semblent avoir peu de relations *(Gobseck, Le Père Goriot, Le Contrat de mariage, L'Interdiction)*. Il a été le héros d'un grand amour *(Le Lys dans la Vallée)*. Malgré son tragique épilogue à la mort d'Henriette de Mortsauf, il n'a jamais cessé de paraître dans le monde parisien. Parfois, il y fait un peu de bien *(César Birotteau)*, ses amours sont restées célèbres *(Le Cabinet des Antiques)*, puis, après son échec auprès de Nathalie de Manerville, il épousera Marie de Granville. Mari affectueux et raisonnable, il saura protéger sa jeune femme d'une naïve et folle aventure *(Une Fille d'Ève)*. On le voit souvent dans l'entourage de la marquise d'Espard : dans sa loge *(Illusions perdues)*, chez elle *(Les Secrets de la princesse de Cadignan, Une Ténébreuse Affaire)* ; il connaît Talleyrand *(Mémoires de deux jeunes mariées)*, compte dans la vie politique *(Un Début dans la vie)* et bien que Marsay, qui ne l'aime pas, l'accuse de représenter le parti-prêtre, on les retrouve ensemble chez Félicité des Touches après 1830 *(Autre étude de femme)* et il a été nommé, l'un des premiers, Pair de France de la Monarchie de Juillet *(Splendeurs et Misères des courtisanes)*.

LA VENDETTA

GIGONNET. Rue Grenéta. Le nom réel de cet usurier est Bidault *(Les Employés)*. Il travaille avec Gobseck *(Gobseck)* et prête aussi bien aux petites gens du quartier Saint-Martin qu'aux plus élégants des lions *(Le Contrat de mariage, Une Fille d'Ève)*. Sa finesse lui permet d'échapper aux liquidations de Nucingen *(La Maison Nucingen)* et d'accepter des créances douteuses *(César Birotteau)*. Samanon est son homme de main *(Illusions perdues)* et Du Tillet recrute pour lui *(Ursule Mirouët)*. Il incarne la finance parisienne de seconde zone *(Les Petits Bourgeois)*. D'une avarice légendaire *(Splendeurs et Misères des courtisanes)*, il restera le type de l'usurier impitoyable *(Les Comédiens sans le savoir)*.

MAGUS (Elie). Rue des Minimes. Il est usurier-expert : en bijoux *(Le Contrat de Mariage)* comme en peinture *(Pierre Grassou, La Rabouilleuse, Le Cousin Pons)*.

PORTENDUÈRE (famille de). L'hôtel acquis par Bartholoméo di Piombo appartenait sans doute à cette noble famille, évoquée dans *Modeste Mignon* et *Béatrix*, dont un descendant, le vicomte Savinien, sera l'un des héros de *Ursule Mirouët*.

ROGUIN. Le notaire véreux. Sa faillite et sa fuite entraînent de grand malheurs *(Eugénie Grandet, César Birotteau)*, des gênes pénibles *(La Rabouilleuse)*, la déconsidération du notariat *(Les Petits Bourgeois)* et, pour lui, la perte définitive de sa réputation *(Le Colonel Chabert, Pierrette,*

La Muse du département). L'un de ses premiers clercs s'est installé à Vendôme *(Autre étude de femme).*

Roguin (Mme). Voir *La Maison-du-Chat-qui-pelote.*

Roguin (Mathilde ou Mélanie). La fille du notaire, l'ancienne élève de Servin, épousera un magistrat de Provins, le président de Tribunal Tiphaine, qu'elle réussira à pousser à la députation *(Pierrette).*

Servin. Évoqué dans *Pierre Grassou* et *Le Cousin Pons.*

Thirion (Amélie-Marie-Cécile). Fiancée en 1819 au fils aîné de Camusot *(César Birotteau).* Devenue femme de magistrat, ses talents pour l'intrigue, son arrivisme féroce lui permettront de faire réussir son mari en dépit de sa désolante nullité *(Le Cabinet des Antiques, Splendeurs et Misères des courtisanes).* Elle finira en Madame Camusot de Marville, femme d'un président de Chambre à la Cour Royale de Paris et député.

Vergniaud. Toujours fidèle aux débris de la Grande-Armée, il recueillera l'un des plus malheureux de ses héros *(Le Colonel Chabert).*

TABLE DES MATIÈRES

TABLE DES MATIÈRES